GUIYANG STATISTICAL YEARBOOK

2010 贵阳统计年鉴

总第12期 No. 12

GUIYANG STATISTICAL BUREAU

贵阳市统计局 编

中国统计出版社
China Statistics Press

三创一办
我参与
我受益
我快乐
创
建国家卫生城市
建国家环境保护模范城市
建全国文明城市

贵阳市统计局
协办
第九届全国少数民族
传统体育运动会
关注
三大事件
哥本哈根联合国气候大会
国家推进新一轮西部大开发
我省争创生态文明示范区

做“三创一办”活动的
实践者
示范者
宣传者
监督者

三创一办

改善民生，惠及市民

讲卫生，爱整洁，
市容美好促健康。

爱地球，护环境，
共建和谐好家园。

讲文明，懂礼貌，
创建文明新风尚。

●三大信号

低碳经济

绿色发展

生态文明

●三大转变

发展方式的转变

生活方式的转变

思维方式的转变

▲ 贵阳市统计局局长曹玉珍、贵州省统计局局长陶谋立、国家统计局贵州调查队总队总队长冯育毅陪同联合国统计司司长张保罗及国家统计局总统计师鲜祖德一行到贵阳市检查工作

◀ 贵阳市委常委、常务副市长、人口领导小组组长申振东主持召开贵阳市第六次人口普查领导小组第一次会议

《贵阳统计年鉴－2010》编委会

主　任： 袁　周

副主任： 申振东

成　员： 丁雄军　杨　青　曹玉珍　彭显华

刘筑玲　曾庆兴　唐纯庆　王远志

《贵阳统计年鉴－2010》编辑人员

主　　编： 曹玉珍

副 主 编： 刘筑玲　曾庆兴　唐纯庆　王远志

责任编辑： 姚梦兰　杨　云

编辑人员： 袁明亮　王　强　梁楚黔　张　缨　梁春梅　申晓希

陶平仙　陈季菊　姜精新　樊红梅　杨光明　张慧霞

袁　钢　张光尧　肖　飞　李　玲　张书涛　王超英

沈　蓉　罗庆玲　张　华　涂　彪　路海燕　宋　伟

陈天娥　谭　平　姚安华　刘红霞　熊　燕　熊武冬

袁　俊　周　园　贺　敬

英文翻译： 陈天娥

电脑排版： 陈天娥

Editorial Board

Editorial Staff

编　者　说　明

一、《贵阳统计年鉴——2010》是一部全面反映贵阳市国民经济和社会发展情况的资料性年刊，信息量大，综合性强。本书收录了2009年贵阳市经济和社会发展等各方面的统计数据以及改革开放以来的主要统计数据。

二、本年鉴内容包括：行政区划和自然资源；综合；人口与计划生育；从业人员及职工工资；固定资产投资；能源消费；工业；城市调查；建筑业；农业及农村经济；国内外贸易及旅游；交通、运输、邮电、城市公用事业；财政、税收、金融、证券、保险；人民生活；教育、文化；卫生、体育及其他；县域经济；全国省会城市资料、主要年份资料。

三、本年鉴资料来源于统计年报、抽样调查和部门资料，部分统计指标的范围及统计口径变化在表下加有注释，使用时请注意。

四、本年鉴部分数据合计数或相对数由于四舍五入而产生的计算误差均未作机械调整。

五、凡有以前出版的统计资料数据与本年鉴不一致的，均以本年鉴为准。

六、本年鉴县域经济中各区(县、市)资料有部分指标是区(县、市)属口径，使用时请注意。

七、本年鉴表中的符号使用说明："空格"表示该项数据不详或无数据，"#"表示其中数。

本年鉴在编辑过程中得到有关部门的大力支持和帮助，在此深表感谢！由于时间紧、信息量大和水平有限，书中难免存在不足之处，为了更好地满足社会各界的需要，希望广大读者提出宝贵意见和建议。

2010年6月

Preface

Ⅰ.*Guiyang Statistical Yearbook 2010* (abbreviated as Yearbook hereafter) is an annual publication which provides comprehensive and systematic data series of Guiyang's economy and social development in 2009. It covers data for 2009 and key statistical data after reforming and open up in Guiyang.

Ⅱ.The yearbook contains: Divisions of Administrative Areas and National Resources; General Survey; Population and Family Planning; Employment and Wages; Investment in Fixed Assets; Energy Consumption; Industry; Urban Survey, Construction; Agriculture and Rural Economy; Domestic Trade, Foreign Trade and Tourism; Traffic, Transportation, Postal and Telecommunication Services, Urban Public Utilities; Government Finance, Taxation, Banking, Securites and Insurance; People's Living Conditions; Education , Culture; Public Health, Sports and Other ; Economy of Districts and Counties; Major Indicators of all Provincial Capital in China, Indicators of Main Years.

Ⅲ.The information of this Yearbook comes from annual statistical reports, sample surveys and department material. The concepts, definitions and coverage of statistics of some data in the book have been adjusted, which are not comparable with former years. Therefore some notes are added after the tables in the book. Readers are alerted to the notes.

Ⅳ. Statistical discrepancies due to rounding are not adjusted in this yearbook.

Ⅴ. The data of former yearbook, which are not in accordance with this Yearbook, are subject to the data in the Yearbook.

Ⅵ. Some indicators in Districts and Counties are the regional requirements in the Yearbook; please pay attention to that while using.

Ⅶ.Notations used in this yearbook: "blank space" indicates that data are not unknown or are not available; "#" indicates the major items of the total.

Thanks for enthusiastic assistances of many relational units and individuals in the process of edition .Due to our limited level and hasty time, faults and shortage are unavoidable. We ask for criticism and comments from general readers so that the Yearbook can meet to the demand of personalities of various circles better.

June 2010

目 录

CONTENTS

四、从业人员及职工工资

Employment and Wages

五、固定资产投资

Investment in Fixed Assets

六、能源消费

Energy Consumption

八、城市调查

Urban Survey

十三、财政、税收、金融、证券、保险、社会保险

Government Finance, Taxation, Banking, Securites, Insurance and Social Insurance

十六、卫生、体育、民政、火灾、治安

Public Health, Sports, Social Welfare, Fire and Public Safety

十七、县域经济

Economy of Districts and Counties

十八、全国省会城市主要指标

Major Economic Indicators of all Provincial Capital in China

十九、主要年份指标

Major Indicators in Main Years

1

one

行政区域、自然资源

Divisions of Administrative Areas and Natural Resources

1-1 区、县(市)及乡(镇)、办事处、社区办名称

(2009年)

区、县(市)名称	乡镇(办事处)、社区办名称
南明区	遵义路办事处 中南办事处 西湖办事处 河滨办事处 市府路办事处 兴关路办事处 花果园办事处 沙冲路办事处 太慈桥办事处 新华路办事处 大南办事处 油榨街办事处 中曹司办事处 龙洞堡办事处 二戈寨办事处 后巢乡 云关乡 小碧乡 永乐乡
云岩区	市西办事处 北京办事处 中北办事处 中中办事处 中西办事处 中东办事处 环北办事处 延中办事处 普陀办事处 贵乌办事处 威清办事处 黔东办事处 三桥办事处 宅吉办事处 头桥办事处 黔灵镇
花溪区	贵筑办事处 青溪办事处 溪北办事处 党武乡 孟关乡 黔陶乡 燕楼乡 马铃乡 高坡乡 麦坪乡 久安乡 湖潮乡 青岩镇 石板镇
乌当区	新天办事处 高新路办事处 金阳办事处 偏坡乡 下坝乡 新堡乡 新场乡 百宜乡 东风镇 水田镇 羊昌镇 朱昌镇 金华镇
白云区	龚家寨办事处 大山洞办事处 艳山红办事处 都拉营办事处 麦架镇 都拉乡 牛场乡 艳山红镇 沙文镇
小河区	黄河办事处 平桥办事处 金竹办事处 三江办事处 长江办事处
开阳县	永温乡 南龙乡 宅吉乡 花梨乡 龙水乡 米坪乡 禾丰乡 南江乡 高寨乡 毛云乡 城关镇 双流镇 金中镇 冯三镇 龙岗镇 楠木渡镇
息烽县	青山乡 西山乡 养龙司乡 石硐乡 鹿窝乡 流长乡 永靖镇 温泉镇 九庄镇 小寨坝镇
修文县	谷堡乡 六屯乡 小箐乡 洒坪乡 大石乡 六桶乡 龙场镇 扎佐镇 久长镇 六广镇
清镇市	青龙办事处 百花湖乡 流长乡 暗流乡 犁倭乡 麦格乡 王庄乡 红枫湖镇 卫城镇 新店镇 站街镇

1-2 行政区划

(2009年)　　　　单位：个

名　　称	乡	#民族乡	镇	街　道 办事处	社　区 委员会	村　民 委员会	社区服 务中心
贵阳市	**48**	**18**	**29**	**49**	**456**	**1166**	**34**
南明区	4	1		15	141	29	
云岩区			1	18	134	19	4
花溪区	9	5	2	3	17	153	
乌当区	5	2	5	3	35	107	
白云区	2	2	3	4	31	56	12
小河区				5	25	17	15
开阳县	10	3	6		13	108	1
息烽县	6	1	4		9	161	1
修文县	6	1	4		12	217	1
清镇市	6	3	4	1	39	299	

1-3 自然资源

(2009年)

指　　标	单　位	数　量	指　　标	单　位	数　量
一、土　地			**四、水　利**		
国土面积	平方公里	8034	平均地表水资源总量	亿立方米	45.15
市区面积	平方公里	2403	平均地下水资源总量	亿立方米	13.61
建成区	平方公里	154	河长10公里以上或流域面积大于20平方公里河流	条	98
耕地面积	千公顷	98.24			
二、气　候			年径流量	亿立方米	45.2
平均温度	C	14.9	水能理论蕴藏量	万千瓦	128.22
极值高温	C	32.6	水能可开发量	万千瓦	101.64
极值低温	C	-3.2	大中型水库总容量(不包括乌江渡水库和东风水库)	亿立方米	13.94
年降水量	毫米	849.5			
平均相对湿度	%	74.0	**五、矿　产(保有储量)**		
日照时数	小时	934.6	铝土	亿吨	3.42
三、森　林			磷	亿吨	4.10
森林面积（管护面积）	平方公里	3340.41	煤	亿吨	11.57
森林覆盖率	%	41.78			

1-4 气象情况

(2009年)

指　　标	单 位	年	一 月	二 月	三 月	四 月	五 月	六 月
平均气温	℃	14.9	3.8	10.4	11.3	14.5	18.6	21.5
平均最高气温	℃	19.4	8.1	15.7	16.9	18.7	22.6	26.0
平均最低气温	℃	12.0	1.1	7.3	7.9	11.8	15.8	18.4
极端最高气温	℃	32.6	17.8	27.4	30.2	26.6	28.3	30.7
极端最高气温出现日期	日	9月7日	30	24	21	16	22	5
极端最低气温	℃	-3.2	-3.2	0.8	-0.6	4.6	11.0	13.1
极端最低气温出现日期	日	1月24日	24	24	28	14	1	3
总降水量	mm	849.5	17.4	28.7	39.8	192.3	90.5	117.6
一日降水量	mm/日	58.0	3.9	11.0	9.8	57.9	24.0	32.8
最大降水量出现日期	日	8月5日	20	28	1	19	6	29
最长连续降水日数	天	10	10	4	10	7	8	4
最长连续无降水日数	天	14	12	12	11	3	3	4
雨	天	219	16	15	19	24	24	23
雾	天	48	5	7	2	6	3	3
露	天	111	4	10	7	12	12	9
雷 暴	天	38		3	4	7	1	10
下 雪	天	12	7		1			
结 冰	天	14	8		1			
霜	天	9	3		1			
平均气压	百帕	877.0	882.7	875.6	877.0	876.1	875.7	871.3
平均相对湿度	%	74	73	78	72	77	76	73
平均总云量	成	7.7	8.4	7.2	7.6	8.5	8.3	8.1
日照时数	小时	934.6	45.9	66.8	79.4	41.7	71.7	62.6

1-4 续表

指 标	单 位	七 月	八 月	九 月	十 月	十一月	十二月
平均气温	℃	22.7	23.6	21.5	15.8	9.3	5.5
平均最高气温	℃	27.1	28.4	26.9	19.3	14.1	8.5
平均最低气温	℃	20	20.2	17.7	13.6	6.1	3.5
极端最高气温	℃	31.4	32.1	32.6	28.1	25.1	15.2
极端最高气温出现日期	日	19	24	7	2	9	10
极端最低气温	℃	16.2	15.3	13.0	10.5	-2.2	-0.7
极端最低气温出现日期	日	4、13	4	31	29	20	18
总降水量	mm	150.8	105.5	35.4	47.1	8.7	15.7
一日降水量	mm/日	49.6	58.0	11.4	8.9	1.9	3.6
最大降水量出现日期	日	24	5	21	25	20	7
最长连续降水日数	天	6	2	3	8	2	6
最长连续无降水日数	天	7	13	13	6	14	4
雨	天	18	14	10	21	14	21
雾	天	1	1	1	7	83	9
露	天	13	10	14	8	8	4
雷 暴	天	5	7	1			
下 雪	天					1	3
结 冰	天					4	1
霜	天					3.0	2
平均气压	百帕	871.5	874.3	877.1	880.3	881.9	880.6
平均相对湿度	%	76	70	68	78	71	80
平均总云量	成	8.2	6.4	5.6	8.6	6.7	9.3
日照时数	小时	95.2	151.1	157.5	53.5	95.1	14.1

主 要 统 计 指 标 解 释

行政区划 指国家对行政区域的划分。根据宪法规定，我国的行政区域划分如下：(1)全国分为省、自治区、直辖市；(2)省、自治区分为自治州、县、自治县、市；(3)自治州分为县、自治县、市；(4)县、自治县分为乡、民族乡、镇；(5)直辖市和较大的市分为区、县；(6)国家在必要时设立的特别行政区。

气 候 指地球与大气之间长期能量交换与质量交换所形成的一种自然环境状态，它是多种因素综合作用的结果。气温、降水、湿度等气象要素的多年平均值是用来描述一个地区气候状况的主要参数，而各种气象要素某年、某月的平均值(或总量)则可以反映出该时期天气气候状况的重要特征。

自然资源 指人类可以直接从自然界获得，并用于生产和生活的物质资源。自然资源一般可以分成可再生资源和非再生资源两大类。可再生资源指在较短时间内可以再生、可以循环利用的资源，包括土地资源、水资源、气候资源、生物资源和海洋资源等。非再生资源指在使用后不能再生的资源，包括矿产资源和地能源。

国 土 指中华人民共和国国家管辖下的领土、领海和领空。

耕地面积 指经过开垦用以种植农作物并经常进行耕耘的土地面积。包括种有作物的土地面积、休闲地、新开荒地和抛荒未满三年的土地面积。

森林面积 指由乔木树种构成，郁闭度 0.2 以上(含 0.2)的林地或冠幅宽度 10 米以上的林带的面积，即有林地面积。森林面积包括天然起源和人工起源的针叶林面积、阔叶林面积、针阔混交林面积和竹林面积，不包括灌木林地面积和疏林地面积。

森林覆盖率 指一个国家或地区森林面积占土地总面积的百分比。森林覆盖率是反映森林资源的丰富程度和生态平衡状况的重要指标。在计算森林覆盖率时，森林面积包括郁闭度 0.2 以上的乔木林地面积和竹林地面积，国家特别规定与灌木林地面积、农田林网以及四旁(村旁、路旁、水旁、宅旁)林木的覆盖面积。计算公式为：

森林覆盖率(%)= 森林面积 / 土地总面积 × 100%

气 温 指空气的温度，我国一般以摄氏度(℃)为单位表示。气象观测的温度表是放在离地面约 1.5 米处通风良好的百叶箱里测量的，因此，通常说的气温指的是离地面 1.5 米处百叶箱中的温度。其统计计算方法为：

月平均气温是将全月各日的平均气温相加，除以该月的天数而得。

年平均气温是将 12 个月的月平均气温累加后除以 12 而得。

相对湿度 指空气中实际所含水蒸气密度和同温度下饱和水蒸气密度的百分比值。其统计方法与气温相同。

降水量 指从天空降落到地面的液态或固态(经融化后)水，未经蒸发、渗透、流失而在地面上积聚的深度。其统计计算方法为：

月降水量是将全月各日的降水量累加而得。

年降水量是将 12 个月的月降水量累加而得。

日照时数 指太阳实际照射地面的时间。其统计方法与降水量相同。

水资源 水在自然界中以固体、液体和气态三种聚集状态存在，分布于海洋、陆地(包括土壤)以及大气之中，通过水循环形成水资源。水资源包括经人类控制并直接可供灌溉、发电、给水、航运、养殖等用途的地表水和地下水，以及江河、湖泊、井、泉、潮汐、港湾和养殖水域等。水资源是发展国民经济不可缺少的重要自然资源。

地表水和地下水 陆地上的水因空间分布不同，分为地表水和地下水。地表水指分别存在于河流、湖泊、沼泽、冰川和冰盖等水体中水分的总称，又称陆地水。地下水指储存在地面以下饱和岩土孔隙、裂隙及溶洞中的水。

水资源总量 一定区域内的水资源总量指当地降水形成的地表和地下产水量，即地表径流量与降水入渗补给量之和，不包括过境水量。

矿产资源 矿产指由地质作用形成，富集于地壳中或出露于地表达到工农业利用要求的有用矿物。

2

two

综　　合

General Survey

生　产　总　值

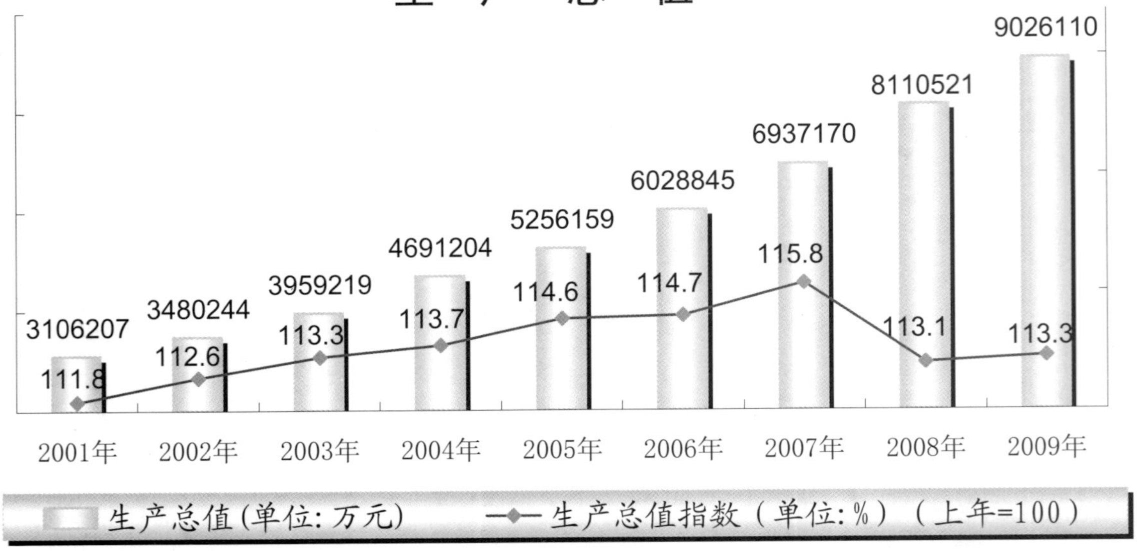

三　次　产　业　结　构

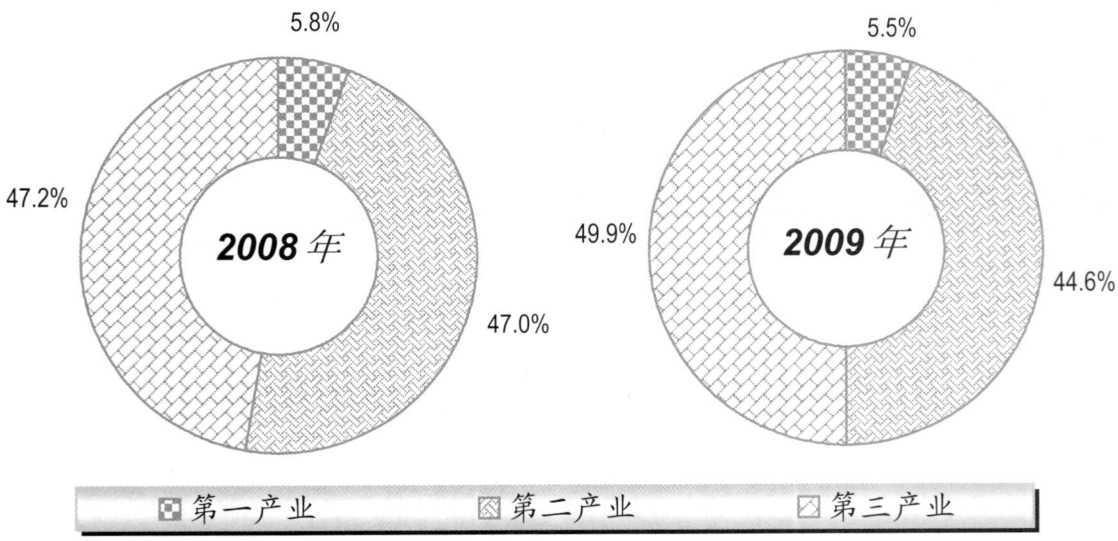

人　均　生　产　总　值　（单位：元）

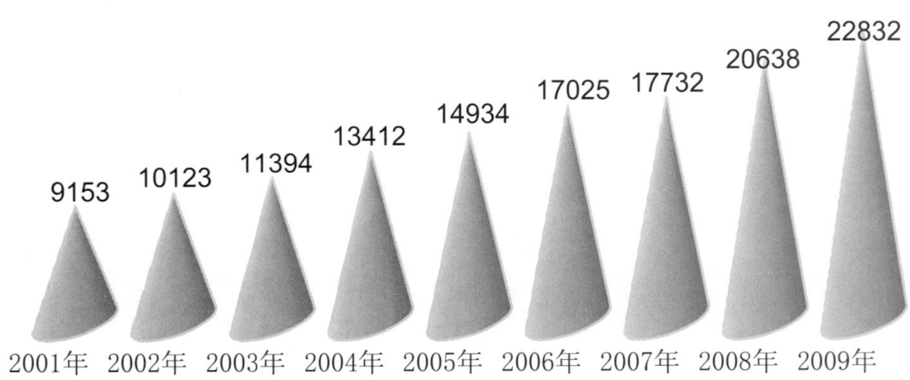

注：人均生产总值2007年以前按常住一年及以上口径计算，2007年以后按常住半年及以上口径计算。

2-1 国民经济主要指标及增长速度

指 标	单 位	2009年	2008年	2009年比2008年增长(%)
年末总人口	万人	396.79	393.86	0.7
年平均人口	万人	395.33	392.99	0.6
人口密度	人/平方公里	493.89	490.24	0.7
地区生产总值(现价)	万元	9026110	8110521	13.3
第一产业增加值	万元	500658	472121	8.1
第二产业增加值	万元	4022428	3809525	12.6
#工业增加值	万元	3084867	3001473	10.3
建筑业增加值	万元	937561	808052	22.0
第三产业增加值	万元	4503024	3828875	14.5
人均生产总值	元	22832	20638	12.6
全部工业总产值	万元	9556756	9376997	10.4
#规模以上工业总产值(当年价)	万元	8967496	8667178	11.4
农林牧渔业总产值(当年价)	万元	784592	729872	8.5
全社会固定资产投资总额	万元	7827910	6015710	30.1
社会消费品零售总额	万元	4127229	3558943	16.0
建筑业总产值(当年价)	万元	3977867	2927250	35.9
财政总收入	万元	2520497	2242864	12.4
#地方财政一般预算收入	万元	1053636	890503	18.3
#工商税收	万元	859391	713516	20.4
财政总支出	万元	2321126	1738021	33.5
#地方财政一般预算支出	万元	1698423	1422818	19.4
海关进出口总额	万美元	181076	225165	-19.6
城乡居民储蓄存款余额	万元	9219442	7670527	20.2
在岗职工平均工资	元	28026	26388	6.2
城市居民人均可支配收入	元	15041	13817	11.4
农民人均纯收入	元	5316	4818	10.3

注：本表绝对数为当年价格，增长速度按可比价格和可比口径计算；地方财政收入为40%所得税口径；人口数为半年及以上常住人口数，城镇居民人均可支配收入、农民人均纯收入为实际增长(已扣除物价因素)。

2-2 国民经济主要指标比例关系

单位：%

指　　标	2000年	2001年	2002年	2003年	2004年	2005年	2006年	2007年	2008年	2009年
生产总值三次产业	**100**	**100**	**100**	**100**	**100**	**100**	**100**	**100**	**100**	**100**
第一产业	8.90	8.10	7.70	7.40	6.90	6.70	6.29	6.57	5.82	5.50
第二产业	47.80	47.30	47.00	45.90	46.90	47.40	48.39	46.41	46.97	44.60
第三产业	43.30	44.60	45.30	46.80	46.20	45.90	45.32	47.02	47.21	49.90
农林牧渔业增加值比例（现价）	**100**	**100**	**100**	**100**	**100**	**100**	**100**	**100**	**100**	**100**
农　业	68.39	66.60	61.31	63.92	63.06	62.47	65.16	66.69	67.24	71.72
林　业	2.38	1.88	2.25	1.32	0.92	0.68	0.71	0.53	1.32	0.66
牧　业	27.82	29.92	32.85	31.36	34.21	34.67	32.11	30.61	29.47	25.53
渔　业	1.42	1.60	1.44	1.23	1.33	1.53	1.04	1.17	1.10	1.23
农林牧渔服务业			2.15	2.18	0.49	0.64	0.97	1.01	0.87	0.86
规模以上工业增加值中轻重工业比例（现价）	**100**	**100**	**100**	**100**	**100**	**100**	**100**	**100**	**100**	**100**
轻工业	36.96	40.90	41.00	40.58	40.10	43.32	40.54	40.59	41.04	45.96
重工业	63.04	59.10	59.00	59.42	59.90	56.68	59.46	59.41	58.96	54.04
规模以上工业增加值经济类型结构（现价）	**100**	**100**	**100**	**100**	**100**	**100**	**100**	**100**	**100**	**100**
国有企业	42.36	40.42	24.87	39.34	37.46	39.07	34.61	40.98	39.22	39.42
集体企业	8.04	4.21	4.13	2.31	1.26	1.17	0.54	0.60	0.35	0.28
股份合作企业	1.15	0.44	0.38	0.38	0.53	0.64	0.85	1.20	1.47	0.46
联营企业	0.69	0.20	0.61	0.28	0.42	0.12	0.11	0.13	0.11	0.10
股份有限公司	10.84	9.95	22.36	25.45	23.42	21.23	24.58	19.75	19.10	15.66
有限责任公司	30.91	35.33	33.62	18.41	24.48	26.70	27.01	24.45	26.63	29.55
私营企业	3.44	6.38	11.28	7.08	6.54	8.08	7.15	7.56	8.20	8.07
港澳台投资企业	1.03	1.48	1.51	0.92	1.29	0.89	1.05	1.18	1.36	2.50
外商投资企业	1.53	1.59	1.21	5.82	4.61	2.10	4.09	4.14	3.57	3.95

注：2002年以后农林牧渔业产业划分按新标准，2006年、2007年农业为农业普查衔接数。

2-3 贵阳市主要经济指标占全省的比重

指 标	单 位	贵 州		贵 阳		贵阳占全省比重(%)	
		2009年	2008年	2009年	2008年	2009年	2008年
土地面积	**平方公里**	**176171**	**176171**	**8034**	**8034**	**4.56**	**4.56**
年末总人口(常住半年)	**万人**	**3798.00**	**3793.00**	**396.79**	**393.86**	**10.45**	**10.38**
生产总值	**亿元**	**3893.51**	**3561.56**	**902.61**	**811.05**	**23.18**	**22.77**
第一产业	亿元	554.02	539.19	50.07	47.21	9.04	8.76
第二产业	亿元	1474.33	1370.03	402.24	380.95	27.28	27.81
#工 业	亿元	1252.67	1195.30	308.49	300.15	24.63	25.11
第三产业	亿元	1865.16	1652.34	450.30	382.89	24.14	23.17
人均生产总值	元	10258	9428	22832	20638	-	-
财政、金融							
财政总收入	亿元	779.58	674.58	252.05	224.29	32.33	33.25
#地方财政一般预算收入	亿元	416.46	349.55	105.36	89.05	25.30	25.48
地方财政一般预算支出	亿元	1358.76	1055.39	169.84	142.23	12.50	13.48
金融机构人民币各项存款余额	亿元	5898.26	4736.93	2454.43	1994.78	41.61	42.11
#城乡居民储蓄存款余额	亿元	2676.09	2237.05	921.94	767.05	34.45	34.29
金融机构人民币各项贷款余额	亿元	4656.50	3569.27	2070.34	1623.77	44.46	45.49
固定资产投资							
全社会固定资产投资总额	亿元	2438.18	1858.32	782.79	601.57	32.11	32.37
#基本建设	亿元	1255.58	926.96	334.65	238.21	26.65	25.70
更新改造	亿元	374.42	319.58	166.66	130.04	44.51	40.69
房地产开发	亿元	369.69	307.84	210.32	170.11	56.89	55.26

2-3 续表

指　　标	单 位	贵　州		贵　阳		贵阳占全省比重(%)	
		2009年	2008年	2009年	2008年	2009年	2008年
国内外贸易							
社会消费品零售总额	亿元	1247.25	1075.24	412.72	355.89	33.09	33.10
外贸进出口总额(海关数)	万美元	230732	337064	181076	225165	78.48	66.80
出　口	万美元	135856	190084	126325	141050	92.98	74.20
进　口	万美元	94876	146980	54751	84115	57.71	57.23
实际直接利用外资	万美元	18027	17379	11220	9350	62.24	53.80
旅　游							
海外旅游人数	万人次	39.95	39.54	9.11	13.58	22.81	34.36
国内旅游人数	万人次	10400.00	8150.69	3279.36	2612.27	31.53	32.05
旅游外汇收入	万美元	11044.40	11697.37	4042.28	6268.90	36.60	53.59
国内旅游收入	亿元	797.69	643.82	292.09	182.29	36.62	28.31
教育、文化、卫生							
专任教师数	万人	38.42	37.80	5.35	5.20	13.93	13.76
在校学生数	万人	882.13	880.57	140.29	140.48	15.90	15.95
图书出版量	万册	9228	10888	9228	10888	100.0	100.0
杂志出版量	万册	1303	1420	1273	1317	97.70	92.75
报纸出版量	亿份	3.83	3.51	2.83	2.85	73.92	81.11
医院、卫生院数	个	1979	1933	219	221	11.07	11.43
医院、卫生院床位数	张	92222	78129	18037	17097	19.56	21.88
医生数	人	40133	38830	10113	9975	25.20	25.69
城市居民人均可支配收入	**元**	**12863**	**11759**	**15041**	**13817**	-	-
农民人均纯收入	**元**	**3005**	**2797**	**5316**	**4818**	-	-

注：医生数指执业医生和执业助理医生；2008年社会消费品零售总额为经济普查数。

2-4 全市基本情况

指标名称	单 位	2009年		2008年	
		全 市	市辖区	全 市	市辖区
一、人口、劳动力及土地面积					
年末总人口(公安户籍)	万人	367.08	218.79	363.93	216.65
#非农业人口	万人	182.74	158.16	181.42	157.02
年平均人口	万人	365.50	217.72	361.88	215.59
暂住人口(一个月以上)	万人	51.89	48.50	41.67	38.62
年末常住人口(常住半年及以上)	万人	396.79	252.10	393.86	251.73
年出生人口	人	39108	20568	40287	21390
年死亡人口	人	19426	10654	18678	10392
年末总户数	万户	108.09	63.43	104.32	60.48
年末单位从业人员数	万人	68.56	59.71	66.38	57.48
第一产业(农、林、牧、渔业)	万人	0.26	0.17	0.35	0.24
第二产业	万人	31.73	27.07	31.88	27.33
采矿业	万人	0.97	0.76	0.90	0.73
制造业	万人	15.08	11.64	15.96	12.56
电力、燃气及水的生产和供应业	万人	1.10	0.63	1.63	1.16
建筑业	万人	14.59	14.05	13.39	12.91
第三产业	万人	36.57	32.46	34.14	30.10
交通运输、仓储及邮政业	万人	2.32	2.22	2.12	2.06
信息传输、计算机服务和软件业	万人	0.95	0.94	0.92	0.91
批发和零售业	万人	5.12	4.96	5.16	4.89
住宿、餐饮业	万人	1.81	1.78	1.48	1.42
金融业	万人	1.66	1.60	1.68	1.63
房地产业	万人	2.58	2.35	2.22	2.05
租赁和商业服务业	万人	2.51	2.48	2.09	2.02
科学研究、技术服务和地质勘查业	万人	1.93	1.84	1.75	1.66
水利、环境和公共设施管理业	万人	0.82	0.73	0.83	0.72
居民服务和其他服务业	万人	0.78	0.75	0.44	0.43
教 育	万人	6.16	4.73	5.94	4.52
卫生、社会保障和社会福利业	万人	2.63	2.21	2.51	2.11
文化、体育和娱乐业	万人	1.02	0.95	0.91	0.84
公共管理和社会组织	万人	6.27	4.90	6.11	4.82
国际组织	万人				
私营和个体从业人员	人	287087	171987	284570	171042
年末城镇登记失业人员数	人	28588	21451	30280	24005
行政区域土地面积	平方公里	8034	2403	8034	2403
#建成区面积	平方公里		154		140
城市建设用地面积	平方公里		169		166
#居住用地面积	平方公里		40		39
公共设施用地面积	平方公里		29		28
工业用地面积	平方公里		33		31
水资源总量	万立方米	45.15		45.15	

2-4 续表 1

指标名称	单 位	2009年		2008年	
		全 市	市辖区	全 市	市辖区
二、综合经济					
(一)生产总值(当年价格)	**万元**	**9026110**	**7012098**	**8110521**	**6366667**
第一产业增加值	万元	500658	185880	472121	190130
第二产业增加值	万元	4022428	2935224	3809525	2738690
第三产业增加值	万元	4503024	3890994	3828875	3437847
人均生产总值	元	22832	27716	20638	31476
生产总值增长率	%	13.3	13.3	13.1	12.7
人均生产总值增长率	%	12.6		12.6	
(二)财政、金融、保险					
地方财政一般预算收入	万元	1053636	917138	890503	773295
#各项税收	万元	907151	808964	761177	672400
#企业所得税	万元	143502	134153	111154	101242
个人所得税	万元	64116	56402	58286	51056
地方财政一般预算支出	万元	1698423	1340741	1422818	1132508
一般性公共服务支出	万元	272316	211954	241082	187313
科学技术支出	万元	28859	25572	27119	22886
教育支出	万元	276730	196090	259727	184578
文化体育与传媒支出	万元	28030	24932	23620	20191
社会保障和就业支出	万元	160822	131233	152143	127247
医疗卫生支出	万元	100100	66351	78838	52705
环境保护支出	万元	26588	17017	33866	26679
城乡社区事务支出	万元	124335	111773	157887	150068
交通运输支出	万元	108124	105347	13354	10880
年末金融机构各项存款余额(人民币)	万元	24544282	23173423	19947756	18778939
#城乡居民储蓄余额	万元	9219442	8421912	7670527	7012921
年末金融机构各项贷款余额(人民币)	万元	20703407	19687964	16237719	15453636
保费收入	万元	402664		337092	
财产险	万元	137680		110574	
人身险	万元	264984		226518	
赔款、给付	万元	122274		93278	
财产险	万元	89484		66195	
人身险	万元	32790		27083	
三、农 业					
年末耕地总资源	千公顷	272.11		272.11	
#实有耕地面积	千公顷	98.24		98.19	
蔬菜产量(含果用瓜)	吨	1592621		1376374	
蔬菜产量	吨	1561663		1346120	
水果产量(含果用瓜)	吨	122101		118191	
水果产量	吨	91143		87937	
肉类总产量	吨	133412		122060	
奶类产量	吨	35055		28618	
水产品产量	吨	9190		7786	

2-4 续表 2

指标名称	单 位	2009年		2008年	
		全 市	市辖区	全 市	市辖区
四、工业					
年销售收入500万元以上工业企业					
工业企业数	个	550	385	520	373
内资企业	个	499	345	470	334
国有企业	个	66	50	76	59
私营企业	个	121	90	108	72
#私营独资企业	个	27	18	24	13
私营股份有限公司	个	14	11	11	8
港、澳、台商投资企业	个	23	18	23	18
外商投资企业	个	28	22	27	21
工业增加值	万元	2905012		2791288	
工业总产值	万元	8967496	6071671	8667178	5833250
内资企业	万元	8359273	5666358	8186898	5460504
国有企业	万元	2558660	2248009	2528191	2197311
私营企业	万元	731127	624538	834688	645249
#私营独资企业	万元	57521	41776	52989	26780
私营股份有限公司	万元	143543	132920	95547	90910
港、澳、台商投资企业	万元	243830	154870	169408	112553
外商投资企业	万元	364393	250443	310871	211649
从业人员年平均人数	万人	19.41	14.38	19.00	14.15
流动资产合计	万元	5139883	3864681	5244273	
固定资产合计	万元	5451740	2844501	4516788	
主营业务收入	万元	8878807	6138586	8493242	5595965
主营业务税金及附加	万元	475039	433530	429767	372254
本年应交增值税	万元	372903	320506	412096	290829
利润总额	万元	430131	290421	387885	234119
500万元以下工业企业主要经济指标					
工业总产值	万元	589260		709819	
工业增加值	万元	161782		215893	
五、交通运输、邮电通信、能源电力					
铁路客运量	万人	978.50		1008.00	
铁路货运量	万吨	1378.20		1398.00	
民用车辆拥有量	辆	489241		393995	
#私人车辆拥有量	辆	406122		317238	
民用汽车拥有量	辆	346144		273215	
#私人汽车拥有量	辆	274949		207502	
公路客运量	万人	25007		24128	
公路货运量	万吨	7645		5843	
境内公路里程	公里	8692.40		8482.40	
#境内高速公路里程	公里	258.70		168.70	

2-4 续表 3

指标名称	单 位	2009年		2008年	
		全 市	市辖区	全 市	市辖区
水运客运量	万人	159		130	
水运货运量	万吨	34		33	
内河航道通航里程	公里	564.20		363.40	
#六级以上航道	公里	171.40		171.40	
民用航空货邮运量	吨	51600		42000	
民用航空客运量	人	5687700		4324100	
年末邮政局(所)数	处	178	126	173	124
邮政业务收入	万元	27630		24708	
电信业务收入	万元	364192		318400	
固定电话用户	万户	97.48	85.03	103.69	89.00
年末移动电话用户	万户	367.75	314.06	309.79	263.00
国际互联网用户	户	391818	356372	272600	244258
全年用电量	万千瓦时	1782324	1238358	1693362	1125623
#工业用电	万千瓦时	1335359	839833	1283358	765879
城乡居民生活用电	万千瓦时	312338	277183	277516	248458
六、国内外贸易、外经、旅游					
限额以上批发零售贸易业商品销售总额	万元	5536944	5467679	5492497	5423728
社会消费品零售额	万元	4127229	3664996	3558943	3051484
限额以上批发零售贸易企业数(法人数)	个	299	294	359	353
#零售业	个	142	139	128	125
进出口额(海关数)	万美元	181076		225165	
进口额	万美元	54751		84115	
出口额	万美元	126325		141050	
外国和港澳台地区在华直接投资:					
当年新签项目(合同)个数	个	19	12	17	1
当年合同外资金额	万美元	8933		15090	
当年实际使用外资金额	万美元	11220	10186	9350	8410
已投产(营业)企业数(年末实有数)	个	255		183	
从业人员数	人	17825		15236	
海外游客人数(含一日游游客)	人	91115		135834	
#外国人	人	38272		48332	
港、澳、台同胞	人	52843		87502	
旅游(外汇)收入	万美元	4042.28		6268.90	
星级饭店数	个	55		60	
七、固定资产投资					
全社会固定资产投资总额	万元	7827910	5821247	6015710	4456696
#城 镇	万元	7399553	5805026	5446254	4198208
#房地产开发	万元	2103225	1949635	1701116	1565775
#住 宅	万元	1364636	1267518	966751	897527
全年新增固定资产	万元	5182431	4095627	3531192	3049758
本年施工住宅面积	万平方米	2709.19		2121.94	
本年竣工住宅面积	万平方米	795.08		331.57	

2-4 续表 4

指标名称	单 位	2009年		2008年	
		全 市	市辖区	全 市	市辖区
商品房屋销售面积	万平方米	818.22	765.60	411.93	356.34
#住 宅	万平方米	760.45	712.33	389.54	339.46
#高档别墅公寓	万平方米	21.08	21.08	9.08	9.08
商品房屋空置面积	万平方米	101.65	99.85	51.05	47.70
商品房屋销售额	万元	3078103	2969500	1297338	1207596
#住 宅	万元	2658602	2570158	1116387	1045629
#高档别墅公寓	万元	122843	122843	53823	53823
八、教育、科技、文化、卫生					
学校数					
普通高等学校	所	25	24	16	15
成人高等学校	所	2		3	
中等职业教育(学校)	所	90	85	93	89
普通中学	所	290	202	284	198
职业中学(初中)	所	13		13	
小 学	所	815	392	838	406
专任教师数					
普通高等学校	人	11835	11729	10643	10512
成人高等学校	人	224		497	
中等职业教育(学校)	人	4552	4377	4319	4186
普通中学	人	14090	9089	13430	8683
职业中学(初中)	人	234		300	
小 学	人	17242	10760	17075	10202
在校学生数					
普通高等学校	人	245768	244234	219307	217916
成人高等学校	人	3683	3472	18557	18177
中等职业教育(学校)	人	146800	142646	135876	132305
普通中学	万人	24.42	16.64	23.32	15.79
职业中学(初中)	人	4498		5995	
小 学	万人	35.77	23.87	36.84	23.66
各类专业技术人员	人	125160	111179	156321	135066
专利申请受理量	件	2465		1912	
专利申请授权量	件	1336		1052	
#发 明	件	234		196	
剧场、影剧院数	个	4	3	5	4
公共图书馆图书总藏量	千册、件	2168	1986	2171	1977
医院、卫生院数	个	219	145	221	146
医院、卫生院床位数	张	18037	14882	17097	14162
医生数	人	10113	8673	9975	8208
#医院、卫生院医生数	人	6623		6450	
注册护士	人	10143	9016	9325	8258
#医院、卫生院注册护士	人	7966		7046	

2-4 续表 5

指标名称	单 位	2009年		2008年	
		全 市	市辖区	全 市	市辖区
九、人民生活、社会保障					
人均住宅建筑面积	平方米/人		22.64		21.51
在岗职工平均人数	万人	65.39	56.73	64.59	55.53
在岗职工工资总额	万元	1803395	1554893	1704279	1483367
在岗职工年平均工资	元	28026		26388	
单位从业人员年平均工资	元	27728		25976	
居民人均可支配收入	元		15041		13817
最低20%户人均可支配收入	元		5855		5003
最高20%户人均可支配收入	元		30843		28731
居民人均消费支出	元		11519		10507
#食 品	元		4718		4383
衣着用品	元		1226		975
家庭设备、用品及服务	元		696		621
医疗保健	元		668		659
交通和通讯	元		1344		1307
娱乐、教育、文化服务	元		1685		1206
居 住	元		753		991
每百户居民家庭拥有:					
家用汽车	辆		9.18		4.57
家用电脑	台		68.85		49.43
居民消费价格指数(上年为100)	%		97.7		107.0
农民人均纯收入	元	5316		4818	
基本养老保险参保人数	人	611249	510028	504606	434744
离退休养老保险人数	人	162039		149700	
基本医疗保险参保人数	人	975199	867159	861791	761322
失业保险参保人数	人	382176	337317	382253	331528
生育保险参保人数	人	759705		688352	
工伤保险参保人数	人	505757		471940	
社会福利院数	个	91	52	85	47
社会福利院床位数	张	2891	2338	2925	2394
社区服务设施数	个	1412	1328	1490	1361
居民最低生活保障线以下人数	人	152513		153695	139638
城镇居民	人	83831	70705	83234	
农村居民	人	68682		70461	
十、社会治安					
交通事故件数	件	412		520	
交通事故死亡人数	人	207	138	213	129
交通事故损失额	万元	174.74	133.00	207.52	132.50
火灾事故死亡人数	人	5	5	11	8
火灾事故损失额	万元	539.80	503.81	597.50	523.40
刑事案件立案数	件	5803	3550	4571	
犯罪人数	人	9189	7546	7108	5848
#青少年犯罪人数(年龄25周岁以下)	人	2826	2439	2843	2439

2-4 续表 6

指标名称	单 位	2009年		2008年	
		全 市	市辖区	全 市	市辖区
十一、市政公用事业					
城市维护建设资金支出	万元		368151		273602
年末实有城市道路面积	万平方米		1163		1141
排水管道长度	公里		1798		1798
供水综合生产能力(包括自备水源)	万立方米/日		116.5		116.0
供水总量	万立方米		21257		20995
售水量	万立方米		15577		14999
#居民生活用水量	万立方米		12367		11460
煤气(人工、天然气)供气总量	万立方米		22851		22685
煤气(人工、天然气)销售气总量	万立方米		22851		22685
#家庭用量	万立方米		9141		8905
用煤气人口	万人		144		131
液化石油气供气总量	吨		34000		32000
液化石油气销售气总量	吨		34000		32000
#家庭用量	吨		34000		32000
用液化气人口	万人		73		70
年末实有公共汽(电)车营运车辆数	辆		2531		2429
全年公共汽(电)车客运总量	万人次		59082		57559
年末实有出租汽车数	辆		3605		3069
公园绿地面积	公顷		2378.00		2357.30
建成区园林绿地面积	公顷		5747.60		5721.80
建成区公共绿地面积	公顷		1170.00		1150.39
建成区绿化覆盖面积	公顷		5925.79		5894.00
十二、环境保护					
三废综合利用产品产值	万元		36277		36231
工业废水排放量	万吨		2356		2404
工业废水排放达标量	万吨		2292		2244
工业二氧化硫去除量	吨		278597		241095
工业二氧化硫排放量	吨		84488		85273
工业烟尘去除量	吨		694191		955737
工业烟尘排放量	吨		13831		17069
工业固体废物综合利用率	%		45.83		46.29
烟尘控制区总面积	平方公里		129		129
城市污水排放总量	万吨		14874.00		15964.60
城市污水处理量	万吨		6585.00		5182.80
生活垃圾粪便清运量	万吨		71.79		61.25
生活垃圾粪便无害化处理量	万吨		68.27		57.25
生活垃圾无害化处理率	%		95.04		93.36

2-5 生产总值

指　　标	2009年		2008年		2009年比2008年增长(%)
	绝对数(万元)	构　成(%)	绝对数(万元)	构　成(%)	
生产总值	**9026110**	**100.0**	**8110521**	**100.0**	**13.3**
第一产业	500658	5.5	472121	5.8	8.1
农　业	496281	5.4	467966	5.8	8.1
农林牧渔服务业	4377	0.1	4155	0.1	7.4
第二产业	4022428	44.6	3809525	47.0	12.6
工　业	3084867	34.2	3001473	37.0	10.3
建筑业	937561	10.4	808052	10.0	22.0
第三产业	4503024	49.9	3828875	47.2	14.5
交通运输、仓储和邮政业	481013	5.3	407790	5.0	6.4
信息传输、计算机服务和软件业	440373	4.9	382223	4.7	15.2
批发和零售业	860097	9.5	708430	8.7	16.2
住宿和餐饮业	169708	1.9	162855	2.0	12.6
金融保险业	565010	6.3	457920	5.6	20.3
房地产业	356902	4.0	271811	3.4	23.7
租赁和商务服务业	124051	1.4	119781	1.5	3.5
科学研究、技术服务和地质勘查业	171352	1.9	151703	1.9	12.0
水利、环境和公共设施管理业	148909	1.6	136446	1.7	8.2
居民服务和其他服务业	104879	1.2	91589	1.1	14.5
教育、卫生、社会保障和福利业	506921	5.6	435522	5.4	15.4
文化、体育和娱乐业	167885	1.9	144432	1.8	16.2
公共管理和社会组织	405924	4.5	358373	4.4	12.3
人均生产总值(元)	**22832**	—	**20638**	—	**12.6**

注：1. 此表按最新国民经济行业分类标准划分，数据为快报数。
2. 表中绝对数按当年价格计算，增长速度按可比价格计算。
3. 表中人均生产总值按常住半年及以上平均总人口计算。

2-6 按行业划分的资本形成总额

单位：万元

指　　标	2009年	结构(%)	2008年	结构(%)
固定资本形成总额	**3709731**	**100.0**	**3429301**	**100.0**
第一产业	115002	3.1	120026	3.5
农林牧渔业	115002	3.1	120026	3.5
第二产业	1446796	39.0	1363834	39.8
采掘业	29679	0.8	28120	0.8
制造业	563879	15.2	488675	14.2
电力、煤气及水的生产和供应业	341295	9.2	360078	10.5
建筑业	511943	13.8	486961	14.2
第三产业	2147933	57.9	1945441	56.7
交通运输、仓储和邮政业	343150	9.2	292176	8.5
信息传输、计算机服务和软件业	415490	11.2	351160	10.2
批发与零售业	244100	6.6	234564	6.8
住宿和餐饮业	87178	2.3	111452	3.2
金融业	115743	3.1	121397	3.5
房地产业	195132	5.3	109738	3.2
其它行业	747140	20.1	724954	21.1
存货增加	**559619**	**15.1**	**642598**	**18.7**
第一产业	13150	0.4	20563	0.6
农林牧渔业	13150	0.4	20563	0.6
第二产业	397330	10.7	452518	13.2
工　业	193069	5.2	206660	6.0
建筑业	204261	5.5	245858	7.2
第三产业	149139	4.0	169517	4.9
交通运输、仓储和邮政业	51765	1.4	65545	1.9
批发与零售业	19307	0.5	27503	0.8
住宿和餐饮业	23840	0.6	13173	0.4
其它行业	54227	1.5	63296	1.8

2-7 最终消费

单位：万元

指　　标	2009年	结 构 (%)	2008年	结 构 (%)
最终消费支出	**4973387**	**100.0**	**4390238**	**100.0**
一、居民消费支出	**4449873**	**89.5**	**3858295**	**87.9**
(一)农村居民	406176	8.2	342647	7.8
食品类支出	211866	4.3	169484	3.9
衣着类支出	31035	0.6	27398	0.6
居住类支出	29890	0.6	35170	0.8
家庭设备、用品及服务类支出	26359	0.5	18880	0.4
医疗保健类支出	12931	0.3	12645	0.3
公共医疗消费支出	3233	0.1	3556	0.1
交通和通信类支出	13849	0.3	13611	0.3
文教娱乐用品及服务类支出	14473	0.3	11986	0.3
金融中介服务虚拟支出	3158	0.1	3315	0.1
自有住房服务虚拟支出	11140	0.2	9413	0.2
其它商品和服务类支出	48242	1.0	37189	0.8
(二)城镇居民	4043697	81.3	3515648	80.1
食品类支出	1471626	29.6	1343140	30.6
衣着类支出	361068	7.3	318770	7.3
居住类支出	464500	9.3	382656	8.7
家庭设备、用品及服务类支出	201422	4.0	142700	3.3
医疗保健类支出	211368	4.2	212952	4.9
公共医疗消费支出	113393	2.3	111877	2.5
交通和通信类支出	335206	6.7	246937	5.6
文教娱乐用品及服务类支出	491470	9.9	429506	9.8
金融中介服务虚拟支出	40782	0.8	27222	0.6
自有住房服务虚拟支出	150196	3.0	154555	3.5
实物消费支出	121848	2.5	69593	1.6
其它商品和服务类支出	80818	1.6	75740	1.7
二、政府消费支出	**523514**	**10.5**	**531943**	**12.1**

2-8 按支出法计算的生产总值

单位：万元

指　　标	2009年	2008年	2009年比2008年增长(%)
绝对数(万元)	**9026110**	**8110521**	**13.3**
按支出法计算的生产总值	9026110	8110521	13.3
最终消费	4973387	4390238	15.2
居民消费	4449873	3858295	17.1
农村居民	406176	342647	20.3
城镇居民	4043697	3515648	16.8
政府消费	523514	531943	1.8
资本形成总额	4269350	4071899	6.8
固定资本形成总额	3709731	3429301	9.9
存货增加	559619	642598	-10.0
货物和服务净出口	-216627	-351616	
出　口	762164	704068	
进　口	978791	1055684	

注:按可比价格计算的货物和服务净流出、统计误差为负数或零时，增长速度省略。

2-9 按支出法计算的生产总值(经济普查调整数)

单位：万元

指　　标	2009年	2008年	2009年比2008年增长(%)
绝对数(万元)	**9719383**	**8768210**	**13.3**
按支出法计算的生产总值	9719383	8768210	13.3
最终消费	5441882	4858476	14.5
居民消费	4893709	4349920	15.0
农村居民	440288	403348	11.6
城镇居民	4453421	3946572	15.3
政府消费	548173	508556	10.2
资本形成总额	4494128	4261350	7.8
固定资本形成总额	4169615	3691416	15.5
存货增加	324513	569934	-41.8
货物和服务净出口	-216627	-351616	
出　口	762164	704068	
进　口	978791	1055684	

注:按可比价格计算的货物和服务净流出、统计误差为负数或零时，增长速度省略。

2-10 生产总值(经济普查调整数)

指标	2009年		2008年		2009年比2008年增长(%)
	绝对数(万元)	构成(%)	绝对数(万元)	构成(%)	
生产总值	**9719382**	**100.0**	**8768210**	**100.0**	**13.3**
第一产业	500766	5.2	472885	5.4	8.1
农业	496389	5.1	468761	5.3	8.1
农林牧渔服务业	4377	0.1	4124	0.1	8.2
第二产业	3951065	40.7	3646658	41.6	12.5
工业	3084867	31.7	2938606	33.5	10.3
建筑业	866198	8.9	708052	8.1	22.0
第三产业	5267551	54.2	4648667	53.0	14.5
交通运输、仓储和邮政业	681466	7.0	650926	7.4	6.4
信息传输、计算机服务和软件业	437373	4.5	409024	4.7	14.3
批发和零售业	922646	9.5	745739	8.5	16.2
住宿和餐饮业	343472	3.5	296539	3.4	12.6
金融保险业	831586	8.6	703844	8.0	20.3
房地产业	380069	3.9	294151	3.4	23.7
租赁和商务服务业	122937	1.3	127674	1.5	2.9
科学研究、技术服务和地质勘查业	177465	1.8	164629	1.9	12.0
水利、环境和公共设施管理业	154221	1.6	148072	1.7	8.2
居民服务和其他服务业	104879	1.1	95952	1.1	16.8
教育、卫生、社会保障和福利业	525007	5.4	472630	5.4	15.4
文化、体育和娱乐业	166029	1.7	150579	1.7	17.8
公共管理和社会组织	420401	4.3	388908	4.4	12.3
人均生产总值(元)	**24585**	**—**	**22312**	**—**	**12.6**

注：1. 此表按最新国民经济行业分类标准划分，数据为第二次经济普查调整数。
2. 表中绝对数按当年价格计算，增长速度按可比价格计算。
3. 表中人均生产总值按常住半年及以上平均总人口计算。

2-11 按行业划分的资本形成总额(经济普查调整数)

单位：万元

指 标	2009年	结 构 (%)	2008年	结 构 (%)
固定资本形成总额	**4169615**	**100.0**	**3691416**	**100.0**
第一产业	129258	3.1	129200	3.5
农林牧渔业	129258	3.1	129200	3.5
第二产业	1626150	39.0	1468076	39.8
采掘业	33357	0.8	30269	0.8
制造业	633781	15.2	526026	14.2
电力、煤气及水的生产和供应业	383605	9.2	387600	10.5
建筑业	575407	13.8	524181	14.2
第三产业	2414207	57.9	2094140	56.7
交通运输、仓储和邮政业	385689	9.2	314508	8.5
信息传输、计算机服务和软件业	466997	11.2	378001	10.2
批发与零售业	274361	6.6	252493	6.8
住宿和餐饮业	97986	2.4	119971	3.2
金融业	130092	3.1	130676	3.5
房地产业	219322	5.3	118126	3.2
其它行业	839760	20.1	780365	21.1
存货增加	**324513**	**7.8**	**569934**	**15.4**
第一产业	7626	0.2	18238	0.5
农林牧渔业	7626	0.2	18238	0.5
第二产业	230405	5.5	401348	10.9
工 业	111957	2.7	183291	5.0
建筑业	118448	2.8	218057	5.9
第三产业	86482	2.1	150348	4.1
交通运输、仓储和邮政业	30017	0.7	58133	1.6
批发与零售业	11196	0.3	24393	0.7
住宿和餐饮业	13824	0.3	11683	0.3
其它行业	31445	0.8	56139	1.5

2-12 最终消费(经济普查调整数)

单位：万元

指 标	2009年	结 构 (%)	2008年	结 构 (%)
最终消费支出	**5441882**	**100.0**	**4858476**	**100.0**
一、居民消费支出	**4893709**	**89.9**	**4349920**	**89.5**
(一)农村居民	440288	8.1	403348	8.3
食品类支出	203148	3.7	199509	4.1
衣着类支出	39687	0.7	32252	0.7
居住类支出	35276	0.6	41400	0.9
家庭设备、用品及服务类支出	23335	0.4	22225	0.5
医疗保健类支出	15850	0.3	14885	0.3
公共医疗消费支出	28618	0.5	4186	0.1
交通和通信类支出	14089	0.3	16022	0.3
文教娱乐用品及服务类支出	17215	0.3	14109	0.3
金融中介服务虚拟支出	2751	0.1	3902	0.1
自有住房服务虚拟支出	14089	0.3	11081	0.2
其它商品和服务类支出	46230	0.8	43777	0.9
(二)城镇居民	4453421	81.8	3946572	81.2
食品类支出	1673596	30.8	1507773	31.0
衣着类支出	405261	7.4	357843	7.4
居住类支出	501015	9.2	429559	8.8
家庭设备、用品及服务类支出	231577	4.3	160191	3.3
医疗保健类支出	236031	4.3	239054	4.9
公共医疗消费支出	115788	2.1	125590	2.6
交通和通信类支出	325099	6.0	277205	5.7
文教娱乐用品及服务类支出	600321	11.0	482152	9.9
金融中介服务虚拟支出	34736	0.6	30559	0.6
自有住房服务虚拟支出	178136	3.3	173499	3.6
实物消费支出	106882	2.0	78123	1.6
其它商品和服务类支出	44979	0.8	85024	1.8
二、政府消费支出	**548173**	**10.1**	**508556**	**10.5**

2-13 全市民族乡基本情况

(2009年)

民族乡名称	民族乡(个)	村民委员会(个)	#已通公路的村	#已通自来水的村	#已通电的村	#已通电话的村	#已通邮的村	年末实有耕地面积(亩)	年末有效灌溉面积(亩)	农业机械总动力(千瓦)
合　　计	18	218	218	210	217	218	212	490159	79500	112469
贵阳市南明区小碧布依族苗族乡	1	12	12	12	12	12	12	10590	6120	12000
贵阳市花溪区高坡苗族乡	1	19	19	18	19	19	19	1036	180	1060
贵阳市花溪区马铃布依族苗族乡	1	8	8	8	8	8	8	8850	2025	1300
贵阳市花溪区孟关苗族布依族乡	1	9	9	9	8	9	9	13875	8955	2038
贵阳市花溪区黔陶布依族苗族乡	1	7	7	7	7	7	7	8460	3046	
贵阳市花溪区湖潮布依族苗族乡	1	13	13	13	13	13	13	20490	10440	19600
贵阳市乌当区偏坡布依族乡	1	2	2	2	2	2	2	2145	930	11145
贵阳市乌当区新堡布依族乡	1	7	7	7	7	7	1	4815	3900	18386
贵阳市白云区都拉布依族乡	1	7	7	7	7	7	7	3893	2010	6747
贵阳市白云区牛场布依族乡	1	13	13	13	13	13	13	10860	6255	7024
贵阳市清镇市麦格苗族布依族乡	1	27	27	27	27	27	27	16545	1215	920
贵阳市清镇市王庄布依族苗族乡	1	15	15	8	15	15	15	18330	1065	652
贵阳市清镇市流长苗族乡	1	39	39	39	39	39	39	274950	15975	3750
贵阳市息烽市青山苗族乡	1	5	5	5	5	5	5	12070	1170	2500
贵阳市开阳县禾丰布依族苗族乡	1	6	6	6	6	6	6	18960	5190	7491
贵阳市开阳县南江布依族苗族乡	1	6	6	6	6	6	6	21000	7350	6789
贵阳市开阳县高寨苗族布依族乡	1	8	8	8	8	8	8	27825	1980	6047
贵阳市修文县大石布依族乡	1	15	15	15	15	15	15	15465	1694	5020

2-13　续表 1

民族乡名称	农村用电量(千瓦时)	行政区划面积(平方公里)	年末总人口(人)	#少数民族	乡镇企业(个)	乡镇企业从业人员(人)	乡镇企业总产值(万元)	#工业企业	乡镇企业年净利润总额(万元)
合　　计	38289118	1501	305426	131430	1310	20528	488653	302578	32899
贵阳市南明区小碧布依族苗族乡	1563980	66.0	16370	6220	142	4330	54100	12860	1056
贵阳市花溪区高坡苗族乡	1891021	108.9	21774	16548	4	112	1500	1200	78
贵阳市花溪区马铃布依族苗族乡	653000	81.1	8973	4790	53	1540	5952	952	132
贵阳市花溪区孟关苗族布依族乡	3237600	70.0	20415	9799	361	3418	81689	25345	242
贵阳市花溪区黔陶布依族苗族乡	788691	75.0	10048	4717	170	1385	8291	4120	48
贵阳市花溪区湖潮布依族苗族乡	4355572	81.4	23489	8195	65	1014	8230	6125	5050
贵阳市乌当区偏坡布依族乡	307000	21.9	1813	1776	16	69	416	23	82
贵阳市乌当区新堡布依族乡	3618720	53.9	5158	2962	3	158	518	518	142
贵阳市白云区都拉布依族乡	5940000	36.6	8267	3860	62	1845	231552	192470	17892
贵阳市白云区牛场布依族乡	3062280	67.5	12340	3296	86	1132	41711	19680	1603
贵阳市清镇市麦格苗族布依族乡	1212984	125.0	22665	7486	21	1350	7526	6980	602
贵阳市清镇市王庄布依族苗族乡	705030	75.0	21727	7934	6	102	1031	780	48
贵阳市清镇市流长苗族乡	760465	158.0	49041	25485	10	215	3482	3482	1285
贵阳市息烽市青山苗族乡	281239	49.5	7065	2190	3	17	74		13
贵阳市开阳县禾丰布依族苗族乡	2010000	83.1	16569	6034	163	1453	7591	1366	1232
贵阳市开阳县南江布依族苗族乡	2220560	119.6	20458	7774	13	215	1245	165	
贵阳市开阳县高寨苗族布依族乡	3470000	177.3	25943	8665	129	1198	23980	19469	2099
贵阳市修文县大石布依族乡	2210976	51.1	13311	3699	3	975	9765	7043	1295

2-13　续表 2

民族乡名称	农林牧渔业总产值(万元)	农作物总播种面积(亩)	#粮　食	粮　食产　量(吨)	肉　类总产量(吨)	财　政收　入(万元)	财　政支　出(万元)	人　均纯收入(元)	学校数(所)	在　校学生数(人)	教师数(人)
合　　计	128343	1342805	721910	117392	31765	10737	11973	3842	153	40145	2426
贵阳市南明区小碧布依族苗族乡	7731	26340	9525	25	1544	1254	1142	5320	8	2000	119
贵阳市花溪区高坡苗族乡	8275	42795	25664	10888	1703	474	475	2736	9	3586	182
贵阳市花溪区马铃布依族苗族乡	6430	32325	12030	3050	836	45	327	3752	8	1000	80
贵阳市花溪区孟关苗族布依族乡	10600	36316	18495	7654	1287	680	442	4349	8	3139	279
贵阳市花溪区黔陶布依族苗族乡	7153	14580	8745	3806	951	81	299	4375	8	1208	87
贵阳市花溪区湖潮布依族苗族乡	9986	37305	17250	7108	1027	232	408	4160	13	3211	183
贵阳市乌当区偏坡布依族乡	1920	6585	2775	704	264	90	308	5402	1	237	23
贵阳市乌当区新堡布依族乡	5535	28755	14895	4827	952	167	718	5258	8	562	58
贵阳市白云区都拉布依族乡	3196	11790	4560	1274	292	1756	1100	5231	9	1110	67
贵阳市白云区牛场布依族乡	6410	35550	13668	4957	686	222	912	4467	11	1183	125
贵阳市清镇市麦格苗族布依族乡	8524	42555	20955	8496	1447	759	1081	3616	6	2657	148
贵阳市清镇市王庄布依族苗族乡	4817	52740	29745	11236	1197	636	587	3604	12	3422	164
贵阳市清镇市流长苗族乡	12707	791100	446175	13730	1833	726	1172	3840	20	7271	294
贵阳市息烽市青山苗族乡	4050	26475	14551	4444	449	935	1150	4460	4	916	67
贵阳市开阳县禾丰布依族苗族乡	7456	2704	1202	8682	1296	445	563	3373	8	2076	133
贵阳市开阳县南江布依族苗族乡	8120	53235	27720	11034	12350	350	350	3565	7	2001	134
贵阳市开阳县高寨苗族布依族乡	9880	65745	34455	10924	2507	1678	640	3027	8	3134	176
贵阳市修文县大石布依族乡	5553	35910	19500	4553	1144	207	300	3002	5	1432	107

2-13　续表 3

民族乡名称	图书馆(个)	文化站(个)	村文化活动室(个)	医院、卫生院(个)	医生数(人)	病床数(张)	村　卫生　室(个)	医生数(人)	农业科技与服务单位数(个)	中高级农业技术人员(人)
合　　计	6	18	194	20	176	189	205	219	27	26
贵阳市南明区小碧布依族苗族乡		1	12	1	6	8	13	13	1	
贵阳市花溪区高坡苗族乡		1	18	1	13	10	12	19	1	
贵阳市花溪区马铃布依族苗族乡	1	1	8	1	7	6	3	3	1	1
贵阳市花溪区孟关苗族布依族乡		1	9	1	23	12	6	6	1	3
贵阳市花溪区黔陶布依族苗族乡	1	1	7	1	8	6	7	8	1	1
贵阳市花溪区湖潮布依族苗族乡	1	1	13	2	8	21	13	13	1	1
贵阳市乌当区偏坡布依族乡		1	2	1	6	8			1	
贵阳市乌当区新堡布依族乡	1	1	7	1	7	5	3	3	1	2
贵阳市白云区都拉布依族乡		1	7	1	7	10	7	7	1	
贵阳市白云区牛场布依族乡	1	1	13	2	12	10	12	12	1	2
贵阳市清镇市麦格苗族布依族乡		1	13	1	16	10	18	18	2	2
贵阳市清镇市王庄布依族苗族乡		1	15	1	6	6	15	15	4	2
贵阳市清镇市流长苗族乡		1	30	1	19	23	34	34	2	3
贵阳市息烽市青山苗族乡	1	1	5	1	7	12	3	6	1	1
贵阳市开阳县禾丰布依族苗族乡		1	6	1	6	18	13	13	1	3
贵阳市开阳县南江布依族苗族乡		1	6	1	8	8	10	11	1	1
贵阳市开阳县高寨苗族布依族乡		1	8	1	7	10	27	29	2	
贵阳市修文县大石布依族乡		1	15	1	10	6	9	9	4	4

主要统计指标解释

不变价格　指以同类产品某年的平均价格作为固定价格，用于计算各年的产品价值。按不变价格计算的产品价值消除了价格变动因素，不同时期对比可以反映生产的发展速度。新中国成立后，随着工农业产品价格水平的变化，国家统计局先后五次制定了全国统一的工业产品不变价格和农业产品不变价格。从1952年到1957年使用1952年工（农）业产品不变价格，从1957年到1970年使用1957年不变价格，从1971年到1980年使用1970年不变价格，从1981年到1990年使用1980年不变价格，从1991年到2000年使用1990年不变价格，从2001到2005年使用2000年不变价格，从2006年开始使用2005年不变价格。

可比价格　指计算各种总量指标所采用的扣除了价格变动因素的价格，可进行不同时期总量指标的对比。按可比价格计算总量指标有两种方法：一种是直接用产品产量乘某一年的不变价格计算；另一种是用价格指数进行缩减。

企业（单位）登记注册类型　是以在工商行政管理机关登记注册的各类企业为划分对象，以工商行政管理部门对企业登记注册的类型为依据，将企业登记注册类型分为内资企业、港澳台商投资企业和外商投资企业三大类。内资企业包括国有企业、集体企业、股份合作企业、联营企业、有限责任公司、股份有限公司、私营公司和其他企业；港澳台商投资企业和外商投资企业分别包括合资经营企业、合作经营企业、独资经营企业和股份有限公司。对不在工商行政管理部门进行登记注册的行政机关、事业单位和社会团体，主要按其经费来源和管理方式进行划分。

国有企业　指企业全部资产归国家所有，并按《中华人民共和国企业法人登记管理条例》规定登记注册的非公司制的经济组织。不包括有限责任公司中的国有独资公司。

集体企业　指企业资产归集体所有，并按《中华人民共和国企业法人登记管理条例》规定登记注册的经济组织。

股份合作企业　指以合作制为基础，由企业职工共同出资入股，吸收一定比例的社会资产投资组建，实行自主经营，自负盈亏，共同劳动，民主管理，按劳分配与按股分红相结合的一种集体经济组织。

联营企业　指两个及两个以上相同或不同所有制性质的企业法人或事业单位法人，按自愿、平等、互利的原则，共同投资组成的经济组织。联营企业包括国有联营企业、集体联营企业、国有与集体联营企业和其他联营企业。

有限责任公司　指根据《中华人民共和国公司登记管理条例》规定登记注册，由两个以上、五十个以下的股东共同出资，每个股东以其所认缴的出资额对公司承担有限责任，公司以其全部资产对其债务承担责任的经济组织。有限责任公司包括国有独资公司以及其他有限责任公司。

股份有限公司　指根据《中华人民共和国公司登记管理条例》规定登记注册，其全部注册资本由等额股份构成并通过发行股票筹集资本，股东以其认购的股份对公司承担有限责任，公司以其全部资产对其债务承担责任的经济组织。

私营企业 指由自然人投资设立或由自然人控股，以雇佣劳动为基础的营利性经济组织。包括按照《公司法》、《合伙企业法》、《私营企业暂行条例》规定登记注册的私营有限责任公司、私营股份有限公司、私营合伙企业和私营独资企业。

其他内资企业 指上述企业之外的其他内资经济组织。

与港澳台商合资经营企业 指港澳台地区投资者与内地企业依照《中华人民共和国中外合资经营企业法》及有关法律的规定，按合同规定的比例投资设立、分享利润和分担风险的企业。

与港澳台商合作经营企业 指港澳台地区投资者与内地企业依照《中华人民共和国中外合作经营企业法》及有关法律的规定，依照合作合同的约定进行投资或提供条件设立、分配利润和分担风险的企业。

港澳台商独资经营企业 指依照《中华人民共和国外资企业法》及有关法律的规定，在内地由港澳台地区投资者全额投资设立的企业。

港澳台商投资股份有限公司 指根据国家有关规定，经外经贸部依法批准设立，其中港、澳、台商的股本占公司注册资本的比例达25%以上的股份有限公司。凡其中港、澳、台商的股本占公司注册资本的比例小于25%的，属于内资企业中的股份有限公司。

中外合资经营企业 指外国企业或外国人与中国内地企业依照《中华人民共和国中外合资经营企业法》及有关法律的规定，按合同规定的比例投资设立、分享利润和分担风险的企业。

中外合作经营企业 指外国企业或外国人与中国内地企业依照《中华人民共和国中外合作经营企业法》及有关法律的规定，依照合作合同的约定进行投资或提供条件设立、分配利润和分担风险的企业。

外资企业 指依照《中华人民共和国外资企业法》及有关法律的规定，在中国内地由外国投资者全额投资设立的企业。

外商投资股份有限公司 指根据国家有关规定，经外经贸部依法批准设立，其中外资的股本占公司注册资本的比例达25%以上的股份有限公司。凡其中外资股本占公司注册资本的比例小于25%的，属于内资企业中的股份有限公司。

行政机关、事业单位和社会团体 参照企业登记注册类型，主要按其经费来源和管理方式划分。具体规定如下：

(1)行政机关：包括国家机关和政党机关，原则上均列为“国有”。但有特殊规定的，如供销社等，则列为“集体”。

(2)事业单位：包括经国家机构编制部门和有关业务主管部门批准成立的各类事业单位，不包括实行企业化管理的事业单位。事业单位的划分办法如下：

①由国家财政预算拨款或列入财政预算外资金管理以及经费主要来源于国有主管部门或国有上级单

位的事业单位,列为“国有”。

②经费主要来源于集体单位的事业单位,列为“集体”。

③公民个人(或个人合伙)开办的事业单位,列为“私营”。

④上述以外的其他事业单位,如果其经费来源不明确,按管理方式进行归类。

(3)社会团体:包括经民政部门批准成立以及未纳入社会团体管理条例范围的工会、妇联等各类社会团体。社会团体的划分办法如下:

①未纳入民政部社会团体管理条例范围的工会、妇联、共青团、青联、工商联、科协、侨联等社会团体,国家拨款设立的基金会或基金管理组织以及经费主要来源于国有业务主管部门或国有上级单位的社会团体,列为“国有”。

②经费主要来源于集体单位的社会团体,列为“集体”。

③公民个人(或个人合伙)开办的社会团体,划为“私营”。

④上述以外的其他社会团体,如果其经费来源不明确,改按管理方式进行归类。

国内生产总值(GDP)　指一个国家(或地区)所有常住单位在一定时期内生产活动的最终成果。国内生产总值有三种表现形态,即价值形态、收入形态和产品形态。从价值形态看,它是所有常住单位在一定时期内生产的全部货物和服务价值超过同期中间投入的全部非固定资产货物和服务价值的差额,即所有常住单位的增加值之和;从收入形态看,它是所有常住单位在一定时期内创造并分配给常住单位和非常住单位的初次收入分配之和;从产品形态看,它是所有常住单位在一定时期内最终使用的货物和服务价值与货物和服务净出口价值之和。在实际核算中,国内生产总值有三种计算方法,即生产法、收入法和支出法。三种方法分别从不同的方面反映国内生产总值及其构成。

三次产业　是根据社会生产活动历史发展的顺序对产业结构的划分,产品直接取自自然界的部门称为第一产业,对初级产品进行再加工的部门称为第二产业,为生产和消费提供各种服务的部门称为第三产业。它是世界上较为通用的产业结构分类,但各国的划分不尽一致。

我国的三次产业划分是:

第一产业:农业(包括种植业、林业、牧业和渔业)。

第二产业:工业(包括采掘业,制造业,电力、煤气及水的生产和供应业)和建筑业。

第三产业:除第一、第二产业以外的其他各业。　由于第三产业包括的行业多、范围广,根据我国的实际情况,第三产业可分为两大部分;一是流通部门,二是服务部门。

最终消费　指常住单位在一定时期内对于货物和服务的全部最终消费支出,也就是常住单位为满足物质、文化和精神生活的需要,从本国经济领土和国外购买的货物和服务的支出;不包括非常住单位在本国经济领土内的消费支出。最终消费分为居民消费和政府消费。

居民消费　指常住住户对货物和服务的全部最终消费支出。居民消费按市场价格计算,即按居民支付的购买者价格计算。购买者价格是购买者取得货物所支付的价格,包括购买者支付的运输和商业费用。居民消费除了直接以货币形式购买货物和服务的消费之外，还包括以其他方式获得的货物和服务的消费支出，即所谓的虚拟消费支出。居民虚拟消费支出包括以下几种类型:单位以实物报酬及实物转移的形式提供给劳动者的货物和服务;住户生产并由本住户消费了的货物和服务,其中的服务仅指住户的自有住房服务;金融机构提供的金融媒介服务;保险公司提供的保险服务。

政府消费 指政府部门为全社会提供公共服务的消费支出和免费或以较低价格向住户提供的货物和服务的净支出。前者等于政府服务的产出价值减去政府单位所获得的经营收入的价值,政府服务的产出价值等于它的经常性业务支出加上固定资产折旧;后者等于政府部门免费或以较低价格向住户提供的货物和服务的市场价值减去向住户收取的价值。

公路里程 指在一定时期内实际达到《公路工程技术标准 JTJ01-88》规定的等级公路,并经公路主管部门正式验收交付使用的公路里程数。包括大中城市的郊区公路以及通过小城镇街道部分的公路里程和桥梁、渡口的长度,不包括大中城市的街道、厂矿、林区生产用道和农业生产用道的里程。两条或多条公路共同经由同一路段,只计算一次,不得重复计算里程长度。

3

three

人口与计划生育

Population and Family Planning

年末常住人口（单位：万人）

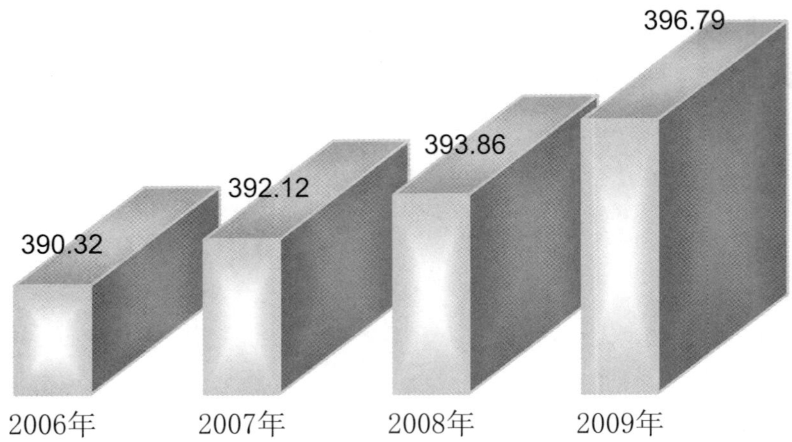
390.32
392.12
393.86
396.79
2006年
2007年
2008年
2009年

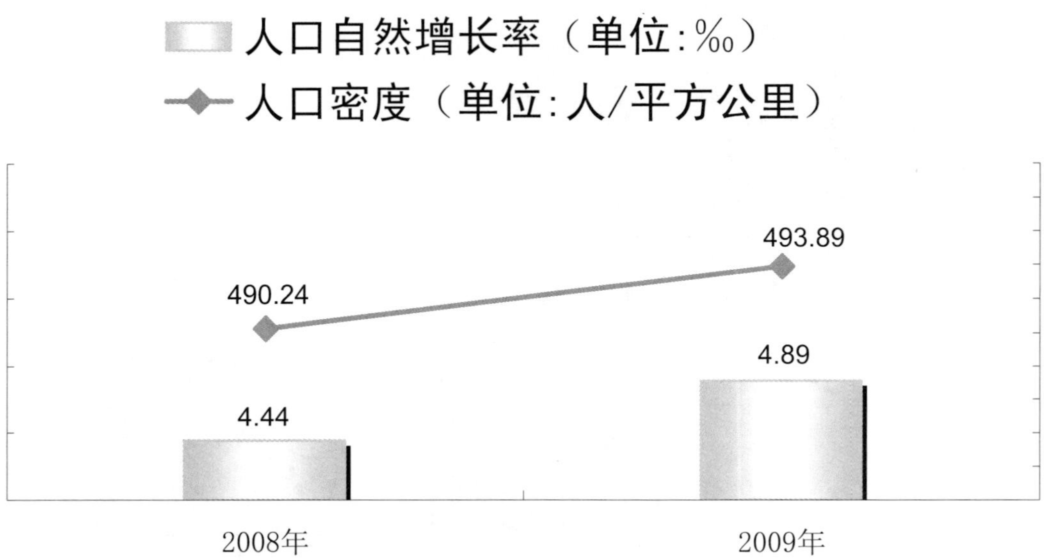
人口自然增长率（单位:‰）
人口密度（单位:人/平方公里）
490.24
493.89
4.44
4.89
2008年
2009年

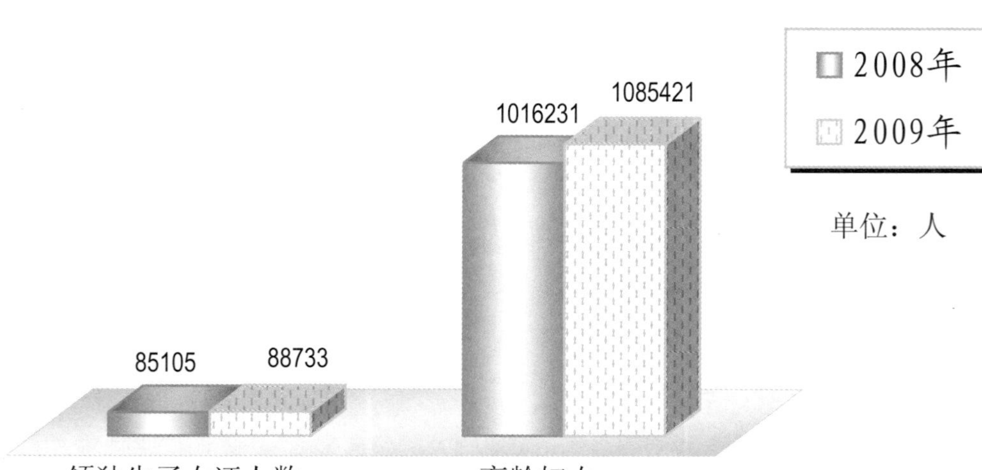
2008年
2009年
单位：人
85105
88733
1016231
1085421
领独生子女证人数
育龄妇女

3-1 常住人口(半年口径)主要指标变动情况

指标	2009年		2008年		2009年比2008年增长(%)
	人数(万人)	构成(%)	人数(万人)	构成(%)	
年平均人口	395.33		392.99		0.6
年末总人口	396.79	100.0	393.86	100.0	0.7
按市镇、乡村分					
市镇	258.71	65.2	252.78	64.2	2.3
乡村	138.08	34.8	141.08	35.8	-2.1
按性别分					
男	201.51	50.8	199.58	50.7	0.9
女	195.28	49.2	194.28	49.3	0.5
性别比(以女性为100)	103.19		102.73		.
人口出生率(‰)	11.06		10.75		0.31千分点
人口死亡率(‰)	6.17		6.31		-0.14千分点
自然增长率(‰)	4.89		4.44		0.45千分点
年末总人口(公安户籍数)	**367.08**	**100.0**	**363.93**	**100**	**0.9**
农业	184.33	50.2	182.51	50.1	1.0
非农业	182.74	49.8	181.42	49.9	0.7

注:常住人口为抽样调查数，公安户籍数来源于贵阳市公安局。

3-2 常住人口(半年口径)增长情况

(2009年)

名称	年末总人口(万人)	年平均人口(万人)	人口密度(人/平方公里)	出生率(‰)	死亡率(‰)	人口自然增长率(‰)
贵阳市	**396.79**	**395.33**	**493.89**	**11.06**	**6.17**	**4.89**
南明区	73.54	72.58	3513.95	10.95	5.15	5.80
云岩区	79.52	79.34	8498.45	9.56	5.19	4.37
花溪区	34.35	35.03	383.60	10.81	6.62	4.19
乌当区	30.29	30.21	343.49	12.42	6.74	5.68
白云区	20.05	19.99	772.34	12.22	6.72	5.50
小河区	16.25	15.71	2575.28	11.54	6.60	4.94
开阳县	41.31	41.22	203.88	10.97	6.89	4.08
息烽县	23.60	23.54	227.69	11.65	6.43	5.22
修文县	27.91	27.85	259.46	11.57	6.72	4.85
清镇市	49.97	49.85	334.83	10.96	6.17	4.79
市区	254.00	252.87	1057.08	10.94	5.89	5.05

注:本表数据为抽样调查数。

3-3 市辖镇人口状况

(2009年)

地区别	总户数(户)	总人口(人)			平均每户人数	性别比(女=100)	非农业人口(人)		农业人口(人)	
		合计	男	女			人数	占总人口(%)	人数	占总人口(%)
合计	**149985**	**544588**	**272256**	**272332**	**3.63**	**1.00**	**126492**	**23.2**	**418096**	**76.8**
云岩黔灵镇	**14080**	**51873**	**24768**	**27105**	**3.68**	**0.91**	**24469**	**47.2**	**27404**	**52.8**
花溪区	**13182**	**54154**	**27085**	**27069**	**4.11**	**1.00**	**7082**	**13.1**	**47072**	**86.9**
青岩镇	7759	31429	15573	15856	4.05	0.98	3134	10.0	28295	90.0
石板镇	5423	22725	11512	11213	4.19	1.03	3948	17.4	18777	82.6
乌当区	**37289**	**123873**	**62356**	**61517**	**3.32**	**1.01**	**29854**	**24.1**	**94019**	**75.9**
金华镇	13645	43628	22281	21347	3.20	1.04	19691	45.1	23937	54.9
朱昌镇	7197	25166	12485	12681	3.50	0.98	5137	20.4	20029	79.6
东风镇	8033	24970	12368	12602	3.11	0.98	3964	15.9	21006	84.1
水田镇	4315	15550	7837	7713	3.60	1.02	536	3.4	15014	96.6
羊昌镇	4099	14559	7385	7174	3.55	1.03	526	3.6	14033	96.4
白云区	**16946**	**79295**	**39390**	**39905**	**4.68**	**0.99**	**29251**	**36.9**	**50044**	**63.1**
沙文镇	6306	23174	11466	11708	3.67	0.98	3969	17.1	19205	82.9
麦架镇	3503	35702	18062	17640	10.19	1.02	19660	55.1	16042	44.9
艳山红镇	7137	20419	9862	10557	2.86	0.93	5622	27.5	14797	72.5
清镇市	**68488**	**235393**	**118657**	**116736**	**3.44**	**1.02**	**35836**	**15.2**	**199557**	**84.8**
红枫湖镇	12129	42914	21645	21269	3.54	1.02	10299	24.0	32615	76.0
站街镇	24957	79156	39986	39170	3.17	1.02	16902	21.4	62254	78.6
卫城镇	18028	61038	31295	29743	3.39	1.05	4488	7.4	56550	92.6
新店镇	13374	52285	25731	26554	3.91	0.97	4147	7.9	48138	92.1

注：本表数据为公安户籍数。

3-4 县辖镇人口状况

(2009年)

地区别	总户数(户)	总人口(人)			平均每户人数	性别比(女=100)	非农业人口(人)		农业人口(人)	
		合计	男	女			人数	占总人口(%)	人数	占总人口(%)
合　　计	**177174**	**5[illegible]695**	**290549**	**276146**	**3.20**	**1.05**	**125348**	**22.12**	**441347**	**77.88**
开阳县	**82480**	**2[illegible]2645**	**130201**	**122444**	**3.06**	**1.06**	**60197**	**23.83**	**192448**	**76.17**
城关镇	25996	72251	36177	36074	2.80	1.00	31243	43.24	41008	56.76
双流镇	12337	35641	18288	17353	2.90	1.05	5249	14.73	30392	85.27
金中镇	9805	25549	13313	12236	2.60	1.09	15456	60.50	10093	39.50
冯三镇	10369	37297	19592	17705	3.60	1.11	1789	4.80	35508	95.20
楠木渡镇	12317	42508	22388	20120	3.50	1.11	2675	6.29	39833	93.71
龙岗镇	11656	39399	20443	18956	3.40	1.08	3785	9.61	35614	90.39
息烽县	**43826**	**139401**	**71969**	**67432**	**3.40**	**1.07**	**28361**	**20.34**	**111040**	**79.66**
永靖镇	18320	53106	27014	26092	2.90	1.04	17762	33.45	35344	66.55
小寨坝镇	9293	33691	17293	16398	3.60	1.05	5027	14.92	28664	85.08
温泉镇	6924	21726	11486	10240	3.10	1.12	4231	19.47	17495	80.53
九庄镇	9289	30878	16176	14702	3.30	1.10	1341	4.34	29537	95.66
修文县	**50868**	**174649**	**88379**	**86270**	**3.30**	**1.02**	**36790**	**21.07**	**137859**	**78.93**
龙场镇	20316	71847	35835	36012	3.50	1.00	22317	31.06	49530	68.94
扎佐镇	12672	41468	20788	20680	3.30	1.01	10528	25.39	30940	74.61
久长镇	9332	32823	16652	16171	3.50	1.03	2686	8.18	30137	91.82
六广镇	8548	28511	15104	13407	3.30	1.13	1259	4.42	27252	95.58

注：本表数据为公安户籍数。

3-5　出生及新婚情况

(2009年)

单位：人

地区别	年初以来累计出生人数									
	合　计					一　孩				
	小　计	计划内		计划外		小　计	计划内		计划外	
		男	女	男	女		男	女	男	女
合　计	**31224**	**15419**	**14487**	**666**	**652**	**23295**	**11445**	**11325**	**261**	**264**
南明区	4325	2204	2057	34	30	3533	1790	1731	5	7
云岩区	4787	2416	2300	38	33	3920	1990	1923	6	1
白云区	2092	1076	965	32	19	1520	784	720	10	6
花溪区	3004	1509	1405	46	44	2049	1005	992	23	29
乌当区	1912	963	918	11	20	1401	690	699	4	8
小河区	1844	893	892	31	28	1511	746	751	8	6
开阳县	3141	1554	1527	26	34	2324	1125	1169	15	15
息烽县	2152	1010	955	59	85	1491	690	736	22	43
修文县	2435	1112	1017	152	154	1669	781	775	60	53
清镇市	4116	1982	1835	154	145	2917	1401	1375	72	69
高新区	1459	700	616	83	60	960	443	454	36	27

注：本表数据来源于计生部门(下表同)。

3-5　续表

单位：人

地区别	年初以来累计出生人数										年初以来死亡人数
	二　孩					多　孩					
	小　计	计划内		计划外		小　计	计划内		计划外		
		男	女	男	女		男	女	男	女	
合　计	**7634**	**3922**	**3117**	**299**	**296**	**295**	**52**	**45**	**106**	**92**	**16535**
南明区	764	402	321	24	17	28	12	5	5	6	2480
云岩区	853	423	372	27	31	14	3	5	5	1	2428
白云区	560	287	238	22	13	12	5	7			949
花溪区	939	498	412	17	12	16	6	1	6	3	1532
乌当区	499	270	216	5	8	12	3	3	2	4	846
小河区	326	147	138	20	21	7		3	3	1	675
开阳县	791	423	350	8	10	26	6	8	3	9	2179
息烽县	588	316	218	23	31	30	4	1	14	11	1231
修文县	709	330	240	60	79	57	1	2	32	22	1342
清镇市	1127	575	452	53	47	72	6	8	29	29	2379
高新区	478	251	160	40	27	21	6	2	7	6	494

3-6 节育及领独生子女证情况

（2009年）

单位：人

地区别	育龄妇女	已婚育龄妇女					采取措施的已婚育龄妇女人数		领独生子女证人数
		小 计	无 孩	一 孩	二 孩	多 孩		#男 扎	
合 计	**1085421**	**777305**	**41206**	**431837**	**220528**	**83734**	**700758**	**241427**	**88733**
南明区	218177	153867	7875	101981	35011	9000	140502	30139	20077
云岩区	217796	148482	9377	101599	31032	6474	133953	25392	15598
白云区	75209	54480	2897	30795	15303	5485	49359	16706	11299
花溪区	95252	56769	2578	26728	20823	6640	49670	23091	4887
乌当区	51122	39139	2500	22020	11873	2746	34631	12243	6594
小河区	70236	53296	3606	34273	11993	3424	46514	11405	6759
开阳县	92669	70813	2997	28473	26441	12902	65523	29531	6747
息烽县	54939	43216	1878	19173	15897	6268	39635	18870	4496
修文县	58796	44549	2130	18043	15802	8574	40084	21244	4287
清镇市	113013	83707	3870	34663	26261	18913	75345	41360	6208
高新区	38212	28987	1498	14089	10092	3308	25542	11446	1781

主 要 统 计 指 标 解 释

人口数 指一定时点、一定地区范围内的有生命的个人的总和。年度统计的年末人口数指每年12月31日24时的人口数。

市镇总人口和乡村总人口其定义有两种口径：

第一种口径(按行政建制)

市人口：市管辖区域内的全部口(含市辖镇，不含市辖区县)；

镇人口：县辖镇的全部人口(不含市辖镇)；

县人口：县辖乡人口。

第二种口径(按常住人口划分)

市人口：设区的市的区人口和不设区的市所辖的街道人口；

镇人口：不设区的市所辖镇的居民委员会人口和县辖镇的居民委员会人口；

县人口：除上述两种人口以外的全部人口。

出生率(又称粗出生率) 指在一定时期内(通常为一年)平均每千人所出生的人数的比率，一般用千分率表示。计算公式为：

出生率=年出生人数/年平均人数×1000‰

式中：出生人数指活产婴儿，即胎儿脱离母体时(不管怀孕月数)，有过呼吸或其他生命现象。

年平均人数指年初、年底人口数的平均数，也可用年中人口数代替。

死亡率(又称粗死亡率) 指在一定时期内(通常为一年)一定地区的死亡人数与同期平均人数(或期中人数)之比，一般用千分率表示。计算公式为：

死亡率=年死亡人数/年平均人数×1000‰

人口自然增长率 指在一定时期内(通常为一年)人口自然增加数(出生人数减死亡人数)与该时期内平均人数(或期中人数)之比，一般用千分率表示。计算公式为：

人口自然增长率=(本年出生人数－本年死亡人数)/年平均人数×1000‰=人口出生率－人口死亡率。

4

four

从业人员及职工工资

Employment and Wages

在岗职工年末人数

单位：万人

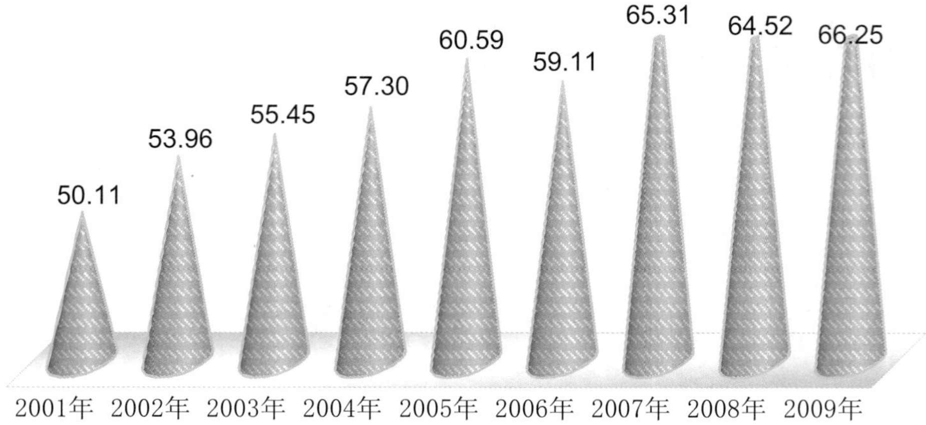

在岗职工人数按经济类型分

单位：万人

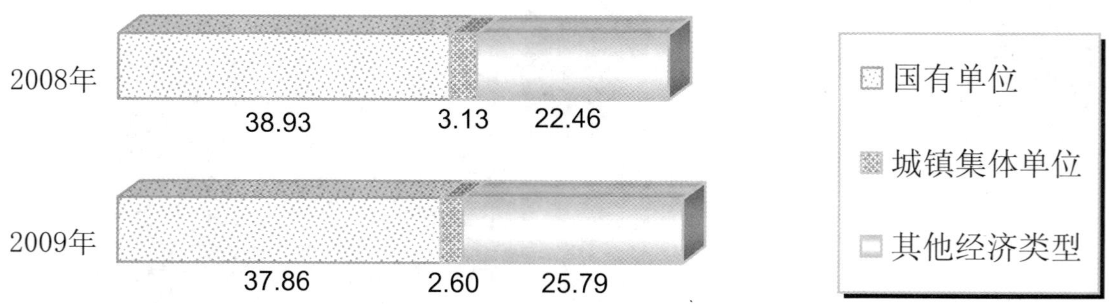

在岗职工平均工资

单位：元

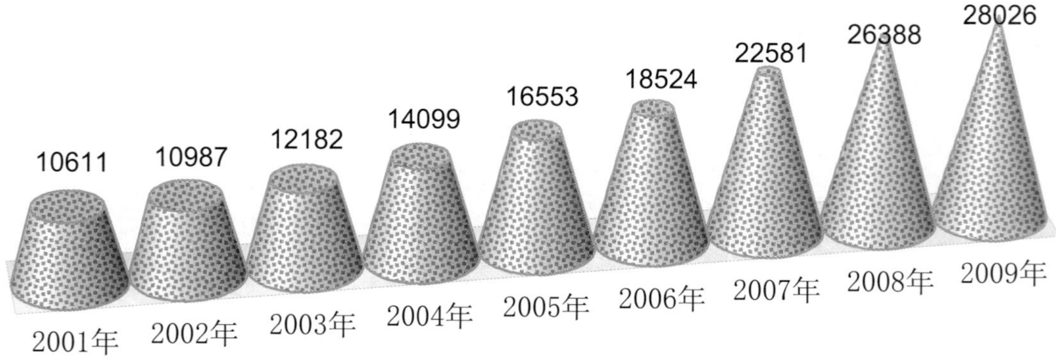

2-1 按国民经济行业分组的在岗职工人数

(2009年)　　单位：人

指　　标	在岗职工年末人数			
	合　计	国有单位	城镇集体单　位	其他经济类　型
全 市 总 计	**662521**	**378631**	**25962**	**257928**
一、按企事业、机关分组				
企　业	493793	218704	23278	251811
事　业	113016	110048	1654	1314
机　关	50329	49879	112	338
二、按国民经济行业分组				
农、林、牧、渔业	2521	2201		320
采矿业	9670	7696	488	1486
制造业	147952	42181	6389	99382
电力、燃气及水的生产和供应业	10928	6346	42	4540
建筑业	140649	106924	5094	28631
交通运输、仓储及邮政业	19730	15464	618	3648
信息传输、计算机服务和软件业	9232	6654	29	2549
批发和零售业	50055	7596	3561	38898
住宿和餐饮业	17543	3912	484	13147
金融业	16147	5635	1509	9003
房地产业	24667	3324	887	20456
租赁和商务服务业	24622	3533	2421	18668
科学研究、技术服务业和地质勘查业	18677	13015	198	5464
水利、环境和公共设施管理业	7869	5973	1754	142
居民服务和其他服务业	7698	2010	730	4958
教　育	59865	55743	1309	2813
卫生、社会保障和社会服务业	23685	22255	254	1176
文化、体育和娱乐业	10019	7831	79	2109
公共管理和社会组织	60992	60338	116	538

4-2 按国民经济行业分组的在岗职工工资总额

(2009年)

单位：万元

指标	在岗职工工资总额			
	合计	国有单位	城镇集体单位	其他经济类型
全市总计	**1803395**	**1134357**	**49720**	**619318**
一、按企事业、机关分组				
企业	1277285	627661	45572	604052
事业	342801	334314	2674	5813
机关	173600	172382	190	1028
二、按国民经济行业分组				
农、林、牧、渔业	5392	4924		468
采矿业	22973	19135	651	3187
制造业	361580	118218	9717	233645
电力、燃气及水的生产和供应业	49681	30752	49	18880
建筑业	325473	250458	10928	64087
交通运输、仓储及邮政业	58286	45950	1321	11015
信息传输、计算机服务和软件业	36706	29538	69	7099
批发和零售业	110178	32701	5921	71556
住宿和餐饮业	31522	8233	747	22542
金融业	113977	41802	8308	63867
房地产业	58378	6849	1663	49866
租赁和商务服务业	54250	12483	3522	38245
科学研究、技术服务业和地质勘查业	55861	39912	379	15570
水利、环境和公共设施管理业	18094	16099	1750	245
居民服务和其他服务业	16104	7361	1453	7290
教育	182002	174713	2463	4826
卫生、社会保障和社会服务业	77355	74402	365	2588
文化、体育和娱乐业	24823	21572	189	3062
公共管理和社会组织	200760	199255	225	1280

4-3 按国民经济行业分组的在岗职工平均工资

(2009年)

单位：元

指标	在岗职工平均工资			
	合计	国有单位	城镇集体单位	其他经济类型
全市总计	**28026**	**31116**	**19308**	**24464**
一、按企事业、机关分组				
企业	26881	30630	19734	24440
事业	30382	30416	16375	45239
机关	34593	34662	17000	30307
二、按国民经济行业分组				
农、林、牧、渔业	21439	22493		14359
采矿业	24326	25567	13346	21654
制造业	24561	28425	15375	23528
电力、燃气及水的生产和供应业	45600	48140	11667	42284
建筑业	25439	26155	21533	23640
交通运输、仓储及邮政业	29232	29208	21763	30596
信息传输、计算机服务和软件业	42861	48896	23759	28467
批发和零售业	22255	42630	16888	18668
住宿和餐饮业	18002	20923	16028	17196
金融业	71937	72259	56246	74421
房地产业	24253	21087	18684	25018
租赁和商务服务业	22463	35262	14406	21053
科学研究、技术服务业和地质勘查业	32958	35439	19141	28366
水利、环境和公共设施管理业	23087	27089	10019	16633
居民服务和其他服务业	22838	36730	19931	16882
教育	30410	31282	19119	17807
卫生、社会保障和社会服务业	32910	33672	14419	22389
文化、体育和娱乐业	24960	27135	23937	15979
公共管理和社会组织	33058	33157	20116	24433

4-4　按国民经济行业分组的其他从业人员人数及报酬

(2009年)

指　　标	年末人数(人)	劳动报酬(万元)
全　市　总　计	**23083**	**40760**
一、按企事业、机关分组		
企　业	16200	30167
事　业	5304	8384
机　关	1431	1995
二、按国民经济行业分组		
农、林、牧、渔业	56	91
采矿业	26	60
制造业	2824	3901
电力、燃气及水的生产和供应业	26	117
建筑业	5252	9402
交通运输、仓储及邮政业	3494	6491
信息传输、计算机服务和软件业	231	1936
批发和零售业	1169	2594
住宿和餐饮业	606	967
金融业	403	994
房地产业	1143	2037
租赁和商务服务业	480	627
科学研究、技术服务业和地质勘查业	665	1413
水利、环境和公共设施管理业	295	264
居民服务和其他服务业	109	221
教　育	1781	2959
卫生、社会保障和社会服务业	2624	3914
文化、体育和娱乐业	189	310
公共管理和社会组织	1710	2462

4-5 按国民经济行业分组的离开本单位仍保留劳动关系职工人数及生活费

(2009年)

单位：人

指　　标	离开本单位仍保留劳动关系的职工			
	合　计	国有单位	城镇集体单　位	其他经济类　型
全　市　总　计	**33112**	**23358**	**2386**	**7368**
一、按企事业、机关分组				
企　业	31475	21762	2371	7342
事　业	1510	1478	6	26
机　关	118	118		
二、按国民经济行业分组				
农、林、牧、渔业	78	78		
采矿业	698	679		19
制造业	17227	11532	704	4991
电力、燃气及水的生产和供应业	404	386		18
建筑业	4554	4207	152	195
交通运输、仓储及邮政业	711	549	139	23
信息传输、计算机服务和软件业	245	137		108
批发和零售业	3630	2337	620	673
住宿和餐饮业	650	335	13	302
金融业	778	257	39	482
房地产业	1902	870	524	508
租赁和商务服务业	324	130	186	8
科学研究、技术服务业和地质勘查业	963	941		22
水利、环境和公共设施管理业	9	2	7	
居民服务和其他服务业	72	67		5
教　育	418	418		
卫生、社会保障和社会服务业	225	209	2	14
文化、体育和娱乐业	107	107		
公共管理和社会组织	117	117		

4-5 续表

单位：万元

指　　标	离开本单位仍保留劳动关系职工生活费			
	合　计	国有单位	城镇集体单　位	其他经济类　型
全 市 总 计	**26824**	**20476**	**928**	**5420**
一、按企事业、机关分组				
企　业	25165	18845	927	5393
事　业	1355	1328	1	26
机　关	304	304		
二、按国民经济行业分组				
农、林、牧、渔业	89	89		
采矿业	441	441		
制造业	13312	10157	164	2991
电力、燃气及水的生产和供应业	611	597		14
建筑业	2385	2242	33	110
交通运输、仓储及邮政业	1234	1128	55	51
信息传输、计算机服务和软件业	370	279		91
批发和零售业	2048	1185	481	382
住宿和餐饮业	600	477	14	109
金融业	2988	1698	39	1251
房地产业	814	300	132	382
租赁和商务服务业	241	230	7	4
科学研究、技术服务业和地质勘查业	1004	971		33
水利、环境和公共设施管理业	2		2	
居民服务和其他服务业	35	33		2
教　育	239	239		
卫生、社会保障和社会服务业	236	235	1	
文化、体育和娱乐业	28	28		
公共管理和社会组织	147	147		

4-6 私营企业基本情况

(2009年)

指　　标	户　数(户)	城　镇	乡　村	雇工人数(人)	城　镇	乡　村
总　计	**27283**	**23616**	**3667**	**141955**	**115878**	**26077**
按国民经济行业分组						
农、林、牧、渔业	678	274	404	3980	1628	2352
采矿业	253	97	156	3731	853	2878
制造业	2881	1934	947	29070	15732	13338
电力、燃气及水的生产和供应业	56	39	17	307	256	51
建筑业	1355	1215	140	5995	5604	391
交通运输、仓储和邮政业	429	370	59	1786	1428	358
信息传输、计算机服务和软件业	1659	1483	176	6310	5958	352
批发和零售业	12263	11114	1149	49499	46541	2958
住宿和餐饮业	508	451	57	2658	2164	494
金融业	42	36	6	295	278	17
房地产业	1441	1296	145	8850	7904	946
租赁和商务服务业	2641	2502	139	11704	11206	498
科学研究、技术服务和地质勘查业	75	65	10	331	313	18
水利、环境和公共设施管理业	17	14	3	210	130	80
居民服务和其他服务业	1445	1318	127	9037	8533	504
卫生、社会保障和社会福利业	107	99	8	612	587	25
文化、体育和娱乐业	195	187	8	1065	1041	24
其他行业	1238	1122	116	6515	5722	793

注：本表资料来源于市工商局（下表同）。

4-7 个体工商业基本情况

(2009年)

指　　标	户　数(户)	城　镇	乡　村	从业人员(人)	城　镇	乡　村
总　计	**91184**	**64677**	**26507**	**145132**	**108750**	**36382**
按国民经济行业分组						
农、林、牧、渔业	1161	180	981	1548	397	1151
采矿业	379	61	318	1548	247	1301
制造业	5681	3010	2671	13032	6868	6164
电力、燃气及水的生产和供应业	1	1		2	2	
建筑业	240	197	43	436	345	91
交通运输、仓储和邮政业	5231	3801	1430	9168	7519	1649
信息传输、计算机服务和软件业	391	270	121	527	414	113
批发和零售业	58607	42912	15695	76146	58861	17285
住宿和餐饮业	8129	6041	2088	20899	16946	3953
房地产业	77	62	15	132	114	18
租赁和商务服务业	702	502	200	1149	827	322
居民服务和其他服务业	7114	5050	2064	13889	10821	3068
卫生、社会保障和社会福利业	725	635	90	1528	1356	172
文化、体育和娱乐业	450	332	118	1217	1031	186
其他行业	2296	1623	673	3911	3002	909

主 要 统 计 指 标 解 释

从业人员 指从事一定社会劳动并取得劳动报酬或经营收入的人员，包括全部职工、再就业的离退休人员、私营业主、个体户主、私营和个体从业人员、乡镇企业从业人员、农村从业人员、其他从业人员(包括民办教师、宗教职业者、现役军人等)。这一指标反映了一定时期内全部劳动力资源的实际利用情况，是研究我国基本国情国力的重要指标。

单位从业人员 指在各级国家机关、政党机关、社会团体及企业、事业单位中工作，取得工资或其他形式的劳动报酬的全部人员。包括在岗职工、再就业的离退休人员、民办教师以及在各单位中工作的外方人员和港澳台方人员、兼职人员、借用的外单位人员和第二职业者。不包括离开本单位仍保留劳动关系的职工。各单位的从业人员反映了各单位实际参加生产或工作的全部劳动力。

城镇私营和个体从业人员 城镇私营从业人员指在工商管理部门注册登记，其经营地址设在县城关镇(含城关镇)以上的私营企业从业人员；包括私营企业投资者和雇工。城镇个体从业人员指在工商管理部门注册登记，并持有城镇户口或在城镇长期居住，经批准从事个体工商经营的从业人员；包括个体经营者和在个体工商户劳动的家庭帮工和雇工。

在岗职工 指在本单位工作并由单位支付工资的人员，以及有工作岗位，但由于学习、病伤产假(六个月以内)等原因暂未工作，仍由单位支付工资的人员。

其他从业人员 指再就业的离退休人员、民办教师以及在各单位中工作的外方人员和港澳台方人员、兼职人员、借用的外单位人员和从事第二职业的人员等单位其他从业人员。

单位从业人员劳动报酬 指各单位在一定时期内直接支付给本单位全部从业人员的劳动报酬总额。单位从业人员劳动报酬包括在岗职工工资总额和其他从业人员劳动报酬两部分。

在岗职工工资总额 指各单位在一定时期内直接支付给本单位在岗职工的劳动报酬总额。

在岗职工平均工资 指各单位在一定时期内平均支付给本单位在岗职工的劳动报酬。它表明一定时期职工工资收入的高低程度，是反映职工工资水平的主要指标。

计算公式为：

在岗职工平均工资 = 报告期实际支付的全部在岗职工资总额 / 报告期全部在岗职工平均人数

5

five

固定资产投资

Investment in Fixed Assets

贵阳统计年鉴 2010

GUIYANGTONGJINIANJIAN

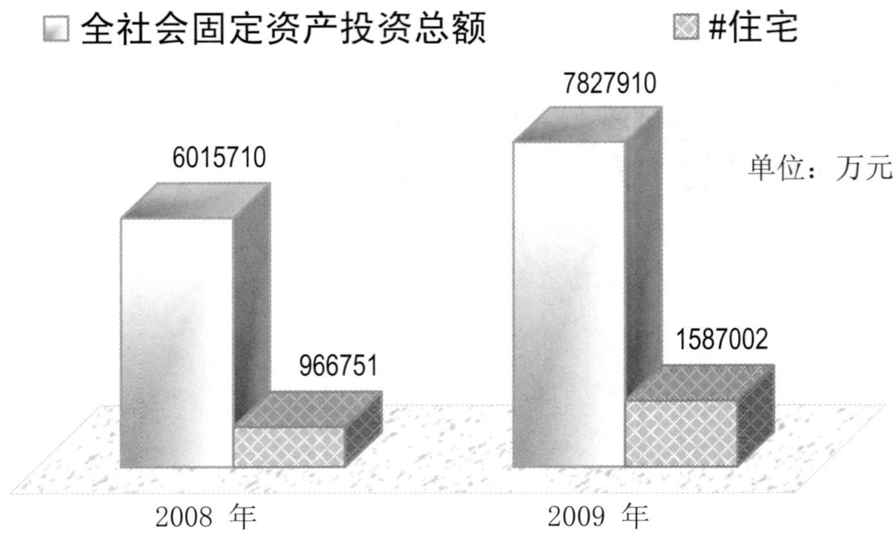
全社会固定资产投资总额
#住宅
单位：万元
6015710
966751
7827910
1587002
2008 年
2009 年

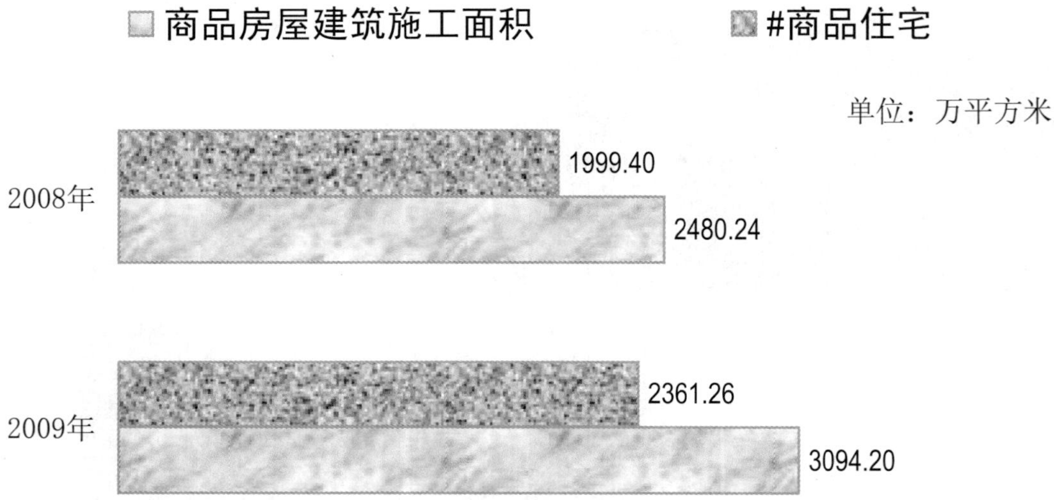
商品房屋建筑施工面积
#商品住宅
单位：万平方米
2008年
1999.40
2480.24
2009年
2361.26
3094.20

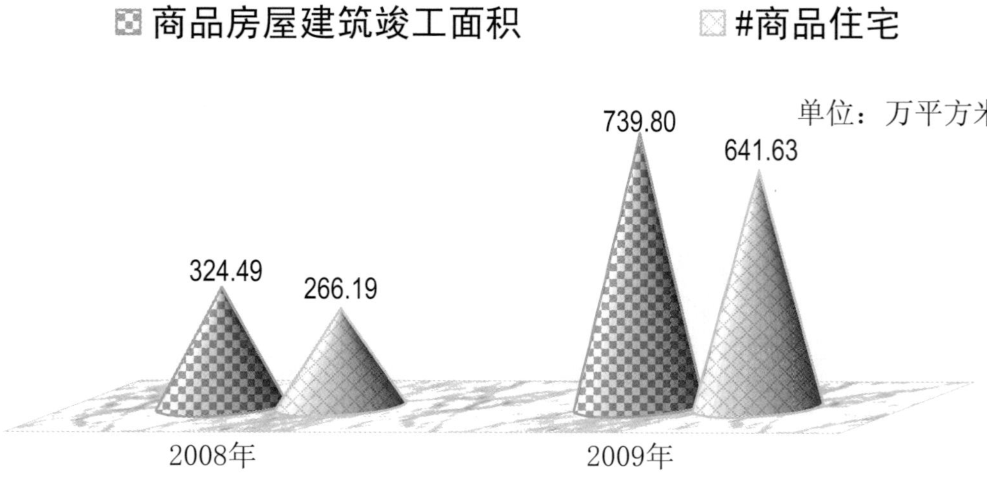
商品房屋建筑竣工面积
#商品住宅
单位：万平方米
324.49
266.19
739.80
641.63
2008年
2009年

5-1 全社会固定资产投资

指　　标	2009年		2008年		2009年比2008年增长(%)
	投资额(万元)	构　成(%)	投资额(万元)	构　成(%)	
一、投资总额	**7827910**	**100.0**	**6015710**	**100.0**	**30.1**
#住　宅	1587002	20.3	966751	16.1	64.2
按隶属关系分					
中　央	1352633	17.3	942167	15.7	43.6
地　方	6475277	82.7	5073543	84.3	27.6
按登记注册类型分					
内　资	7380579	94.3	5708610	94.9	29.3
#国　有	2867978	36.6	2107689	35.0	36.1
集　体	40255	0.5	32242	0.5	24.9
股份合作	21310	0.3	5005	0.1	3.3倍
国有与集体联营	4231	0.1	57921	1.0	-92.7
其他联营			3800	0.1	
国有独资公司	608130	7.8	341280	5.7	78.2
其他有限责任公司	2570529	32.8	2011254	33.4	27.8
股份有限公司	281870	3.6	340278	5.7	-17.2
私营个体	794836	10.2	594688	9.9	33.7
其　他	216614	2.8	243173	4.0	-10.9
#城镇和农村私人投资	134712	1.7	195296	3.2	-31.0
港澳台投资	25371	0.3	46317	0.8	-45.2
#合资经营	19848	0.3	24947	0.4	-20.4
独　资	5523	0.1	21239	0.4	-74.0
外商投资	396786	5.1	232063	3.9	71.0
#合资经营	45308	0.6	31142	0.5	45.5
独　资	224011	2.9	187614	3.1	19.4
股份有限	119019	1.5	31	0.0	3838.3倍
按计划管理渠道分					
基本建设	3346548	42.8	2382065	39.6	40.5
更新改造	1666608	21.3	1300350	21.6	28.2
房地产开发	2103225	26.9	1701116	28.3	23.6
其他投资	711529	9.1	632179	10.5	12.6
按产业分					
第一产业	161726	2.1	102044	1.7	58.5
第二产业	2133316	27.3	1820405	30.3	17.2
第三产业	5532868	70.7	4093261	68.0	35.2
按城乡分					
城　镇	7399553	94.5	5446254	90.5	35.9
农　村	428357	5.5	569456	9.5	-24.8
二、本年新增固定资产(万元)	**5182431**	**66.2**	**3531192**	**58.7**	**46.8**
固定资产交付使用率(%)	66.20		58.70		7.5个百分点
三、房屋建设面积(平方米)					
施工面积	41277086	527.3	30465263	100.0	35.5
#住　宅	26689252	340.9	21219354	69.7	25.8
竣工面积	10407021	132.9	5531005	100.0	88.2
#住　宅	7706923	98.5	3315687	59.9	1.3倍

注:其他投资是指除基本建设、更新改造、房地产开发以外的投资。

5-2 全社会固定资产投资(按国有和非国有经济分)

指 标	2009年		2008年		2009年比2008年增长(%)	
	国有经济	非国有经济	国有经济	非国有经济	国有经济	非国有经济
一、投资额(万元)	**3517471**	**4310439**	**2444852**	**3570858**	**43.9**	**20.7**
按计划管理渠道分						
基本建设	2747500	599048	1762397	619668	55.9	-3.3
更新改造	533378	1133230	535854	764496	-0.5	48.2
房地产开发	147883	1955342	99709	1601407	48.3	22.1
其他投资	47347	664182	46892	585287	1.0	13.5
按构成分						
建筑工程	1886767	2140987	1163923	1698440	62.1	26.1
安装工程	245457	321818	169934	227794	44.4	41.3
设备、工器具购置	576485	1020859	599469	708472	-3.8	44.1
其他费用	767399	868138	556926	890752	37.8	-2.5
二、本年资金来源小计(万元)	**3258508**	**6794413**	**2362415**	**4394869**	**37.9**	**54.6**
国家预算内资金	400004	24849	220383	3913	81.5	5.4倍
国内贷款	1123843	1060047	671746	558340	67.3	89.9
债 券	14000					
利用外资	14150	1911		34996		-94.5
自筹投资	1436864	2991425	1258562	2517728	14.2	18.8
其他投资	269647	2716181	211724	1279892	27.4	1.1倍
三、新增固定资产(万元)	**2445405**	**2737026**	**1828659**	**1702533**	**33.7**	**60.8**
四、房屋建筑面积(平方米)						
施工面积	6713466	34563620	5804216	24661047	15.7	40.2
#住 宅	3663065	23026187	3236082	17983272	13.2	28.0
竣工面积	2167125	8239896	1454271	4076734	49.0	1.0倍
#住 宅	1338760	6368163	596943	2718744	124.3	1.3倍

注：本表按登记注册类型划分。

5-3 全社会固定资产投资资金来源情况

指标	2009年		2008年		2009比2008年增长(%)
	资金额(万元)	构成(%)	资金额(万元)	构成(%)	
总计	**10052921**	**100.0**	**6757284**	**100.0**	**48.8**
#国家预算内资金	424853	4.2	224296	3.3	89.4
国内贷款	2183890	21.7	1230086	18.2	77.5
利用外资	16061	0.2	34996	0.5	-54.1
#外商直接投资	462	0.0	18664	0.3	-97.5
自筹资金	4428289	44.0	3776290	55.9	17.3
#企事业单位自有资金	2292989	22.8	2720143	40.3	-15.7
其他资金	2985828	29.7	1491616	22.1	1.0倍
#基本建设合计	**3162747**	**100.0**	**2375761**	**100.0**	**33.1**
#国家预算内资金	373917	11.8	216782	9.5	72.5
国内贷款	1171049	37.0	595656	26.2	96.6
利用外资	14150	0.4	18007	0.8	-21.4
#外商直接投资			9382	0.4	
自筹资金	1411456	44.6	1442112	63.4	-2.1
#企事业单位自有资金	545414	17.2	966880	42.5	-43.6
其他资金	178175	5.6	103204	4.5	72.6
更新改造合计	**1709771**	**100.0**	**1229210**	**100.0**	**39.1**
#国家预算内资金	39230	2.3	120	0.0	325.9倍
国内贷款	199368	11.7	193952	0.2	2.8
利用外资	852	0.0	5614	0.0	-84.8
#外商直接投资	462	0.0	31	0.0	13.9倍
自筹资金	1445287	84.5	1010086	0.8	43.1
#企事业单位自有资金	978334	57.2	882119	0.7	10.9
其他资金	25034	1.5	19438	1.6	28.8

5-4 城镇固定资产投资资金来源情况

单位：万元

指标	2009年	2008年	2009年比2008年增长(%)
全年资金来源合计	**10672881**	**7119242**	**49.9**
一、上年末结余资金	**1055591**	**949375**	**11.2**
二、本年资金来源小计	**9617290**	**6169867**	**55.9**
国家预算内资金	396252	197170	1.0倍
国内贷款	2178031	1227886	77.4
债券	14000		
利用外资	16061	27230	-41.0
#外商直接投资	462	10898	-95.8
自筹投资	4157156	3401802	22.2
#企事业单位自筹	2149915	2439195	-11.9
其他资金来源	2855790	1315779	1.2倍
三、本年各项应付款合计	**817793**	**552930**	**47.9**
#工程款	341449	207983	64.2
设备、器材款	66739	68308	-2.3

5-5 按国民经济行业分组的全社会固定资产投资

指　　标	2009年		2008年		2009年比2008年增长(%)
	投资额(万元)	构　成(%)	投资额(万元)	构　成(%)	
总　　计	**7827910**	**100.0**	**6015710**	**100.0**	**30.1**
农、林、牧、渔业	**161726**	**2.1**	**102044**	**1.7**	**58.5**
农　业	61042	0.8	34464	0.6	77.1
林　业	10347	0.1	10486	0.2	-1.3
畜牧业	68804	0.9	46706	0.8	47.3
渔　业	1660	0.0			
农、林、牧、渔服务业	19873	0.3	10388	0.2	91.3
采矿业	**206074**	**2.6**	**198615**	**3.3**	**3.8**
煤炭开采和洗选业	121342	1.6	103766	1.7	16.9
黑色金属矿采选业	1338	0.0	1510	0.0	-11.4
有色金属矿采选业	15904	0.2	33950	0.6	-53.2
非金属矿采选业	67490	0.9	59389	1.0	13.6
制造业	**1360576**	**17.4**	**1194680**	**19.9**	**13.9**
农副食品加工业	29627	0.4	14302	0.2	1.1倍
食品制造业	27436	0.4	16841	0.3	62.9
饮料制造业	29389	0.4	9921	0.2	2.0倍
烟草制品业	84107	1.1	25833	0.4	2.3倍
纺织服装、鞋、帽制造业	2767	0.0			
皮革、毛皮、羽毛(绒)及其制品	110	0.0			
木材加工及木、竹、藤、棕	4536	0.1	8246	0.1	-45.0
家具制造业	2693	0.0	3128	0.1	-13.9
造纸及纸制品业	5783	0.1	5349	0.1	8.1
印刷业和记录媒介的复制	24967	0.3	19955	0.3	25.1
文教体育用品制品业			680	0.0	
石油加工、炼焦及核燃料加工业	1020	0.0	1210	0.0	-15.7
化学原料及化学制品制造业	347264	4.4	442753	7.4	-21.6
医药制造业	64145	0.8	57193	1.0	12.2
橡胶制品业	22660	0.3	34229	0.6	-33.8
塑料制品业	35353	0.5	14825	0.2	1.4倍
非金属矿物制品业	337916	4.3	149102	2.5	1.3倍
黑色金属冶炼及压延加工业	20544	0.3	30443	0.5	-32.5
有色金属冶炼及压延加工业	79324	1.0	179288	3.0	-55.8
金属制品业	21128	0.3	13888	0.2	52.1
通用设备制造业	28079	0.4	27421	0.5	2.4
专用设备制造业	33859	0.4	31060	0.5	9.0
交通运输设备制造业	67331	0.9	64071	1.1	5.1

5-5 续表 1

指标	2009年		2008年		2009年比2008年增长(%)
	投资额(万元)	构成(%)	投资额(万元)	构成(%)	
电气机械及器材制造业	23542	0.3	20955	0.3	12.3
通信设备、计算机及其他电子	44033	0.6	22778	0.4	93.3
仪器仪表及文化、办公用机械	7045	0.1	620	0.0	10.4倍
工艺品及其他制造业	10523	0.1	589	0.0	16.9倍
废弃资源和废旧材料回收加工	5395	0.1			
电力、燃气及水的生产和供应业	**531176**	**6.8**	**398897**	**6.6**	**33.2**
电力、热力的生产和供应业	441243	5.6	329810	5.5	33.8
燃气生产和供应业	53244	0.7	19541	0.3	1.7倍
水的生产和供应业	36689	0.5	49546	0.8	-25.9
.建筑业	**35490**	**0.5**	**28213**	**0.5**	**25.8**
房屋和土木工程建筑业	14666	0.2	14589	0.2	0.5
建筑安装业	4452	0.1	3581	0.1	24.3
建筑装饰业	5278	0.1	5141	0.1	2.7
其他建筑业	11094	0.1	4902	0.1	1.3倍
交通运输、仓储和邮政业	**819652**	**10.5**	**435131**	**7.2**	**88.4**
铁路运输业	387439	4.9	118208	2.0	2.3倍
道路运输业	332385	4.2	282133	4.7	17.8
城市公共交通业	42884	0.5	12122	0.2	2.5倍
水上运输业	110	0.0	2610	0.0	-95.8
航空运输业	7459	0.1	3039	0.1	1.5倍
装卸搬运和其他运输服务业	19617	0.3	3201	0.1	5.1倍
仓储业	29178	0.4	13818	0.2	1.1倍
邮政业	580	0.0			
信息传输、计算机服务和软件业	**325257**	**4.2**	**198100**	**3.3**	**64.2**
电信和其他信息传输服务业	307712	3.9	191784	3.2	60.4
计算机服务业	6145	0.1	4468	0.1	37.5
软件业	11400	0.1	1848	0.0	5.2倍
批发和零售业	**135039**	**1.7**	**128104**	**2.1**	**5.4**
批发业	59404	0.8	52074	0.9	14.1
零售业	75635	1.0	76030	1.3	-0.5
住宿和餐饮业	**107267**	**1.4**	**76587**	**1.3**	**40.1**
住宿业	77121	1.0	38649	0.6	99.5
餐饮业	30146	0.4	37938	0.6	-20.5
金融业	**57210**	**0.7**	**31354**	**0.5**	**82.5**
银行业	54488	0.7	30364	0.5	79.4
保险业	66	0.0	212	0.0	-68.9
其他金融活动	1676	0.0			

5-5 续表 2

指　　标	2009年		2008年		2009年比2008年增长(%)
	投资额(万元)	构　成(%)	投资额(万元)	构　成(%)	
房地产业	**2422005**	**30.9**	**2016576**	**33.5**	**20.1**
房地产开发经营	2103225	26.9	1701116	28.3	23.6
其他房地产业	184068	2.4	315460	5.2	-41.7
租赁和商务服务业	**69394**	**0.9**	**114110**	**1.9**	**-39.2**
租赁业	5751	0.1	3210	0.1	79.2
商务服务业	63643	0.8	110900	1.8	-42.6
科学研究、技术服务和地质勘查	**53633**	**0.7**	**39509**	**0.7**	**35.7**
研究与试验发展	33391	0.4	16513	0.3	1.0倍
专业技术服务业	16407	0.2	18273	0.3	-10.2
科技交流和推广服务业	650	0.0	1611	0.0	-59.7
地质勘查业	3185	0.0	3112	0.1	2.3
水利、环境和公共设施管理业	**1042347**	**13.3**	**519698**	**8.6**	**1.0倍**
水利管理业	41277	0.5	20358	0.3	1.0倍
环境管理业	44652	0.6	11413	0.2	2.9倍
公共设施管理业	956418	12.2	487927	8.1	96.0
居民服务和其他服务业	**38097**	**0.5**	**19379**	**0.3**	**96.6**
居民服务	34297	0.4	15419	0.3	1.2倍
其他服务业	3800	0.0	3960	0.1	-4.0
教　育	**152904**	**2.0**	**145838**	**2.4**	**4.8**
教　育	152904	2.0	145838	2.4	4.8
卫生、社会保障和社会福利业	**57050**	**0.7**	**60679**	**1.0**	**-6.0**
卫　生	56645	0.7	60389	1.0	-6.2
社会福利业	405	0.0	290	0.0	39.7
文化、体育和娱乐业	**85634**	**1.1**	**116799**	**1.9**	**-26.7**
新闻出版业			1080	0.0	
广播、电视、电影和音像业	7134	0.1	2795	0.0	1.6倍
文化艺术业	14223	0.2	69985	1.2	-79.7
体　育	45574	0.6	18712	0.3	1.4倍
娱乐业	18703	0.2	24227	0.4	-22.8
公共管理和社会组织	**167379**	**2.1**	**191397**	**3.2**	**-12.5**
中国共产党机关	2725	0.0	12216	0.2	-77.7
国家机构	143779	1.8	166035	2.8	-13.4
人民政协和民主党派	6998	0.1	8612	0.1	-18.7
群众团体、社会团体和宗教组	10124	0.1	1774	0.0	4.7倍
基层群众自治组织	3753	0.0	2760	0.0	36.0

5-6 城镇固定资产投资

指标	2009年		2008年		2009年比2008年增长(%)
	投资额(万元)	构成(%)	投资额(万元)	构成(%)	
总计	**7399553**	**100.0**	**5446254**	**100.0**	**35.9**
一、按隶属关系分					
中央	1352633	18.3	955183	17.5	41.6
地方	6046920	81.7	4491071	82.5	34.6
二、按登记注册类型分					
内资	6962008	94.1	5154378	94.6	35.1
国有	2782372	37.6	1976244	36.3	40.8
集体	35661	0.5	26737	0.5	33.4
股份合作	20760	0.3	5005	0.1	3.1倍
国有联营			59521	1.1	
国有与集体联营	4231	0.1			
其他联营			1600	0.0	
国有独资公司	608130	8.2	341280	6.3	78.2
其他有限责任公司	2519068	34.0	1861922	34.2	35.3
股份有限公司	278107	3.8	336673	6.2	-17.4
私营个体	628287	8.5	418223	7.7	50.2
其他	101677	1.4	65944	1.2	54.2
港澳台投资	24474	0.3	38173	0.7	-35.9
合资经营	19848	0.3	24947	0.5	-20.4
独资	4626	0.1	13095	0.2	-64.7
股份有限			131	0.0	
外商投资	396786	5.4	232063	4.3	71.0
合资经营	45308	0.6	31142	0.6	45.5
合作经营	2138	0.0			
独资	224011	3.0	187614	3.4	19.4
股份有限	119019	1.6	31	0.0	3838.3倍
三、按构成分					
建筑工程	3770371	51.0	2528410	46.4	49.1
安装工程	543303	7.3	374119	6.9	45.2
设备工器具购置	1509265	20.4	138449	2.5	9.9倍
其他费用	1576614	21.3	1351976	24.8	16.6
四、按建设性质分					
#新建	2363440	31.9	1405780	25.8	68.1
扩建	1298550	17.5	1037890	19.1	25.1
改建	883282	11.9	673480	12.4	31.2
五、本年新增固定资产	**4860116**	**65.7**	**3147940**	**69.6**	**54.4**
固定资产交付使用率	65.68		57.80		
竣工房屋建设面积(平方米)	10115377	136.7	5310502	100.0	90.5
#住宅	7619141	103.0	3256662	61.3	1.3倍

注：1. 城镇固定资产投资是指50万元以上项目数据；
2. 表中按建设性质分不含房地产投资。

5-7 按国民经济行业分组的城镇固定资产投资

指标	2009年		2008年		2009年比2008年增长(%)
	投资额(万元)	构成(%)	投资额(万元)	构成(%)	
总计	**7399553**	**100.0**	**5446254**	**100.0**	**35.9**
农、林、牧、渔业	**74751**	**1.0**	**22980**	**0.4**	**2.3倍**
农业	21908	0.3	13046	0.2	67.9
林业	4509	0.1	65	0.0	68.4倍
畜牧业	38653	0.5	7765	0.1	4.0倍
渔业	400	0.0			
农、林、牧、渔服务业	9281	0.1	2104	0.0	3.4倍
采矿业	**69382**	**0.9**	**78708**	**1.4**	**-11.8**
煤炭开采和洗选业	3700	0.1	29400	0.5	-87.4
黑色金属矿采选业	658	0.0			
有色金属矿采选业	11111	0.2	7449	0.1	49.2
非金属矿采选业	53913	0.7	41859	0.8	28.8
制造业	**1318415**	**17.8**	**1068572**	**19.6**	**23.4**
农副食品加工业	23265	0.3	3667	0.1	5.3倍
食品制造业	26778	0.4	13466	0.2	98.9
饮料制造业	27155	0.4	6411	0.1	3.2倍
烟草制品业	84107	1.1	25833	0.5	2.3倍
纺织业	2767	0.0			
纺织服装、鞋、帽制造业	110	0.0			
木材加工及木、竹、藤、棕	3002	0.0	7646	0.1	-60.7
家具制造业	2693	0.0	3128	0.1	-13.9
造纸及纸制品业	2980	0.0	3570	0.1	-16.5
印刷业和记录媒介的复制	24897	0.3	19955	0.4	24.8
文教体育用品制品业			680	0.0	
化学原料及化学制品制造业	344258	4.7	437574	8.0	-21.3
医药制造业	63860	0.9	55720	1.0	14.6
橡胶制品业	22660	0.3	29509	0.5	-23.2
塑料制品业	35353	0.5	10685	0.2	2.3倍
非金属矿物制品业	319222	4.3	96534	1.8	2.3倍
黑色金属冶炼及压延加工业	19594	0.3	11823	0.2	65.7
有色金属冶炼及压延加工业	79324	1.1	171917	3.2	-53.9
金属制品业	19212	0.3	13372	0.2	43.7
通用设备制造业	27780	0.4	26243	0.5	5.9
专用设备制造业	33859	0.5	28248	0.5	19.9
交通运输设备制造业	67279	0.9	60358	1.1	11.5
电气机械及器材制造业	21244	0.3	17036	0.3	24.7
通信设备、计算机及其他电子	43533	0.6	22778	0.4	91.1
仪器仪表及文化、办公用机械	7045	0.1	620	0.0	10.4倍
工艺品及其他制造业	10023	0.1	589	0.0	16.0倍

5-7 续表 1

指　　　示	2009年		2008年		2009年比2008年增长(%)
	投资额(万元)	构　成(%)	投资额(万元)	构　成(%)	
电力、燃气及水的生产和供应业	**531176**	**7.2**	**394866**	**7.3**	**34.5**
电力、热力的生产和供应业	441243	6.0	329810	6.1	33.8
燃气生产和供应业	53244	0.7	19541	0.4	1.7倍
水的生产和供应业	36689	0.5	45515	0.8	-19.4
建筑业	**34440**	**0.5**	**26213**	**0.5**	**31.4**
房屋和土木工程建筑业	13616	0.2	12589	0.2	8.2
建筑安装业	4452	0.1	3581	0.1	24.3
建筑装饰业	5278	0.1	5141	0.1	2.7
其他建筑业	11094	0.1	4902	0.1	1.3倍
交通运输、仓储和邮政业	**813492**	**11.0**	**426621**	**7.8**	**90.7**
铁路运输业	387439	5.2	118208	2.2	2.3倍
道路运输业	328718	4.4	282133	5.2	16.5
城市公共交通业	42884	0.6	12122	0.2	2.5倍
水上运输业	110	0.0	210	0.0	-47.6
航空运输业	7459	0.1	3039	0.1	1.5倍
装卸搬运和其他运输服务业	17234	0.2	1635	0.0	9.5倍
仓储业	29068	0.4	9274	0.2	2.1倍
邮政业	580	0.0			
信息传输、计算机服务和软件业	**324903**	**4.4**	**198100**	**3.6**	**64.0**
电信和其他信息传输服务业	307358	4.2	191784	3.5	60.3
计算机服务业	6145	0.1	4468	0.1	37.5
软件业	11400	0.2	1848	0.0	5.2倍
批发和零售业	**131065**	**1.8**	**122744**	**2.3**	**6.8**
批发业	56165	0.8	49119	0.9	14.3
零售业	74900	1.0	73625	1.4	1.7
住宿和餐饮业	**101192**	**1.4**	**65930**	**1.2**	**53.5**
住宿业	76621	1.0	38649	0.7	98.2
餐饮业	24571	0.3	27281	0.5	-9.9
金融业	**57210**	**0.8**	**31354**	**0.6**	**82.5**
银行业	54488	0.7	30364	0.6	79.4
保险业	66	0.0	212	0.0	-68.9
其他金融活动	1676	0.0			

5-7 续表 2

指　　标	2009年		2008年		2009年比2008年增长(%)
	投资额(万元)	构　成(%)	投资额(万元)	构　成(%)	
房地产业	**2299656**	**31.1**	**1861512**	**34.2**	**23.5**
房地产开发经营	2103225	28.4	1701116	31.2	23.6
其他房地产业	196431	2.7	160396	2.9	22.5
租赁和商务服务业	**68794**	**0.9**	**112810**	**2.1**	**-39.0**
租赁业	5251	0.1	3210	0.1	63.6
商务服务业	63543	0.9	109600	2.0	-42.0
科学研究、技术服务和地质勘查	**52983**	**0.7**	**38890**	**0.7**	**36.2**
研究与试验发展	33391	0.5	16513	0.3	1.0倍
专业技术服务业	16407	0.2	18273	0.3	-10.2
科技交流和推广服务业			992	0.0	
地质勘查业	3185	0.0	3112	0.1	2.3
水利、环境和公共设施管理业	**1025585**	**13.9**	**480994**	**8.8**	**1.1倍**
水利管理业	34366	0.5	7448	0.1	3.6倍
环境管理业	41112	0.6	10340	0.2	3.0倍
公共设施管理业	950107	12.8	463206	8.5	1.1倍
居民服务和其他服务业	**37597**	**0.5**	**18082**	**0.3**	**1.1倍**
居民服务	33797	0.5	14922	0.3	1.3倍
其他服务业	3800	0.1	3160	0.1	20.3
教　育	**152484**	**2.1**	**143870**	**2.6**	**6.0**
教　育	152484	2.1	143870	2.6	6.0
卫生、社会保障和社会福利业	**56821**	**0.8**	**60679**	**1.1**	**-6.4**
卫　生	56416	0.8	60389	1.1	-6.6
社会福利业	405	0.0	290	0.0	39.7
文化、体育和娱乐业	**83934**	**1.1**	**105285**	**1.9**	**-20.3**
新闻出版业			1080	0.0	
广播、电视、电影和音像业	7134	0.1	2560	0.0	1.8倍
文化艺术业	14023	0.2	69385	1.3	-79.8
体　育	45574	0.6	18712	0.3	1.4倍
娱乐业	17203	0.2	13548	0.2	27.0
公共管理和社会组织	**165673**	**2.2**	**188044**	**3.5**	**-11.9**
中国共产党机关	2725	0.0	12216	0.2	-77.7
国家机构	143529	1.9	163397	3.0	-12.2
群众团体、社会团体和宗教组	9364	0.1	1774	0.0	4.3倍
基层群众自治组织	3057	0.0	2045	0.0	49.5

5-8 基本建设投资

指　　标	2009年		2008年		2009年比2008年增长(%)
	投资额(万元)	构　成(%)	投资额(万元)	构　成(%)	
投 资 总 额	**3346548**	**100.0**	**2382065**	**100.0**	**40.5**
按隶属关系分					
中　央	693509	20.7	475732	20.0	45.8
省	281787	8.4	292077	12.3	-3.5
市	1043368	31.2	625496	26.3	66.8
县	742839	22.2	469651	19.7	58.2
其　他	585045	17.5	519109	21.8	12.7
按登记注册类型分					
内　资	3329697	99.5	2302091	96.6	44.6
国　有	2276058	68.0	1507406	63.3	51.0
集　体	18651	0.6	13988	0.6	33.3
股份合作	15990	0.5	3425	0.1	3.7倍
国有联营	4231	0.1			
集体联营					
国有独资公司	471442	14.1	254991	10.7	84.9
其他有限责任公司	404510	12.1	299643	12.6	35.0
股份有限公司	79850	2.4	141495	5.9	-43.6
私营个体	40725	1.2	45335	1.9	-10.2
其　他	20303	0.6	20693	0.9	-1.9
港澳台商投资	712	0.0	25036	1.1	-97.2
合资经营			11892	0.5	
独　资	712	0.0	13144	0.6	-94.6
外商投资	14076	0.4	53665	2.3	-73.8
合资经营	3274	0.1	1982	0.1	65.2
独　资	4480	0.1	51683	2.2	-91.3
按产业分					
第一产业	116107	3.5	54115	2.3	1.1倍
第二产业	736111	22.0	558229	23.4	31.9
第三产业	2494330	74.5	1769721	74.3	40.9
按构成分					
建筑工程	1843774	55.1	1129615	47.4	63.2
安装工程	191329	5.7	113144	4.7	69.1
设备工器具购置	514431	15.4	439817	18.5	17.0
其他费用	797014	23.8	699489	29.4	13.9
按建设性质分					
#新　建	1980473	59.2	1297099	54.5	52.7
扩　建	681794	20.4	556944	23.4	22.4
改　建	303373	9.1	246730	10.4	23.0

5-9 更新改造投资

指标	2009年		2008年		2009年比2008年增长(%)
	投资额(万元)	构成(%)	投资额(万元)	构成(%)	
投资总额	**1666608**	**100.0**	**1300350**	**100.0**	**28.2**
按隶属关系分					
中央	547518	32.9	369702	28.4	48.1
省	184721	11.1	289257	22.2	-36.1
市	49187	3.0	47164	3.6	4.3
县	57188	3.4	19623	1.5	1.9倍
其他	827994	49.7	574604	44.2	44.1
按登记注册类型分					
内资	1367816	82.1	1199708	92.3	14.0
国有	467283	28.0	503049	38.7	-7.1
集体	8943	0.5	2176	0.2	3.1倍
股份合作	4720	0.3	1580	0.1	2.0倍
其他联营			1600	0.1	
国有独资公司	66095	4.0	32805	2.5	1.0倍
其他有限责任公司	510578	30.6	450549	34.6	13.3
股份有限公司	116054	7.0	115048	8.8	0.9
私营个体	179415	10.8	96204	7.4	86.5
其他	15078	0.9	700	0.1	20.5倍
港澳台商投资	4001	0.2	2105	0.2	90.1
合资经营	402	0.0	1005	0.1	-60.0
独资	3599	0.2	1100	0.1	2.3倍
外商投资	294441	17.7	94534	7.3	2.1倍
合资经营	32666	2.0	9544	0.7	2.4倍
合作经营	2138	0.1			
独资	146940	8.8	84959	6.5	73.0
股份有限	112697	6.8	31	0.0	3634.4倍
按产业分					
第一产业	3267	0.2	230	0.0	13.2倍
第二产业	1198773	71.9	1125885	86.6	6.5
第三产业	464568	27.9	174235	13.4	1.7倍
按构成分					
建筑工程	503930	30.2	373651	28.7	34.9
安装工程	243614	14.6	203155	15.6	19.9
设备工器具购置	744899	44.7	592571	45.6	25.7
其他费用	174165	10.5	130973	10.1	33.0
按建设性质分					
#新建	361184	21.7	132935	10.22	1.7倍
扩建	586659	35.2	505416	38.87	16.1
改建	602705	36.2	546818	42.05	10.2
按用途分					
增产	497972	29.9	377860	29.06	31.8
节约能源	13026	0.8	16337	1.26	-20.3
其他节约	2746	0.2	3300	0.25	-16.8
增加品种	381012	22.9	364021	27.99	4.7
提高产品质量	90464	5.4	66210	5.09	36.6
三废治理	16474	1.0	77100	5.93	-78.6
其他	687798	41.3	625788	0.48	9.9

5-10 按国民经济行业分组的基本建设投资

指　　示	2009年		2008年		2009年比2008年增长(%)
	投资额(万元)	构　成(%)	投资额(万元)	构　成(%)	
总　　计	**3346548**	**100.0**	**2382065**	**100.0**	**40.5**
农、林、牧、渔业	**116107**	**3.5**	**54115**	**2.3**	**1.1倍**
农　业	38627	1.2	20748	0.9	86.2
林　业	8517	0.3	1920	0.1	3.4倍
畜牧业	50953	1.5	22172	0.9	1.3倍
渔　业	1200	0.0			
农、林、牧、渔服务业	16810	0.5	9275	0.4	81.2
采矿业	**7644**	**0.2**	**33879**	**1.4**	**-77.4**
煤炭开采和洗选业	4966	0.1	25720	1.1	-80.7
黑色金属矿采选业	658	0.0	1510	0.1	-56.4
非金属矿采选业	610	0.0			
制造业	**283826**	**8.5**	**233096**	**9.8**	**21.8**
农副食品加工业	4265	0.1	2670	0.1	59.7
食品制造业	11575	0.3	2696	0.1	3.3倍
饮料制造业	3267	0.1	1996	0.1	63.7
烟草制品业	83474	2.5			
木材加工及木、竹、藤、棕、草制品业	50	0.0	770	0.0	-93.5
家具制造业	168	0.0	752	0.0	-77.7
造纸及纸制品业	1703	0.1	500	0.0	2.4倍
印刷业和记录媒介的复制	13335	0.4	5420	0.2	1.5倍
石油加工、炼焦及核燃料加工业	1020	0.0	10	0.0	101.0倍
化学原料及化学制品制造业	3729	0.1	18540	0.8	-79.9
医药制造业	24	0.0	18332	0.8	-99.9
塑料制品业	11538	0.3	4677	0.2	1.5倍
非金属矿物制品业	98430	2.9	49942	2.1	97.1
黑色金属冶炼及压延加工业	2107	0.1	1973	0.1	6.8
有色金属冶炼及压延加工业	20	0.0	43307	1.8	-100.0
金属制品业	3881	0.1	1806	0.1	1.1倍
通用设备制造业	7017	0.2	7646	0.3	-8.2
专用设备制造业	14990	0.4	17295	0.7	-13.3
交通运输设备制造业	14098	0.4	37849	1.6	-62.8
电气机械及器材制造业	4276	0.1	7843	0.3	-45.5
通信设备、计算机及其他电子	4106	0.1	8822	0.4	-53.5
工艺品及其他制造业	753	0.0	250	0.0	2.0倍

5-10 续表 1

指　　标	2009年		2008年		2009年比2008年增长(%)
	投资额(万元)	构　成(%)	投资额(万元)	构　成(%)	
电力、燃气及水的生产和供应业	**442814**	**13.2**	**285704**	**12.0**	**55.0**
电力、热力的生产和供应业	366040	10.9	237547	10.0	54.1
燃气生产和供应业	47570	1.4	17951	0.8	1.7倍
水的生产和供应业	29204	0.9	30206	1.3	-3.3
建筑业	**1827**	**0.1**	**5550**	**0.2**	**-67.1**
房屋和土木工程建筑业	1827	0.1	3844	0.2	-52.5
交通运输、仓储和邮政业	**699980**	**20.9**	**406940**	**17.1**	**72.0**
铁路运输业	301947	9.0	118208	5.0	1.6倍
道路运输业	312543	9.3	273839	11.5	14.1
城市公共交通业	42884	1.3	4139	0.2	9.4倍
水上运输业	110	0.0	2610	0.1	-95.8
管道运输业	7459	0.2			
仓储业	27947	0.8	7519	0.3	2.7倍
邮政业	580	0.0			
信息传输、计算机服务和软件业	**11252**	**0.3**	**51450**	**2.2**	**-78.1**
电信和其他信息传输服务业	11252	0.3	51450	2.2	-78.1
批发和零售业	**44739**	**1.3**	**33923**	**1.4**	**31.9**
批发业	16571	0.5	4931	0.2	2.4倍
零售业	28168	0.8	28992	1.2	-2.8
住宿和餐饮业	**49821**	**1.5**	**47208**	**2.0**	**5.5**
住宿业	42921	1.3	29730	1.2	44.4
餐饮业	6900	0.2	17478	0.7	-60.5
金融业	**47824**	**1.4**	**27901**	**1.2**	**71.4**
银行业	47758	1.4	27901	1.2	71.2
保险业	66	0.0			
房地产业	**143866**	**4.3**	**94662**	**4.0**	**52.0**
房地产业	143866	4.3	94662	4.0	52.0
租赁和商务服务业	**8234**	**0.2**	**94581**	**4.0**	**-91.3**
租赁业			1000	0.0	
商务服务业	8234	0.2	93581	3.9	-91.2

5-10 续表 2

指　　标	2009年		2008年		2009年比2008年增长(%)
	投资额(万元)	构　成(%)	投资额(万元)	构　成(%)	
科学研究、技术服务和地质勘查	**43153**	**1.3**	**33637**	**1.4**	**28.3**
研究与试验发展	25831	0.8	16513	0.7	56.4
专业技术服务业	13487	0.4	14012	0.6	-3.7
科技交流和推广服务业	650	0.0			
地质勘查业	3185	0.1	3112	0.1	2.3
水利、环境和公共设施管理业	**992717**	**29.7**	**501137**	**21.0**	**98.1**
水利管理业	37292	1.1	19338	0.8	92.8
环境管理业	29451	0.9	9953	0.4	2.0倍
公共设施管理业	925974	27.7	471846	19.8	96.2
居民服务和其他服务业	**20899**	**0.6**	**9624**	**0.4**	**1.2倍**
居民服务	19299	0.6	8824	0.4	1.2倍
其他服务业	1600	0.0	800	0.0	1.0倍
教　育	**150114**	**4.5**	**132182**	**5.5**	**13.6**
教　育	150114	4.5	132182	5.5	13.6
卫生、社会保障和社会福利业	**56397**	**1.7**	**57314**	**2.4**	**-1.6**
卫　生	55992	1.7	57024	2.4	-1.8
社会福利业	405	0.0	290	0.0	39.7
文化、体育和娱乐业	**67350**	**2.0**	**104659**	**4.4**	**-35.6**
新闻出版业			1080	0.0	
广播、电视、电影和音像业	3796	0.1	2716	0.1	39.8
文化艺术业	13912	0.4	69475	2.9	-80.0
体　育	43474	1.3	18712	0.8	1.3倍
娱乐业	6168	0.2	12676	0.5	-51.3
公共管理和社会组织	**157984**	**4.7**	**174503**	**7.3**	**-9.5**
中国共产党机关	2725	0.1	12216	0.5	-77.7
国家机构	137505	4.1	149335	6.3	-7.9
人民政协和民主党派	6998	0.2	8612	0.4	-18.7
群众团体、社会团体和宗教组	9074	0.3	1774	0.1	4.1倍
基层群众自治组织	1682	0.1	2566	0.1	-34.5

5-11 按国民经济行业分组的更新改造投资

指标	2009年		2008年		2009年比2008年增长(%)
	投资额(万元)	构成(%)	投资额(万元)	构成(%)	
总计	**1666608**	**100.0**	**1300350**	**100.0**	**28.2**
农、林、牧、渔业	**3267**	0.2	**230**	**0.0**	13.2倍
农、林、牧、渔业	1367	0.1	230	0.0	4.9倍
采矿业	**129623**	7.8	**115507**	**8.9**	12.2
煤炭开采和洗选业	83487	5.0	59047	4.5	41.4
有色金属矿采选业	8934	0.5	10841	0.8	-17.6
非金属矿采选业	37202	2.2	45619	3.5	-18.5
制造业	**966746**	58.0	**885959**	**68.1**	9.1
农副食品加工业	11732	0.7	4836	0.4	1.4倍
食品制造业	12830	0.8	7636	0.6	68.0
饮料制造业	24138	1.4	5533	0.4	3.4倍
烟草制品业	633	0.0	25833	2.0	-97.5
纺织服装、鞋、帽制造业	767	0.0			
木材加工及木、竹、藤、棕	2902	0.2	5316	0.4	-45.4
造纸及纸制品业	2084	0.1	2969	0.2	-29.8
印刷业和记录媒介的复制	2510	0.2	5031	0.4	-50.1
文教体育用品制造业	10932	0.7	680	0.1	15.1倍
化学原料及化学制品制造业	335501	20.1	422175	32.5	-20.5
医药制造业	62911	3.8	38811	3.0	62.1
橡胶制品业	22660	1.4	32704	2.5	-30.7
塑料制品业	15337	0.9	9308	0.7	64.8
非金属矿物制品业	197259	11.8	81581	6.3	1.4倍
黑色金属冶炼及压延加工业	18437	1.1	28470	2.2	-35.2
有色金属冶炼及压延加工业	79304	4.8	132811	10.2	-40.3
金属制品业	12739	0.8	11422	0.9	11.5
通用设备制造业	11079	0.7	14245	1.1	-22.2
专用设备制造业	16461	1.0	12935	1.0	27.3
交通运输设备制造业	50484	3.0	22166	1.7	1.3倍
电气机械及器材制造业	14574	0.9	10052	0.8	45.0
通信设备、计算机及其他电子	39927	2.4	8726	0.7	3.6倍
仪器仪表及文化、办公用机械	7045	0.4	620	0.0	10.4倍
工艺品及其他制造业	9270	0.6	339	0.0	26.3倍
废弃资源和废旧材料回收加工业	5230	0.3			

5-11 续表 1

指　　　　标	2009年		2008年		2009年比2008年增长(%)
	投资额(万元)	构　成(%)	投资额(万元)	构　成(%)	
电力、燃气及水的生产和供应业	**88362**	**5.3**	**113193**	**8.7**	**-21.9**
电力、热力的生产和供应业	75203	4.5	92263	7.1	-18.5
燃气生产和供应业	5674	0.3	1590	0.1	2.6倍
水的生产和供应业	7485	0.4	19340	1.5	-61.3
建筑业	**14042**	**0.8**	**11226**	**0.9**	**25.1**
房屋和土木工程建筑业	7992	0.5	6611	0.5	20.9
建筑安装业	1300	0.1	1921	0.1	-32.3
建筑装饰业	1160	0.1	750	0.1	54.7
其他建筑业	3590	0.2	1944	0.1	84.7
交通运输、仓储和邮政业	**96330**	**5.8**	**10587**	**0.8**	**8.1倍**
道路运输业	85492	5.1	1300	0.1	64.8倍
城市公共交通业	10758	0.6	6323	0.5	70.1
航空运输业			2414	0.2	
仓储业	80	0.0	184	0.0	-56.5
信息传输、计算机服务和软件业	**299089**	**17.9**	**142291**	**10.9**	**1.1倍**
电信和其他信息传输服务业	296460	17.8	140334	10.8	1.1倍
计算机服务业	1910	0.1	1160	0.1	64.7
软件业	719	0.0	797	0.1	-9.8
批发和零售业	**12061**	**0.7**	**9196**	**0.7**	**31.2**
批发业	6917	0.4	6411	0.5	7.9
零售业	5144	0.3	2785	0.2	84.7
住宿和餐饮业	**1114**	**0.1**			
住宿业	1114	0.1			
房地产业			**365**	**0.0**	
房地产业			365	0.0	
租赁和商务服务业	**25631**	**1.5**	**3005**	**0.2**	**7.5倍**
租赁业	216	0.0	1030	0.1	-79.0
商务服务业	25415	1.5	1975	0.2	11.9倍
科学研究、技术服务和地质勘查	**5920**	**0.4**	**1009**	**0.1**	**4.9倍**
研究与试验发展	5920	0.4			
专业技术服务业			1009	0.1	
水利、环境和公共设施管理业	**23075**	**1.4**	**5107**	**0.4**	**351.8**
环境管理业	14751	0.9	460	0.0	31.1倍
公共设施管理业	8324	0.5	4647	0.4	79.1
居民服务和其他服务业			**1676**	**0.1**	
居民服务			1676	0.1	
卫生、社会保障和社会福利业			**920**	**0.1**	
卫　生			920	0.1	
文化、体育和娱乐业	**1348**	**0.1**	**79**	**0.0**	**16.1倍**
新闻出版业					
广播、电视、电影和音像业	1037	0.1	79	0.0	12.1倍
文化艺术业	311	0.0			

5-12 基本建设新增固定资产、项目个数和房屋建筑面积

指标	单位	2009年	2008年	2009年比2008年增长(%)
新增固定资产	**万元**	**1945367**	**1741962**	**11.7**
项目个数				
施工项目个数	个	1031	1007	2.4
#本年新开工	个	604	527	14.6
全投项目个数	个	641	514	24.7
房屋建筑面积				
施工面积	平方米	7718530	4652174	65.9
#住　宅	平方米	2470085	1140560	116.6
竣工面积	平方米	2211911	1833292	20.7
#住　宅	平方米	1007712	583366	72.7

5-13 更新改造新增固定资产、项目个数和房屋建筑面积

指标	单位	2009年	2008年	2009年比2008年增长(%)
新增固定资产	**万元**	**1274274**	**684956**	**86.0**
项目个数				
施工项目个数	个	621	492	26.2
#本年新开工	个	479	370	29.5
全投项目个数	个	442	355	24.5
房屋建筑面积				
施工面积	平方米	1405270	510121	175.5
#住　宅	平方米	7640	5410	41.2
竣工面积	平方米	290428	171491	69.4
#住　宅	平方米	3410	2900	17.6

5-14 新增主要生产能力(或工程效益)

(2009年)

生产能力(或效益)名称	单　位	新增能力效益
原煤开采	万吨/年	137
输电线路长度(11万伏及以上)	公里	1108
磷　肥	吨/年	608500
精甲醇	吨/年	30000
轮胎外胎	万条/年	25
客车制造	辆/年	400
白　酒	万吨/年	2
新建铁路投产里程	公里	33
复线投产里程	公里	46
电气化铁路投产里程	公里	46
新建公路	公里	105.26
#高速公路	公里	93.36
一级公路	公里	8.5
改建公路	公里	642.21
二级公路	公里	3
新(扩)建公路客、货运站	个	6
新(扩)建公路客、货运站	平方米	18960
城市公共交通车辆购置	辆	213
城市污水处理能力	万吨/日	13.6
水　泥	万吨/年	37.4

5–15 房地产开发投资主要指标

指标	2009年	2008年	2009年比2008年增长(%)
企业个数(个)	**881**	**908**	**-3.0**
土地开发及购置(平方米)			
本年完成土地开发面积	677876	1175825	-42.3
本年土地购置面积	1842788	2776497	-33.6
本年完成投资额(万元)	**2103225**	**1701116**	**23.6**
#土地开发投资额	13795	21589	-36.1
配套工程投资	35448	24986	41.9
按工程用途分:			
住 宅	1364636	966751	41.2
#经济适用房屋	165441	201230	-17.8
办公楼	54876	28675	91.4
商业营业用房	150161	104036	44.3
其 他	533552	601654	-11.3
按构成分:			
建筑工程	1367418	1036131	32.0
安装工程	107330	68339	57.1
设备工器具购置	27232	21379	27.4
其 他	601245	575267	4.5
资金来源小计(万元)	**4467636**	**2502283**	**78.5**
#国内贷款	806732	433568	86.1
利用外资	1059	11375	-90.7
自筹资金	1046633	905119	15.6
其他资金	2613212	1152221	1.3倍
本年新增固定资产(万元)	**1386961**	**579803**	**1.4倍**
房屋建筑面积(平方米)			
施工面积	30942028	24802426	24.8
#本年新开工面积	7248468	7794352	-7.0
#住 宅	5582849	6373626	-12.4
#经济适用房屋	721310	868430	-16.9
商品房屋竣工面积(平方米)	**7397968**	**3244917**	**1.3倍**
#住 宅	6416302	2661880	1.4倍
#经济适用房	1563825	495912	2.2倍
办公楼	168760	48700	2.5倍
商业营业用房	413856	316574	30.7
其 他	399050	217763	83.2
商品房销售面积(平方米)	**8182242**	**4119305**	**98.6**
#住 宅	7604542	3895442	95.2
#经济适用房	531038	1301442	-59.2
办公楼	196923	67006	1.9倍
商业营业用房	286824	145633	96.9
其他	93953	11224	7.4倍
商品房销售额(万元)	**3078103**	**1297338**	**1.4倍**
#住 宅	2658602	1116387	1.4倍
#经济适用房	118456	255656	-53.7
办公楼	91427	30069	2.0倍
商业营业用房	297474	146214	1.0倍
其 他	30600	4668	5.6倍
商品房空置面积(平方米)	**1016496**	**510471**	**99.1**
#住 宅	562906	196380	1.9倍
#经济适用房	19475	3223	5.0倍
办公楼	25607	19521	31.2
商业营业用房	341827	239782	42.6
其 他	86156	54788	57.3

5-16 按各种分组的房地产开发企业指标完成情况

(2009年)　　单位：万元

指　　标	企业数(个)	计　划总投资	自开始建设累计完成投资	本　年完成投资			按构成分:		
					#土地开发投资额	配套工程投　资	#建　筑工　程	安　装工　程	设备工器具购置
总　　计	**881**	**12900109**	**6285301**	**2103225**	**13795**	**35448**	**1367418**	**107330**	**27232**
一、按登记注册类型分组									
内资企业	835	12088076	5909311	1997827	13362	34725	1280968	106260	26639
国有企业	36	317514	213593	77290	1390	3689	53473	1175	959
集体企业	15	31600	31542	3123			2600		
国有独资公司	4	242038	174066	70593			62320	8273	
其他有限责任公司	530	9320907	4128211	1378817	7766	29314	855937	72213	21033
股份有限公司	5	398850	198190	71703	2711		63159	2823	407
私营独资企业	7	63895	43949	5434		33	3449		
私营合伙企业	1								
私营有限责任公司	205	1548966	966157	312212	828	1299	202677	18241	3960
私营股份有限公司	29	162806	152944	78644	667	390	37351	3535	280
其他企业	3	1500	659	11			2		
港澳台商投资企业	30	237092	129855	20292			13928	539	
与港澳台商合资经营企业	15	219092	115655	19080			12716	539	
港澳台商独资经营企业	15	18000	14200	1212			1212		
外商投资企业	16	574941	246135	85106	433	723	72522	531	593
中外合资经营企业	4	62371	58540	6553			5393	38	216
中外合作经营企业	3	120000	97074	6310			4750		
外资企业	9	392570	90521	72243	433	723	62379	493	377
二、按控股情况分									
国有控股	81	2374576	1053233	405496	1750	4903	215381	15139	1645
集体控股	24	248719	232596	43449			24372	2478	12658
私人控股	712	8772847	4190437	1404682	7378	26936	915507	87669	10929
港澳台商控股	30	237092	129855	20292			13928	539	
外商控股	16	574941	246135	85106	433	723	72522	531	593
其　他	18	691934	433045	144200	4234	2886	125708	974	1407
三、按资质等级分									
一　级	2	311350	147670	55180	2670		50656		
二　级	34	1591726	865499	245562	1330	602	165030	24688	686
三　级	132	1866510	1069344	329844	1950	3900	218271	18537	2987
四　级	273	2660700	1629152	444881	1460	9788	332972	17887	6146
暂　定	349	5431537	2359717	954534	5785	21158	584109	44971	17112
其　他	91	1038286	213919	73224	600		16380	1247	301
四、按隶属关系分									
中　央	12	1061598	297292	103094	360	3557	49821	4209	780
省(自治区、直辖市)	40	259689	227093	49673		1016	43212	2085	471
地区(州、盟、省辖市)	32	1891563	767535	304434	1807	28	131204	15553	12668
县(区、市、旗)	14	156920	62109	13606	100		9540	125	
街　道	2								
镇	3	11809	11809	7259	662				
乡	1								
其　他	777	9518530	4919463	1625159	10866	30847	1133641	85358	13313

5-16 续表 1

单位：万元

指标	其他费用	#旧建筑物购置费	土地购置费	住宅	#90平方米以下住房	140平方米以上住房	经济适用房	别墅、高档公寓	办公楼
总计	**601245**	**10544**	**186303**	**1364636**	**165493**	**366515**	**165441**	**35206**	**54876**
一、按登记注册类型分组									
内资企业	583960	10544	184700	1286483	151915	351642	163691	34820	53754
国有企业	21683	50	300	56889	10078	17854	9867	3807	771
集体企业	523			2022	232	1042	323		72
国有独资公司				63019		17129	53187		
其他有限责任公司	429634	8556	104256	862281	100070	235418	34657	23346	40994
股份有限公司	5314			68126	10453	28117		6703	
私营独资企业	1985			3384	2474	697	630		
私营有限责任公司	87334	1056	47892	194790	28476	50401	37347	964	10681
私营股份有限公司	37478	882	32252	35972	132	984	27680		1236
其他企业	9								
港澳台商投资企业	5825		191	9109	1406	2918			11
与港澳台商合资经营企业	5825		191	7909	1406	2918			11
港澳台商独资经营企业				1200					
外商投资企业	11460		1412	69044	12172	11955	1750	386	1111
中外合资经营企业	906			2956	1306	1600			1106
中外合作经营企业	1560			4750	1750	2200	1750		
外资企业	8994		1412	61338	9116	8155		386	5
二、按控股情况分									
国有控股	173331	2846	36026	262914	24722	63512	66193	9133	2554
集体控股	3941			38548	342	21740	323	1317	72
私人控股	390577	7088	148674	858214	114976	204350	97003	16262	50267
港澳台商控股	5825		191	9109	1406	2918			11
外商控股	11460		1412	69044	12172	11955	1750	386	1111
其他	16111	610		126807	11875	62040	172	8108	861
三、按资质等级分									
一级	4524			51413	6451	23012		6703	543
二级	55158	550	18121	161744	12546	84445	4537	9167	1287
三级	90049	5458	33828	205041	25097	63889	84543	3834	7718
四级	87876	924	19625	322232	49458	105746	25241	5006	6701
暂定	308342	3612	102879	620210	69990	89221	48893	10496	30161
其他	55296		11850	3996	1951	202	2227		8466
四、按隶属关系分									
中央	48284			60106	3876	16769	2181	3575	1562
省(自治区、直辖市)	3905			37298	5270	11270	10635	1166	409
地区(州、盟、省辖市)	145009		46314	151423	6297	41589	57236	1317	18277
县(区、市、旗)	3941		300	5622	2011	1849	323	30	602
镇	7259		7259						
乡									
其他	392847	10544	132430	1110187	148039	295038	95066	29118	34026

5-16 续表 2

单位：万元、平方米

指标	商业营业用房	其他	新增固定资产	本年完成开发土地面积（平方米）	待开发土地面积	本年购置土地面积	本年土地成交价款	本年资金来源合计	
									国内贷款
总计	**150161**	**533552**	**1386961**	**677876**	**6093560**	**1842788**	**178325**	**4467636**	**806732**
一、按登记注册类型分组									
内资企业	139044	518546	1235628	639604	3977158	1842110	178134	4321531	775372
国有企业	3511	16119	82589	34890	2984	2984	300	110229	9990
集体企业	506	523						6007	
国有独资公司	4977	2597	42830					45740	
其他有限责任公司	99614	375928	941985	478893	3517711	1407698	102142	3371475	584218
股份有限公司	693	2884	53817	60265	137567			165295	58440
私营独资企业	35	2015			34192			16825	
私营有限责任公司	25906	80835	113407	39139	201492	383293	44592	527129	117374
私营股份有限公司	3802	37634	1000	26417	83212	48135	31100	78650	5350
其他企业		11						181	
港澳台商投资企业	8334	2838	17503		140000	678	191	48325	6360
与港澳台商合资经营企业	8322	2838	17503		140000	678	191	45677	6360
港澳台商独资经营企业	12							2648	
外商投资企业	2783	12168	133830	38272	1976402			97780	25000
中外合资经营企业	1901	590						17936	
中外合作经营企业		1560	108000		393759			6320	
外资企业	882	10018	25830	38272	1582643			73524	25000
二、按控股情况分				**109738**	**674197**	**237758**	**44079**		
国有控股	16482	123546	150530	82790	1443373	518902	35259	683490	148256
集体控股	506	4323	39030					55492	952
私人控股	117314	378887	958916	392137	2368471	1323208	142875	3300014	499114
港澳台商控股	8334	2838	17503		140000	678	191	48325	6360
外商控股	2783	12168	133830	38272	1976402			97780	25000
其他	4742	11790	87152	164677	165314			282535	127050
三、按资质等级分				**65140**	**484500**				
一级	1387	1837	46440	31500	105501			176446	62900
二级	9320	73211	105548	37658	8300	122148	18121	502240	126600
三级	24310	92775	135243	74711	847888	51714	33243	537239	150908
四级	36477	79471	447614	129512	1997454	195182	19225	867711	101617
暂定	64578	239585	646552	389005	3079573	1354729	95886	2150846	317687
其他	14089	46673	5564	15490	54844	119015	11850	233154	47020
四、按隶属关系分					**128107**				
中央	2802	38624	72056	47900	1012180			197641	32050
省(自治区、直辖市)	4728	7238	24728					114616	20850
地区(州、盟、省辖市)	41352	93382	217098	34198	625723	627327	50394	486926	83281
县(区、市、旗)	611	6771	3630	10000	2984	2984	300	13975	3501
镇		7259			248965	248965	11809	7079	
乡									
其他	100668	380278	1069449	585778	4203708	963512	115822	3647395	667050

5-16 续表 3

单位：万元、平方米

指标	利用外资	自筹资金	其他资金	本年各项应付款合计	#工程款	房屋施工面积合计	住宅	#经济适用房	办公楼
总计	**1059**	**1046633**	**2613212**	**291547**	**186183**	**30942028**	**23612575**	**4024053**	**886120**
一、按登记注册类型分组									
内资企业		1031682	2514477	277526	176245	28820748	21992944	3424053	830976
国有企业		18480	81759	12086	7166	1295493	1012268	210336	9414
集体企业		4025	1982	350	350	194437	183691	165400	778
国有独资公司		168	45572	27365	27365	562126	428881	384900	
其他有限责任公司		771338	2015919	170599	97304	20277429	15323790	1339341	624492
股份有限公司		57090	49765	5592	3914	843132	721943		
私营独资企业		4818	12007	2086	1809	97553	76200	22200	
私营合伙企业									
私营有限责任公司		130803	278952	51338	36191	5004672	3761903	994676	174874
私营股份有限公司		44779	28521	8110	2146	540858	484268	307200	21418
其他企业		181				5048			
港澳台商投资企业	1059	4755	36151	4723	4365	709374	353040		43677
与港澳台商合资经营企业	1059	3813	34445	4708	4350	679374	325040		43677
港澳台商独资经营企业		942	1706	15	15	30000	28000		
外商投资企业		10196	62584	9298	5573	1411906	1266591	600000	11467
中外合资经营企业		1390	16546			133472	41853		11467
中外合作经营企业		4090	2230	3070	1900	600000	600000	600000	
外资企业		4716	43808	6228	3673	678434	624738		
二、按控股情况分									
国有控股		204396	330838	57764	39851	4516924	3474765	635276	70737
集体控股		4617	49923	350	350	818892	660971	165400	778
私人控股		760824	2040076	206860	125879	22003863	16656960	2593971	750971
港澳台商控股	1059	4755	36151	4723	4365	709374	353040		43677
外商控股		10196	62584	9298	5573	1411906	1266591	600000	11467
其他		61845	93640	12552	10165	1481069	1200248	29406	8490
三、按资质等级分									
一级		57090	56456	5592	3914	1121834	900334		40000
二级		44759	330881	21017	2135	4718305	3663433	82209	79034
三级		81038	305293	62736	50515	4528509	3474289	1293798	136238
四级		280289	485805	65156	53723	8273874	6431300	1780967	297755
暂定		456258	1376901	135072	75336	12076944	9023433	788392	303725
其他	1059	127199	57876	1974	560	222562	119786	78687	29368
四、按隶属关系分									
中央		56836	108755	6195	6195	1329420	1085754	23263	40000
省(自治区、直辖市)		32942	60824	6907	5099	1574954	1131619	235981	25714
地区(州、盟、省辖市)		236476	167169	39674	35627	2459217	1701622	1050115	90411
县(区、市、旗)		4388	6086	1570	1267	326891	288224	165400	5023
街道		4							
镇		7079							
乡									
其他	1059	708908	2270378	237201	137995	25251546	19405356	2549294	724972

5-16 续表 4

单位：平方米

指标	商业营业用房	其他	#新开工面积	#住宅	#经济适用房	办公楼	商业营业用房	其他
总计	**2769634**	**3673699**	**7248468**	**5582849**	**721310**	**188050**	**633255**	**844314**
一、按登记注册类型分组								
内资企业	2470645	3526183	7108852	5544526	721310	176583	581878	805865
国有企业	81453	192358	335605	293153	143335	3127	8095	31230
集体企业	9968							
国有独资公司	90337	42908	2300	2300				
其他有限责任公司	1855752	2473395	4984613	3798078	154268	134562	524488	527485
股份有限公司	22600	98589	259709	185789				73920
私营独资企业	13915	7438	29042	22200	22200			6842
私营有限责任公司	370281	697614	1435436	1200148	401507	23922	45578	165788
私营股份有限公司	26339	8833	62147	42858		14972	3717	600
其他企业		5048						
港澳台商投资企业	223772	88885	16657	1800			14857	
与港澳台商合资经营企业	221772	88885	16657	1800			14857	
港澳台商独资经营企业	2000							
外商投资企业	75217	58631	122959	36523		11467	36520	38449
中外合资经营企业	39820	40332	122959	36523		11467	36520	38449
外资企业	35397	18299						
二、按控股情况分								
国有控股	350214	621208	808636	713255	183375	3127	26764	65490
集体控股	9968	147175	55722	39875				15847
私人控股	2024678	2571254	5932072	4558007	537935	173456	550001	650608
港澳台商控股	223772	88885	16657	1800			14857	
外商控股	75217	58631	122959	36523		11467	36520	38449
其他	85785	186546	312422	233389			5113	73920
三、按资质等级分								
一级	74700	106800	300314	217194			2100	81020
二级	234201	741637	896038	849482	28000		11811	34745
三级	443969	474013	1173303	905896	408748	12220	51074	204113
四级	694950	849869	955771	741457	122934	34810	62764	116740
暂定	1253103	1496683	3860500	2835624	128432	111674	505506	407696
其他	68711	4697	62542	33196	33196	29346		
四、按隶属关系分								
中央	83166	120500	234276	202909	2002		10402	20965
省(自治区、直辖市)	110269	307352	247418	208641	208641		12700	26077
地区(州、盟、省辖市)	445747	221437	492902	104604		90411	267514	30373
县(区、市、旗)	22803	10841	111276	92244		3127	8095	7810
其他	2107649	3013569	6162596	4974451	510667	94512	334544	759089

5-16 续表 5

单位：平方米

指标	竣工面积	住宅	#经济适用房	办公楼	商业营业用房	其他	商品房销售面积	住宅
总计	**7397968**	**6416302**	**1563825**	**168760**	**413856**	**399050**	**8182242**	**7604542**
一、按登记注册类型分组								
内资企业	6482095	5550138	963825	142283	403235	386439	7882270	7358951
国有企业	335990	261822	27679		18310	55858	220266	209212
集体企业							12428	12428
国有独资公司	187300	187300	185000				76031	73436
其他有限责任公司	5060814	4406853	601273	68149	331630	254182	6059989	5618022
股份有限公司	250545	238845			1500	10200	444094	429873
私营独资企业							31115	31115
私营有限责任公司	632946	441718	149873	74134	50895	66199	972613	932859
私营股份有限公司	14500	13600			900		65734	52006
港澳台商投资企业	93905	49187		26477	10621	7620	58311	24374
与港澳台商合资经营企业	93905	49187		26477	10621	7620	57818	24374
港澳台商独资经营企业							493	
外商投资企业	821968	816977	600000			4991	241661	221217
中外合资经营企业							59778	39751
中外合作经营企业	600000	600000	600000				11027	11027
外资企业	221968	216977				4991	170856	170439
二、按控股情况分								
国有控股	681220	581718	212679		22020	77482	719047	691299
集体控股	178469	131161				47308	247868	243683
私人控股	5126211	4400823	721740	140533	348900	235955	6259662	5792065
港澳台商控股	93905	49187		26477	10621	7620	58311	24374
外商控股	821968	816977	600000			4991	241661	221217
其他	496195	436436	29406	1750	32315	25694	655693	631904
三、按资质等级分								
一级	195910	184210			1500	10200	447617	433396
二级	511480	377783	35808	40961	33306	59430	1011504	978134
三级	656839	519928	212679	62273	36980	37658	785081	732798
四级	2623257	2273080	1171754	36747	200735	112695	1676300	1593070
暂定	3373482	3024301	106584	28779	141335	179067	4177368	3829267
其他	37000	37000	37000				84372	37877
四、按隶属关系分								
中央	276983	222306			5421	49256	304335	303015
省(自治区、直辖市)	164796	124921	27679		11649	28226	161852	140490
地区(州、盟、省辖市)	1069225	1010415	850214		5506	53304	451567	366133
县(区、市、旗)	25402	20452			4950		23251	19460
其他	5861562	5038208	685932	168760	386330	268264	7241237	6775444

5-16 续表 6

单位：平方米、万元

指　　标	#经济适用房	办公楼	商业营业用房	其他	商品房销售额(万元)	住宅	#经济适用房	办公楼
总　　计	**531038**	**196923**	**286824**	**93953**	**3078103**	**2658602**	**118456**	**91427**
一、按登记注册类型分组								
内资企业	520011	192957	237283	93079	2893666	2556147	115482	87708
国有企业	11475	185	10467	402	84919	80650	1492	78
集体企业					6237	6237		
国有独资公司	48812		2595		19027	15904	8786	
其他有限责任公司	308766	181434	169537	90996	2236061	1945648	68537	82939
股份有限公司			14221		191825	181873		
私营独资企业					10743	10743		
私营有限责任公司	127201	4938	33225	1591	321422	298665	29580	3591
私营股份有限公司	23757	6400	7238	90	23432	16427	7087	1100
港澳台商投资企业			33613	324	55363	12772		
与港澳台商合资经营企业			33120	324	54714	12772		
港澳台商独资经营企业			493		649			
外商投资企业	11027	3966	15928	550	129074	89683	2974	3719
中外合资经营企业		3966	15848	213	65860	26826		3719
中外合作经营企业	11027				2974	2974	2974	
外资企业			80	337	60240	59883		
二、按控股情况分								
国有控股	60287	11058	15928	762	272676	255272	10278	7629
集体控股			3975	210	95048	90859		
私人控股	430318	181829	193661	92107	2267226	1968393	99446	80066
港澳台商控股			33613	324	55363	12772		
外商控股	11027	3966	15928	550	129074	89683	2974	3719
其　他	29406	70	23719		258716	241623	5758	13
三、按资质等级分								
一　级			14221		195002	185050		
二　级	22793	14864	17729	777	405443	384186	4484	10087
三　级	112066	16627	32087	3569	314337	273983	24245	4719
四　级	240984	17504	59612	6114	504361	457664	53592	9218
暂　定	117318	118248	147074	82779	1618728	1346839	25255	57868
其　他	37877	29680	16101	714	40232	10880	10880	9535
四、按隶属关系分								
中　央			1320		114791	112956		
省(自治区、直辖市)		10873	9727	762	63540	50712		7551
地区(州、盟、省辖市)	100563	64206	21228		166702	112160	20510	28372
县(区、市、旗)		185	3606		6910	5457		78
其　他	430475	121659	250943	93191	2726160	2377317	97946	55426

5-16 续表 7

单位：万元、平方米

指　　标	商业营业用房	其　他	空置面积(平方米)	住　宅	#经济适用房	办公楼	商业营业用房	其　他
总　　计	**297474**	**30600**	**1016496**	**562906**	**19475**	**25607**	**341827**	**86156**
一、按登记注册类型分组								
内资企业	219605	30206	971984	554238	19475	17591	320872	79283
国有企业	4104	87	48642	14464			13741	20437
集体企业			10768	2446			8322	
国有独资公司	3123		2300	2300				
其他有限责任公司	178272	29202	706934	445277	14565	9935	214401	37321
股份有限公司	9952		51474	29524			11750	10200
私营独资企业			3700				3700	
私营有限责任公司	18273	893	141935	60102	4910	7656	62852	11325
私营股份有限公司	5881	24	6231	125			6106	
其他企业								
港澳台商投资企业	42523	68	32157	2502		5355	18136	6164
与港澳台商合资经营企业	41874	68	17433	1956			9313	6164
港澳台商独资经营企业	649		14724	546		5355	8823	
外商投资企业	35346	326	12355	6166		2661	2819	709
中外合资经营企业	35225	90						
中外合作经营企业			3000	3000				
外资企业	121	236	9355	3166		2661	2819	709
二、按控股情况分								
国有控股	9436	339	106674	49216			33825	23633
集体控股	4148	41	15798	7476			8322	
私人控股	188941	29826	795392	475920	19475	17041	256981	45450
港澳台商控股	42523	68	32157	2502		5355	18136	6164
外商控股	35346	326	12355	6166		2661	2819	709
其　他	17080		54120	21626		550	21744	10200
三、按资质等级分								
一　级	9952		27164	16964				10200
二　级	10825	345	94803	65066	12181	1464	27718	555
三　级	34130	1505	140849	92436	5860	2661	34813	10939
四　级	35244	2235	323564	85407	834	11284	181150	45723
暂　定	187813	26208	390897	302550	600	4843	78455	5049
其　他	19510	307	39219	483		5355	19691	13690
四、按隶属关系分								
中　央	1835		60203	23150			17171	19882
省(自治区、直辖市)	4938	339	31774	19972			10904	898
地区(州、盟、省辖市)	26170		15390	15390	12181			
县(区、市、旗)	1375		21637	7565			14072	
其　他	263156	30261	887492	496829	7294	25607	299680	65376

5-17 按各种分组的房地产开发企业财务状况情况

(2009年)

单位：万元

指标	年初存货	流动资产合计	#存货	固定资产原价	累计折旧	本年折旧	资产总计
总计	**3969829**	**10113548**	**5624970**	**296899**	**76795**	**16774**	**11282625**
一、按登记注册类型分组							
内资企业	3565340	9287640	5043172	271729	70107	15683	10366245
国有企业	195196	354960	158408	16521	4625	508	381761
集体企业	14283	45278	23878	3281	1812	136	85270
国有独资公司	135836	190965	172893	536	261	60	197589
其他有限责任公司	2523033	6685121	3731830	174888	42221	10350	7379613
股份有限公司	150628	347452	158123	3209	1196	447	412165
私营独资企业	3890	49065	4332	346	189	48	49255
私营有限责任公司	475422	1432960	672399	65657	17648	3805	1653520
私营股份有限公司	66620	178921	120787	7169	2129	315	203770
其他企业	433	2919	523	122	26	14	3301
港澳台商投资企业	130052	288779	167641	21058	4572	535	355666
与港澳台商合资经营企业	97621	226739	125886	17097	2864	381	287320
港澳台商独资经营企业	32431	62040	41755	3961	1708	155	68346
外商投资企业	274438	537128	414158	4112	2116	556	560715
中外合资经营企业	46098	69166	51765	209	45	27	70682
中外合作经营企业	13290	167008	118222	825	526	84	175385
外资企业	215050	300954	244172	3079	1545	445	314648
二、按控股情况分							
国有控股	892120	1586675	1140880	30191	8653	1474	1682705
集体控股	124488	258726	108620	4943	2275	261	308590
私人控股	2326124	6909691	3547593	230690	57246	13138	7738541
港澳台商控股	130052	288779	167641	21058	4572	535	355666
外商控股	274438	537128	414158	4112	2116	556	560715
其　他	222607	532548	246078	5906	1933	810	636409
三、按资质等级分							
一　级	176381	365096	180993	3298	1274	417	435099
二　级	551575	1366256	740287	59800	13909	3324	1515491
三　级	748995	1785122	925973	83999	22987	4096	2019007
四　级	961946	2344469	1328897	90206	27442	5919	2720465
暂　定	1412771	3803485	2199763	34501	7304	2239	4096694
其　他	118161	449120	249057	25095	3879	779	495870
四、按隶属关系分							
中　央	325548	511051	430840	1844	806	211	527641
省(自治区、直辖市)	148283	358617	192355	14366	4924	695	397174
地区(州、盟、省辖市)	439372	1017088	686820	11495	3509	605	1058628
县(区、市、旗)	28443	66116	41144	1795	820	48	75924
街　道							8644
镇	3714	13345	11011	173	111	6	13943
乡	641	673	641	382	136	15	978
其　他	3023828	8146658	4262160	266845	66489	15195	9199695

5-17 续表 1

单位：万元

指 标	负 债 合 计	所有者权益合计	实收资本	主营业务收 入	#土地转让收 入	商品房屋销售收入	房 屋出租收入
总 计	**9436689**	**1845936**	**1509873**	**1368592**	**9580**	**1028952**	**319145**
一、按登记注册类型分组							
内资企业	8693763	1672481	1350806	1312623	9580	975145	318743
国有企业	363270	18491	35295	69035		66829	643
集体企业	77601	7669	8843	1257		890	296
国有独资公司	202407	-4818	7665	831		819	
其他有限责任公司	6217863	1161750	975790	957006	9580	625944	315741
股份有限公司	289302	122863	70495	114576		114576	
私营独资企业	46226	3030	4660	20000		20000	
私营有限责任公司	1323677	329843	219343	121260		117957	1535
私营股份有限公司	171472	32298	27414	28658		28130	528
其他企业	1946	1355	1300				
港澳台商投资企业	284369	71297	54888	11398		9797	386
与港澳台商合资经营企业	236134	51186	32831	9971		8728	272
港澳台商独资经营企业	48235	20111	22057	1427		1069	114
外商投资企业	458557	102158	104179	44571		44011	16
中外合资经营企业	66876	3806	6210	553		13	16
中外合作经营企业	170430	4955	5200				
外资企业	221251	93397	92769	44018		43998	
二、按控股情况分							
国有控股	1535278	147428	157812	173888	9580	160923	780
集体控股	278212	30378	42278	36713		36346	296
私人控股	6386802	1351739	1067217	921801		597734	317597
港澳台商控股	284369	71297	54888	11398		9797	386
外商控股	458557	102158	104179	44571		44011	16
其 他	493472	142937	83499	180221		180142	69
三、按资质等级分							
一 级	329521	105578	62090	124726		124726	
二 级	1270855	244636	163844	195138		192704	235
三 级	1777242	241766	212429	123781		120174	1688
四 级	2321429	399035	363098	315520	9580	300842	2234
暂 定	3475816	620878	511051	586947		268649	314906
其 他	261826	234043	197362	22481		21858	83
四、按隶属关系分							
中 央	492000	35640	33424	83532		83505	
省(自治区、直辖市)	320862	76312	70830	62018	9580	50577	136
地区(州、盟、省辖市)	862908	195720	198767	65499		64624	814
县(区、市、旗)	68375	7549	8214	1530		1498	6
街 道	8059	585	1000				
镇	11824	2119	1362	43			
乡	873	105	258	93			93
其 他	7671788	1527906	1196019	1155876		828748	318096

5-17 续表 2

单位：万元

指　　标	其他收入	主营业务成本	主营业务税金及附加	主营业务利润	利润总额	应交所得税	全部从业人员年平均人数（人）
总　　计	**10914**	**1005162**	**94921**	**229937**	**102681**	**26406**	**1637**
一、按登记注册类型分组							
内资企业	9155	961951	91955	225855	19973	26452	1548
国有企业	1562	48026	5362	13715	1776	2519	97
集体企业	71	669	66	521	44	29	17
国有独资公司	13	671	69	-33		1	8
其他有限责任公司	5740	706167	63336	170685	14214	15498	962
股份有限公司		71565	9414	25839	219	5331	95
私营独资企业		14183	680	4220		450	9
私营有限责任公司	1768	95077	11753	10106	3417	2140	319
私营股份有限公司		25594	1274	801	302	483	38
其他企业							2
港澳台商投资企业	1215	6982	646	2114	624	-381	53
与港澳台商合资经营企业	970	5867	579	1883	392	-381	34
港澳台商独资经营企业	245	1115	66	231	231		19
外商投资企业	545	36229	2321	1968	425	335	37
中外合资经营企业	524	61	80	-394	56	1	6
中外合作经营企业						250	6
外资企业	21	36168	2241	2362	369	84	25
二、按控股情况分							
国有控股	2604	128663	12612	26405	11094	4663	209
集体控股	71	29034	2491	4810	4578	1455	34
私人控股	6470	685167	62175	157310	63544	12574	1184
港澳台商控股	1215	6982	646	2114	-2354	-381	53
外商控股	545	36229	2321	1968	-2419	335	37
其　他	10	119087	14677	37331	28238	7760	121
三、按资质等级分							
一　级		77649	9833	28001	22360	5589	86
二　级	2199	148341	16534	24736	8398	5322	169
三　级	1919	92181	9561	18044	-6801	1748	314
四　级	2863	239596	21044	48301	10587	4885	512
暂　定	3393	428100	36608	109924	56938	5089	492
其　他	540	19295	1341	932	11199	3774	64
四、按隶属关系分							
中　央	28	60943	5451	13736	12412	3264	32
省(自治区、直辖市)	1725	47524	5509	8267	3	773	92
地区(州、盟、省辖市)	61	52620	4525	6866	17120	4955	76
县(区、市、旗)	26	732	79	719	-105	14	22
街　道							1
镇	43	12	1	30	-74		2
乡			18	75	10		1
其　他	9031	843331	79339	200244	73314	17400	1411

主 要 统 计 指 标 解 释

全社会固定资产投资 固定资产投资额是以货币表现的建造和购置固定资产活动的工作量，它是反映固定资产投资规模、速度、比例关系和使用方向的综合性指标。

基本建设投资 基本建设指企业、事业、行政单位以扩大生产能力或工程效益为主要目的新建、扩建工程及有关工作。其综合范围为总投资50万元以上(含50万元，下同)的基本建设项目。

更新改造投资 更新改造指企业、事业单位对原有设施进行固定资产更新和技术改造，以及相应配套的工程和有关工作(不包括大修理和维护工程)。其综合范围为总投资50万元以上的更新改造项目。

房地产开发投资 指房地产开发公司、商品房建设公司及其他房地产开发法人单位和附属于其他法人单位实际从事房地产开发或经营的活动单位统一开发的包括统代建、拆迁还建的住宅、厂房、仓库、饭店、宾馆、度假村、写字楼、办公楼等房屋建筑物和配套的服务设施，土地开发工程（如道路、给水、排水、供电、供热、通讯、平整场地等基础设施工程）的投资；不包括单纯的土地交易活动。

其他固定资产投资 指全社会固定资产投资中未列入基本建设、更新改造和房地产开发投资的建造和购置固定资产的活动。

城镇和工矿区私人建房投资和农村个人投资 城镇和工矿区私人建房包括市、县城、镇、工矿区所辖范围内的全部私人建房，不论其房主是否系本地的常住户口均应包括。农村个人投资包括农村个人建房及购置生产性固定资产的投资。

施工项目 指报告期内曾进行建筑或安装工程施工活动的建设项目，包括报告期内新开工项目、报告期以前开工跨入报告期继续施工的项目以及报告期施过工并在报告期内全部建成投产或停缓建的项目。

新增生产能力 指通过固定资产投资活动而增加的设计能力或工程效益，它是用实物形态表示的固定资产投资的成果。新增生产能力的计算，是以能独立发挥生产能力或工程效益的单项工程(或项目)为对象。当单项工程(或项目)建成，经有关部门鉴定合格，正式移交投入生产，即可计算新增生产能力。

房屋建筑面积 指从房屋外墙线算起的各层平面面积的总和，包括可供使用的有效面积和房屋结构(如柱、墙)占用的面积。多层建筑按各层（包括地下室）面积总和计算。

住宅建筑面积 指施工和竣工房屋建筑面积中供居住用的施工和竣工房屋建筑面积。

施工面积 指报告期内施工的全部房屋建筑面积。包括本期新开工的面积、上期跨入本期继续施工的房屋面积、上期停缓建在本期恢复施工的房屋面积、本期竣工的房屋面积及本期施工后又停缓建的房屋面积。

竣工面积 指在报告期内房屋建筑按照设计要求已全部完工，达到住人和使用条件，经验收鉴定合格，正式移交使用单位的建筑面积。

房屋建筑面积竣工率 指一定时期内房屋竣工面积占同期房屋施工面积的比率。

新增固定资产 指通过投资活动所形成的新的固定资产价值，包括已经建成投入生产或交付使用的工程价值和达到固定资产标准的设备、工具、器具的价值及有关应摊入的费用。它是以价值形式表示的固定资产投资成果的综合性指标，可以综合反映不同时期、不同部门、不同地区的固定资产投资成果。

建设项目投产率 指一定时期内全部建成投入生产项目个数与同期正式施工项目个数的比率。它是从项目建设速度的角度反映投资效果的指标。

固定资产交付使用率 指一定时期新增固定资产与同期完成投资额的比率。它是反映各个时期固定资产动用速度，衡量建设过程中投资效果的一个综合性指标。

6

six

能源消费

Energy Consumption

规模以上工业企业能源消费总量

单位:吨标准煤(等价值)

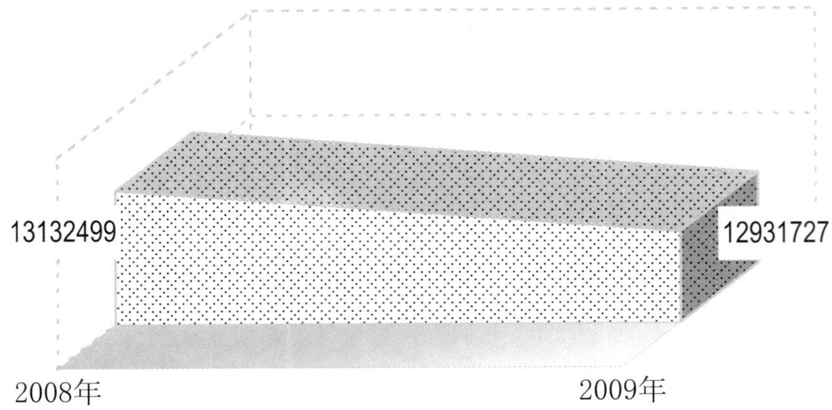

规模以上工业企业万元产值工业生产能源消费量

单位：吨标准煤/万元

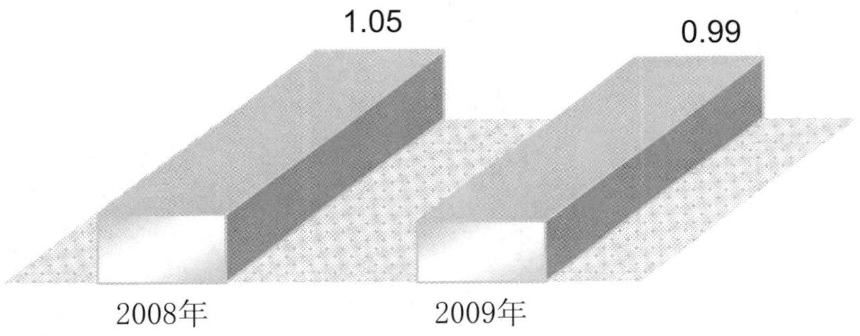

规模以上工业企业电力消费量

单位：万千瓦时

6-1 全市全社会单位GDP能耗

单位：吨标准煤/万元

区、县(市)	2008年	2007年	2008年 比2007年增长 (%)
贵阳市	**1.8245**	**1.9401**	**-5.96**
南明区	1.7271	1.8475	-6.52
云岩区	0.3793	0.4017	-5.58
花溪区	0.8990	0.9609	-6.44
乌当区	0.7059	0.7542	-6.40
白云区	4.6584	4.8780	-4.50
小河区	0.3831	0.4065	-5.76
开阳县	1.9779	2.0880	-5.27
息烽县	1.5698	1.6766	-6.37
修文县	1.4217	1.5056	-5.57
清镇市	7.1791	7.6216	-5.81

注：该表数据均以2005年可比价计算。

6-2 全市全社会单位GDP电耗

单位：千瓦时/万元

区、县(市)	2008年	2007年	2008年 比2007年增长 (%)
贵阳市	**2678**	**2889**	**-7.30**
南明区	1527	1680	-9.11
云岩区	880	899	-2.11
花溪区	1482	1560	-5.00
乌当区	1693	1771	-4.40
白云区	13220	13514	-2.18
小河区	1212	1292	-6.19
开阳县	4894	5223	-6.30
息烽县	3828	4068	-5.90
修文县	2155	2156	-0.05
清镇市	5480	5888	-6.93

注：该表数据均以2005年可比价计算。

6-3 全市单位工业增加值综合能耗

单位：吨标准煤/万元

区、县(市)	2008年	2007年	2008年比2007年增长(%)
贵阳市	**2.59**	**2.93**	**-11.76**
南明区	3.38	4.19	-19.53
云岩区	0.31	0.33	-5.96
花溪区	1.86	2.02	-7.91
乌当区	0.52	0.58	-10.84
白云区	5.98	5.89	1.63
小河区	0.25	0.29	-13.50
开阳县	3.30	3.58	-7.89
息烽县	1.91	2.12	-9.75
修文县	2.08	2.14	-2.75
清镇市	12.62	13.96	-9.58

注：该表数据均以2005年可比价计算。

6-4 能源生产、消费总量及构成

单位：吨标准煤

指　标	2008年	2007年
一、绝对数		
一次能源生产总量	4512591	4538014
原　煤	2444387	2473012
水　电	2068204	2065002
能源终端消费总量	13450099	13054508
煤　炭	4123177	3548998
焦　炭	355023	630817
石　油	1603426	1575496
气　类	369833	309921
电　力	5955495	6318512
二、构成		
一次能源生产总量	100.0	100.0
原　煤	54.2	54.5
水　电	45.8	45.5
能源终端消费总量	100.0	100.0
煤　炭	30.7	27.2
焦　炭	2.6	4.8
石　油	11.9	12.1
气　类	2.7	2.4
电　力	44.3	48.4

注：1. 煤炭包含原煤、洗精煤、其他洗煤和煤制品；
2. 石油包含汽油、煤油、柴油、燃料油、液化石油气和其他石油制品；
3. 气类包含焦炉煤气、其他煤气和液化天然气；
4. 电力、热力按等价热值折算。

6-5 综合能源平衡表

单位：吨标准煤

指　　标	2008年	2007年
可供消费的能源总量	**15548833**	**15101542**
一次能源生产量	4512592	4538014
市外调入	10014222	12134018
调出市外(-)	11694	347178
年初年末库存差额	-103100	213491
能源消费总量	**14399945**	**13535057**
在总量中:		
农.林.牧.渔业	255172	331788
工　业	11219604	9709047
建筑业	284921	241105
交通运输.仓储和邮政业	402124	480962
批发、零售业和住宿、餐饮业	206689	282368
其　他	491829	340707
生活消费	1539606	2149079
在总量中:		
终端消费	13450099	13054513
#工业	10269758	9228503
加工转换损失量	283264	153703
#炼　焦	103321	30858
损失量	666582	634247
平衡差额	1148888	1566485

注：电力、热力按等价热值折算。

6-6 煤炭平衡表

单位：吨

指　标	2008年	2007年
可供量	**11606044**	**10942224**
生产量	3422074	3462147
调出市外(-)	235688	238800
年初年末库存差额	-164228	279065
消费量	**11606044**	**10942224**
在消费量中:		
农.林.牧.渔业	302708	409478
工　业	10690033	9366519
建筑业	43788	45322
交通运输.仓储和邮政业	5557	1164
批发、零售业和住宿、餐饮业	4686	12502
其　他	16676	27049
生活消费	542596	1080190
在消费量中:		
终端消费	5766168	4949235
#工　业	4850157	3373530
用于加工转换	5494628	5706645
#发　电	3129267	3585051
炼　焦	928843	944118
损失量	345248	286344
平衡差额		

6-7 电力平衡表

单位：万千瓦时

指　　标	2008年	2007年
可供量	**2113711**	**2015297**
生产量	1164625	1179435
#火　电	553616	671953
水　电	611009	507482
调出市外(－)	135441	147033
消费量	**2113711**	**2015297**
在消费量中:		
农.林.牧.渔业	8089	7416
工　业	1565640	1542770
建筑业	43516	26497
交通运输.仓储和邮政业	8570	8649
批发、零售业和住宿、餐饮业	54619	55561
其　他	128151	57687
生活消费	305126	316717
在消费量中:		
终端消费	1986887	1894379
#工　业	1438816	1421852
输配电损失量	126824	120918

6-8 能源生产消费弹性系数

指　　标	2008年	2007年
生产总值比上年增长(%)	13.1	15.8
能源生产比上年增长(%)	-0.6	28.2
能源消费总量比上年增长(%)	6.4	10.6
电力生产比上年增长(%)	-1.3	18.8
电力消费比上年增长(%)	4.9	12.9
能源生产弹性系数		1.8
能源消费弹性系数	0.5	0.7
电力生产弹性系数		1.2
电力消费弹性系数	0.4	0.8

注：生产总值增长速度按可比价格计算。

6-9 分行业能源消费总量

单位：吨标准煤

行　　业	2008年	2007年
消费合计	**13973072**	**13535057**
农、林、牧、渔业	**255172**	**331788**
工　业	**10792730**	**9709047**
采矿业	243034	165806
#煤炭开采和洗选业	165212	137441
黑色金属矿采选业	632	151
有色金属矿采选业	22984	5718
非金属矿采选业	50514	21442
其他采矿业	3692	1054
制造业	8480236	8544323
农副食品加工业	20622	19355
食品制造业	43159	30103
饮料制造业	42553	23762
烟草制品业	64485	68397
纺织业	4872	10794
纺织服装、鞋、帽制造业	4015	2954
皮革、毛皮、羽毛(绒)及其制品业	221	45
木材加工及木、竹、藤、棕、草制品业	7325	7195
家具制造业	3091	952
造纸及纸制品业	22308	14056
印刷业和记录媒介的复制	21224	9958
文教体育用品制造业	134	65
石油加工、炼焦及核燃料加工业	891	159

6-9 续表

单位：吨标准煤

行　　业	2008年	2007年
化学原料及化学制品制造业	2063245	1907787
医药制造业	79267	37008
化学纤维制造业	36	3
橡胶制品业	256623	238661
塑料制品业	35200	29922
非金属矿物制品业	1120176	1016108
黑色金属冶炼及压延加工业	880811	1217541
有色金属冶炼及压延加工业	3539237	3645761
金属制品业	32532	18703
通用设备制造业	45120	32048
专用设备制造业	31922	17195
交通运输设备制造业	105182	90581
电气机械及器材制造业	21212	17921
通信设备、计算机及其他电子设备制造业	19304	18296
仪器仪表及文化、办公用机械制造业	5676	4611
工艺品及其他制造业	9612	64352
废弃资源和废旧材料回收加工业	184	31
电力、燃气及水的生产和供应业	**2069461**	**998918**
电力、热力的生产和供应业	1908851	835673
燃气生产和供应业	129725	130857
水的生产和供应业	30885	32389
建筑业	**284921**	**241105**
交通运输储运业和邮政业	**402124**	**480962**
批发、零售业和住宿、餐饮业	**206689**	**282368**
其他行业	**491829**	**340707**
城乡居民生活	**1539606**	**2149079**

6-10 生活能源消费量

能源品种	2008年		2007年	
	全 市	#市 区	全 市	#市 区
生活能源消费量(吨标准煤)	1539606	1024937	2149079	1466285
煤炭(吨)	524362	232260	1041322	461241
型煤(吨)	18234	16168	38868	34464
人工煤气(万立方米)	9105	8297	10286	9374
汽油(吨)	62906	49974	125372	101350
柴油(吨)	5500	768	5448	5382
液化石油气(吨)	23687	19300	20917	17043
电力(万千瓦时)	305126	169377	316718	235379

6-11 能源利用效率

指 标	2008年	2007年
每万元生产总值能源消费量(吨标准煤/万元)(可比价)	**1.82**	**1.94**
能源消费总量(吨标准煤)	14320499	13535020
每万元生产总值煤炭消费量(吨/万元)	1.47	1.57
每万元生产总值油料消费(吨/万元)	0.10	0.10
每万元生产总值电力消费量(千瓦时/万元)	**2678**	**2889**
规模以上工业增加值能源消费量(吨标准煤/万元)	**2.59**	**2.93**
规模以上工业能源消费量(吨标准煤)	6415905	6832188
规模以上工业增加值煤炭消费量(吨/万元)	3265	3604
规模以上工业增加值油料消费(吨/万元)	17	18
规模以上工业增加值电力消费量(千瓦时/万元)	5465	6236

注：1. 生产总值和工业增加值按2005年可比价格计算；
2. 煤炭包含原煤、洗精煤、其他洗煤和煤制品；
3. 油料包含汽油、煤油和柴油。

6-12 规模以上工业企业能源消费情况

指标	单位	能源消费合计			# 工业生产消费		
		2009年	2008年	2009年比2008年增长(%)	2009年	2008年	2009年比2008年增长(%)
原煤	吨	6396009	6693960	-4.5	6366615	6571252	-3.1
洗精煤	吨	1182385	1155867	2.3	1182385	1155862	2.3
其他洗煤	吨	44859	57381	-21.8	44859	57381	-21.8
型煤	吨	118624	85105	39.4	118624	85105	39.4
焦炭	吨	371989	365476	1.8	359861	364524	-1.3
其他焦化产品	吨	20446	16720	22.3	20446	16720	22.3
焦炉煤气	万立方米	15315	15829	-3.2	15306	15822	-3.3
高炉煤气	万立方米						
其他煤气	万立方米	14280	13	113229.6	14280	13	113229.6
天然气	万立方米						
液化天然气	吨	1758	57	3006.4	1758	52	3274.8
原油	吨						
汽油	吨	10757	13528	-20.5	10536	13367	-21.2
煤油	吨	436	518	-15.8	429	518	-17.2
柴油	吨	30531	31404	-2.8	30221	27185	11.2
燃料油	吨	116289	115307	0.9	116289	115307	0.9
液化石油气	吨	2738	2191	24.9	2720	2191	24.1
炼厂干气	吨						
其他石油制品	吨	200105	214173	-6.6	200105	214173	-6.6
热力	百万千焦	23272684	27334221	-14.9	23249738	27254843	-14.7
电力	万千瓦时	1409553	1388497	1.5	1385878	1356262	2.2
其他燃料	吨标准煤	8087	37921	-78.7	8087	37921	-78.7
能源合计(等当量)	吨标准煤	8969475	9229433	-2.8	8907377	9101717	-2.1
能源合计(等价值)	吨标准煤	12931727	13132499	-1.5	12718540	12914169	-1.5

注：能源合计(等当量)是指电力折标系数为1.229，而能源合计(等价值)是指电力折标系数为4.04。

6-13 全市规模以上工业企业用水

单位：万立方米

指标名称	2009年	2008年	2009年比2008年增长(%)
合计	38797	41044	-5.47
#地表水	34046	35350	-3.69
地下水	321	363	-11.60
自来水	2401	2877	-16.55
其他水	2029	2417	-16.05
工业重复用水量	117286	104482	12.25
工业用水量	156082	145525	7.25

6-14 规模以上工业企业能源购进、消费情况

(2009年)

指　　标	单位	购进量		消费量			
		实物量	金　额 (万元)	合　计	工业生 产消费	#用于原材料	非工业 生产消费
原　煤	吨	6537837	287961	6396009	6366615	732075	31878
洗精煤	吨	1151286	123452	1182385	1182385		
其他洗煤	吨	43794	2744	44859	44859		
煤制品	吨	356965	12696	362095	362095	145416	
#型　煤	吨	122175	5881	118624	118624	100836	
水煤浆	吨						
煤　粉	吨	194015	6814	201307	201307	34242	
焦　炭	吨	367361	43479	371989	359861	25179	12128
其他焦化产品	吨	20380	4038	20446	20446	4514	
焦炉煤气	万立方米	15313	18219	15315	15306	180	8
高炉煤气	万立方米						
其他煤气	万立方米	14044	25616	14280	14280		
天然气	万立方米						
液化天然气	吨	1735	1038	1758	1758		
原　油	吨						
汽　油	吨	10668	7761	10757	10536	8	221
煤　油	吨	433	296	436	429	1	7
柴　油	吨	28750	17031	30531	30221	19	304
燃料油	吨	113137	38038	116289	116289		
液化石油气	吨	2743	1601	2738	2720		18
炼厂干气	吨						
其他石油制品	吨	188884	23037	200105	200105		
热　力	百万千焦	590449	4411	23272684	23249738		22946
电　力	万千瓦时	1332213	579544	1409553	1385878		23675
其他燃料	吨标准煤	7744	208	8087	8087	8087	
#煤矸石	吨标准煤	43359	208	45278	45278	45278	
生物质能	吨标准煤						
工业废料	吨标准煤						
城市固体垃圾	吨标准煤						
能源合计(等当量)	吨标准煤			8969475	8907377		63261
能源合计(等价值)	吨标准煤			12931727	12803079		129812

注：能源合计(等当量)是指电力折标系数为1.229，(等价值)是指电力折标系数为4.04。

6-15 规模以上工业企业分行业产值能耗表

(2009年)

指　　标	按等价值计算			按等当量计算		
	综合能源消费量(吨标准煤)	产值单耗(吨标准煤/万元)	万元增加值综合能耗(吨标准煤/万元)	综合能源消费量(吨标准煤)	万元总产值综合能耗(吨标准煤/万元)	万元增加值综合能耗(吨标准煤/万元)
总　　计	**6580152**	**0.73**	**2.27**	**8988235**	**0.99**	**3.09**
采矿业	**28865**	**0.36**	**0.90**	**67593**	**0.85**	**2.11**
煤炭开采和洗选业	16095	0.63	1.66	34096	1.33	3.53
非金属矿采选业	12770	0.24	0.57	33497	0.63	1.49
制造业	**5261430**	**0.69**	**2.09**	**8781731**	**1.15**	**3.48**
农副食品加工业	11190	0.05	0.32	17358	0.08	0.49
食品制造业	27216	0.11	0.32	40013	0.17	0.48
饮料制造业	11916	0.27	0.69	17057	0.39	0.99
烟草制品业	43022	0.05	0.07	55210	0.06	0.09
纺织业	2293	0.65	2.31	4556	1.30	4.59
纺织服装、鞋、帽制造业	1730	0.06	0.15	2295	0.08	0.20
木材加工及木、竹、藤、棕、草制品业	1117	0.08	0.79	3565	0.25	2.52
家具制造业	88	0.05	0.28	237	0.14	0.76
造纸及纸制品业	7377	0.17	0.91	10370	0.24	1.27
印刷业和记录媒介的复制	3067	0.03	0.06	8504	0.07	0.18
文教体育用品制造业	33	0.03	0.06	75	0.06	0.14
化学原料及化学制品制造业	1562790	1.30	5.13	2427982	2.01	7.97
医药制造业	30194	0.03	0.08	46342	0.05	0.13
橡胶制品业	176999	0.26	0.87	248238	0.37	1.22
塑料制品业	11568	0.07	0.27	36773	0.22	0.85
非金属矿物制品业	766631	2.32	8.51	1056122	3.20	11.72
黑色金属冶炼及压延加工业	449151	1.25	12.27	840273	2.35	22.95
有色金属冶炼及压延加工业	2071169	3.47	19.73	3751547	6.28	35.73
金属制品业	4861	0.05	0.21	14102	0.16	0.61
通用设备制造业	19816	0.08	0.33	50247	0.19	0.84
专用设备制造业	9518	0.05	0.17	19478	0.10	0.34
交通运输设备制造业	31167	0.06	0.21	81774	0.16	0.56
电气机械及器材制造业	7934	0.04	0.12	18842	0.09	0.28
通信设备、计算机及其他电子设备制造业	6848	0.02	0.06	21523	0.06	0.18
仪器仪表及文化、办公用机械制造业	1668	0.02	0.06	3821	0.05	0.13
工艺品及其他制造业	2067	0.03	0.16	5427	0.07	0.41
电力、燃气及水的生产和供应业	**1289857**	**0.97**	**3.65**	**138911**	**0.10**	**0.39**
电力、热力的生产和供应业	1110290	0.96	3.36	-85906	-0.07	-0.26
燃气生产和供应业	166476	1.22	2190.47	182301	1.34	2398.70
水的生产和供应业	13091	0.35	0.59	42515	1.12	1.92

注：等当量是指电力折标系数为1.229，等价值是指电力折标系数为4.04。

6-16 规模以上工业企业分行业万元产值能源消费量

(2009年)

指　　标	万元工业总产值消费量					
	工业生产能源消费量(吨标准煤)	电 量(千瓦时)	煤 炭(吨)	焦 炭(吨)	汽柴煤油(吨)	用水量(立方米)
总　　计	**0.99**	**1534.61**	**0.88**	**0.04**		**172.68**
采矿业	**0.85**	**1740.45**	**0.18**		**0.02**	**2.29**
煤炭开采和洗选业	1.33	2497.49	0.40		0.02	1.90
非金属矿采选业	0.63	1377.76	0.08		0.02	2.48
制造业	**1.15**	**1701.06**	**0.55**	**0.04**		**110.94**
农副食品加工业	0.08	102.18	0.05			2.37
食品制造业	0.17	188.67	0.07	0.03	0.01	9.80
饮料制造业	0.39	413.69	0.30			83.87
烟草制品业	0.06	48.13	0.06			15.04
纺织业	1.30	2294.07	0.52			138.56
纺织服装、鞋、帽制造业	0.08	71.74	0.04			11.59
木材加工及木、竹、藤、棕、草制品业	0.25	620.45				5.69
家具制造业	0.14	309.24			0.01	4.29
造纸及纸制品业	0.24	246.98	0.11		0.01	4.41
印刷业和记录媒介的复制	0.07	170.27				3.10
文教体育用品制造业	0.06	127.70			0.01	5.09
化学原料及化学制品制造业	2.01	2682.32	1.42	0.03	0.01	467.00
医药制造业	0.05	64.43	0.03			4.61
橡胶制品业	0.37	378.9	0.30			68.71
塑料制品业	0.22	540.8				4.00
非金属矿物制品业	3.20	3057.8	2.67		0.02	30.46
黑色金属冶炼及压延加工业	2.35	3884.6	0.17	0.66		81.79
有色金属冶炼及压延加工业	6.28	10535.8	2.00	0.05	0.01	260.25
金属制品业	0.16	367.1				14.33
通用设备制造业	0.19	417.6		0.01		6.98
专用设备制造业	0.10	175.9			0.02	6.05
交通运输设备制造业	0.16	353.8	0.01			19.44
电气机械及器材制造业	0.09	178.7	0.01		0.01	3.27
通信设备、计算机及其他电子设备制造业	0.06	139.4				1.98
仪器仪表及文化、办公用机械制造业	0.05	101.5	0.01			3.51
工艺品及其他制造业	0.07	157.9				1.62
电力、燃气及水的生产和供应业	**0.10**	**571.9**	**2.81**	**0.04**		**535.32**
电力、热力的生产和供应业	-0.07	519.1	2.41			406.72
燃气生产和供应业	1.3382	413.27	7.02	0.35		144.32
水的生产和供应业	1.1204	2758.39				5873.35

注：工业生产能源消费量是按等当量计算。

6–17 规模以上工业企业分行业万元增加值能消费量

(2009年)

指　　标	万元工业增加值消费量					
	工业生产能源消费量(吨标准煤)	电　量(千瓦时)	煤　炭(吨)	焦　炭(吨)	汽柴煤油(吨)	用水量(立方米)
总　　计	**3.09**	**4774.95**	**2.74**	**0.12**	**0.01**	**537.29**
采矿业	**2.11**	**4293.70**	**0.45**		**0.04**	**5.65**
煤炭开采和洗选业	3.53	6623.58	1.06		0.06	5.03
非金属矿采选业	1.49	3288.95	0.18		0.04	5.91
制造业	**3.48**	**5146.85**	**1.66**	**0.12**	**0.01**	**335.68**
农副食品加工业	0.49	622.75	0.32		0.01	14.46
食品制造业	0.48	540.60	0.19	0.10	0.02	28.07
饮料制造业	0.99	1059.62	0.77		0.01	214.84
烟草制品业	0.09	66.88	0.08		0.00	20.90
纺织业	4.59	8108.26	1.83		0.00	489.73
纺织服装、鞋、帽制造业	0.20	178.30	0.11		0.01	28.81
木材加工及木、竹、藤、棕、草制品业	2.52	6145.59			0.02	56.39
家具制造业	0.76	1701.93			0.05	23.63
造纸及纸制品业	1.27	1307.24	0.60		0.03	23.33
印刷业和记录媒介的复制	0.18	402.75			0.01	7.34
文教体育用品制造业	0.14	272.73			0.02	10.86
化学原料及化学制品制造业	7.97	10609.26	5.63	0.12	0.03	1847.12
医药制造业	0.13	157.83	0.06		0.00	11.30
橡胶制品业	1.22	1249.23	0.99		0.01	226.52
塑料制品业	0.85	2067.67			0.01	15.31
非金属矿物制品业	11.72	11199.57	9.78	0.00	0.06	111.58
黑色金属冶炼及压延加工业	22.95	37997.64	1.70	6.44	0.02	800.01
有色金属冶炼及压延加工业	35.73	59921.07	11.37	0.27	0.06	1480.17
金属制品业	0.61	1425.19	0.01		0.02	55.61
通用设备制造业	0.84	1818.82	0.01	0.03	0.01	30.39
专用设备制造业	0.34	624.05	0.01	0.01	0.05	21.47
交通运输设备制造业	0.56	1227.48	0.04	0.01	0.01	67.44
电气机械及器材制造业	0.28	580.49	0.02		0.02	10.64
通信设备、计算机及其他电子设备制造业	0.18	429.73			0.00	6.11
仪器仪表及文化、办公用机械制造业	0.13	254.43	0.03		0.00	8.79
工艺品及其他制造业	0.41	902.73			0.01	9.26
电力、燃气及水的生产和供应业	**0.39**	**2163.45**	**10.64**	**0.14**	**0.01**	**2025.03**
电力、热力的生产和供应业	-0.26	1821.93	8.47		0.01	1427.60
燃气生产和供应业	2398.70	740772.37	12581.94	635.23	3.35	258690.32
水的生产和供应业	1.92	4733.21			0.01	10078.29

注：工业生产能源消费量是按等当量计算。

6-18 规模以上工业企业分品种分行业工业生产能源消费

(2009年)

指　　标	工业生产能源消费量(吨标准煤)	煤　炭(吨)	原　煤	洗精煤	其他洗煤
总　　计	**8907377**	**7593858**	**6366615**	**1182385**	**44859**
采矿业	**28865**	**10548**	**10548**		
煤炭开采和洗选业	16095	10258	10258		
非金属矿采选业	12770	290	290		
制造业	**6118884**	**3826691**	**3545897**	**235935**	**44859**
农副食品加工业	11190	11135	11135		
食品制造业	27216	16264	16264		
饮料制造业	11916	13227	13227		
烟草制品业	43022	51737	51737		
纺织业	2293	1818	1818		
纺织服装、鞋、帽制造业	1730	1247	1247		
木材加工及木、竹、藤、棕、草制品业	1117				
家具制造业	88				
造纸及纸制品业	7377	4911	4911		
印刷业和记录媒介的复制	3067				
文教体育用品制造业	33				
化学原料及化学制品制造业	1805822	1398476	1353617		44859
医药制造业	30194	22404	22404		
橡胶制品业	176999	200336	200336		
塑料制品业	11568				
非金属矿物制品业	772523	839840	839035	805	
黑色金属冶炼及压延加工业	449151	62344	58868	3476	
有色金属冶炼及压延加工业	2681265	1193391	961737	231654	
金属制品业	4861	313	313		
通用设备制造业	19816	394	394		
专用设备制造业	9518	350	350		
交通运输设备制造业	31167	6167	6167		
电气机械及器材制造业	7934	1577	1577		
通信设备、计算机及其他电子设备制造业	5282				
仪器仪表及文化、办公用机械制造业	1668	760	760		
工艺品及其他制造业	2067				
电力、燃气及水的生产和供应业	**2759627**	**3756620**	**2810170**	**946450**	
电力、热力的生产和供应业	1707342	2800392	2800392		
燃气生产和供应业	1039194	956228	9778	946450	
水的生产和供应业	13091				

注：工业生产能源合计是按等价量计算。

6-18 续表 1

指　　标	煤制品合　计(吨)	#型　煤	煤　粉	焦　炭(吨)	其　他焦化产品(吨)
总　　计	**362095**	**118624**	**201307**	**359861**	**20446**
采矿业	**3816**	**3816**			
煤炭开采和洗选业					
非金属矿采选业	3816	3816			
制造业	**358279**	**114808**	**201307**	**311583**	**20446**
农副食品加工业					
食品制造业				8147	
饮料制造业					
烟草制品业					
纺织业					
纺织服装、鞋、帽制造业					
木材加工及木、竹、藤、棕、草制品业					
家具制造业					
造纸及纸制品业					
印刷业和记录媒介的复制					
文教体育用品制造业					
化学原料及化学制品制造业	317513	114808	167065	35418	13085
医药制造业					
橡胶制品业					
塑料制品业					
非金属矿物制品业	40765		34242	94	4292
黑色金属冶炼及压延加工业				235766	
有色金属冶炼及压延加工业				28806	3070
金属制品业					
通用设备制造业				2045	
专用设备制造业				475	
交通运输设备制造业				832	
电气机械及器材制造业					
通信设备、计算机及其他电子设备制造业					
仪器仪表及文化、办公用机械制造业					
工艺品及其他制造业					
电力、燃气及水的生产和供应业				**48277**	
电力、热力的生产和供应业					
燃气生产和供应业				48277	
水的生产和供应业					

6-18 续表 2

指　　标	焦炉煤气(万立方米)	其他煤气(万立方米)	液化天然气(吨)	汽　油(吨)	煤　油(吨)
总　计	**15315**	**14280**	**1758**	**10757**	**436**
采矿业				**418**	
煤炭开采和洗选业				197	
非金属矿采选业				221	
制造业	**1752**	**329**	**1758**	**8132**	**436**
农副食品加工业			12	189	1
食品制造业				226	8
饮料制造业				117	
烟草制品业	7			132	1
纺织业				1	1
纺织服装、鞋、帽制造业	84			31	
木材加工及木、竹、藤、棕、草制品业				5	
家具制造业				11	
造纸及纸制品业	41			52	
印刷业和记录媒介的复制	35			201	7
文教体育用品制造业				10	
化学原料及化学制品制造业	232			773	3
医药制造业	574	268		803	136
橡胶制品业				1668	2
塑料制品业		4	7	209	1
非金属矿物制品业				739	3
黑色金属冶炼及压延加工业	494			99	12
有色金属冶炼及压延加工业				224	
金属制品业				243	17
通用设备制造业	73	0.43	1717	347	29
专用设备制造业			7	671	50
交通运输设备制造业	196			810	162
电气机械及器材制造业				233	
通信设备、计算机及其他电子设备制造业	16		3	161	1
仪器仪表及文化、办公用机械制造业				92	1
工艺品及其他制造业		56	11	85	2
电力、燃气及水的生产和供应业	**13563**	**13951**		**2208**	**0.32**
电力、热力的生产和供应业				1951	0.32
燃气生产和供应业	13563	13951		135	
水的生产和供应业				122	

6-18 续表 3

指　　标	柴　油 (吨)	燃料油 (吨)	液化石油气 (吨)	其他石油制品 (吨)	热　力 (百万千焦)
总　　计	**30228**	**116289**	**2720**	**200105**	**23249738**
采矿业	**1026**				
煤炭开采和洗选业	417				
非金属矿采选业	608				
制造业	**28144**	**116289**	**209**	**200105**	**22763111**
农副食品加工业	97	68			
食品制造业	1195		3		
饮料制造业	33				
烟草制品业	386				
纺织业	1				
纺织服装、鞋、帽制造业	32				
木材加工及木、竹、藤、棕、草制品业	28				
家具制造业	4				
造纸及纸制品业	229				55886
印刷业和记录媒介的复制	119		1		
文教体育用品制造业					
化学原料及化学制品制造业	9424				6134873
医药制造业	274		1		3307
橡胶制品业	203				
塑料制品业	138				
非金属矿物制品业	4375				
黑色金属冶炼及压延加工业	483				5082
有色金属冶炼及压延加工业	6590	116152		200009	16563964
金属制品业	148				
通用设备制造业	152	69		33	
专用设备制造业	2319				
交通运输设备制造业	589		204	63	
电气机械及器材制造业	1163				
通信设备、计算机及其他电子设备制造业	58				
仪器仪表及文化、办公用机械制造业	33				
工艺品及其他制造业	72				
电力、燃气及水的生产和供应业	**1058**		**2511**		**486627**
电力、热力的生产和供应业	907				
燃气生产和供应业	119		2511		486627
水的生产和供应业	32				

6-18 续表 4

指　　标	电　力 (万千瓦时)	其他燃料 (吨标准煤)	#煤矸石 (吨)	工业取水量 (万立方米)	#地表水
总　　计	**1387130**	**8087**	**45278**	**38797**	**34046**
采矿业	**13777**			**10**	**2**
煤炭开采和洗选业	6404			5	2
非金属矿采选业	7374			5	0.15
制造业	**1296993**	**8087**	**45278**	**9046**	**4723**
农副食品加工业	2194			51	4
食品制造业	4552			215	
饮料制造业	1829			101	
烟草制品业	4336			129	
纺织业	805			4	4
纺织服装、鞋、帽制造业	201			32	20
木材加工及木、竹、藤、棕、草制品业	871			8	
家具制造业	53			1	
造纸及纸制品业	1065			18	2
印刷业和记录媒介的复制	1934			35	
文教体育用品制造业	15			1	
化学原料及化学制品制造业	323264			3052	2707
医药制造业	5745			390	8
橡胶制品业	25343			291	255
塑料制品业	8967			65	4
非金属矿物制品业	100889	8087	45278	569	316
黑色金属冶炼及压延加工业	139140			492	392
有色金属冶炼及压延加工业	629069			2852	843
金属制品业	3287			69	11
通用设备制造业	10826			146	68
专用设备制造业	3543			98	35
交通运输设备制造业	18003			291	44
电气机械及器材制造业	3880			48	2
通信设备、计算机及其他电子设备制造业	5221			54	
仪器仪表及文化、办公用机械制造业	766			22	7
工艺品及其他制造业	1195			11	
电力、燃气及水的生产和供应业	**76360**			**29741**	**29321**
电力、热力的生产和供应业	60262			7308	7261
燃气生产和供应业	5630			166	161
水的生产和供应业	10468			22266	21899

6-18 续表 5

指 标				重复用水 (万立方米)	用水总量 (万立方米)
	地下水	自来水	其他水		
总 计	**321**	**2401**	**2029**	**117286**	**156082**
采矿业	**4**	**3**		**8**	**18**
煤炭开采和洗选业		3			5
非金属矿采选业	4	1		8	13
制造业	**317**	**1983**	**2024**	**75544**	**84590**
农副食品加工业	0.03	47	0.06		51
食品制造业		214	0.34	22	236
饮料制造业	24	76	1	270	371
烟草制品业	10	119	0.11	1225	1355
纺织业				44	49
纺织服装、鞋、帽制造业		12			32
木材加工及木、竹、藤、棕、草制品业		8			8
家具制造业		1	0.00		1
造纸及纸制品业		16	0.19	1	19
印刷业和记录媒介的复制		35	0.10		35
文教体育用品制造业		1		0.05	1
化学原料及化学制品制造业	93	252	0.19	53229	56282
医药制造业	26	355	2	21	411
橡胶制品业		36		4304	4595
塑料制品业	1	59	0.01	2	66
非金属矿物制品业	134	116	3	437	1005
黑色金属冶炼及压延加工业	3	98	0.26	2437	2929
有色金属冶炼及压延加工业		23	1986	12688	15539
金属制品业		59	0.00	59	128
通用设备制造业		77	0.00	35	181
专用设备制造业	2	61	0.29	24	122
交通运输设备制造业	12	216	19	698	989
电气机械及器材制造业	13	33	0.01	23	71
通信设备、计算机及其他电子设备制造业	0.01	43	12	20	74
仪器仪表及文化、办公用机械制造业		15		4	26
工艺品及其他制造业		11		1	12
电力、燃气及水的生产和供应业		**415**	**4**	**41733**	**71474**
电力、热力的生产和供应业		46	1	39911	47220
燃气生产和供应业		5		1800	1966
水的生产和供应业		364	3	22	22288

注：用水总量等于取水总量加重复用水量。

6-18 续表 6

指　　标	废水排放量（万立方米）	#废水处理达标水排放量	废水未处理或未达标排放量
总　　计	**2961**	**2896**	**65**
采矿业			
煤炭开采和洗选业			
非金属矿采选业			
制造业	**2104**	**2040**	**64**
农副食品加工业	783	783	
食品制造业	2	1	0.07
饮料制造业	43	43	
烟草制品业	41	18	23
纺织业	1	1	
纺织服装、鞋、帽制造业			
木材加工及木、竹、藤、棕、草制品业			
家具制造业	0.17	0.17	
造纸及纸制品业	1		1
印刷业和记录媒介的复制	1	1	
文教体育用品制造业	0.39	0.39	
化学原料及化学制品制造业	726	726	
医药制造业	10	10	
橡胶制品业	181	181	0.02
塑料制品业	7	7	0.02
非金属矿物制品业	6	5	1
黑色金属冶炼及压延加工业			
有色金属冶炼及压延加工业	0		0.06
金属制品业	34	32	2
通用设备制造业	56	44	12
专用设备制造业	50	50	0.01
交通运输设备制造业	127	102	25
电气机械及器材制造业	19	19	0.11
通信设备、计算机及其他电子设备制造业	9	9	
仪器仪表及文化、办公用机械制造业			
工艺品及其他制造业	8	8	
电力、燃气及水的生产和供应业	**857**	**856**	**1**
电力、热力的生产和供应业	75	74	1
燃气生产和供应业			
水的生产和供应业	782	782	

6-19 重点耗能工业企业分行业能源消费情况

(2009年)

指 标	重点耗能企业生产量		按等价值计算		
	工业总产值(万元)	工业增加值(万元)	综合能源消费量(吨标准煤)	产值单耗(吨标准煤/万元)	万元增加值综合能耗(吨标准煤/万元)
总 计	**5744728**	**1787224**	**8581136**	**1.49**	**4.80**
采矿业	**10962**	**4202**	**41794**	**3.81**	**9.95**
煤炭开采和洗选业	5847	2258	27751	4.75	12.29
非金属矿采选业	5115	1944	14043	2.75	7.22
制造业	**4610850**	**1547502**	**8429686**	**1.83**	**5.45**
农副食品加工业	23100	5100	5098	0.22	1.00
食品制造业	181286	66649	30796	0.17	0.46
饮料制造业	29380	13358	13686	0.47	1.02
烟草制品业	900838	648249	55210	0.06	0.09
造纸及纸制品业	2310	951	4099	1.78	4.31
化学原料及化学制品制造	1126370	285833	2398336	2.13	8.39
医药制造业	29865	10837	9023	0.30	0.83
橡胶制品业	655049	202556	244587	0.37	1.21
塑料制品业	62058	19299	10099	0.16	0.52
非金属矿物制品业	230037	63242	992350	4.31	15.69
黑色金属冶炼及压延	335065	32196	834506	2.49	25.92
有色金属冶炼及压延	585105	102744	3746846	6.40	36.47
通用设备制造业	140024	15326	27014	0.19	1.76
专用设备制造业	70008	21375	8689	0.12	0.41
交通运输设备制造业	240356	59789	49349	0.21	0.83
电力、燃气及水的生产和供应业	**1122917**	**235520**	**109656**	**0.10**	**0.47**
电力、热力的生产和供应	958549	217831	-100738	-0.11	-0.46
燃气生产和供应业	135487	-61	181839	1.34	-2980.97
水的生产和供应业	28881	17750	28554	0.99	1.61

注：1.重点耗能企业是指年工业生产能源消费3000吨标准煤以上或有能源加工转换的企业；
2.等当量是指电力折标系数为1.229，而等价值是指电力折标系数为4.04。

6-19 续表 1

指　　标	按等当量计算				
	综合能源消费量(吨标准煤)	工业生产能源消费量(吨标准煤)	电　量(万千瓦时)	万元总产值综合能耗(吨标准煤/万元)	万元增加值综合能耗(吨标准煤/万元)
总　　计	**6399738**	**8728528**	**1329230**	**1.11**	**3.58**
采矿业	**20012**	**20012**	**10647**	**1.83**	**4.76**
煤炭开采和洗选业	13948	13948	7808	2.39	6.18
非金属矿采选业	6064	6064	2839	1.19	3.12
制造业	**5099207**	**5958227**	**1247160**	**1.11**	**3.30**
农副食品加工业	4103	4103	354	0.18	0.80
食品制造业	21914	21914	3161	0.12	0.33
饮料制造业	10827	10827	1017	0.37	0.81
烟草制品业	43022	43022	4576	0.05	0.07
造纸及纸制品业	3073	3073	365	1.33	3.23
化学原料及化学制品制造	1549707	1792739	321478	1.38	5.42
医药制造业	7215	7215	643	0.24	0.67
橡胶制品业	175625	175625	26612	0.27	0.87
塑料制品业	3091	3091	2493	0.05	0.16
非金属矿物制品业	729733	735626	91392	3.17	11.54
黑色金属冶炼及压延	446127	446127	140644	1.33	13.86
有色金属冶炼及压延	2068957	2679053	635659	3.54	20.14
通用设备制造业	10751	10751	5892	0.08	0.70
专用设备制造业	4878	4878	1356	0.07	0.23
交通运输设备制造业	20185	20185	11519	0.08	0.34
电力、燃气及水的生产和供应业	**1280519**	**2750289**	**71423**	**1.14**	**5.44**
电力、热力的生产和供应	1105423	1702475	57985	1.15	5.07
燃气生产和供应业	166326	1039044	6400	1.23	-2726.65
水的生产和供应业	8771	8771	7038	0.30	0.49

注：1. 重点耗能企业是指年工业生产能源消费3000吨标准煤以上或有能源加工转换的企业；
　　2. 等当量是指电力折标系数为[illegible]229，而等价值是指电力折标系数为4.04。

6-19 续表 2

指标	万元工业总产值消费量					
	工业生产能源消费量(吨标准煤)	电量(千瓦时)	煤炭(吨)	焦炭(吨)	汽柴煤油(吨)	用水量(立方米)
总计	**1.52**	**2274.24**	**1.37**	**0.06**	**0.01**	**261.08**
采矿业	**1.83**	**7068.86**	**1.28**		**0.06**	**12.66**
煤炭开采和洗选业	2.39	8397.47	1.75		0.07	4.70
非金属矿采选业	1.19	5549.99	0.75		0.04	21.76
制造业	**1.29**	**2666.46**	**0.89**	**0.07**	**0.01**	**180.13**
农副食品加工业	0.18	153.25	0.22			12.51
食品制造业	0.12	174.29	0.07	0.04	0.01	9.74
饮料制造业	0.37	346.19	0.45			115.83
烟草制品业	0.05	48.13	0.06			15.04
造纸及纸制品业	1.33	1581.75	1.54		0.02	24.56
化学原料及化学制品制造	1.59	2817.65	1.52	0.03	0.01	499.23
医药制造业	0.24	215.30	0.28		0.01	63.32
橡胶制品业	0.27	374.52	0.31			70.01
塑料制品业	0.05	401.72				5.16
非金属矿物制品业	3.20	3970.16	3.70		0.01	40.71
黑色金属冶炼及压延	1.33	4123.51	0.18	0.70		87.26
有色金属冶炼及压延	4.58	10736.27	2.04	0.05	0.01	265.50
通用设备制造业	0.08	413.20				0.86
专用设备制造业	0.07	193.66			0.03	9.54
交通运输设备制造业	0.08	431.64	0.03			26.43
电力、燃气及水的生产和供应业	**2.45**	**616.91**	**3.35**	**0.04**		**595.89**
电力、热力的生产和供应	1.78	591.70	2.92			492.00
燃气生产和供应业	7.67	407.34	7.06	0.36		145.06
水的生产和供应业	0.30	2436.87				6158.74

注：1. 重点耗能企业是指年工业生产能源消费3000吨标准煤以上或有能源加工转换的企业；
2. 等当量是指电力折标系数为1.229，而等价值是指电力折标系数为4.04。

6-19 续表 3

指　　标	万元工业增加值消费量					
	工业生产能源消费量(吨标准煤)	电　量(千瓦时)	煤　炭(吨)	焦　炭(吨)	汽柴煤油(吨)	用水量(立方米)
总　　计	**4.88**	**7310.15**	**4.41**	**0.20**	**0.02**	**839.18**
采矿业	**4.76**	**18440.27**	**3.34**		**0.15**	**33.04**
煤炭开采和洗选业	6.18	21744.91	4.52		0.19	12.18
非金属矿采选业	3.12	14601.85	1.96		0.10	57.26
制造业	**3.85**	**7944.84**	**2.66**	**0.20**	**0.02**	**536.69**
农副食品加工业	0.80	694.12	0.99		0.01	56.67
食品制造业	0.33	474.08	0.18	0.12	0.02	26.48
饮料制造业	0.81	761.42	0.99		0.01	254.75
烟草制品业	0.07	66.88	0.08		0.00	20.90
造纸及纸制品业	3.23	3841.43	3.75		0.05	59.64
化学原料及化学制品制造	6.27	11103.40	5.98	0.12	0.03	1967.28
医药制造业	0.67	593.34	0.78		0.02	174.49
橡胶制品业	0.87	1211.16	0.99		0.01	226.42
塑料制品业	0.16	1291.78				16.60
非金属矿物制品业	11.63	14441.12	13.46	0.00	0.03	148.08
黑色金属冶炼及压延	13.86	42913.47	1.92	7.28	0.02	908.10
有色金属冶炼及压延	26.08	61140.70	11.60	0.28	0.07	1511.97
通用设备制造业	0.70	3775.12			0.01	7.85
专用设备制造业	0.23	634.27	0.02	0.00	0.09	31.25
交通运输设备制造业	0.34	1735.23	0.10	0.01	0.01	106.24
电力、燃气及水的生产和供应业	**11.68**	**2941.33**	**15.95**	**0.20**	**0.01**	**2841.09**
电力、热力的生产和供应	7.82	2603.73	12.86		0.01	2165.01
燃气生产和供应业	-17033.51	-904732.79	-15675.86	-791.43	-4.02	-322198.33
水的生产和供应业	0.49	3965.07				10020.99

注：1. 重点耗能企业是指年工业生产能源消费3000吨标准煤以上或有能源加工转换的企业；
　　2. 等当量是指电力折标系数为1.229，而等价值是指电力折标系数为4.04。

6-20 规模以上工业企业分行业工业生产水消费

(2008年)

指　　标	工业取水总量(万立方米)					工业重复用水量(万立方米)	工业用水总量(万立方米)
	合　计	#地表水	地下水	自来水	其他水		
总　　计	**41044**	**35350**	**363**	**2877**	**2417**	**104482**	**145525**
采矿业	**9**		**4**	**4**		**37**	**45**
煤炭开采和洗选业	3			3		22	25
非金属矿采选业	6		4	2		15	20
制造业	**10695**	**5278**	**353**	**2615**	**2412**	**65920**	**76616**
农副食品加工业	43	2	1	40			43
食品制造业	169	14	1	155		20	189
饮料制造业	104		72	30	2	330	434
烟草制品业	122			122		994	1117
纺织业	4	4				40	45
纺织服装、鞋、帽制造业	31	19		12			31
木材加工及木、竹、藤、棕、草制品业	10			10			10
家具制造业	0			0			0
造纸及纸制品业	20	10		10		25	44
印刷业和记录媒介的复制	28			28			28
文教体育用品制造业	1			1			1
化学原料及化学制品制造业	3778	2817	83	878		44231	48009
医药制造业	406	2	27	375	2	19	424
橡胶制品业	300	262		38		3050	3350
塑料制品业	35	1	4	29		70	106
非金属矿物制品业	642	378	126	130	5	520	1162
黑色金属冶炼及压延加工业	682	548	12	99		3166	3848
有色金属冶炼及压延加工业	3440	1040	1	19	2380	12331	15771
金属制品业	59	10		48		2	61
通用设备制造业	145	68		77		90	235
专用设备制造业	94	36	3	55		1	95
交通运输设备制造业	430	56	12	345	6	885	1315
电气机械及器材制造业	42	5	12	25		20	62
通信设备、计算机及其他电子设备制造业	58			46	12	127	184
仪器仪表及文化、办公用机械制造业	24	6		13	5		24
工艺品及其他制造业	29			29			29
电力、燃气及水的生产和供应业	**30340**	**30072**	**6**	**257**	**4**	**38525**	**68865**
电力、热力的生产和供应业	8023	7981		42		36354	44377
燃气生产和供应业	161	151	6	4		2172	2333
水的生产和供应业	22155	21940		211	4		22155

主 要 统 计 指 标 解 释

能源生产总量　指一定时期内全市一次能源生产量的总和。一次能源生产量包括原煤,原油,天然气,水电、核能及其他动力能(如风能、地热能等)发电量,不包括低热值燃料生产量、生物质能、太阳能等的利用和由一次能源加工转换而成的二次能源产量。

能源消费总量　指一定时期内全市产业类包括第一、二、三次产业和城乡)和物质生产部门、非物质生产部门和生活消费的各种能源的总和。能源消费总量包括原煤和原油及其制品、天然气、电力,不包括低热值燃料、生物质能和太阳能等的利用。能源消费总量分为终端能源消费量、能源加工转换损失量和损失量三部分。

(1)终端能源消费量:指一定时期内全市生产和生活消费的各种能源在扣除了用于加工转换二次能源消费量和损失量以后的数量。

(2)能源加工转换损失量:指一定时期内全市投入加工转换的各种能源数量之和与产出各种能源产品之和的差额,是观察能源在加工转换过程中损失量变化的指标。

(3)能源损失量:指一定时期内能源在输送、分配、储存过程中发生的损失和由客观原因造成的各种损失量,不包括各种气体能源放空、放散量。

能源生产弹性系数　是研究能源生产增长速度与国民经济增长速度之间关系的指标。计算公式为:

能源生产弹性系数=能源生产总量年平均增长速度 / 国民经济年平均增长速度

电力生产弹性系数　是研究电力生产增长速度与国民经济增长速度之间关系的指标。一般来说,电力的发展应当快于国民经济的发展,也就是说电力应超前发展。计算公式为:

电力生产弹性系数=电力生产量年平均增长速度 / 国民经济年平均增长速度

能源消费弹性系数　是反映能源消费增长速度与国民经济增长速度之间比例关系的指标。计算公式为:

能源消费弹性系数=能源消费量年平均增长速度 / 国民经济年平均增长速度

电力消费弹性系数　反映电力消费增长速度与国民经济增长速度之间比例关系的指标。计算公式为:

电力消费弹性系数=电力消费量年平均增长速度 / 国民经济年平均增长速度

能源加工转换效率　指一定时期内能源经过加工、转换后,产出的各种能源产品的数量与同期内投入加工转换的各种能源数量的比率。它是观察能源加工转换装置和生产工艺先进与落后、管理水平高低等的重要指标。计算公式为:

能源加工转换效率=能源加工、转换产出量 / 能源加工、转换投入量 × 100%

工业生产能源消费　指工业企业为进行工业生产活动所消费的能源。主要包括:(1)用于本企业产品生产、工业性作业的能源。包括用原料、材料、燃料、动力;作为能源加工转换企业,还包括用作加工转换的能源(这部分能源不能理解为用作原材料,用作原材料的概念见后面的解释)。(2)产品生产过程中作为辅助材料使用的能源。(3)生产工艺过程使用的能源。(4)新技术研究、新产品试制、科学试验使用的能源。(5)为了工业生产活动而在进行的各种修理过程中使用的能源。(6)生产区内的劳动保护用能等。

能源加工、转换消费 指为了特定的用途,将一种能源(一般为一次能源),经过一定的工艺,加工或转换成另一种能源(二次能源)。能源的加工与转换,既有联系,又有区别。

能源加工 是能源物理形态的变化,比如用蒸馏的方式将原油炼制成汽油、煤油、柴油等石油制品;用筛选、水洗的方式将原煤洗选成洗煤;以焦化的方式将煤炭高温干馏成焦碳;以气化的方式将煤炭气化成煤气,等等。这些方法在加工前后能源均未发生质的变化。

能源转换 是能源形态以及物质化学形态的变化,比如经过一定的工艺过程,将煤炭、重油等转换成电力和热力,将热能转换为机械能,将机械能转换为电能,将电能转换为热能等;又比如,经过裂化,将重质石油转换成轻质石油(转换前、后的物质具有不同的化学结构和化学性质)。

综合能源消费量 指报告期内工业企业在工业生产活动中实际消费的各种能源的总和。计算综合能源消费量时,需要先将使用的各种能源折算成标准燃料后再进行计算。根据生产活动的性质,综合能源消费量在不同的企业有不同的计算方法。(1)非能源加工转换转换企业综合能源消费量,就是企业工业生产消费的各种一次能源和二次能源的总和,即:综合能源消费量 = 工业生产消费的能源合计。(2)能源加工转换企业综合能源消费量,是企业工业生产消费的各种一次能源和二次能源扣除加工转换产出的二次能源后的实际能源消费量。计算公式:综合能源消费量 = 工业生产消费量的能源合计 – 能源加工转换产出合计。

取水总量 指工业企业从各种水源提取的,并用于工业生产活动的水量总和,包括地表水、地下水、自来水、由管道供应的未经过达标处理的水、经城市污水处理厂处理后回用的中水、海水,以及企业从市场购得的其他水或水的产品(如纯净水、矿泉水、蒸汽、热水、地热水等)。取水总量包括主要工业生产用水、辅助生产(包括机修、运输、空压站等)用水和附属生产(包括厂内绿化、职工食堂,非营业的浴室及保健站、厕所等)用水;不包括非工业生产单位的用水,如厂内居民家庭用水和企业附属幼儿园、学校、对外营业的浴室、游泳池等的用水量。

重复用水量 指在工业企业内部, 对生产和生活排放的废水直接或经过处理后回收再利用的水量,不包括企业从城市污水处理厂购买的中水。企业废水在报告期每重复利用一次,计算一次重复用水量。

重复用水量的计算原则:(1)开放原则。即水的循环在开放系统进行。循环一次计算一次。封闭式循环系统的循环水不计算重复用水量。(2)“源头”计算原则。对循环水来说,使用后的水,又回流到系统的取水源头,流经源头一次,计算一次。循环系统中的中间环节用水不得计算重复用水量。(3)异地原则。对于非循环系统,根据不同工艺对不同水质的要求,在一个地方(工艺)使用过的水,在另一个地方(工艺)中进行使用,使用一次,计算一次。在同一个地方(容器)多次使用的水,不得计算重复用水量。(4)经过进化处理后的水重复再用,在任何情况下都按照重复用水计算。

工　　业

Industry

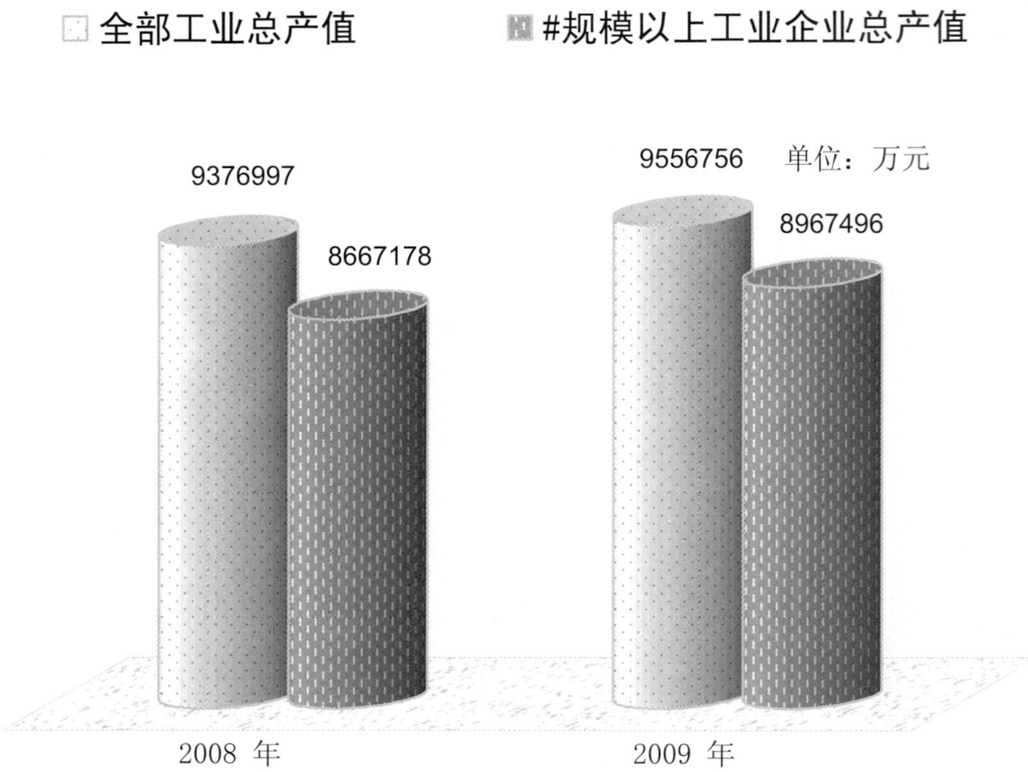

规模以上工业企业总产值(按轻、重工业和大、中、小型企业分)

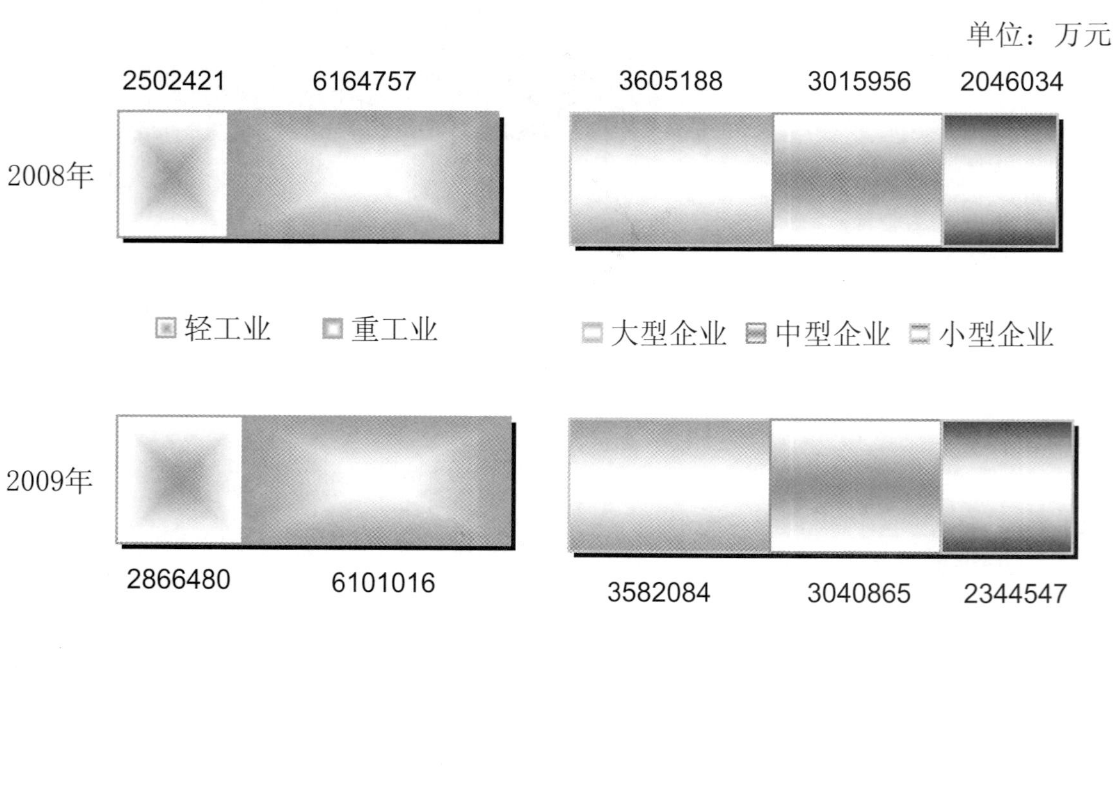

7-1 全部工业总产值

单位:万元

指 标	2009年	2008年	2009年比2008年增长(%)
总 计	**9556756**	**9376997**	**10.4**
一、规模以上工业合计	**8967496**	**8667178**	**11.4**
#亏损企业	2032355	1559019	60.4
#国有控股企业	5568527	5653418	5.4
#农村工业	52194	45407	13.5
#非公有制工业	3120416	2736088	22.9
#高技术工业	1556973	1206143	32.4
#装备制造业	1544539	1328275	22.2
按登记注册类型分			
内资企业	8359273	8186898	10.1
国有企业	2558660	2528191	-0.1
集体企业	37318	46824	-14.2
股份合作企业	47812	150674	-59.9
联营企业	10578	14115	-24.3
有限责任公司	3210810	2787153	33.8
股份有限公司	1762969	1825254	4.6
私营企业	731127	834688	-11.6
港、澳、台商投资企业	243830	169408	66.0
外商投资企业	364393	310871	16.2
按经济组织类型分			
独资企业	2829324	2747801	2.1
合作、合伙企业	130660	197642	-25.8
股份有限公司	2001265	1981678	8.4
有限责任公司	4006246	3740056	21.8
按轻重工业分			
轻工业	2866480	2502421	14.8
重工业	6101016	6164757	10.0

7-1 续表

单位:万元

指　标	2009年	2008年	2009年比2008年增长(%)
按企业规模分			
大型企业	3582084	3605188	7.1
中型企业	3040865	3015956	11.6
小型企业	2344547	2046034	18.7
按企业主营收入分			
年收入在40亿元以上	3186051	3183871	9.3
年收入在20—40亿元	320375		
年收入在10—20亿元	635424	1107995	-39.1
年收入在 5—10亿元	814423	652331	28.0
年收入在 1— 5亿元	2640471	2565093	9.2
年收入在3000万元— 1亿元	919646	755910	26.5
年收入在1000万元—3000万元	385510	326469	21.2
年收入在1000万元以下	65595	75509	-11.6
按区县地域分			
南明区	1271511	1364181	-7.4
云岩区	1982567	1816922	9.1
花溪区	372520	316590	11.0
乌当区	828343	721003	18.7
白云区	1077920	1101983	10.7
小河区	1016728	833819	26.9
开阳县	699602	840598	11.3
息烽县	513753	447834	49.6
修文县	400549	335556	25.4
清镇市	774411	850595	2.1
外地县	29591	38097	-22.1
二、规模以下工业	**589260**	**709819**	**14.9**

注:1. 工业总产值按当年价格计算;
2. 增长速度按价格指数紧缩后的可比价格产值计算，规模以下工业按可比口径计算。
3. 规模以下工业按第二次经济普查资料调整抽样调查框后调查推算而得，增长速度与同口径对比而得。

7-2 规模以上工业分行业总产值

单位:万元

指 标	2009年	2008年	2009年比2008年增长(%)
总 计	**8967496**	**8667178**	**11.4**
按工业行业分			
采掘业	**80038**	**138646**	**-35.4**
煤炭开采和洗选业	25482	72106	-61.3
非金属矿采选业	54557	66540	-7.4
制造业	**7555821**	**7247852**	**14.0**
农副食品加工业	214716	179801	21.6
食品制造业	241283	265788	-13.3
饮料制造业	44212	21871	1.01倍
烟草制品业	900838	872199	2.6
纺织业	3510	3004	31.6
纺织服装、鞋、帽制造	28026	29825	-6.4
木材加工及木、竹、藤、棕、草制品业	14035	15651	-9.1
家具制造业	1712	730	1.41倍
造纸及纸制品业	43028	43326	-0.9
印刷业和记录媒介的复制	113807	79413	45.2
文教体育用品制造业	1175	1469	-20.1
化学原料及化学制品制造业	1204800	1274374	27.4
医药制造业	891090	663395	30.5
橡胶制品业	669325	586974	13.7
塑料制品业	166844	140683	37.0
非金属矿物制品业	329096	287958	14.5
黑色金属冶炼及压延加工业	358182	554400	-19.3
有色金属冶炼及压延加工业	597303	729949	0.5
金属制品业	98946	93407	1.7
通用设备制造业	153004	137986	12.6
专用设备制造业	203927	133128	54.1
交通运输设备制造业	524543	508463	3.0
电气机械及器材制造业	217241	208130	8.9
通信设备、计算机及其他电子设备制造业	370591	290552	49.9
仪器仪表及文化、办公用机械制造业	75233	50017	53.8
工艺品及其他制造业	89353	75360	18.6
电力、燃气及水的生产和供应业	**1331637**	**1280680**	**1.7**
电力、热力的生产和供应业	1156867	1073877	5.0
燃气生产和供应业	136240	171014	-20.3
水的生产和供应业	38530	35790	7.7

注:1. 工业总产值按当年价格计算;
2. 增长速度按价格指数紧缩后的可比价格产值计算。

7-3 规模以上工业主要经济指标变动情况

单位:万元

指标名称	总计			#国有及国有控股		
	2009年	2008年	2009年比2008年增长(%)	2009年	2008年	2009年比2008年增长(%)
企业单位数(个)	550	520	5.8	138	147	-6.1
#亏损企业数(个)	158	157	0.6	47	49	-4.1
工业总产值(当年价格)	8967496	8667178	11.4	5568527	5653418	5.4
工业销售产值(当年价格)	8522107	8274776	3.0	5455605	5472584	-0.3
#出口交货值	326206	304171	7.2	271723	246531	10.2
工业增加值(生产法)	2905012	2791288	10.1	1877795	1952701	0.8
资产合计	11577541	10956331	5.7	8721734	8551090	2.0
流动资产合计	5139883	5244273	-2.0	3447719	3811839	-9.6
# 应收账款净额	1139657	1082731	5.3	782562	772131	1.4
存　货	1700009	2118527	-19.8	1197748	1644085	-27.1
#产成品	618059	736763	-16.1	398550	531938	-25.1
固定资产小计	5451740	4516788	20.7	4609131	3802146	21.2
固定资产原价	7272448	6523972	11.5	6228882	5652290	10.2
累计折旧	3084641	2948485	4.6	2724731	2649149	2.9
年末固定资产净值余额	4179589	3575488	16.9	3495931	3003141	16.4
负债合计	7498027	7177091	4.5	5937334	5827412	1.9
流动负债合计	5158432	5304363	-2.8	3827484	4144068	-7.6
#应付帐款	1218618	1358707	-10.3	851125	1026933	-17.1
长期负债合计	2266029	1839164	23.2	2080987	1660038	25.4
所有者权益合计	4047895	3779239	7.1	2785047	2723679	2.3
#实收资本	2751992	2554192	7.7	2025053	1909519	6.1
国家资本	1117939	1048765	6.6	1067725	1023571	4.3
集体资本	49171	18487	1.7倍	21859	3494	5.3倍
法人资本	1035379	1017180	1.8	843014	791954	6.4

7-3 续表 1

单位:万元

指标名称	总计			#国有及国有控股		
	2009年	2008年	2009年比2008年增长(%)	2009年	2008年	2009年比2008年增长(%)
个人资本	370515	300218	23.4	73717	81033	-9.0
港澳台资本	46101	35227	30.9	8316	5646	47.3
外商资本	132888	134315	-1.1	10422	3822	1.7倍
主营业务收入	8878807	8493242	4.5	5839475	5753015	1.5
主营业务成本	7011340	6383018	9.8	4630619	4184317	10.7
主营业务税金及附加	475039	429767	10.5	452625	413178	9.5
其他业务利润	49545	49563	-0.04	43178	46019	-6.2
营业费用	443052	359510	23.2	172784	151863	13.8
管理费用	535640	579045	-7.5	383933	450316	-14.7
#税　金	20773	19961	4.1	14496	14623	-0.9
财务费用	139286	154388	-9.8	110644	118169	-6.4
#利息支出	124250	150990	-17.7	97924	117928	-17.0
营业利润	336877	373959	-9.9	149401	185188	-19.3
投资收益	19485	1696	10.5倍	16888	-306	
补贴收入	20878	39046	-46.5	13983	28703	-51.3
利润总额	430131	387885	10.9	212708	187339	13.5
应交所得税	105031	93272	12.6	65403	53731	21.7
亏损企业亏损总额	187887	187519	0.2	145632	166457	-12.5
利税总额	1278074	1229748	3.9	921924	897929	2.7
本年应交增值税	372903	412096	-9.5	256591	297412	-13.7
本年进项税额	766433	763085	0.4	525744	505759	4.0
本年销项税额	1168505	1117780	4.5	840612	763214	10.1
工业中间投入合计	6440253	6295544	2.3	3951371	4000500	-1.2
全部从业人员年平均人数(人)	194098	190007	2.2	126412	127771	-1.1

7-3 续表 2

单位:万元

指标名称	#高技术工业			#非公有制工业		
	2009年	2008年	2009年比2008年增长(%)	2009年	2008年	2009年比2008年增长(%)
企业单位数(个)	91	90	1.1	360	317	13.6
#亏损企业数(个)	18	21	-14.3	95	89	6.7
工业总产值(当年价格)	1556973	1206143	32.4	3120416	2736088	22.9
工业销售产值(当年价格)	1354801	1074023	26.1	2815048	2534054	11.1
#出口交货值	55641	34023	63.5	50368	54537	-7.6
工业增加值(生产法)	594094	441116	36.8	947348	766411	31.6
资产合计	1747262	1493355	17.0	2636590	2215193	19.0
流动资产合计	1121522	884637	26.8	1580905	1305337	21.1
# 应收账款净额	323730	249160	29.9	333773	279592	19.4
存 货	296660	238309	24.5	463636	418452	10.8
#产成品	146762	124415	18.0	199659	177557	12.4
固定资产小计	393883	416951	-5.5	762045	669749	13.8
固定资产原价	516207	531032	-2.8	920383	785912	17.1
累计折旧	210206	193606	8.6	301290	251019	20.0
年末固定资产净值余额	306001	337425	-9.3	619093	534893	15.7
负债合计	784266	644089	21.8	1428035	1214425	17.6
流动负债合计	595967	526171	13.3	1206625	1034553	16.6
#应付帐款	189759	147255	28.9	337357	289688	16.5
长期负债合计	175825	105232	67.1	179105	170061	5.3
所有者权益合计	934440	849266	10.0	1176373	1000768	17.5
#实收资本	505737	499333	1.3	669494	604707	10.7
国家资本	63538	46214	37.5	46140	19474	1.4倍
集体资本	24434	424	56.6倍	8678	2886	2.0倍
法人资本	280324	330881	-15.3	179800	208387	-13.7

7-3 续表 3

单位:万元

指标名称	#高技术工业			#非公有制工业		
	2009年	2008年	2009年比2008年增长(%)	2009年	2008年	2009年比2008年增长(%)
个人资本	88377	61552	43.6	274625	213935	28.4
港澳台资本	13688	4937	1.8倍	37785	29533	27.9
外商资本	35377	55324	-36.1	122466	130493	-6.2
主营业务收入	1290073	1025652	25.8	2771266	2467682	12.3
主营业务成本	817392	669996	22.0	2155624	1981806	8.8
主营业务税金及附加	8060	5592	44.1	18360	13405	37.0
其他业务利润	7683	1020	6.5倍	5791	2943	96.8
营业费用	229466	172911	32.7	260367	198335	31.3
管理费用	110067	93919	17.2	135651	109781	23.6
#税　金	3143	2906	8.1	5858	4783	22.5
财务费用	17894	20108	-11.0	26813	35103	-23.6
#利息支出	17012	17302	-1.7	24844	32058	-22.5
营业利润	104540	104225	0.3	175782	166301	5.7
投资收益	3928	-2090		2344	2137	9.7
补贴收入	4848	4590	5.6	6605	9051	-27.0
利润总额	121605	107351	13.3	204971	176888	15.9
应交所得税	19386	16043	20.8	37203	34100	9.1
亏损企业亏损总额	13162	2701	3.9倍	38641	19949	93.7
利税总额	185413	165277	12.2	329639	292162	12.8
本年应交增值税	55747	52334	6.5	106308	101870	4.4
本年进项税额	80873	79055	2.3	213482	221864	-3.8
本年销项税额	126862	125224	1.3	290589	314071	-7.5
工业中间投入合计	1021031	818473	24.7	2280194	2076646	9.8
全部从业人员年平均人数(人)	32969	31148	5.8	57196	51985	10.0

7-3 续表 4

单位:万元

指标名称	#大中型工业			#装备制造业		
	2009年	2007年	2009年比2008年增长(%)	2009年	2007年	2009年比2008年增长(%)
企业单位数(个)	104	105	-1.0	140	126	11.1
#亏损企业数(个)	27	23	17.4	35	32	9.4
工业总产值(当年价格)	6622949	6621144	9.1	1544539	1328275	22.2
工业销售产值(当年价格)	6359830	6336116	0.4	1442977	1225476	17.7
#出口交货值	262316	280995	-6.6	95042	89797	5.8
工业增加值(生产法)	2220778	2233190	6.5	481405	352244	44.5
资产合计	9071036	8800616	3.1	2205907	2027485	8.8
流动资产合计	3936884	4232754	-7.0	1416612	1192934	18.8
# 应收账款净额	853011	828085	3.0	434133	317254	36.8
存 货	1353199	1794946	-24.6	403969	390511	3.4
#产成品	440929	610790	-27.8	194921	180052	8.3
固定资产小计	4358811	3587021	21.5	497195	503500	-1.3
固定资产原价	5719378	5197163	10.0	803798	778702	3.2
累计折旧	2553705	2468844	3.4	352118	335013	5.1
年末固定资产净值余额	3157455	2728319	15.7	451680	443689	1.8
负债合计	5852513	5698704	2.7	1039036	1015574	2.3
流动负债合计	3763250	4066022	-7.4	812163	873135	-7.0
#应付帐款	989159	1133276	-12.7	308641	272679	13.2
长期负债合计	2063405	1609890	28.2	213302	126165	69.1
所有者权益合计	3191934	3101912	2.9	1167750	1011911	15.4
#实收资本	2120119	1989436	6.6	698197	630438	10.7
国家资本	1004620	919831	9.2	111551	131659	-15.3
集体资本	28887	6002	3.8倍	26515	2348	10.3倍
法人资本	821078	829983	-1.1	414324	351085	18.0

7-3 续表 5

单位:万元

指标名称	#大中型工业			#装备制造业		
	2009年	2007年	2009年比2008年增长(%)	2009年	2007年	2009年比2008年增长(%)
个人资本	193973	146478	32.4	74607	78742	-5.3
港澳台资本	11001	5955	84.7	13322	8452	57.6
外商资本	60560	81187	-25.4	57879	58153	-0.5
主营业务收入	6702300	6522838	2.8	1479367	1304176	13.4
主营业务成本	5281987	4799732	10.0	1170004	1036480	12.9
主营业务税金及附加	458329	417543	9.8	5341	4512	18.4
其他业务利润	38711	40956	-5.5	14316	12245	16.9
营业费用	316938	267358	18.5	76553	66548	15.0
管理费用	402386	457409	-12.0	151996	141510	7.4
#税　金	16099	14763	9.1	3770	4070	-7.4
财务费用	90441	108395	-16.6	12451	15420	-19.3
#利息支出	84661	106803	-20.7	12458	12693	-1.8
营业利润	203952	256127	-20.4	77942	65160	19.6
投资收益	18289	77	23.7倍	11718	2745	3.3倍
补贴收入	12856	29792	-56.8	7368	6126	20.3
利润总额	287218	258226	11.2	96960	74401	30.3
应交所得税	77427	69829	10.9	17362	11016	57.6
亏损企业亏损总额	144901	158939	-8.8	10836	12331	-12.1
利税总额	1029295	999803	2.9	142834	107156	33.3
本年应交增值税	283748	324033	-12.4	40534	28243	43.5
本年进项税额	573026	563888	1.6	152001	143188	6.2
本年销项税额	911855	844896	7.9	168435	157542	6.9
工业中间投入合计	4688577	4717505	-0.6	1106944	1010323	9.6
全部从业人员年平均人数(人)	144473	139820	3.3	48129	48185	-0.1

7-4 规模以上工业增加值及构成

单位：万元

指　　标	2009年	2008年	2009年比2008年增长(%)	工业增加值率(%)
总　　计	**2905012**	**2791288**	**10.1**	**32.39**
#亏损企业	414873	380834	33.7	20.41
#国有控股企业	1877795	1952701	0.8	33.72
#农村工业	12442	11818	4.6	23.84
#非公有制工业	947348	766411	31.6	30.36
#高技术工业	594094	441116	36.8	38.16
#装备制造业	481405	352244	44.5	31.17
按登记注册类型分				
内资企业	2717572	2653811	8.4	32.51
国有企业	1145047	1094681	3.9	44.75
集体企业	8216	9795	-12.9	22.02
股份合作企业	13453	41072	-58.2	28.14
联营企业	2990	2936	4.1	28.27
有限责任公司	858485	743184	34.0	26.74
股份有限公司	455037	533120	-8.8	25.81
私营企业	234343	229023	0.2	32.05
港、澳、台商投资企业	72604	37918	1.1倍	29.78
外商投资企业	114836	99560	16.3	31.51
按经济组织类型分				
独资企业	1233792	1153537	6.5	43.61
合作、合伙企业	43616	53335	-8.3	33.38
股份有限公司	530956	587568	-4.4	26.53
有限责任公司	1096650	996849	23.8	27.37
按轻重工业分				
轻工业	1335222	1145664	17.5	46.58
重工业	1569790	1645624	5.0	25.73
按企业规模分				
大型企业	1305761	1443164	-4.2	36.45
中型企业	915016	790026	26.1	30.09
小型企业	684235	558098	24.3	29.18

7-4 续表 1

单位：万元

指 标	2009年	2008年	2009年比2008年增长(%)	工业增加值率(%)
按企业主营业务收入分				
年收入在40亿元以上	1198781	1324911	-3.5	37.63
年收入在20—40亿元	95812			29.91
年收入在10—20亿元	149313	235522	-31.6	23.50
年收入在 5—10亿元	273054	199337	37.7	33.53
年收入在 1— 5亿元	799515	717645	13.7	30.28
年收入在3000万元— 1亿元	267222	215962	30.8	29.06
年收入在1000万元—3000万元	110595	80469	42.3	28.69
年收入在1000万元以下	10721	17442	-37.5	16.34
按区县地域分				
南明区	295665	270585	9.4	23.25
云岩区	1017471	910095	12.8	51.32
花溪区	124961	97468	15.8	33.54
乌当区	268795	242745	12.9	32.45
白云区	215650	392034	-37.7	20.01
小河区	290703	187277	65.2	28.59
开阳县	194896	221549	17.4	27.86
息烽县	151652	142040	41.4	29.52
修文县	149387	114091	33.7	37.30
清镇市	180134	196391	-7.6	23.26
外地县	15698	17012	-6.5	53.05
按工业行业分				
采掘业	**32087**	**63854**	**-42.7**	**40.09**
煤炭开采和洗选业	9668	33839	-68.3	37.94
非金属矿采选业	22419	30015	-13.9	41.09
制造业	**2519973**	**2410871**	**11.6**	**33.35**
农副食品加工业	35235	23639	50.6	16.41
食品制造业	84208	74759	11.1	34.90
饮料制造业	17260	8074	1.1倍	39.04

7-4 续表 2

单位：万元

指　标	2009年	2008年	2009年比 2008年增长 (%)	工业增加值率 (%)
烟草制品业	648249	626366	4.1	71.96
纺织业	993	574	97.2	28.29
纺织服装、鞋、帽制造	11276	13284	-14.4	40.23
木材加工及木、竹、藤、棕、草制品业	1417	1049	38.3	10.09
家具制造业	311	96	2.4倍	18.15
造纸及纸制品业	8146	6670	23.3	18.93
印刷业和记录媒介的复制	48021	27256	80.6	42.19
文教体育用品制造业	550	481	15.7	46.85
化学原料及化学制品制造业	304700	300557	36.4	25.29
医药制造业	363975	270443	30.7	40.85
橡胶制品业	202868	173100	18.2	30.31
塑料制品业	43366	39184	28.1	25.99
非金属矿物制品业	90083	84236	9.0	27.37
黑色金属冶炼及压延加工业	36618	53577	-14.3	10.22
有色金属冶炼及压延加工业	104983	313437	-58.4	17.58
金属制品业	23067	30205	-24.7	23.31
通用设备制造业	59520	49315	23.1	38.90
专用设备制造业	56781	32207	79.6	27.84
交通运输设备制造业	146667	135100	10.0	27.96
电气机械及器材制造业	66848	43305	63.7	30.77
通信设备、计算机及其他电子设备制造业	121486	72030	93.9	32.78
仪器仪表及文化、办公用机械制造业	30104	20289	53.6	40.01
工艺品及其他制造业	13242	11638	15.2	14.82
电力、燃气及水的生产和供应业	**352952**	**316563**	**9.1**	**26.51**
电力、热力的生产和供应业	330761	284778	13.4	28.59
燃气生产和供应业	76	17589	-99.6	0.06
水的生产和供应业	22115	14197	57.7	57.40

注：1. 工业增加值按当年价格计算；
2. 增长速度按价格指数紧缩后的可比价格产值计算。

7-4 续表 3

单位：万元

指 标	固定资产折旧	劳动者报酬	生产税净额	营业盈余
总 计	**293987**	**803406**	**856294**	**951326**
#亏损企业	132502	267280	89801	-74710
#国有控股企业	230187	602026	715479	330102
#农村工业	503	3135	1655	7148
#非公有制工业	57298	173750	126132	590168
#高技术工业	38078	133557	64867	357591
#装备制造业	45916	176059	46112	213319
按登记注册类型分				
内资企业	280379	769249	832094	835850
国有企业	69017	218196	586003	271832
集体企业	746	6833	2416	-1779
股份合作企业	1781	4127	1387	6158
联营企业	223	1361	596	810
有限责任公司	100406	309396	125521	323162
股份有限公司	96681	195399	82036	80921
私营企业	11524	33938	34135	154746
港、澳、台商投资企业	4247	9742	5408	53208
外商投资企业	9362	24415	18792	62267
按经济组织类型分				
独资企业	76265	239976	602339	315212
合作、合伙企业	2840	10200	8718	21858
股份有限公司	100506	207971	93467	129012
有限责任公司	114376	345259	151770	485245
按轻重工业分				
轻工业	54792	187376	594680	498375
重工业	239195	616030	261614	452951
按企业规模分				
大型企业	133025	373548	633937	165251
中型企业	94293	275225	117070	428428
小型企业	66669	154633	105287	357646

7-4 续表 4

单位：万元

指　　标	固定资产折　旧	劳动者报　酬	生产税净　额	营　业盈　余
按企业主营业务收入分				
年收入在40亿元以上	118570	287564	602530	190117
年收入在20—40亿元	5801	7859	368	81784
年收入在10—20亿元	11200	51115	33617	53381
年收入在 5—10亿元	30468	90023	64065	88497
年收入在 1— 5亿元	89798	236462	103378	369877
年收入在3000万元— 1亿元	22192	71757	33607	139667
年收入在1000万元—3000万元	13090	45084	15690	36731
年收入在1000万元以下	2867	13542	3039	-8727
按区县地域分				
南明区	10910	85265	46815	152675
云岩区	44768	141370	567516	263817
花溪区	6185	39521	25472	53783
乌当区	23639	89146	36356	119654
白云区	76445	125316	35116	-21228
小河区	27590	112192	27649	123273
开阳县	35879	98866	51974	8177
息烽县	9321	18338	4911	119083
修文县	15936	21733	21086	90632
清镇市	42526	66401	36745	34463
外地县	787	5260	2655	6996
按工业行业分				
采掘业	**2357**	**22400**	**17306**	**-9976**
煤炭开采和洗选业	876	13887	8021	-13116
非金属矿采选业	1481	8513	9285	3140
制造业	**250769**	**697343**	**780370**	**791491**
农副食品加工业	1059	6563	2089	25524
食品制造业	3883	10299	13908	56118
饮料制造业	1477	3900	7631	4253

7-4 续表 5

单位：万元

指 标	固定资产折旧	劳动者报酬	生产税净额	营业盈余
烟草制品业	15743	63579	501932	66995
纺织业	161	1308	137	-614
纺织服装、鞋、帽制造	623	4196	181	6276
木材加工及木、竹、藤、棕、草制品业	648	845	139	-215
家具制造业	94	830	74	-687
造纸及纸制品业	792	2363	1548	3443
印刷业和记录媒介的复制	5921	9561	7390	25149
文教体育用品制造业	24	336	104	87
化学原料及化学制品制造业	54207	139147	57232	54115
医药制造业	13284	53799	52839	244053
橡胶制品业	16789	49712	33416	102950
塑料制品业	2458	9337	3643	27928
非金属矿物制品业	12672	30866	16224	30321
黑色金属冶炼及压延加工业	5036	21162	7784	2636
有色金属冶炼及压延加工业	62786	87831	25108	-70742
金属制品业	1424	12704	3163	5776
通用设备制造业	4355	18659	8613	27893
专用设备制造业	3792	16871	3752	32366
交通运输设备制造业	20828	81420	14575	29844
电气机械及器材制造业	3365	16963	7652	38869
通信设备、计算机及其他电子设备制造业	12811	36321	7247	65106
仪器仪表及文化、办公用机械制造业	765	5825	4274	19240
工艺品及其他制造业	5773	12946	-284	-5194
电力、燃气及水的生产和供应业	**40860**	**83664**	**58618**	**169811**
电力、热力的生产和供应业	35022	66504	54599	174636
燃气生产和供应业	3199	10680	2122	-15926
水的生产和供应业	2639	6479	1897	11100

注：1. 工业增加值按当年价格计算；
　　2. 增长速度按价格指数紧缩后的可比价格产值计算。

7-5 规模以上工业综合经济效益指标

(2009年)

指　　标	总资产贡献率(%)	资　产负债率(%)	流动资产周转率(次/年)	成本费用利润率(%)	全员劳动生产率(元/人·年)
总　　计	**16.70**	**64.76**	**1.71**	**5.29**	**149667**
#亏损企业	-1.91	79.33	1.53	-8.30	65107
#国有控股企业	16.31	68.08	1.61	4.01	148546
#农村工业	14.96	74.23	2.60	2.88	86280
#非公有制工业	17.99	54.16	1.92	7.95	165632
按登记注册类型分					
内资企业	16.73	65.86	1.73	4.98	148399
国有企业	35.95	71.28	2.02	8.18	254630
集体企业	15.80	70.41	1.85	4.25	27331
股份合作企业	3.91	52.51	1.75	0.26	96574
联营企业	21.22	31.22	4.08	2.22	74378
有限责任公司	7.56	66.09	1.57	2.54	113796
股份有限公司	8.35	60.55	1.60	2.69	103521
私营企业	23.45	61.88	1.83	12.49	167880
港、澳、台商投资企业	25.18	36.68	2.78	11.60	226605
外商投资企业	13.35	46.44	1.15	10.02	147833
按经济组织类型分					
独资企业	34.40	69.91	1.99	8.01	231225
合作、合伙企业	20.57	52.21	2.60	5.44	123627
股份有限公司	8.39	60.34	1.57	2.65	110308
有限责任公司	9.83	64.34	1.59	4.81	123113
按轻重工业分					
轻工业	40.01	54.80	1.55	13.97	311161
重工业	8.26	67.72	1.79	2.44	103831
按企业规模分					
大型企业	23.60	68.22	2.04	3.93	200049
中型企业	9.69	60.45	1.32	5.60	115531
小型企业	16.48	65.65	1.97	7.01	137881
按企业主营业务收入分					
年收入在40亿元以上	25.57	73.74	2.18	3.12	305414
年收入在20—40亿元	8.68	57.65	8.49	0.99	525287
年收入在10—20亿元	19.40	39.06	2.07	9.26	109821
年收入在 5—10亿元	23.78	56.17	2.35	8.30	119415
年收入在 1— 5亿元	9.89	64.23	1.19	6.86	122868
年收入在3000万元— 1亿元	12.04	58.76	1.53	5.52	101671
年收入在1000万元—3000万元	5.78	64.96	1.35	0.25	56736
年收入在1000万元以下	0.52	69.00	0.63	-7.98	18763

7-5 续表 1

指 标	总资产贡献率(%)	资产负债率(%)	流动资产周转率(次/年)	成本费用利润率(%)	全员劳动生产率(元/人·年)
按支柱、特色行业分					
能源、优势原材料为主的支柱产业	6.02	79.39	2.52	-0.68	123553
电	24.09	97.02	11.92	5.88	423293
煤及煤化工	-0.63	93.57	1.35	-7.41	11060
铝及铝加工	-2.17	68.75	2.13	-6.36	60397
磷及磷化工	6.38	69.09	1.88	0.33	168011
铁合金	-5.32	99.48	1.77	-6.03	54378
烟酒为主的传统支柱产业	80.56	50.63	1.54	21.76	1091027
酒	43.39	98.18	3.93	9.57	142948
烟	81.66	48.13	1.51	22.49	1290305
特色优势产业	27.05	49.14	1.95	12.78	211847
民族制药	19.96	45.93	1.56	8.11	255936
特色食品	43.35	56.50	2.83	18.91	149218
高技术产业	15.56	44.89	1.29	10.35	180198
生物技术企业	71.21	44.34	1.42	100.44	1088538
装备制造业	9.27	47.10	1.13	6.87	100024
按区县地域分					
南明区	17.65	76.04	2.78	7.81	151104
云岩区	48.25	59.38	1.52	15.56	372209
花溪区	22.43	51.88	2.00	10.52	113974
乌当区	11.68	45.42	1.55	5.63	92964
白云区	0.79	61.86	1.93	-3.15	73840
小河区	8.89	53.55	1.11	6.89	97466
开阳县	4.87	74.93	1.59	-1.54	138647
息烽县	10.97	47.49	3.33	3.19	348065
修文县	17.65	72.32	1.82	9.05	191105
清镇市	8.11	91.06	1.73	-0.35	88448
外地县	10.24	61.86	0.73	8.83	92944

7-5 续表 2

指　　标	总资产贡献率(%)	资产负债率(%)	流动资产周转率(次/年)	成本费用利润率(%)	全员劳动生产率(元/人·年)
按工业行业分					
采掘业	**22.47**	**54.98**	**1.17**	**19.49**	**29759**
煤炭开采和洗选业	13.71	62.39	1.85	3.07	10947
非金属矿采选业	29.83	48.48	0.78	53.70	114911
制造业	**16.48**	**60.35**	**1.55**	**5.11**	**146954**
农副食品加工业	43.41	53.56	5.67	9.56	110908
食品制造业	43.39	57.35	1.95	29.29	170564
饮料制造业	36.36	89.52	3.26	8.49	126635
烟草制品业	81.66	48.13	1.51	22.49	1290305
纺织业	-29.30	88.94	1.51	-30.60	9948
纺织服装、鞋、帽制造	9.65	47.97	1.51	7.27	74871
木材加工及木、竹、藤、棕、草制品业	2.19	81.19	0.52	-5.10	43585
家具制造业	2.93	84.10	0.73	-8.74	19790
造纸及纸制品业	18.40	66.56	2.06	5.71	83979
印刷业和记录媒介的复制	34.24	32.47	1.64	37.23	174939
文教体育用品制造业	12.46	60.67	0.88	4.06	47034
化学原料及化学制品制造业	3.42	74.36	1.73	-2.46	125593
医药制造业	22.81	46.29	1.62	10.94	274450
橡胶制品业	25.01	60.93	2.30	10.11	168160
塑料制品业	20.03	52.48	2.71	7.92	113792
非金属矿物制品业	5.86	57.02	1.48	-0.02	57167
黑色金属冶炼及压延加工业	-2.33	78.07	1.41	-4.34	46863
有色金属冶炼及压延加工业	-2.15	68.94	2.10	-6.38	60280
金属制品业	5.81	56.05	1.31	1.50	50037
通用设备制造业	10.16	38.04	1.00	6.26	95830
专用设备制造业	4.61	71.75	0.86	4.44	91967
交通运输设备制造业	9.73	48.10	1.08	7.75	66825
电气机械及器材制造业	7.30	55.91	1.57	1.58	172112
通信设备、计算机及其他电子设备制造业	9.69	28.31	1.33	8.24	154287
仪器仪表及文化、办公用机械制造业	24.21	47.25	0.99	20.66	147712
工艺品及其他制造业	2.28	69.38	0.47	3.52	43601
电力、燃气及水的生产和供应业	**17.32**	**93.69**	**4.99**	**5.07**	**298228**
电力、热力的生产和供应业	24.09	97.02	11.92	5.88	423293
燃气生产和供应业	5.47	89.74	1.89	0.79	320
水的生产和供应业	2.79	81.35	0.30	-1.71	134440

7-5 续表 3

指 标	产品销售率(%)	资本保值增值率(%)	工业综合经济效益指数(%)	总资产周转率(倍)	流动比率(倍)
总 计	**95.03**	**107.11**	**196.49**	**0.77**	**1.00**
#亏损企业	99.03	188.61	64.43	0.45	0.64
#国有控股企业	97.97	102.25	188.02	0.67	0.90
#农村工业	89.68	59.19	144.52	1.91	1.34
#非公有制工业	90.21	117.55	222.84	1.05	1.31
按登记注册类型分					
内资企业	95.47	108.43	194.66	0.76	0.97
国有企业	99.24	89.97	306.41	0.95	0.95
集体企业	98.55	139.46	121.20	1.41	1.15
股份合作企业	63.74	88.51	116.49	0.82	0.65
联营企业	97.52	764.73	260.60	1.92	1.71
有限责任公司	96.14	126.36	148.22	0.66	0.92
股份有限公司	91.73	108.67	142.98	0.65	1.04
私营企业	90.28	86.57	245.93	1.09	1.24
港、澳、台商投资企业	89.62	127.93	296.78	1.29	1.80
外商投资企业	88.56	82.06	198.61	0.73	1.45
按经济组织类型分					
独资企业	98.42	93.80	289.16	0.95	0.97
合作、合伙企业	75.01	106.38	195.90	1.19	0.90
股份有限公司	91.55	104.59	146.26	0.65	1.08
有限责任公司	95.04	116.87	165.97	0.71	0.97
按轻重工业分					
轻工业	92.86	93.20	368.42	1.01	1.43
重工业	96.06	114.01	143.12	0.70	0.88
按企业规模分					
大型企业	98.56	94.98	235.85	0.79	0.88
中型企业	93.05	111.23	161.55	0.69	1.21
小型企业	92.23	126.37	199.87	0.87	0.86
按企业主营业务收入分					
年收入在40亿元以上	98.65	85.23	298.76	0.81	0.76
年收入在20—40亿元	97.21		447.28	2.07	0.99
年收入在10—20亿元	98.55	108.36	197.95	1.20	1.65
年收入在 5—10亿元	93.93	247.10	229.02	0.91	0.98
年收入在 1— 5亿元	92.84	103.42	167.69	0.59	1.05
年收入在3000万元— 1亿元	89.30	93.15	156.57	0.83	1.38
年收入在1000万元—3000万元	89.59	123.30	98.50	0.68	0.99
年收入在1000万元以下	88.87	168.22	32.18	0.26	0.83

7-5 续表 4

指 标	产 品销售率(%)	资本保值增值率(%)	工业综合经济效益指数(%)	总资产周转率(倍)	流动比率(倍)
按支柱、特色行业分					
能源、优势原材料为主的支柱产业	99.39	102.98	141.78	0.69	0.53
电	99.86	-83.42	444.70	1.00	0.18
煤及煤化工	97.81	37.44	11.03	0.49	0.57
铝及铝加工	99.44	106.91	66.66	0.54	0.65
磷及磷化工	100.91	104.10	170.38	0.63	0.66
铁合金	89.39	3.74	30.52	1.60	0.76
烟酒为主的传统支柱产业	100.23	64.78	943.35	1.38	1.33
酒	96.48	-4.92	255.57	0.96	0.28
烟	100.38	63.87	1068.50	1.41	1.44
特色优势产业	87.08	104.54	284.15	1.10	1.61
民族制药	81.23	99.26	274.63	0.88	1.62
特色食品	96.71	121.52	312.09	1.61	1.57
高技术产业	87.02	110.03	228.49	0.74	1.88
生物技术企业	90.62	123.49	1226.59	0.99	1.83
装备制造业	93.42	115.40	155.11	0.67	1.74
按区县地域分					
南明区	99.60	186.00	226.94	1.05	1.32
云岩区	91.55	85.22	425.21	0.97	1.18
花溪区	90.18	115.86	210.07	1.00	1.18
乌当区	92.23	128.57	156.31	0.75	1.80
白云区	96.14	112.69	92.87	0.61	0.84
小河区	96.69	118.94	153.54	0.70	1.58
开阳县	105.40	100.91	138.25	0.45	0.49
息烽县	91.70	96.63	313.63	1.61	1.17
修文县	87.71	77.58	231.45	0.62	0.57
清镇市	94.53	62.97	108.41	0.72	0.60
外地县	99.20	148.31	160.59	0.52	1.27

7-5 续表 5

指 标	产 品 销售率 (%)	资本保值 增值率 (%)	工业综合经 济效益指数 (%)	总资产 周转率 (倍)	流动比率 (倍)
按工业行业分					
采掘业	**95.67**	**127.06**	**186.98**	**0.54**	**1.13**
煤炭开采和洗选业	95.65	135.18	104.39	0.66	0.60
非金属矿采选业	95.67	122.36	377.06	0.44	1.76
制造业	**94.30**	**104.23**	**192.95**	**0.76**	**1.10**
农副食品加工业	95.66	150.27	285.35	2.89	1.44
食品制造业	97.86	110.60	354.27	1.17	1.67
饮料制造业	95.39	-93.24	212.55	0.94	0.38
烟草制品业	100.38	63.87	1068.50	1.41	1.44
纺织业	72.92	33.71	-131.58	0.52	0.39
纺织服装、鞋、帽制造	98.34	109.98	145.67	1.12	1.94
木材加工及木、竹、藤、棕、草制品业	103.49	291.54	74.97	0.36	1.20
家具制造业	98.15	156.31	30.55	0.25	0.71
造纸及纸制品业	91.18	84.06	160.80	1.43	1.25
印刷业和记录媒介的复制	97.10	135.13	369.81	0.66	1.29
文教体育用品制造业	84.23	241.01	131.14	0.67	1.70
化学原料及化学制品制造业	100.28	89.55	123.45	0.58	0.62
医药制造业	81.40	103.17	302.99	0.91	1.64
橡胶制品业	86.00	129.41	250.16	1.16	1.03
塑料制品业	91.29	150.79	207.46	1.36	1.43
非金属矿物制品业	94.28	144.66	104.16	0.63	0.96
黑色金属冶炼及压延加工业	95.83	120.13	57.12	0.86	0.86
有色金属冶炼及压延加工业	99.44	106.74	66.16	0.53	0.64
金属制品业	99.83	112.22	100.29	0.76	1.25
通用设备制造业	87.61	142.22	153.36	0.61	2.02
专用设备制造业	89.00	124.73	126.74	0.54	1.20
交通运输设备制造业	93.28	112.95	138.30	0.60	1.66
电气机械及器材制造业	94.46	92.81	176.55	1.09	1.36
通信设备、计算机及其他电子设备制造业	99.11	106.30	195.48	0.79	3.34
仪器仪表及文化、办公用机械制造业	87.30	243.27	278.76	0.59	1.88
工艺品及其他制造业	100.09	143.01	90.44	0.32	1.42
电力、燃气及水的生产和供应业	**99.16**	**1039.78**	**435.43**	**0.83**	**0.36**
电力、热力的生产和供应业	99.86	-83.42	444.70	1.00	0.18
燃气生产和供应业	100.39	94.99	61.42	0.71	0.84
水的生产和供应业	73.74	157.38	119.72	0.11	1.42

7-5 续表 6

指　　标	总资产利润率(%)	资金利税率(%)	主营收入利税率(%)	百元固定资产实现工业增加值(元)	百元固定资产实现利税额(元)
总　　计	**3.72**	**13.71**	**14.39**	**69.50**	**30.58**
#亏损企业	-4.12	-2.92	-4.89	21.03	-5.11
#国有控股企业	2.44	13.28	15.79	53.71	26.37
#农村工业	5.34	12.24	6.28	260.86	61.75
#非公有制工业	7.77	14.98	11.89	153.02	53.25
按登记注册类型分					
内资企业	3.48	13.69	14.42	67.53	30.01
国有企业	6.24	31.19	27.71	88.38	59.19
集体企业	5.71	15.97	10.02	176.35	83.48
股份合作企业	0.21	3.27	2.87	55.46	5.89
联营企业	4.17	15.27	7.67	129.10	34.18
有限责任公司	1.65	5.58	6.39	57.71	13.61
股份有限公司	1.73	5.73	7.45	41.70	11.35
私营企业	12.15	21.58	16.08	197.92	91.48
港、澳、台商投资企业	13.50	19.30	13.16	134.13	48.20
外商投资企业	6.41	12.32	14.43	113.27	43.71
按经济组织类型分					
独资企业	6.18	29.76	26.52	90.09	58.11
合作、合伙企业	6.09	18.26	12.10	121.22	40.91
股份有限公司	1.70	5.86	7.46	46.82	12.25
有限责任公司	3.30	7.83	8.44	66.86	20.03
按轻重工业分					
轻工业	10.59	38.25	32.66	201.33	131.36
重工业	1.68	5.78	6.55	44.64	11.57
按企业规模分					
大型企业	2.67	20.59	20.17	65.05	37.60
中型企业	3.71	8.01	9.27	79.55	23.87
小型企业	5.70	11.18	11.43	66.94	24.34
按企业主营业务收入分					
年收入在40亿元以上	2.13	22.36	21.44	66.15	37.43
年收入在20—40亿元	2.03	2.47	1.05	162.82	5.52
年收入在10—20亿元	10.53	19.95	12.54	113.15	81.50
年收入在 5—10亿元	7.10	16.79	14.58	83.92	42.41
年收入在 1— 5亿元	3.83	7.46	10.56	58.22	18.72
年收入在3000万元— 1亿元	4.40	10.15	10.04	107.68	31.54
年收入在1000万元—3000万元	0.17	4.31	5.24	70.65	11.10
年收入在1000万元以下	-2.42	-0.98	-3.05	14.65	-2.33

7-5 续表 7

指 标	总资产利润率(%)	资金利税率(%)	主营收入利税率(%)	百元固定资产实现工业增加值(元)	百元固定资产实现利税额(元)
按支柱、特色行业分					
能源、优势原材料为主的支柱产业	-0.48	3.31	3.62	30.58	5.02
电	5.57	11.22	10.39	34.94	12.45
煤及煤化工	-4.07	-3.07	-4.26	7.60	-6.35
铝及铝加工	-3.80	-2.61	-3.76	14.57	-3.73
磷及磷化工	0.21	4.97	5.08	50.45	9.58
铁合金	-10.64	-6.30	-3.73	71.76	-31.05
烟酒为主的传统支柱产业	14.99	99.51	61.65	482.50	446.79
酒	7.42	30.82	27.45	70.86	44.69
烟	15.39	103.13	62.89	557.99	520.53
特色优势产业	12.56	23.68	17.43	239.54	104.46
民族制药	6.49	17.59	15.46	298.60	90.54
特色食品	26.45	35.68	19.90	161.64	122.82
高技术产业	6.96	12.99	14.37	194.15	60.59
生物技术企业	49.31	61.28	56.75	759.01	552.93
装备制造业	4.40	7.65	9.66	106.58	31.62
按区县地域分					
南明区	7.72	13.26	10.81	49.28	24.12
云岩区	10.22	46.07	41.68	168.62	125.13
花溪区	9.51	19.81	15.21	145.14	74.81
乌当区	4.03	9.19	10.04	107.60	31.30
白云区	-2.03	-0.21	-0.28	23.28	-0.34
小河区	4.62	7.70	9.30	104.89	34.40
开阳县	-0.69	3.50	5.02	29.06	5.77
息烽县	4.98	7.86	3.99	144.52	18.64
修文县	5.03	10.53	14.71	57.39	18.04
清镇市	-0.26	4.11	4.47	46.09	8.53
外地县	4.27	9.74	17.14	154.99	49.75

7-5 续表 8

指　　标	总资产利润率(%)	资金利税率(%)	主营收入利税率(%)	百元固定资产实现工业增加值(元)	百元固定资产实现利税额(元)
按工业行业分					
采掘业	**8.70**	**23.76**	**29.57**	**65.69**	**79.12**
煤炭开采和洗选业	1.98	15.93	14.30	28.21	31.01
非金属矿采选业	14.59	29.19	49.69	153.82	192.26
制造业	**3.54**	**14.42**	**14.98**	**84.99**	**37.63**
农副食品加工业	26.67	35.22	10.25	222.14	136.77
食品制造业	27.00	36.28	28.40	150.21	124.14
饮料制造业	6.62	25.55	23.90	65.97	40.05
烟草制品业	15.39	103.13	62.89	557.99	520.53
纺织业	-22.89	-28.34	-38.00	66.34	-55.82
纺织服装、鞋、帽制造	7.58	9.31	7.32	260.85	47.82
木材加工及木、竹、藤、棕、草制品业	-1.93	-1.30	-3.58	12.75	-4.77
家具制造业	-2.38	-1.67	-5.49	22.06	-6.19
造纸及纸制品业	7.78	14.40	9.95	140.12	68.45
印刷业和记录媒介的复制	18.38	26.14	35.43	67.62	47.11
文教体育用品制造业	2.60	9.61	14.29	1657.53	425.90
化学原料及化学制品制造业	-1.45	1.50	1.70	39.74	2.92
医药制造业	8.83	20.34	17.41	318.74	104.00
橡胶制品业	10.54	17.89	14.24	96.38	40.90
塑料制品业	10.03	14.73	9.70	140.04	46.89
非金属矿物制品业	-0.01	4.41	5.40	57.42	10.05
黑色金属冶炼及压延加工业	-4.02	-3.01	-2.78	33.97	-9.77
有色金属冶炼及压延加工业	-3.75	-2.57	-3.78	14.27	-3.68
金属制品业	1.15	4.25	4.66	86.79	16.77
通用设备制造业	3.58	8.22	12.13	123.41	35.83
专用设备制造业	2.30	3.85	6.04	95.03	18.05
交通运输设备制造业	4.44	7.55	10.54	68.93	27.06
电气机械及器材制造业	1.69	6.07	5.09	175.20	26.58
通信设备、计算机及其他电子设备制造业	6.11	9.01	9.37	142.98	40.01
仪器仪表及文化、办公用机械制造业	10.94	18.28	26.10	386.05	167.42
工艺品及其他制造业	1.13	1.59	4.32	24.35	7.03
电力、燃气及水的生产和供应业	**4.06**	**8.70**	**9.51**	**30.28**	**10.61**
电力、热力的生产和供应业	5.57	11.22	10.39	34.94	12.45
燃气生产和供应业	0.62	3.43	3.35	0.13	8.01
水的生产和供应业	-0.21	0.52	4.48	13.76	0.76

7-6 规模以上工业企业主要经济指标

(2009年) 单位：万元

指 示	企业数(个)	#亏损企业	全部从业人员年平均人数(人)	工业总产值(当年价格)	#新产品产值
总 计	**550**	**158**	**194098**	**8967496**	**523821**
#亏损企业	158	158	63722	2032355	28657
#国有控股企业	138	47	126412	5568527	316027
#农村工业	11	1	1442	52194	548
#非公有制工业	360	95	57196	3120416	202031
按登记注册类型分					
内资企业	**499**	**145**	**183126**	**8359273**	**447432**
国有企业	66	24	44969	2558660	60859
中央企业	16	2	19268	2115672	39074
地方企业	50	22	25701	442988	21785
集体企业	20	7	3006	37318	
股份合作企业	9	3	1393	47812	
联营企业	2		402	10578	
集体联营企业	1		360	9019	
其他有限责任公司	1		42	1559	
有限责任公司	255	66	75441	3210810	186871
国有独资公司	16	5	17408	368750	89340
其他有限责任公司	239	61	58033	2842060	97531
股份有限公司	26	8	43956	1762969	191051
私营企业	121	37	13959	731127	8652
私营独资企业	27	8	1940	57521	
私营合作企业	12	4	1544	67388	
私营有限责任公司	68	19	8635	462674	8652
私营股份有限公司	14	6	1840	143543	
港、澳、台商投资企业	**23**	**5**	**3204**	**243830**	**51155**
合资经营企业(港或澳、台资)	12	2	1760	160115	49535
港澳台商独资经营企业	9	2	1299	72447	300
港澳台商投资股份有限公司	2	1	145	11268	1319

7-6 续表 1

单位：万元

指　标	企业数(个)	#亏损企业	全部从业人员年平均人数(人)	工业总产值(当年价格)	#新产品产值
外商投资企业	**28**	**8**	**7768**	**364393**	**25234**
中外合资经营企业	14	2	3241	172647	25210
中外合作经营企业	1		189	4882	
外资企业	10	6	2145	103377	24
外商投资股份有限公司	3		2193	83486	
按经济组织类型分					
独资企业	132	47	53359	2829324	61183
合作、合伙企业	24	7	3528	130660	
股份有限公司	45	15	48134	2001265	192370
有限责任公司	349	89	89077	4006246	270268
按轻重工业分					
轻工业	180	39	42911	2866480	186211
重工业	370	119	151187	6101016	337610
按企业规模分					
大型企业	12	2	65272	3582084	110369
中型企业	92	25	79201	3040865	321632
小型企业	446	131	49625	2344547	91820
按企业主营业务收入分					
年收入在40亿元以上	5	2	39251	3186051	41027
年收入在20—40亿元	1		1824	320375	
年收入在10—20亿元	6		13596	635424	45695
年收入在 5—10亿元	14	2	22866	814423	145402
年收入在 1— 5亿元	106	25	65071	2640471	245448
年收入在3000万元— 1亿元	141	27	26283	919646	43730
年收入在1000万元—3000万元	178	59	19493	385510	1887
年收入在1000万元以下	99	43	5714	65595	632
按支柱、特色行业分					
(一)能源、优势原材料为主的支柱产业	98	40	62522	3298784	5984
电	14	1	7814	1156867	
煤及煤化工	22	11	16457	306719	780

7-6 续表 2

单位：万元

指 标	企业数(个)	#亏损企业	全部从业人员年平均人数(人)	工业总产值(当年价格)	#新产品产值
铝及铝加工	9	4	17394	597303	141
磷及磷化工	44	15	18013	1067486	5063
铁合金	9	8	2649	170993	
(二)烟酒为主的传统支柱产业	5	1	6080	935353	24966
酒	3	1	1056	34515	
烟	2		5024	900838	24966
(三)特色优势产业	92	13	19785	1231174	147940
民族制药	43	7	11611	765601	138463
特色食品	49	6	8174	465573	9478
(四)高技术产业	91	18	32969	1556973	334377
(五)生物技术企业	2		262	40403	
(六)装备制造业	140	35	48129	1544539	284317
按区县地域分					
南明区	58	14	19567	1271511	19758
云岩区	59	11	27336	1982567	168502
花溪区	47	12	10964	372520	14811
乌当区	98	25	28914	828343	125774
白云区	78	32	29205	1077920	30573
小河区	62	11	29826	1016728	143340
开阳县	31	12	14057	699602	
息烽县	15		4357	513753	5718
修文县	41	15	7817	400549	5013
清镇市	59	26	20366	774411	505
外地县	2		1689	29591	9829
按工业行业分					
采掘业	**20**	**7**	**10782**	**80038**	
煤炭开采和洗选业	7	4	8831	25482	
非金属矿采选业	13	3	1951	54557	

7-6 续表 3

单位：万元

指标	企业数(个)	#亏损企业	全部从业人员年平均人数(人)	工业总产值(当年价格)	#新产品产值
制造业	**506**	**144**	**171481**	**7555821**	**523821**
农副食品加工业	25	4	3177	214716	
食品制造业	22	2	4937	241283	9478
饮料制造业	6	1	1363	44212	
烟草制品业	2		5024	900838	24966
纺织业	1	1	998	3510	
纺织服装、鞋、帽制造	2	1	1506	28026	
木材加工及木、竹、藤、棕、草制品业	2	1	325	14035	
家具制造业	2	1	157	1712	
造纸及纸制品业	13	2	970	43028	
印刷业和记录媒介的复制	17	3	2745	113807	300
文教体育用品制造业	1		117	1175	
化学原料及化学制品制造业	47	18	24261	1204800	16020
医药制造业	52	8	13262	891090	139097
橡胶制品业	8	1	12064	669325	21064
塑料制品业	32	6	3811	166844	1319
非金属矿物制品业	81	32	15758	329096	2661
黑色金属冶炼及压延加工业	21	16	7814	358182	
有色金属冶炼及压延加工业	11	6	17416	597303	141
金属制品业	18	5	4610	98946	16507
通用设备制造业	28	5	6211	153004	21252
专用设备制造业	26	9	6174	203927	32786
交通运输设备制造业	36	5	21948	524543	123055
电气机械及器材制造业	22	8	3884	217241	5447
通信设备、计算机及其他电子设备制造业	19	6	7874	370591	80653
仪器仪表及文化、办公用机械制造业	9	2	2038	75233	21124
工艺品及其他制造业	3	1	3037	89353	7952
电力、燃气及水的生产和供应业	**24**	**7**	**11835**	**1331637**	
电力、热力的生产和供应业	14	1	7814	1156867	
燃气生产和供应业	4	2	2376	136240	
水的生产和供应业	6	4	1645	38530	

7-6 续表 4

单位：万元

指 示	工业增加值(当年价格)	工业销售产值(当年价格)	#出口交货值	资产总计	流动资产合计
总 计	**2905012**	**8522107**	**326206**	**11577541**	**5139883**
#亏损企业	414873	2012587	131658	4562677	1484449
#国有控股企业	1877795	5455605	271723	8721734	3447719
#农村工业	12442	46809		24556	19296
#非公有制工业	947348	2815048	50368	2636590	1580905
按登记注册类型分					
内资企业	**2717572**	**7980875**	**253695**	**11002048**	**4800509**
国有企业	1145047	2539108	12574	2918985	1163478
中央企业	979892	2117070	338	1852811	765117
地方企业	165155	422037	12236	1066174	398362
集体企业	8216	36779		27526	19697
股份合作企业	13453	30476		60959	19397
联营企业	2990	10316		5370	2870
集体联营企业	2551	8757		3258	1562
其他有限责任公司	439	1559		2112	1308
有限责任公司	858485	3086986	141895	4806297	2140781
国有独资公司	96350	340882	13604	1161491	599840
其他有限责任公司	762136	2746104	128291	3644807	1540942
股份有限公司	455037	1617163	96262	2567011	1070761
私营企业	234343	660048	2964	615901	383525
私营独资企业	13723	55143		42573	27067
私营合作企业	25256	52863		33072	20301
私营有限责任公司	153390	417121	2964	396954	261767
私营股份有限公司	41974	134921		143302	74390
港、澳、台商投资企业	**72604**	**218522**	**46107**	**153197**	**81074**
合资经营企业(港或澳、台资)	39747	147912	32500	75272	47473
港澳台商独资经营企业	30600	59766	13607	61119	28047
港澳台商投资股份有限公司	2258	10843		16807	5554

7-6 续表 5

单位：万元

指标	工业增加值(当年价格)	工业销售产值(当年价格)	#出口交货值	资产总计	流动资产合计
外商投资企业	**114836**	**322710**	**26404**	**422296**	**258300**
中外合资经营企业	45028	155404	18745	177944	103809
中外合作经营企业	1916	4357	1954	2998	2052
外资企业	36206	93725	5705	112370	66432
外商投资股份有限公司	31686	69224		128985	86008
按经济组织类型分					
独资企业	1233792	2784521	31886	3162572	1304720
合作、合伙企业	43616	98012	1954	102398	44620
股份有限公司	530956	1832151	96262	2856104	1236713
有限责任公司	1096650	3807424	196104	5456467	2553830
按轻重工业分					
轻工业	1335222	2661698	25019	2649904	1614303
重工业	1569790	5860409	301187	8927637	3525580
按企业规模分					
大型企业	1305761	3530324	208673	4749759	1658260
中型企业	915016	2829506	53643	4321277	2278624
小型企业	684235	2162277	63890	2506505	1202999
按企业主营业务收入分					
年收入在40亿元以上	1198781	3143078	196666	3920859	1221025
年收入在20—40亿元	95812	311428		149854	72921
年收入在10—20亿元	149313	626213	6587	714949	407063
年收入在 5—10亿元	273054	765006	20758	1039714	496455
年收入在 1— 5亿元	799515	2451501	77438	4116013	2072967
年收入在3000万元— 1亿元	267222	821215	18114	934606	522874
年收入在1000万元—3000万元	110595	345373	4961	487854	246906
年收入在1000万元以下	10721	58293	1681	213692	99673
按支柱、特色行业分					
(一)能源、优势原材料为主的支柱产业	772476	3278586	115415	5071733	1304254
电	330761	1155252		1130962	103489
煤及煤化工	18202	300016	2920	732344	255991

7-6 续表 6

单位：万元

指 示	工 业 增加值 (当年价格)	工 业 销售产值 (当年价格)	#出 口 交货值	资 产 总 计	流动资产 合 计
铝及铝加工	105055	593976		1324779	309898
磷及磷化工	302638	1077193	112495	1781515	556803
铁合金	14405	152856		104325	78929
(二)烟酒为主的传统支柱产业	663344	937549	9072	719949	479770
酒	15095	33300		36056	9590
烟	648249	904249	9072	683893	470180
(三)特色优势产业	419139	1072106	2340	952866	596997
民族制药	297167	621866	34	663240	412707
特色食品	121971	450240	2306	289626	184290
(四)高技术产业	594094	1354801	55641	1747262	1121522
(五)生物技术企业	28520	36612		37096	30148
(六)装备制造业	481405	1442977	95042	2205907	1416612
按区县地域分					
南明区	295665	1266450	11422	1275225	491299
云岩区	1017471	1815103	92886	1873703	1035610
花溪区	124961	335930	1195	424748	239078
乌当区	268795	764016	42833	1037899	600761
白云区	215650	1036296	10531	1891883	584524
小河区	290703	983094	50144	1460756	961762
开阳县	194896	737373	112069	1698887	435229
息烽县	151652	471086	3333	304109	143845
修文县	149387	351317	1701	511917	185619
清镇市	180134	732086	92	1042268	420558
外地县	15698	29355		56146	41598
按工业行业分					
采掘业	**32087**	**76569**		**241867**	**113842**
煤炭开采和洗选业	9668	24374		113014	32430
非金属矿采选业	22419	52196		128853	81412

7-6 续表 7

单位：万元

指　　标	工　业 增加值 (当年价格)	工　业 销售产值 (当年价格)	#出　口 交货值	资　产 总　计	流动资产 合　　计
制造业	**2519973**	**7125100**	**326206**	**9765569**	**4769894**
农副食品加工业	35235	205398		73116	45737
食品制造业	84208	236108	2306	209643	135756
饮料制造业	17260	42174		46547	14850
烟草制品业	648249	904249	9072	683893	470180
纺织业	993	2559		4246	1451
纺织服装、鞋、帽制造	11276	27561		25130	17872
木材加工及木、竹、藤、棕、草制品业	1417	14525		41383	29823
家具制造业	311	1680		6399	3812
造纸及纸制品业	8146	39232		27951	21826
印刷业和记录媒介的复制	48021	110504		142793	56950
文教体育用品制造业	550	989		1472	1439
化学原料及化学制品制造业	304700	1208173	115415	2267877	723718
医药制造业	363975	725316	34	751876	469550
橡胶制品业	202868	575634	89940	519102	270614
塑料制品业	43366	152316		109880	67582
非金属矿物制品业	90083	310262	9072	464832	200645
黑色金属冶炼及压延加工业	36618	343258		440639	242034
有色金属冶炼及压延加工业	104983	593976		1345120	315451
金属制品业	23067	98777	5325	125207	78203
通用设备制造业	59520	134040	3420	234506	161893
专用设备制造业	56781	181495	14015	333256	220223
交通运输设备制造业	146667	489285	28612	911826	549711
电气机械及器材制造业	66848	205197	14427	182806	128911
通信设备、计算机及其他电子设备制造业	121486	367281	34010	458841	292258
仪器仪表及文化、办公用机械制造业	30104	65679	558	84671	63616
工艺品及其他制造业	13242	89430		272557	185789
电力、燃气及水的生产和供应业	**352952**	**1320438**		**1570104**	**256147**
电力、热力的生产和供应业	330761	1155252		1130962	103489
燃气生产和供应业	76	136774		197825	77924
水的生产和供应业	22115	28411		241317	74734

7-6 续表 8

单位：万元

指 标	#应收帐款	存 货	产成品	固定资产合计	固定资产原价
总 计	**1139657**	**1700009**	**618059**	**5451740**	**7272448**
#亏损企业	316552	487997	192508	2838627	3209636
#国有控股企业	782562	1197748	398550	4609131	6228882
#农村工业	3894	5535	3864	5154	9062
#非公有制工业	333773	463636	199659	762045	920383
按登记注册类型分					
内资企业	**1046107**	**1588952**	**578198**	**5246687**	**7036196**
国有企业	199893	541540	97638	1518967	2599926
中央企业	111570	461846	54561	927248	1790677
地方企业	88323	79694	43077	591719	809249
集体企业	5803	7284	4330	5108	10635
股份合作企业	1529	6260	2168	31669	34130
联营企业	1114	754	437	2475	7503
集体联营企业	692	437	437	1695	5934
其他有限责任公司	422	317		780	1569
有限责任公司	540753	588336	301547	2231163	2212116
国有独资公司	227970	89291	39502	414003	459673
其他有限责任公司	312783	499045	262045	1817160	1752442
股份有限公司	230741	351426	131426	1317035	2001599
私营企业	66272	93351	40652	140269	170287
私营独资企业	11477	4815	1696	13233	17609
私营合作企业	4812	3485	2322	8504	12631
私营有限责任公司	44759	63140	26035	92130	106053
私营股份有限公司	5224	21911	10599	26402	33995
港、澳、台商投资企业	**26091**	**28163**	**12084**	**65356**	**89699**
合资经营企业(港或澳、台资)	8310	17594	6047	26293	39868
港澳台商独资经营企业	16206	7709	4447	28564	27119
港澳台商投资股份有限公司	1575	2860	1591	10498	22711

7-6 续表 9

单位：万元

指标	#应收帐款	存货	产成品	固定资产合计	固定资产原价
外商投资企业	**67459**	**82895**	**27776**	**139696**	**146553**
中外合资经营企业	22620	50590	15790	60870	71493
中外合作经营企业	455	876	341	946	4348
外资企业	19952	18226	8275	37844	53327
外商投资股份有限公司	24432	13202	3370	40037	17385
按经济组织类型分					
独资企业	253331	579574	116385	1603716	2708616
合作、合伙企业	7910	11375	5268	43595	58612
股份有限公司	261972	389399	146987	1393972	2075690
有限责任公司	616443	719661	349419	2410456	2429530
按轻重工业分					
轻工业	335645	640633	142527	846317	1104156
重工业	804012	1059376	475532	4605422	6168292
按企业规模分					
大型企业	243575	790421	205799	2912382	3523811
中型企业	609436	562778	235130	1446429	2195567
小型企业	286646	346810	177129	1092929	1553070
按企业主营业务收入分					
年收入在40亿元以上	136728	694943	156368	2676029	3165048
年收入在20—40亿元	5518	12370	4123	63574	92212
年收入在10—20亿元	74037	125901	76322	146283	259631
年收入在 5—10亿元	83191	149393	50325	382657	855988
年收入在 1— 5亿元	649597	457004	193560	1609848	2143582
年收入在3000万元— 1亿元	115453	156346	82120	299192	407473
年收入在1000万元—3000万元	57317	78504	39257	177603	239062
年收入在1000万元以下	17816	25549	15982	96553	109453
按支柱、特色行业分					
(一)能源、优势原材料为主的支柱产业	180964	424887	173762	3485179	4475208
电	33994	12321		1018826	1823741
煤及煤化工	38119	51109	10272	394480	399619

7-6 续表 10

单位：万元

指 示	#应收帐款	存 货	产成品	固定资产合计	固定资产原价
铝及铝加工	39407	173221	44937	893313	1354406
磷及磷化工	57181	150476	108077	1158686	867440
铁合金	12754	38418	10877	20943	31581
(二)烟酒为主的传统支柱产业	14176	386293	15639	228333	319694
酒	652	5700	695	24386	30405
烟	13524	380593	14944	203947	289289
(三)特色优势产业	122114	120853	58111	246154	258329
民族制药	108477	84368	43666	159740	155772
特色食品	13636	36485	14445	86414	102557
(四)高技术产业	323730	296660	146762	393883	516207
(五)生物技术企业	1368	9984	1708	3763	4505
(六)装备制造业	434133	403969	194921	497195	803798
按区县地域分					
南明区	102060	118392	52892	683868	1206532
云岩区	150686	524642	78027	763744	1082781
花溪区	33330	52979	22005	99856	121646
乌当区	144019	156097	76008	291765	369170
白云区	127248	255606	88120	1110316	1650118
小河区	380978	261021	127874	306766	501208
开阳县	37483	126369	95846	1220519	910303
息烽县	23605	38973	21211	122134	155090
修文县	43400	38353	14564	298026	326169
清镇市	81764	120189	36317	544013	930674
外地县	15082	7389	5194	10736	18757
按工业行业分					
采掘业	**18117**	**12947**	**9039**	**75964**	**79229**
煤炭开采和洗选业	3182	6132	2852	58170	56627
非金属矿采选业	14935	6815	6187	17794	22601

7-6 续表 11

单位：万元

指　　标	#应收帐款	存　货	产成品	固定资产合　计	固定资产原　价
制造业	**1071795**	**1653870**	**608919**	**4118747**	**5033829**
农副食品加工业	2938	16140	7845	19670	22202
食品制造业	10482	18592	5151	62884	75916
饮料制造业	827	9597	2211	29617	36891
烟草制品业	13524	380593	14944	203947	289289
纺织业	19	972	379	2795	3725
纺织服装、鞋、帽制造	578	7275	5624	7146	10317
木材加工及木、竹、藤、棕、草制品业	13186	5870	5296	11180	17380
家具制造业	130	617	285	1413	1894
造纸及纸制品业	7917	4431	2029	5836	12303
印刷业和记录媒介的复制	22461	13040	6507	76017	107882
文教体育用品制造业	495	766	611	33	111
化学原料及化学制品制造业	82048	177834	111521	1440594	1128825
医药制造业	113811	111151	56830	175421	177166
橡胶制品业	79012	89939	51835	246986	349943
塑料制品业	16065	24080	12159	35295	54197
非金属矿物制品业	48845	60802	30899	190885	252656
黑色金属冶炼及压延加工业	44096	95670	28390	114586	187810
有色金属冶炼及压延加工业	39470	175217	46647	908101	1369134
金属制品业	20382	34492	22665	28033	53503
通用设备制造业	34593	33064	20074	50008	66840
专用设备制造业	69836	74695	23693	72514	94907
交通运输设备制造业	191904	147231	72593	232556	427703
电气机械及器材制造业	51363	43689	25182	40478	62148
通信设备、计算机及其他电子设备制造业	66290	80647	42684	93842	138661
仪器仪表及文化、办公用机械制造业	20147	24644	10695	7798	13540
工艺品及其他制造业	121377	22824	2173	61114	78888
电力、燃气及水的生产和供应业	**49745**	**33192**	**100**	**1257028**	**2159391**
电力、热力的生产和供应业	33994	12321		1018826	1823741
燃气生产和供应业	8778	17068	99	73198	100587
水的生产和供应业	6974	3803	1	165004	235063

7-6 续表 12

单位：万元

指 标	#累计折旧	负债合计	流动负债	#应付账款	长期负债
总 计	**3084641**	**7498027**	**5158432**	**1218618**	**2266029**
#亏损企业	1228687	3619611	2302088	404878	1301982
#国有控股企业	2724731	5937334	3827484	851125	2080987
#农村工业	4292	18229	14373	6877	3856
#非公有制工业	301290	1428035	1206625	337357	179105
按登记注册类型分					
内资企业	**3003904**	**7245711**	**4935298**	**1165983**	**2240243**
国有企业	1304311	2080614	1230541	295207	834720
中央企业	1033038	1277955	714679	237014	554287
地方企业	271273	802659	515862	58193	280434
集体企业	5976	19380	17067	7845	2313
股份合作企业	9876	32011	29898	3043	1113
联营企业	5187	1677	1677	1198	
集体联营企业	4398	1510	1510	1140	
其他有限责任公司	789	167	167	58	
有限责任公司	716243	3176685	2322683	589817	829206
国有独资公司	167985	780539	532035	199862	239588
其他有限责任公司	548258	2396147	1790648	389955	589618
股份有限公司	910426	1554198	1025312	198769	527093
私营企业	51885	381147	308121	70103	45797
私营独资企业	5477	29257	23486	6930	5762
私营合作企业	4167	18519	16501	3043	1601
私营有限责任公司	29174	219889	197344	51313	22294
私营股份有限公司	13067	113482	70790	8817	16140
港、澳、台商投资企业	**35569**	**56186**	**45156**	**12020**	**7634**
合资经营企业(港或澳、台资)	17821	28719	23944	2689	4775
港澳台商独资经营企业	5535	20256	14000	5019	2859
港澳台商投资股份有限公司	12213	7211	7211	4312	

7-6 续表 13

单位：万元

指 标	#累计折旧	负债合计	流动负债	#应付账款	长期负债
外商投资企业	**45168**	**196130**	**177978**	**40615**	**18152**
中外合资经营企业	17959	85172	81624	25351	3547
中外合作经营企业	3402	1256	1256	293	
外资企业	17768	61302	56892	11965	4411
外商投资股份有限公司	6041	48400	38207	3006	10194
按经济组织类型分					
独资企业	1339067	2210809	1341986	326967	850066
合作、合伙企业	22631	53461	49331	7577	2714
股份有限公司	941746	1723291	1141521	214904	553427
有限责任公司	781196	3510465	2625595	669170	859823
按轻重工业分					
轻工业	440948	1452101	1132283	416641	290061
重工业	2643693	6045926	4026148	801976	1975968
按企业规模分					
大型企业	1516621	3240330	1885109	339869	1355221
中型企业	1037083	2612183	1878141	649290	708184
小型企业	530936	1645514	1395181	229458	202624
按企业主营业务收入分					
年收入在40亿元以上	1352749	2891098	1608995	247628	1282103
年收入在20—40亿元	33367	86392	73574	28503	12818
年收入在10—20亿元	127674	279281	246299	103486	26826
年收入在 5—10亿元	530620	584038	504416	125496	77043
年收入在 1— 5亿元	762109	2643678	1978375	541607	646464
年收入在3000万元— 1亿元	159312	549216	377629	99301	141132
年收入在1000万元—3000万元	82524	316887	248913	54784	57201
年收入在1000万元以下	36286	147438	120230	17813	22442
按支柱、特色行业分					
(一)能源、优势原材料为主的支柱产业	1940885	4026595	2444075	319485	1563687
电	877213	1097226	572878	45169	521769
煤及煤化工	151920	685261	447414	108103	228999

7-6 续表 14

单位：万元

指 标	#累计折旧	负债合计	流动负债	#应付账款	长期负债
铝及铝加工	633253	910764	479024	29423	425609
磷及磷化工	267573	1230803	842241	86708	387295
铁合金	11506	103787	103744	50169	43
(二)烟酒为主的传统支柱产业	182214	364535	361659	128717	2541
酒	9101	35400	34560	3794	506
烟	173113	329134	327099	124923	2035
(三)特色优势产业	83350	468249	371626	104124	68051
民族制药	56252	304623	254276	65747	48371
特色食品	27098	163626	117351	38377	19680
(四)高技术产业	210206	784266	595967	189759	175825
(五)生物技术企业	747	16450	16430	1873	20
(六)装备制造业	352118	1039036	812163	308641	213302
按区县地域分					
南明区	606502	969669	371333	137678	597578
云岩区	479378	1112678	880570	256340	226906
花溪区	35548	220371	202821	41818	16096
乌当区	119358	471409	333429	82891	129599
白云区	723952	1170240	694618	90856	466183
小河区	224060	782247	607232	314592	169817
开阳县	239560	1273011	892453	55868	380291
息烽县	50155	144415	122685	42261	19729
修文县	65872	370194	322970	18851	19705
清镇市	531628	949061	697530	167865	238185
外地县	8628	34732	32792	9599	1941
按工业行业分					
采掘业	**30383**	**132968**	**100782**	**14583**	**31760**
煤炭开采和洗选业	22356	70505	54417	10395	15663
非金属矿采选业	8027	62463	46366	4188	16097

7-6 续表 15

单位：万元

指 标	#累计折旧	负债合计	流动负债	#应付账款	长期负债
制造业	**2060550**	**5894000**	**4338865**	**1138101**	**1484603**
农副食品加工业	6340	39159	31791	9206	7368
食品制造业	19854	120235	81327	25999	12312
饮料制造业	10727	41671	38778	6451	2558
烟草制品业	173113	329134	327099	124923	2035
纺织业	2229	3776	3676		100
纺织服装、鞋、帽制造	5994	12055	9217	1712	2838
木材加工及木、竹、藤、棕、草制品业	6267	33599	24750	434	8849
家具制造业	486	5382	5382	1	
造纸及纸制品业	6489	18603	17427	8412	587
印刷业和记录媒介的复制	36867	46370	44180	17518	2190
文教体育用品制造业	78	893	844	58	49
化学原料及化学制品制造业	353801	1686468	1171913	174717	504858
医药制造业	62973	348035	286746	70225	59088
橡胶制品业	139446	316283	261785	52818	49298
塑料制品业	23231	57660	47378	12719	6841
非金属矿物制品业	95765	265041	210050	51957	52943
黑色金属冶炼及压延加工业	80017	344028	281181	109942	62124
有色金属冶炼及压延加工业	633313	927292	489552	31563	431609
金属制品业	26926	70184	62660	21516	7524
通用设备制造业	18609	89201	80118	22926	9083
专用设备制造业	35154	239109	183923	73589	55154
交通运输设备制造业	214930	438617	331953	116158	101467
电气机械及器材制造业	23992	102200	94779	34186	4155
通信设备、计算机及其他电子设备制造业	53692	129902	87619	45755	37207
仪器仪表及文化、办公用机械制造业	5742	40007	33771	16028	6236
工艺品及其他制造业	24517	189097	130968	109289	58129
电力、燃气及水的生产和供应业	**993708**	**1471059**	**718784**	**65934**	**749666**
电力、热力的生产和供应业	877213	1097226	572878	45169	521769
燃气生产和供应业	42121	177526	93172	18601	84352
水的生产和供应业	74374	196307	52733	2163	143545

7-6 续表 16

单位：万元

指 标	所有者权益合计	主营业务收入	主营业务成本	主营业务税金及附加	利润总额
总 计	**4047895**	**8878807**	**7011340**	**475039**	**430131**
#亏损企业	941789	2062725	1996197	30450	-187887
#国有控股企业	2785047	5839475	4630619	452625	212708
#农村工业	6327	46929	39745	169	1312
#非公有制工业	1176373	2771266	2155624	18360	204971
按登记注册类型分					
内资企业	**3749656**	**8373394**	**6651041**	**471445**	**382382**
国有企业	839419	2767070	1959146	415843	182086
中央企业	574856	2243854	1568902	410811	151348
地方企业	264563	523216	390244	5032	30738
集体企业	8146	38803	33084	303	1571
股份合作企业	28948	49793	45002	208	130
联营企业	3693	10321	9136	187	224
集体联营企业	1748	8762	7922	174	175
其他有限责任公司	1945	1559	1214	13	49
有限责任公司	1624668	3170194	2659603	38773	79209
国有独资公司	380951	406685	321320	1992	12940
其他有限责任公司	1243716	2763509	2338283	36781	66269
股份有限公司	1010557	1663516	1412791	11470	44305
私营企业	234226	673696	532280	4661	74857
私营独资企业	13152	54192	48107	472	-622
私营合作企业	14517	57862	46074	1018	5880
私营有限责任公司	176741	428106	328238	2008	70055
私营股份有限公司	29818	133537	109861	1163	-457
港、澳、台商投资企业	**97011**	**198298**	**161591**	**427**	**20683**
合资经营企业(港或澳、台资)	46553	143006	119775	94	15667
港澳台商独资经营企业	40863	44631	32492	43	5002
港澳台商投资股份有限公司	9595	10660	9324	289	15

7-6 续表 17

单位：万元

指　标	所有者权益合计	主营业务收入	主营业务成本	主营业务税金及附加	利润总额
外商投资企业	**201227**	**307115**	**198708**	**3167**	**27066**
中外合资经营企业	92757	152609	115140	78	15055
中外合作经营企业	1743	3730	3459	4	7
外资企业	51067	96320	60611	3047	7319
外商投资股份有限公司	55661	54456	19499	38	4685
按经济组织类型分					
独资企业	952647	3001016	2133439	419709	195357
合作、合伙企业	48900	121705	103670	1416	6241
股份有限公司	1105630	1862169	1551475	12961	48547
有限责任公司	1940718	3893916	3222756	40953	179986
按轻重工业分					
轻工业	1168293	2667573	1535502	417441	280553
重工业	2879601	6211233	5475838	57598	149579
按企业规模分					
大型企业	1509036	3741390	2889076	439731	126813
中型企业	1682898	2960909	2392911	18598	160405
小型企业	855961	2176507	1729353	16710	142913
按企业主营业务收入分					
年收入在40亿元以上	1029368	3164095	2432598	435911	83507
年收入在20—40亿元	63462	309602	295320	18	3038
年收入在10—20亿元	435668	857432	734206	5862	75267
年收入在 5—10亿元	455677	946208	702732	7507	73809
年收入在 1— 5亿元	1446136	2434495	1894223	16091	157714
年收入在3000万元— 1亿元	381267	779430	623961	6490	41110
年收入在1000万元—3000万元	170726	331741	281998	2628	848
年收入在1000万元以下	65590	55803	46303	532	-5162
按支柱、特色行业分					
(一)能源、优势原材料为主的支柱产业	1044730	3501167	3289851	41048	-24288
电	33736	1133800	1025521	4682	63009
煤及煤化工	47082	357116	346135	2555	-29775

7-6 续表 18

单位：万元

指 示	所有者权益合计	主营业务收入	主营业务成本	主营业务税金及附加	利润总额
铝及铝加工	414014	715286	748689	4911	-50279
磷及磷化工	550304	1129924	997291	28265	3679
铁合金	539	166969	174484	610	-11105
(二)烟酒为主的传统支柱产业	355115	996293	380105	407222	107937
酒	356	34679	14572	3402	2674
烟	354759	961615	365533	403820	105264
(三)特色优势产业	455761	1048556	673109	8063	119667
民族制药	330066	582791	299775	6071	43053
特色食品	125695	465765	373334	1992	76614
(四)高技术产业	934440	1290073	817392	8060	121605
(五)生物技术企业	20646	36611	11614	197	18291
(六)装备制造业	1167750	1479367	1170004	5341	96960
按区县地域分					
南明区	305523	1339094	1190660	5855	98435
云岩区	760086	1811538	936501	415801	191527
花溪区	205426	423467	332382	3045	40398
乌当区	562955	779016	587148	5091	41819
白云区	721396	1145130	1114079	6381	-38323
小河区	676985	1024753	820251	2707	67455
开阳县	425483	770723	671244	27806	-11779
息烽县	159695	490220	429299	834	15142
修文县	115747	319232	227006	3439	25754
清镇市	93187	746237	681364	3909	-2691
外地县	21414	29396	21406	171	2395
按工业行业分					
采掘业	**108900**	**130714**	**79226**	**4858**	**21044**
煤炭开采和洗选业	42509	74322	55129	1826	2242
非金属矿采选业	66390	56392	24097	3032	18803

7-6 续表 19

单位：万元

指　标	所有者权益合计	主营业务收入	主营业务成本	主营业务税金及附加	利润总额
制造业	**3839951**	**7447352**	**5748338**	**464762**	**345362**
农副食品加工业	33953	211568	193307	227	19498
食品制造业	89407	245067	173479	1303	56595
饮料制造业	4577	43843	22185	3704	3083
烟草制品业	354759	961615	365533	403820	105264
纺织业	470	2198	2458	16	-972
纺织服装、鞋、帽制造	13048	28261	24063	17	1906
木材加工及木、竹、藤、棕、草制品业	7784	14839	13144	43	-799
家具制造业	1017	1588	1242	8	-152
造纸及纸制品业	9347	39978	34362	171	2175
印刷业和记录媒介的复制	95797	94434	60448	587	26244
文教体育用品制造业	579	989	496	10	38
化学原料及化学制品制造业	581001	1317252	1189427	26606	-32876
医药制造业	375291	681965	359158	6600	66361
橡胶制品业	202819	604605	473890	7056	54717
塑料制品业	51849	149763	126279	370	11020
非金属矿物制品业	198126	292085	249019	2255	-45
黑色金属冶炼及压延加工业	96611	378320	381620	1146	-17727
有色金属冶炼及压延加工业	417282	715427	748870	4911	-50447
金属制品业	55023	95673	83756	472	1444
通用设备制造业	145303	142512	115448	593	8401
专用设备制造业	95196	178566	134618	695	7671
交通运输设备制造业	473209	546199	429214	2080	40508
电气机械及器材制造业	80444	199255	175350	748	3093
通信设备、计算机及其他电子设备制造业	328934	362822	279240	828	28025
仪器仪表及文化、办公用机械制造业	44664	50014	36133	398	9263
工艺品及其他制造业	83461	88513	75600	99	3076
电力、燃气及水的生产和供应业	**99044**	**1300741**	**1183776**	**5419**	**63725**
电力、热力的生产和供应业	33736	1133800	1025521	4682	63009
燃气生产和供应业	20298	139878	141559	410	1230
水的生产和供应业	45010	27063	16696	328	-513

7-6 续表 20

单位：万元

指 标	应交所得税	亏损企业亏损总额	利税总额	本年应交增值税	本年销项税额
总 计	**105031**	**187887**	**1278074**	**372903**	**1168505**
#亏损企业		187887	-100896	56541	258908
#国有控股企业	65403	145632	921924	256591	840612
#农村工业	164	80	2945	1465	3155
#非公有制工业	37203	38641	329639	106308	290589
按登记注册类型分					
内资企业	**97515**	**183419**	**1207670**	**353843**	**1108798**
国有企业	34284	24370	766873	168943	433825
中央企业	26317	1407	704988	142829	374384
地方企业	7967	22963	61885	26115	59440
集体企业	324	372	3889	2015	5967
股份合作企业	57	371	1429	1091	5784
联营企业	7		792	381	1755
集体联营企业			642	293	1490
其他有限责任公司	7		150	88	265
有限责任公司	27426	86883	202467	84485	329559
国有独资公司	6321	15510	28297	13365	46522
其他有限责任公司	21105	71373	174170	71120	283036
股份有限公司	21802	63384	123902	68127	248409
私营企业	13616	8040	108319	28800	83500
私营独资企业	200	1509	1786	1935	6094
私营合作企业	1704	404	12407	5509	7023
私营有限责任公司	11612	4011	89295	17232	56141
私营股份有限公司	100	2115	4830	4124	14242
港、澳、台商投资企业	**2531**	**794**	**26091**	**4981**	**23037**
合资经营企业(港或澳、台资)	2352	264	18986	3225	17409
港澳台商独资经营企业	169	157	6489	1444	4550
港澳台商投资股份有限公司	9	373	615	311	1077

7-6 续表 21

单位：万元

指　标	应交所得税	亏损企业亏损总额	利税总额	本年应交增值税	本年销项税额
外商投资企业	**4985**	**3673**	**44313**	**14080**	**36671**
中外合资经营企业	2540	1352	17809	2677	13701
中外合作经营企业	4		94	83	347
外资企业	2140	2322	16797	6431	15929
外商投资股份有限公司	302		9612	4889	6694
按经济组织类型分					
独资企业	37117	28729	795835	180768	466365
合作、合伙企业	1772	775	14722	7065	14909
股份有限公司	22212	65872	138960	77451	270422
有限责任公司	43930	92510	328558	107619	416810
按轻重工业分					
轻工业	55946	18871	871184	173190	350127
重工业	49085	169016	406890	199714	818378
按企业规模分					
大型企业	44715	78485	754781	188237	581222
中型企业	32712	66416	274514	95511	330633
小型企业	27604	42985	248779	89155	256651
按企业主营业务收入分					
年收入在40亿元以上	34123	78485	678273	158855	496450
年收入在20—40亿元	577		3249	193	400
年收入在10—20亿元	13386		107540	26411	141897
年收入在 5—10亿元	14123	8357	137993	56677	118416
年收入在 1— 5亿元	30676	67233	257073	83268	261736
年收入在3000万元— 1亿元	9949	15659	78278	30677	98164
年收入在1000万元—3000万元	1990	11068	17371	13894	43665
年收入在1000万元以下	207	7084	-1702	2928	7777
按支柱、特色行业分					
(一)能源、优势原材料为主的支柱产业	11847	137464	126850	110090	491006
电	1800	524	117810	50120	192078
煤及煤化工	1694	40311	-15204	12015	51759

7-6 续表 22

单位：万元

指 标	应交所得税	亏损企业亏损总额	利税总额	本年应交增值税	本年销项税额
铝及铝加工	819	51227	-26910	18458	125560
磷及磷化工	7534	34480	57445	25502	99381
铁合金	2	11167	-6232	4263	22501
(二)烟酒为主的传统支柱产业	28070	110	614253	99094	161863
酒	1115	110	9521	3445	6232
烟	26955		604732	95649	155631
(三)特色优势产业	17831	9448	182790	55060	108127
民族制药	6541	9207	90110	40986	63179
特色食品	11290	241	92680	14074	44947
(四)高技术产业	19386	13162	185413	55747	126862
(五)生物技术企业	3436		20776	2289	2434
(六)装备制造业	17362	10836	142834	40534	168435
按区县地域分					
南明区	15107	14253	144700	40411	194919
云岩区	43946	2950	755027	147699	291104
花溪区	8568	2323	64407	20964	52454
乌当区	8519	15078	78194	31283	70021
白云区	4438	59702	-3152	28791	176224
小河区	11113	4324	95346	25183	122933
开阳县	5682	33845	38675	22648	93887
息烽县	1240		19563	3587	15746
修文县	1135	3078	46949	17756	36808
清镇市	4704	52335	33327	32109	109431
外地县	579		5039	2473	4980
按工业行业分					
采掘业	**5469**	**1595**	**38649**	**12746**	**21358**
煤炭开采和洗选业	745	973	10628	6561	11825
非金属矿采选业	4725	623	28021	6186	9533

7-6 续表 23

单位：万元

指 标	应 交 所得税	亏损企业 亏损总额	利 税 总 额	本年应交 增值税	本年销项 税 额
制造业	**96688**	**179101**	**1115717**	**305594**	**930757**
农副食品加工业	2833	217	21694	1969	8257
食品制造业	8425	25	69592	11694	35879
饮料制造业	1130	110	10480	3693	7063
烟草制品业	26955		604732	95649	155631
纺织业		972	-835	121	376
纺织服装、鞋、帽制造	322	33	2067	145	880
木材加工及木、竹、藤、棕、草制品业	5	819	-531	226	2497
家具制造业	10	194	-87	57	162
造纸及纸制品业	336	388	3979	1633	6478
印刷业和记录媒介的复制	4004	648	33456	6625	15737
文教体育用品制造业	10		141	93	168
化学原料及化学制品制造业	7446	68257	22360	28630	125903
医药制造业	10753	9290	118758	45797	74251
橡胶制品业	13027	11	86092	24319	81951
塑料制品业	909	507	14520	3129	20783
非金属矿物制品业	1326	15020	15773	13562	38696
黑色金属冶炼及压延加工业	44	18779	-10534	6047	43590
有色金属冶炼及压延加工业	819	51395	-27055	18481	125584
金属制品业	415	851	4457	2542	13118
通用设备制造业	999	589	17280	8286	18441
专用设备制造业	1104	2613	10785	2420	13000
交通运输设备制造业	7988	1644	57578	14990	60641
电气机械及器材制造业	1215	3578	10140	6300	31025
通信设备、计算机及其他电子设备制造业	4231	2169	33996	5144	37772
仪器仪表及文化、办公用机械制造业	1824	242	13055	3394	7557
工艺品及其他制造业	560	752	3822	647	5321
电力、燃气及水的生产和供应业	**2873**	**7190**	**123708**	**54563**	**216391**
电力、热力的生产和供应业	1800	524	117810	50120	192078
燃气生产和供应业	759	5024	4684	3044	23102
水的生产和供应业	314	1642	1214	1400	1211

7-7 规模以上国有及国有控股工业企业主要经济指标

(2009年)　　单位:万元、人

指　标	企业单位数(个)	#亏损企业	工业总产值(当年价格)	工业增加值(当年价格)	工业销售产值(当年价格)	资产总计
总　计	**138**	**47**	**5568527**	**1877795**	**5455605**	**8721734**
#亏损企业	47	47	1404723	287635	1430950	3953529
按轻重工业分						
轻工业	25	9	1284488	772149	1269087	1308424
重工业	113	38	4284039	1105646	4186518	7413310
按企业规模分						
大型企业	12	2	3582084	1305761	3530324	4749759
中型企业	49	16	1402793	376594	1350132	2982969
小型企业	77	29	583650	195440	575148	989006
按企业主营业务收入分						
年收入在40亿元以上	5	2	3186051	1198781	3143078	3920859
年收入在10—20亿元	5		512416	93630	504263	640677
年收入在 5—10亿元	8		366419	146343	377850	708490
年收入在 1— 5亿元	47	13	1227692	366475	1184357	2955495
年收入在3000万元— 1亿元	31	10	210598	55194	185654	314851
年收入在1000万元—3000万元	30	15	56518	15461	51967	126347
年收入在1000万元以下	12	7	8833	1911	8437	55014
按企业所在地分						
南明区	19	7	913458	196595	911877	1002405
云岩区	14	5	1555914	858012	1458421	1457017
花溪区	9	3	136276	42955	132743	252354
乌当区	30	8	351332	113559	327397	617417
白云区	16	7	786549	160255	764450	1622542
小河区	24	5	762476	211486	762352	1242106
开阳县	4	3	525520	134567	571475	1441640
息烽县	2		14862	5174	12160	21591
修文县	3		77521	47343	75849	205330
清镇市	15	9	415027	92150	409525	803187
外地县	2		29591	15698	29355	56146
按支柱、特色行业分						
(一)能源、优势原材料为主的支柱产业	33	13	2517745	572552	2551808	4483916
电	12	1	1154311	329533	1152696	1117656

7-7 续表 1

单位:万元、人

指标	企业单位数(个)	#亏损企业	工业总产值(当年价格)	工业增加值(当年价格)	工业销售产值(当年价格)	资产总计
煤及煤化工	10	6	237128	110	235330	702846
铝及铝加工	3	2	586474	102788	583270	1318505
磷及磷化工	7	3	510293	136789	553552	1329109
铁合金	1	1	29538	3331	26960	15801
(二)烟酒为主的传统支柱产业	3	1	902488	648455	905661	696632
酒	1	1	1650	206	1412	12739
烟	2		900838	648249	904249	683893
(三)特色优势产业	4		37342	5534	37474	30002
民族制药						
特色食品	4		37342	5534	37474	30002
(四)高技术产业	27	5	637808	220479	594757	937280
(五)装备制造业	55	15	1086729	351572	1048394	1781125
按登记注册类型分						
内资企业	**130**	**44**	**5501850**	**1870060**	**5390083**	**8670646**
国有企业	66	24	2558660	1145047	2539108	2918985
中央企业	16	2	2115672	979892	2117070	1852811
省地县属	50	22	442988	165155	422037	1066174
股份合作企业	3	1	5825	1153	5710	2652
联营企业						
# 国有与集体联营企业						
有限责任公司	49	16	1367365	359034	1378348	3366885
国有独资公司	16	5	368750	96350	340882	1161491
其他有限责任公司	33	11	998615	262685	1037466	2205395
股份有限公司	12	3	1569999	364825	1466918	2382124
港、澳、台商投资企业	**5**	**2**	**59369**	**5289**	**58967**	**30517**
合资经营企业(港或澳、台资)	4	1	54190	4027	53962	18271
港澳台商投资股份有限公司	1	1	5179	1262	5005	12246
外商投资企业	**3**	**1**	**7308**	**2446**	**6555**	**20571**
中外合资经营企业	2	1	2426	530	2198	17573
中外合作经营企业	1		4882	1916	4357	2998

7-7 续表 2

单位:万元、人

指 标	企业单位数(个)	#亏损企业	工业总产值(当年价格)	工业增加值(当年价格)	工业销售产值(当年价格)	资产总计
按工业行业分						
采掘业	**2**		**10962**	**4202**	**10386**	**118934**
煤炭开采和洗选业	1		5847	2258	5847	106211
非金属矿采选业	1		5115	1944	4539	12723
制造业	**114**	**40**	**4228485**	**1521869**	**4127338**	**7046002**
农副食品加工业	2		13533	-218	13960	6917
食品制造业	2		23809	5752	23515	23085
饮料制造业	1	1	1650	206	1412	12739
烟草制品业	2		900838	648249	904249	683893
纺织业						
纺织服装、鞋、帽制造	1		26877	10713	26755	17153
木材加工及木、竹、藤、棕、草制品业	1	1	2745	371	2685	5450
造纸及纸制品业	1		3157	1139	2976	1571
印刷业和记录媒介的复制	2	1	7236	2671	7403	10654
化学原料及化学制品制造业	15	8	653560	150262	693145	1912774
医药制造业	1		15062	5698	6170	15751
橡胶制品业	3		636944	197286	546515	494202
塑料制品业	5	2	11427	2423	11175	18015
非金属矿物制品业	9	5	72235	10944	71036	181024
黑色金属冶炼及压延加工业	2	2	38923	1047	37189	240731
有色金属冶炼及压延加工业	3	2	586474	102788	583270	1318505
金属制品业	7	2	73093	18833	73218	100261
通用设备制造业	8	2	78126	34457	76977	187546
专用设备制造业	12	5	98927	26973	95346	224881
交通运输设备制造业	14	2	425444	122074	396619	816747
电气机械及器材制造业	4	2	75434	30107	82113	60432
通信设备、计算机及其他电子设备制造业	13	3	359765	118630	357206	438315
仪器仪表及文化、办公用机械制造业	4	1	49032	19332	40132	53204
工艺品及其他制造业	2	1	74193	12133	74274	222153
电力、燃气及水的生产和供应业	**22**	**7**	**1329081**	**351724**	**1317881**	**1556798**
电力、热力的生产和供应业	12	1	1154311	329533	1152696	1117656
燃气生产和供应业	4	2	136240	76	136774	197825
水的生产和供应业	6	4	38530	22115	28411	241317

7-7 续表 3

单位:万元、人

指标	流动资产合计	固定资产原价	负债合计	流动负债合计	主营业务收入
总计	**3447719**	**6228882**	**5937334**	**3827484**	**5839475**
#亏损企业	1139448	2951804	3154165	1891633	1466756
按轻重工业分					
轻工业	793751	665412	806080	585959	1317158
重工业	2653968	5563470	5131253	3241525	4522317
按企业规模分					
大型企业	1658260	3523811	3240330	1885109	3741390
中型企业	1485260	1721387	1889838	1244980	1463171
小型企业	304199	983684	807165	697395	634913
按企业主营业务收入分					
年收入在40亿元以上	1221025	3165048	2891098	1608995	3164095
年收入在10—20亿元	340783	251520	249974	217017	722457
年收入在 5—10亿元	263117	784744	415216	347127	531855
年收入在 1— 5亿元	1382365	1732729	2036546	1444542	1183856
年收入在3000万元— 1亿元	160621	180597	216326	119809	178457
年收入在1000万元—3000万元	58831	77669	93628	58275	50892
年收入在1000万元以下	20978	36575	34547	31720	7863
按企业所在地分					
南明区	270080	1147448	804563	214164	960557
云岩区	783411	897291	900368	680531	1456710
花溪区	136680	72281	115139	106820	212516
乌当区	360068	240613	254637	165236	363899
白云区	432970	1526879	1022006	559925	879879
小河区	820139	437628	687843	515338	820407
开阳县	307581	795878	1122184	780264	612965
息烽县	13350	7749	10424	10424	19611
修文县	5059	241405	200538	199841	74145
清镇市	276784	842953	784898	562149	409390
外地县	41598	18757	34732	32792	29396
按支柱、特色行业分					
(一)能源、优势原材料为主的支柱产业	998819	4189005	3659097	2131252	2753913
电	103373	1808856	1084009	567242	1131316

7-7 续表 4

单位:万元、人

指 标	流动资产合 计	固定资产原 价	负 债合 计	流动负债合 计	主营业务收 入
煤急煤化工	240761	386051	669279	432906	292917
铝及铝加工	307707	1350659	906541	474821	704019
磷及磷化工	335363	639250	980216	637231	604079
铁合金	11615	4189	19053	19053	21582
(二)烟酒为主的传统支柱产业	471927	299235	334333	331458	963727
酒	1747	9947	5198	4359	2113
烟	470180	289289	329134	327099	961615
(三)特色优势产业	9750	19264	22102	14573	35920
民族制药					
特色食品	9750	19264	22102	14573	35920
(四)高技术产业	621443	320846	410124	281926	586454
(五)装备制造业	1128816	679900	812318	606503	1087053
按登记注册类型分					
内资企业	**3420426**	**6193599**	**5911543**	**3802128**	**5775010**
国有企业	1163478	2599926	2080614	1230541	2767070
中央企业	765117	1790677	1277955	714679	2243854
省地县属	398362	809249	802659	515862	523216
股份合作企业	1669	1604	1427	1129	5440
联营企业					
# 国有与集体联营企业					
有限责任公司	1309645	1639427	2352693	1616860	1481919
国有独资公司	599840	459673	780539	532035	406685
其他有限责任公司	709805	1179753	1572154	1084825	1075234
股份有限公司	945635	1952643	1476809	953598	1520581
港、澳、台商投资企业	**20260**	**23496**	**13937**	**13502**	**58662**
合资经营企业(港或澳、台资	16077	4614	9416	8981	54238
港澳台商投资股份有限公司	4182	18882	4521	4521	4424
外商投资企业	**7034**	**11787**	**11854**	**11854**	**5803**
中外合资经营企业	4982	7439	10599	10599	2073
中外合作经营企业	2052	4348	1256	1256	3730

7-7 续表 5

单位:万元、人

指　　标	流动资产合　　计	固定资产原　　价	负　债合　计	流动负债合　　计	主营业务收　　入
按工业行业分					
采掘业	**39093**	**56423**	**71780**	**56154**	**69594**
煤炭开采和洗选业	28142	53835	66212	50587	57604
非金属矿采选业	10951	2588	5568	5568	11990
制造业	**3152595**	**4027952**	**4407711**	**3058182**	**4471624**
农副食品加工业	2007	6371	4921	4259	14097
食品制造业	7743	12893	17181	10315	21823
饮料制造业	1747	9947	5198	4359	2113
烟草制品业	470180	289289	329134	327099	961615
纺织业					
纺织服装、鞋、帽制造	11978	6890	7900	5062	26826
木材加工及木、竹、藤、棕、草制品业	1366	9685	12611	3762	2685
造纸及纸制品业	1477	512	1110	1110	3368
印刷业和记录媒介的复制	4872	15036	3734	3734	7102
化学原料及化学制品制造业	560794	914085	1485341	1002079	796613
医药制造业	10565	2625	9655	655	5009
橡胶制品业	254201	330714	303282	250862	575597
塑料制品业	8645	21867	7857	7525	10559
非金属矿物制品业	69131	120189	100170	76117	65003
黑色金属冶炼及压延加工业	95886	140559	167157	108540	45282
有色金属冶炼及压延加工业	307707	1350659	906541	474821	704019
金属制品业	59934	47241	51983	45159	70363
通用设备制造业	135229	47076	63628	55276	78708
专用设备制造业	143786	73527	185301	135625	90423
交通运输设备制造业	486171	392809	374585	268687	448078
电气机械及器材制造业	38484	23395	38840	38440	78329
通信设备、计算机及其他电子设备制造业	281902	134778	118938	80137	352775
仪器仪表及文化、办公用机械制造业	43245	8315	31027	28338	38741
工艺品及其他制造业	155549	69491	181618	126224	72498
电力、燃气及水的生产和供应业	**256032**	**2144506**	**1457842**	**713147**	**1298257**
电力、热力的生产和供应业	103373	1808856	1084009	567242	1131316
燃气生产和供应业	77924	100587	177526	93172	139878
水的生产和供应业	74734	235063	196307	52733	27063

7-7 续表 6

单位:万元、人

指 示	利润总额	亏损企业亏损总额	利税总额	本年应交增值税	全部从业人员年平均人数
总 计	**212708**	**145632**	**921924**	**256591**	**126412**
#亏损企业	-145632	145632	-79492	38984	46410
按轻重工业分					
轻工业	106670	5860	613609	101858	14589
重工业	106038	139772	308315	154733	111823
按企业规模分					
大型企业	126813	78485	754781	188237	65272
中型企业	26013	52815	71379	37064	50715
小型企业	59881	14331	95764	31290	10425
按企业主营业务收入分					
年收入在40亿元以上	83507	78485	678273	158855	39251
年收入在10—20亿元	28741		50688	17025	12299
年收入在 5—10亿元	53556		96358	37264	16355
年收入在 1— 5亿元	50107	49739	91847	36898	44218
年收入在3000万元— 1亿元	2165	10911	6863	3975	8718
年收入在1000万元—3000万元	-2389	3407	184	2015	4314
年收入在1000万元以下	-2979	3090	-2289	560	1257
按企业所在地分					
南明区	36350	12736	65976	25695	12069
云岩区	139405	2175	665122	115792	17561
花溪区	18268	274	32701	12869	6046
乌当区	27774	3593	45378	14960	18851
白云区	-43575	52467	-14802	23441	23416
小河区	52165	3699	74182	19792	24570
开阳县	-30103	30370	6205	12722	8899
息烽县	3471		4137	471	333
修文县	16577		22585	5517	560
清镇市	-10020	40319	15402	22859	12418
外地县	2395		5039	2473	1689
按支柱、特色行业分					
(一)能源、优势原材料为主的支柱产业	-36199	120974	90321	91058	49942
电	62765	524	117540	50103	7775

7-7 续表 7

单位:万元、人

指 标	利润总额	亏损企业亏损总额	利税总额	本年应交增值税	全部从业人员年平均人数
煤及煤化工	-30451	38710	-19057	9397	14676
铝及铝加工	-49800	50655	-26743	18177	16955
磷及磷化工	-18304	30676	18889	13376	10151
铁合金	-409	409	-308	4	385
(二)烟酒为主的传统支柱产业	105154	110	604942	95726	5279
酒	-110	110	210	78	255
烟	105264		604732	95649	5024
(三)特色优势产业	735		1371	584	1411
民族制药					
特色食品	735		1371	584	1411
(四)高技术产业	56496	2461	67073	9212	18180
(五)装备制造业	81577	7899	113029	28035	37319
按登记注册类型分					
内资企业	**211645**	**144527**	**920031**	**255859**	**125586**
国有企业	182086	24370	766873	168943	44969
中央企业	151348	1407	704988	142829	19268
省地县属	30738	22963	61885	26115	25701
股份合作企业	108	20	281	160	183
联营企业					
# 国有与集体联营企业					
有限责任公司	-105	57948	61791	34778	40419
国有独资公司	12940	15510	28297	13365	17408
其他有限责任公司	-13045	42438	33494	21413	23011
股份有限公司	29556	62190	91087	51977	40015
港、澳、台商投资企业	**1726**	**430**	**2336**	**522**	**420**
合资经营企业(港或澳、台资)	2099	56	2591	403	295
港澳台商投资股份有限公司	-373	373	-255	119	125
外商投资企业	**-663**	**675**	**-443**	**211**	**406**
中外合资经营企业	-670	675	-537	127	217
中外合作经营企业	7		94	83	189

7-7 续表 8

单位:万元、人

指标	利润总额	亏损企业亏损总额	利税总额	本年应交增值税	全部从业人员年平均人数
按工业行业分					
采掘业	**3902**		**10816**	**5354**	**8112**
煤炭开采和洗选业	1998		8469	5096	7850
非金属矿采选业	1904		2348	258	262
制造业	**145324**	**138442**	**787671**	**196691**	**106504**
农副食品加工业	83		83		142
食品制造业	652		1288	584	1269
饮料制造业	-110	110	210	78	255
烟草制品业	105264		604732	95649	5024
纺织业					
纺织服装、鞋、帽制造	1938		1999	53	1341
木材加工及木、竹、藤、棕、草制品业	-819	819	-652	148	167
造纸及纸制品业	372		389	15	26
印刷业和记录媒介的复制	-492	518	19	464	882
化学原料及化学制品制造业	-39393	64867	7352	21807	17557
医药制造业	1539		2198	600	111
橡胶制品业	54265		84401	23296	10487
塑料制品业	-167	375	138	281	482
非金属矿物制品业	-8086	9553	-3126	4293	5883
黑色金属冶炼及压延加工业	-2718	2718	-2037	496	2285
有色金属冶炼及压延加工业	-49800	50655	-26743	18177	16955
金属制品业	1456	178	3884	2070	3952
通用设备制造业	7066	59	11597	4155	4326
专用设备制造业	737	2505	2031	800	3792
交通运输设备制造业	36287	820	49841	12446	19586
电气机械及器材制造业	258	2839	3910	3284	1168
通信设备、计算机及其他电子设备制造业	28280	1620	33806	4788	7039
仪器仪表及文化、办公用机械制造业	8949	56	11844	2562	1408
工艺品及其他制造业	-237	752	510	647	2367
电力、燃气及水的生产和供应业	**63481**	**7190**	**123437**	**54547**	**11796**
电力、热力的生产和供应业	62765	524	117540	50103	7775
燃气生产和供应业	1230	5024	4684	3044	2376
水的生产和供应业	-513	1642	1214	1400	1645

7-8 规模以上外商投资和港澳台投资工业企业主要经济指标

(2009年)　　单位:万元、人

指　标	企业单位数(个)	#亏损企业	工业总产值(当年价格)	工业增加值(当年价格)	工业销售产值(当年价格)	资产总计
总　计	**51**	**13**	**608223**	**187441**	**541232**	**575493**
#亏损企业	13	13	51854	12422	45430	122599
#国有控股企业	8	3	66677	7735	65522	51089
#非公有制工业	43	10	541546	179706	475710	524405
#高技术工业	16	5	212983	65879	180966	218159
#装备制造业	15	6	193358	42103	175500	190325
按轻重工业分						
轻工业	23	1	330645	118210	293677	297795
重工业	28	12	277578	69231	247555	277699
按企业规模分						
中型企业	7		293245	92978	256979	285067
小型企业	44	13	314978	94463	284253	290427
按企业主营业务收入分						
年收入在 5—10亿元	**2**		**132066**	**40673**	**110316**	**93725**
年收入在 1— 5亿元	14	1	352656	105244	323996	326730
年收入在3000万元— 1亿元	16	5	92129	29556	77866	87936
年收入在1000万元—3000万元	11	2	26495	11584	24061	29743
年收入在1000万元以下	8	5	4877	383	4993	37360
按登记注册类型分						
港、澳、台商投资企业	**23**	**5**	**243830**	**72604**	**218522**	**153197**
合资经营企业(港或澳、台资)	12	2	160115	39747	147912	75272
港澳台商独资经营企业	9	2	72447	30600	59766	61119
港澳台商投资股份有限公司	2	1	11268	2258	10843	16807
外商投资企业	**28**	**8**	**364393**	**114836**	**322710**	**422296**
中外合资经营企业	14	2	172647	45028	155404	177944
中外合作经营企业	1		4882	1916	4357	2998
外资企业	10	6	103377	36206	93725	112370
外商投资股份有限公司	3		83486	31686	69224	128985

7-8 续表 1

单位:万元、人

指标	企业单位数(个)	#亏损企业	工业总产值(当年价格)	工业增加值(当年价格)	工业销售产值(当年价格)	资产总计
按区县地域分						
南明区						
云岩区	7	1	81735	32087	79844	70656
花溪区	2		28222	5822	23626	7051
乌当区	12	5	78451	14228	76643	62007
白云区	12	5	92624	19290	84283	128792
小河区	7		124280	44489	111846	122932
开阳县	1	1	3419	569	3646	1327
息烽县						
修文县	7	1	104058	39355	81448	146042
清镇市	3		95433	31601	79897	36687
按工业行业分						
制造业	**51**	**13**	**608223**	**187441**	**541232**	**575493**
农副食品加工业	3	1	30675	5896	26489	6995
食品制造业	1		35071	5307	35147	34940
饮料制造业	2		35468	14354	34832	25570
造纸及纸制品业	2		7357	2696	7476	6201
印刷业和记录媒介的复制	3		47454	24623	46940	45997
化学原料及化学制品制造业	4	2	4207	842	4342	12421
医药制造业	8		148565	58452	117314	164706
塑料制品业	4	1	76772	24797	66142	40301
非金属矿物制品业	5	1	21280	5961	19762	22913
有色金属冶炼及压延加工业	1	1	1144	44	1107	15399
金属制品业	3	1	6873	2368	6182	9725
通用设备制造业	1		3019	1327	3365	3074
专用设备制造业	1		70008	21375	58540	69847
交通运输设备制造业	4	1	24164	7225	22835	34497
电气机械及器材制造业	2	1	35511	6188	30871	44997
通信设备、计算机及其他电子设备制造业	5	2	56552	4038	56109	32937
仪器仪表及文化、办公用机械制造业	2	2	4104	1949	3780	4971

7-8 续表 2

单位:万元、人

指标	流动资产合计	固定资产原价	负债合计	流动负债合计	主营业务收入
总计	**339374**	**236252**	**252316**	**223133**	**505413**
#亏损企业	58635	63971	58672	50041	47059
#国有控股企业	27293	35282	25791	25356	64465
#非公有制工业	312081	200970	226525	197778	440948
#高技术工业	138485	50978	97950	76857	163087
#装备制造业	131817	52012	82586	73712	174318
按轻重工业分					
轻工业	168630	128598	131369	115654	258885
重工业	170744	107654	120947	107480	246528
按企业规模分					
中型企业	174079	90680	133204	119905	241327
小型企业	165296	145572	119111	103228	264086
按企业主营业务收入分					
年收入在 5—10亿元	**66875**	**19009**	**37215**	**34110**	**110270**
年收入在 1— 5亿元	197927	127049	134963	122334	292486
年收入在3000万元— 1亿元	44397	62655	45666	42375	77317
年收入在1000万元—3000万元	18353	14423	13381	8308	20857
年收入在1000万元以下	11823	13117	21091	16007	4484
按登记注册类型分					
港、澳、台商投资企业	**81074**	**89699**	**56186**	**45156**	**198298**
合资经营企业(港或澳、台资)	47473	39868	28719	23944	143006
港澳台商独资经营企业	28047	27119	20256	14000	44631
港澳台商投资股份有限公司	5554	22711	7211	7211	10660
外商投资企业	**258300**	**146553**	**196130**	**177978**	**307115**
中外合资经营企业	103809	71493	85172	81624	152609
中外合作经营企业	2052	4348	1256	1256	3730
外资企业	66432	53327	61302	56892	96320
外商投资股份有限公司	86008	17385	48400	38207	54456

7-8 续表 3

单位:万元、人

指 标	流动资产合计	固定资产原价	负债合计	流动负债合计	主营业务收入
按区县地域分					
南明区					
云岩区	34979	62534	43533	43343	77563
花溪区	6318	1181	5763	3763	23626
乌当区	36019	22386	36312	28271	73655
白云区	60161	74065	53597	51667	82146
小河区	84676	31227	40212	38907	98161
开阳县	480	923	938	938	4267
息烽县					
修文县	95346	29259	57315	43399	66018
清镇市	21395	14678	14646	12846	79978
按工业行业分					
制造业	**339374**	**236252**	**252316**	**223133**	**505413**
农副食品加工业	5742	1412	4836	2836	27142
食品制造业	10212	31044	17932	17932	33662
饮料制造业	7791	23679	31350	31350	35908
造纸及纸制品业	4509	3375	3096	3096	7975
印刷业和记录媒介的复制	21930	31763	6483	6483	30857
化学原料及化学制品制造业	5487	7096	3817	1886	4203
医药制造业	108534	32028	63615	49900	100252
塑料制品业	20523	29128	16199	14399	63429
非金属矿物制品业	12126	12099	5760	4896	21292
有色金属冶炼及压延加工业	3134	6748	8729	8729	982
金属制品业	7569	5870	7914	7914	5395
通用设备制造业	1742	895	1147	1147	2836
专用设备制造业	53196	10499	27567	26262	58495
交通运输设备制造业	21109	15997	21177	20987	23042
电气机械及器材制造业	32075	15420	10951	10951	30872
通信设备、计算机及其他电子设备制造业	21777	6260	17695	13864	55604
仪器仪表及文化、办公用机械制造业	1917	2942	4049	501	3469

7-8 续表 4

单位:万元、人

指　　标	利　润 总　额	亏损企业 亏损总额	利　税 总　额	本年应交 增值税	全部从业 人员年 平均人数
总　　计	**47750**	**4468**	**70404**	**19060**	**10972**
#亏损企业	-4468	4468	-3103	1332	1405
#国有控股企业	1063	1105	1893	732	826
#非公有制工业	46687	3363	68511	18328	10146
#高技术工业	11940	1321	20776	8636	3764
#装备制造业	8867	1534	12244	3202	3744
按轻重工业分					
轻工业	34044	5	50785	13335	5665
重工业	13706	4462	19619	5725	5307
按企业规模分					
中型企业	25566		38006	9360	5930
小型企业	22184	4468	32398	9700	5042
按企业主营业务收入分					
年收入在 5—10亿元	**11497**		**13332**	**1782**	**2097**
年收入在 1— 5亿元	34271	214	49816	12364	5220
年收入在3000万元— 1亿元	1292	2424	4824	3192	1902
年收入在1000万元—3000万元	1570	242	3223	1640	1442
年收入在1000万元以下	-880	1588	-791	83	311
按登记注册类型分					
港、澳、台商投资企业	**20683**	**794**	**26091**	**4981**	**3204**
合资经营企业(港或澳、台资)	15667	264	18986	3225	1760
港澳台商独资经营企业	5002	157	6489	1444	1299
港澳台商投资股份有限公司	15	373	615	311	145
外商投资企业	**27066**	**3673**	**44313**	**14080**	**7768**
中外合资经营企业	15055	1352	17809	2677	3241
中外合作经营企业	7		94	83	189
外资企业	7319	2322	16797	6431	2145
外商投资股份有限公司	4685		9612	4889	2193

7-8 续表 5

单位:万元、人

指 标	利润总额	亏损企业亏损总额	利税总额	本年应交增值税	全部从业人员年平均人数
按区县地域分					
南明区					
云岩区	12740	373	22251	6505	1660
花溪区	695		756	60	282
乌当区	1591	1321	2926	1232	1290
白云区	5704	2735	7571	1538	1517
小河区	12221		14694	2407	2547
开阳县	-5	5	-5		80
息烽县					
修文县	5003	34	10650	5608	2721
清镇市	9799		11560	1709	875
按工业行业分					
制造业	**47750**	**4468**	**70404**	**19060**	**10972**
农副食品加工业	1383	5	1384	1	225
食品制造业	6615		6156	-460	400
饮料制造业	3038		9658	3343	781
造纸及纸制品业	817		1171	347	156
印刷业和记录媒介的复制	9824		11755	1919	480
化学原料及化学制品制造业	868	242	1339	468	191
医药制造业	11252		19234	7880	2774
塑料制品业	6648	373	7824	1170	1036
非金属矿物制品业	-379	1118	618	997	717
有色金属冶炼及压延加工业	-675	675	-602	67	65
金属制品业	-508	520	-375	129	403
通用设备制造业	229		682	453	202
专用设备制造业	4680		5698	964	1399
交通运输设备制造业	1989	677	2801	812	531
电气机械及器材制造业	604	214	845	217	707
通信设备、计算机及其他电子设备制造业	1607	402	2184	482	525
仪器仪表及文化、办公用机械制造业	-242	242	35	274	380

7-9 规模以上大中型工业企业主要经济指标

（2009年） 单位:万元

指标	企业单位数（个）	#亏损企业	工业总产值（当年价格）	工业增加值（当年价格）	工业销售产值（当年价格）	资产总计
总计	**104**	**27**	**6622949**	**2220778**	**6359830**	**9071036**
#亏损企业	27	27	1607705	328158	1629911	3855367
#国有控股企业	61	18	4984877	1682355	4880457	7732728
#非公有制工业	36	7	1506105	497895	1368155	1234110
#高技术工业	28	3	1016148	408223	889488	1277134
按登记注册类型分						
内资企业	**97**	**27**	**6329704**	**2127800**	**6102851**	**8785970**
国有企业	27	5	2246437	1008921	2222939	2316636
中央企业	11		1963650	900754	1956995	1676845
地方企业	16	5	282786	108166	265945	639792
集体企业	1		4606	1335	4947	5206
股份合作企业	1		31472	9219	15193	37584
有限责任公司	50	16	2115410	574849	2072573	3744350
国有独资公司	12	5	312122	89147	284341	1141486
其他有限责任公司	38	11	1803289	485701	1788231	2602864
股份有限公司	12	3	1727451	442899	1591871	2514047
私营企业	6	3	204328	90578	195328	168146
私营有限责任公司	5	2	157328	68025	153824	132840
私营股份有限公司	1	1	47000	22554	41505	35306
港、澳、台商投资企业	**2**		**75617**	**21243**	**65383**	**31076**
合资经营企业(港或澳、台资)	1		62058	19299	51776	23877
港澳台商独资经营企业	1		13559	1945	13607	7199
外商投资企业	**5**		**217628**	**71734**	**191597**	**253990**
中外合资经营企业	2		105078	26681	93687	104788
外资企业	1		29380	13358	28994	21010
外商投资股份有限公司	2		83171	31696	68916	128193
按经济组织类型分						
独资企业	30	5	2293981	1025558	2270487	2350052
合作、合伙企业	1		31472	9219	15193	37584
股份有限公司	15	4	1857622	497148	1702291	2677546
有限责任公司	58	18	2439875	688853	2371859	4005855
按轻重工业分						
轻工业	30	5	2005958	1074634	1896085	1888629
重工业	74	22	4616991	1146144	4463745	7182407

7-9 续表 1

单位:万元

指 标	企业单位数(个)	#亏损企业	工业总产值(当年价格)	工业增加值(当年价格)	工业销售产值(当年价格)	资产总计
按企业规模分						
大型企业	12	2	3582084	1305761	3530324	4749759
中型企业	92	25	3040865	915016	2829506	4321277
按企业主营业务收入分						
年收入在40亿元以上	5	2	3186051	1198781	3143078	3920859
年收入在20—40亿元	1		320375	95812	311428	149854
年收入在10—20亿元	6		635424	149313	626213	714949
年收入在 5—10亿元	10	2	631700	186296	579420	773377
年收入在 1— 5亿元	62	17	1688779	534859	1562507	3258418
年收入在3000万元— 1亿元	20	6	160620	55717	137184	253579
按支柱、特色行业分						
(一)能源、优势原材料为主的支柱产业	28	12	2818369	606248	2814083	4263803
电	5		921777	218902	921777	619321
煤及煤化工	8	4	266385	15155	261225	688226
铝及铝加工	2	1	585331	102744	582163	1303107
磷及磷化工	10	4	935456	264112	949561	1585524
铁合金	3	3	109420	5335	99356	67627
(二)烟酒为主的传统支柱产业	2		922879	662416	922493	656161
酒	1		29380	13358	28994	21010
烟	1		893500	649058	893500	635151
(三)特色优势产业	16	1	663519	266933	569528	588952
民族制药	10	1	445642	188857	357456	422414
特色食品	6		217877	78076	212072	166538
(四)高技术产业	28	3	1016148	408223	889488	1277134
(五)装备制造业	32	5	992489	331273	935730	1675005
按区县地域分						
南明区	11	3	1117692	265685	1119897	1037123
云岩区	14	2	1811110	969457	1658570	1697937
花溪区	5		141543	44275	138902	249876
乌当区	18	5	391069	153860	353536	634665
白云区	7	3	779395	162656	758400	1627515
小河区	18	3	727572	206182	707528	1260724
开阳县	9	4	610796	159430	649551	1399131

7-9 续表 2

单位:万元

指标	企业单位数(个)	#亏损企业	工业总产值(当年价格)	工业增加值(当年价格)	工业销售产值(当年价格)	资产总计
息烽县	3		383034	114024	355631	194016
修文县	3		92180	36103	74016	140561
清镇市	14	7	538966	93407	514445	773342
外地县	2		29591	15698	29355	56146
按工业行业大类分						
采掘业	**1**		**5847**	**2258**	**5847**	**106211**
煤炭开采和洗选业	1		5847	2258	5847	106211
制造业	**95**	**26**	**5534460**	**1976398**	**5278810**	**7971293**
农副食品加工业	2		32557	10124	28401	27085
食品制造业	4		185321	67952	183671	139453
饮料制造业	1		29380	13358	28994	21010
烟草制品业	1		893500	649058	893500	635151
纺织服装、鞋、帽制造	1		26877	10713	26755	17153
印刷业和记录媒介的复制	2	1	46790	16087	44858	66032
化学原料及化学制品制造业	15	7	1090664	280625	1100348	2156923
医药制造业	12	1	484879	211310	390858	440303
橡胶制品业	3		646028	200005	555465	496499
塑料制品业	1		62058	19299	51776	23877
非金属矿物制品业	8	4	105495	21025	102726	246578
黑色金属冶炼及压延加工业	6	6	206658	13908	207019	359736
有色金属冶炼及压延加工业	2	1	585331	102744	582163	1303107
金属制品业	2		57082	15676	57118	90825
通用设备制造业	3		66964	33191	65248	179631
专用设备制造业	5	2	134524	40728	120087	227935
交通运输设备制造业	12	1	424756	122227	396320	817436
电气机械及器材制造业	4	1	46401	14836	44171	41762
通信设备、计算机及其他电子设备制造业	6	1	292648	110479	291284	376308
仪器仪表及文化、办公用机械制造业	2		27196	9812	18620	31933
工艺品及其他制造业	3	1	89353	13242	89430	272557
电力、燃气及水的生产和供应业	**8**	**1**	**1082642**	**242122**	**1075173**	**993532**
电力、热力的生产和供应业	5		921777	218902	921777	619321
燃气生产和供应业	2		131983	5470	132622	178829
水的生产和供应业	1	1	28881	17750	20774	195382

7-9 续表 3

单位:万元

指 标	流动资产合 计	固定资产原 价	负 债合 计	流动负债合 计	主营业务收 入
总 计	**3936884**	**5719378**	**5852513**	**3763250**	**6702300**
#亏损企业	1201846	2749823	3038368	1833793	1691431
#国有控股企业	3143520	5245198	5130169	3130089	5204561
#非公有制工业	747034	407699	658529	572864	1377398
#高技术工业	831607	383785	574496	434461	854585
按登记注册类型分					
内资企业	**3762806**	**5628699**	**5719309**	**3643345**	**6460973**
国有企业	1005131	1890533	1544788	782128	2387196
中央企业	728567	1463659	1119507	556527	2083743
地方企业	276565	426874	425281	225601	303453
集体企业	4659	869	2955	2955	4947
股份合作企业	6074	27176	14884	13884	27154
有限责任公司	1607234	1694029	2539090	1762655	2197580
国有独资公司	590107	448365	764399	515973	353094
其他有限责任公司	1017127	1245664	1774692	1246682	1844485
股份有限公司	1038834	1985339	1521024	1003220	1639125
私营企业	100875	30752	96568	78504	204972
私营有限责任公司	88989	25285	67899	61080	163467
私营股份有限公司	11885	5467	28670	17423	41505
港、澳、台商投资企业	**19035**	**11902**	**10649**	**8849**	**65382**
合资经营企业(港或澳、台资)	13679	8510	9648	7848	51775
港澳台商独资经营企业	5357	3393	1001	1001	13607
外商投资企业	**155043**	**78777**	**122555**	**111056**	**175945**
中外合资经营企业	63409	41544	45500	44194	92156
外资企业	6419	19849	28660	28660	29672
外商投资股份有限公司	85216	17385	48396	38202	54117
按经济组织类型分					
独资企业	1021565	1914644	1577404	814743	2435422
合作、合伙企业	6074	27176	14884	13884	27154
股份有限公司	1135935	2008191	1598089	1058846	1734746
有限责任公司	1773310	1769367	2662137	1875778	2504978
按轻重工业分					
轻工业	1173623	778895	1071435	844252	1874605
重工业	2763261	4940483	4781079	2918999	4827695

7-9 续表 4

单位:万元

指　　标	流动资产合　　计	固定资产原　　价	负　债合　计	流动负债合　　计	主营业务收　　入
按企业规模分					
大型企业	1658260	3523811	3240330	1885109	3741390
中型企业	2278624	2195567	2612183	1878141	2960909
按企业主营业务收入分					
年收入在40亿元以上	1221025	3165048	2891098	1608995	3164095
年收入在20—40亿元	72921	92212	86392	73574	309602
年收入在10—20亿元	407063	259631	279281	246299	857432
年收入在 5—10亿元	397484	505411	413154	338510	702240
年收入在 1— 5亿元	1720750	1583686	2031730	1387630	1541361
年收入在3000万元— 1亿元	117641	113391	150859	108242	127570
按支柱、特色行业分					
(一)能源、优势原材料为主的支柱产业	1116086	3638797	3316101	1814029	3028506
电	88813	1086005	599837	83070	900489
煤及煤化工	231198	376705	612754	427597	319526
铝及铝加工	304573	1343911	897812	466092	703037
磷及磷化工	442696	807986	1134275	765846	996040
铁合金	48806	24190	71424	71424	109414
(二)烟酒为主的传统支柱产业	439094	280748	353788	351752	923171
酒	6419	19849	28660	28660	29672
烟	432676	260899	325128	323093	893500
(三)特色优势产业	390475	138477	275487	239113	553544
民族制药	283746	79811	197866	172834	330970
特色食品	106729	58666	77621	66280	222574
(四)高技术产业	831607	383785	574496	434461	854585
(五)装备制造业	1067997	619729	727627	532822	977787
按区县地域分					
南明区	341122	1079364	847559	268612	1134308
云岩区	925521	984822	1023467	804659	1656992
花溪区	137415	64964	105934	96659	220363
乌当区	356996	213899	253714	168925	385551
白云区	437534	1519480	1021401	570005	868839
小河区	837438	433651	671264	497755	765792
开阳县	354863	698535	1043719	687458	686243

7-9 续表 5

单位:万元

指 标	流动资产合 计	固定资产原 价	负 债合 计	流动负债合 计	主营业务收 入
息烽县	81068	122707	103268	88450	365766
修文县	88521	19599	56361	46168	58151
清镇市	334811	563600	691093	501770	530899
外地县	41598	18757	34732	32792	29396
按工业行业大类分					
采掘业	**28142**	**53835**	**66212**	**50587**	**57604**
煤炭开采和洗选业	28142	53835	66212	50587	57604
制造业	**3693226**	**4294796**	**4898629**	**3501333**	**5589776**
农副食品加工业	18343	4598	7372	5022	28401
食品制造业	88386	54068	70250	61258	194173
饮料制造业	6419	19849	28660	28660	29672
烟草制品业	432676	260899	325128	323093	893500
纺织服装、鞋、帽制造	11978	6890	7900	5062	26826
印刷业和记录媒介的复制	21970	53921	22364	22364	46050
化学原料及化学制品制造业	663481	1077626	1633887	1124523	1207951
医药制造业	290834	85432	208040	183008	362850
橡胶制品业	256089	336515	302158	253096	584449
塑料制品业	13679	8510	9648	7848	51775
非金属矿物制品业	97585	135229	142091	99734	100972
黑色金属冶炼及压延加工业	180511	169014	281376	219295	238935
有色金属冶炼及压延加工业	304573	1343911	897812	466092	703037
金属制品业	52918	39717	45220	38489	54886
通用设备制造业	130498	43303	57377	49072	67272
专用设备制造业	162694	48742	153994	110501	118674
交通运输设备制造业	489020	389578	374822	269593	447779
电气机械及器材制造业	29500	14605	25269	24784	39733
通信设备、计算机及其他电子设备制造业	234076	115860	98856	64250	287048
仪器仪表及文化、办公用机械制造业	22210	7639	17310	14622	17281
工艺品及其他制造业	185789	78888	189097	130968	88513
电力、燃气及水的生产和供应业	**215516**	**1370747**	**887672**	**211331**	**1054920**
电力、热力的生产和供应业	88813	1086005	599837	83070	900489
燃气生产和供应业	66303	89439	118010	85593	135718
水的生产和供应业	60400	195304	169824	42667	18712

7-9 续表 6

单位:万元、人

指　标	利　润 总　额	亏损企业 亏损总额	利　税 总　额	本年应交 增 值 税	全部从业 人 员 年 平均人数
总　计	**287218**	**144901**	**1029295**	**283748**	**144473**
#亏损企业	-144901	144901	-74259	42238	47981
#国有控股企业	152826	131301	826160	225301	115987
#非公有制工业	130311	13000	193877	53981	25633
#高技术工业	78448	2262	118206	35694	26317
按登记注册类型分					
内资企业	**261652**	**144901**	**991288**	**274388**	**138543**
国有企业	138612	12388	698011	146892	38665
中央企业	133909		672501	129062	18172
地方企业	4703	12388	25510	17829	20493
集体企业	1107		1625	475	310
股份合作企业	154		754	458	510
有限责任公司	32094	69240	109138	47032	53170
国有独资公司	12560	15510	25791	11517	16710
其他有限责任公司	19534	53729	83347	35515	36460
股份有限公司	43134	62190	121478	67044	42247
私营企业	46551	1084	60283	12488	3641
私营有限责任公司	46664	972	57986	10279	2920
私营股份有限公司	-112	112	2298	2209	721
港、澳、台商投资企业	**7635**		**8452**	**818**	**1192**
合资经营企业(港或澳、台资)	6817		7634	818	698
港澳台商独资经营企业	818		818		494
外商投资企业	**17931**		**29554**	**8542**	**4738**
中外合资经营企业	11294		11853	504	1799
外资企业	2650		8788	3150	761
外商投资股份有限公司	3987		8913	4888	2178
按经济组织类型分					
独资企业	143187	12388	709241	150516	40230
合作、合伙企业	154		754	458	510
股份有限公司	47008	62302	132689	74141	45146
有限责任公司	96869	70211	186611	58633	58587
按轻重工业分					
轻工业	211772	4145	769621	146311	28191
重工业	75446	140757	259673	137437	116282

7-9 续表 7

单位:万元、人

指 标	利润总额	亏损企业亏损总额	利税总额	本年应交增值税	全部从业人员年平均人数
按企业规模分					
大型企业	126813	78485	754781	188237	65272
中型企业	160405	66416	274514	95511	79201
按企业主营业务收入分					
年收入在40亿元以上	83507	78485	678273	158855	39251
年收入在20—40亿元	3038		3249	193	1824
年收入在10—20亿元	75267		107540	26411	13596
年收入在 5—10亿元	33727	8357	82684	43415	21948
年收入在 1— 5亿元	87597	53933	147715	49891	58038
年收入在3000万元— 1亿元	4082	4126	9834	4984	9816
按支柱、特色行业分					
(一)能源、优势原材料为主的支柱产业	-68631	123810	44806	78173	54547
电	31005		64455	30571	6620
煤及煤化工	-25209	33516	-12986	10200	14924
铝及铝加工	-49125	49980	-26141	18110	16890
磷及磷化工	-16374	31385	24996	16356	14249
铁合金	-8928	8928	-5517	2936	1864
(二)烟酒为主的传统支柱产业	91141		595070	97896	5544
酒	2650		8788	3150	761
烟	88491		586282	94746	4783
(三)特色优势产业	100014	112	144065	39906	13203
民族制药	32671	112	64030	28445	8390
特色食品	67343		80035	11461	4813
(四)高技术产业	78448	2262	118206	35694	26317
(五)装备制造业	77862	5233	103866	23373	36203
按区县地域分					
南明区	79603	11506	119283	35468	14080
云岩区	178427	1701	733270	139832	21647
花溪区	20500		35055	12899	5985
乌当区	24872	3680	44387	16391	20796
白云区	-35862	50607	-9166	21491	23067
小河区	55278	2780	72467	15477	25499
开阳县	-26976	31385	12020	14328	11542

7-9 续表 8

单位:万元、人

指标	利润总额	亏损企业亏损总额	利税总额	本年应交增值税	全部从业人员年平均人数
息烽县	3246		4473	1032	2644
修文县	4086		9271	5124	2637
清镇市	-18352	43243	3196	19234	14887
外地县	2395		5039	2473	1689
按工业行业大类分					
采掘业	**1998**		**8469**	**5096**	**7850**
煤炭开采和洗选业	1998		8469	5096	7850
制造业	**249144**	**143718**	**946147**	**243441**	**126705**
农副食品加工业	13524		15278	1556	1507
食品制造业	53819		64757	9905	3306
饮料制造业	2650		8788	3150	761
烟草制品业	88491		586282	94746	4783
纺织服装、鞋、帽制造	1938		1999	53	1341
印刷业和记录媒介的复制	15528	518	19569	3582	1205
化学原料及化学制品制造业	-37562	64539	13096	24415	21483
医药制造业	33094	112	65803	29575	9350
橡胶制品业	54062		84576	23675	10647
塑料制品业	6817		7634	818	698
非金属矿物制品业	-3408	9621	2074	4691	7042
黑色金属冶炼及压延加工业	-12964	12964	-8703	3374	5374
有色金属冶炼及压延加工业	-49125	49980	-26141	18110	16890
金属制品业	1341		3447	1771	3078
通用设备制造业	7110		11504	4046	3825
专用设备制造业	6025	1503	7387	990	3825
交通运输设备制造业	37335	785	51061	12642	19385
电气机械及器材制造业	-284	1580	611	775	1799
通信设备、计算机及其他电子设备制造业	25355	1365	29906	3946	6168
仪器仪表及文化、办公用机械制造业	2321		3396	975	1201
工艺品及其他制造业	3076	752	3822	647	3037
电力、燃气及水的生产和供应业	**36076**	**1183**	**74680**	**35211**	**9918**
电力、热力的生产和供应业	31005		64455	30571	6620
燃气生产和供应业	6254		10162	3517	2186
水的生产和供应业	-1183	1183	63	1123	1112

7-10 规模以上非公有制工业企业主要经济指标

（2009年）　　单位:万元

指　标	企业单位数(个)	#亏损企业	工业总产值(当年价格)	工业增加值(当年价格)	工业销售产值(当年价格)
总　计	**360**	**95**	**3120416**	**947348**	**2815048**
#亏损企业	95	95	562449	112049	519018
按登记注册类型分					
内资企业	**317**	**85**	**2578871**	**767642**	**2339338**
股份合作企业					
联营企业	1		1559	439	1559
其他联营企业	1		1559	439	1559
有限责任公司	185	45	1661128	444901	1534624
其他有限责任公司	185	45	1661128	444901	1534624
股份有限公司	10	3	185056	87960	143107
私营企业	121	37	731127	234343	660048
私营独资企业	27	8	57521	13723	55143
私营合作企业	12	4	67388	25256	52863
私营有限责任公司	68	19	462674	153390	417121
私营股份有限公司	14	6	143543	41974	134921
港、澳、台商投资企业	**18**	**3**	**184461**	**67315**	**159555**
合资经营企业(港或澳、台资)	8	1	105925	35719	93950
港澳台商独资经营企业	9	2	72447	30600	59766
港澳台商投资股份有限公司	1		6089	996	5838
外商投资企业	**25**	**7**	**357085**	**112391**	**316156**
中外合资经营企业	12	1	170221	44498	153206
外资企业	10	6	103377	36206	93725
外商投资股份有限公司	3		83486	31686	69224
按经济组织类型分					
独资企业	46	16	233346	80529	208634
合作、合伙企业	13	4	68947	25696	54422
股份有限公司	28	9	418174	162616	353090
有限责任公司	273	66	2399949	678508	2198902
按轻重工业分					
轻工业	148	26	1541383	552675	1355059
重工业	212	69	1579034	394673	1459990
按企业规模分					
中型企业	36	7	1506105	497895	1368155
小型企业	324	88	1614311	449453	1446894

7-10 续表 1

单位:万元

指标	企业单位数(个)	#亏损企业	工业总产值(当年价格)	工业增加值(当年价格)	工业销售产值(当年价格)
按企业主营业务收入分					
年收入在20—40亿元	1		320375	95812	311428
年收入在10—20亿元	1		123009	55683	121950
年收入在 5—10亿元	6	2	448004	126710	387157
年收入在 1— 5亿元	53	11	1267026	389457	1143259
年收入在3000万元— 1亿元	97	14	622170	189196	550346
年收入在1000万元—3000万元	131	38	293437	84408	260551
年收入在1000万元以下	71	30	46395	6081	40359
按支柱、特色行业分					
(一)能源、优势原材料为主的支柱产业	52	24	645630	158215	610608
电	1		1614	922	1614
煤及煤化工	9	5	35021	8035	32165
铝及铝加工	5	1	9806	1865	9683
磷及磷化工	29	10	458318	134905	441957
铁合金	8	7	141455	11074	125896
(二)烟酒为主的传统支柱产业	2		32865	14890	31889
酒	2		32865	14890	31889
(三)特色优势产业	86	13	1160710	404645	1003366
民族制药	42	7	735555	289503	592684
特色食品	44	6	425154	115142	410682
(四)高技术产业	63	13	889119	365951	730863
(五)生物技术企业	2		40403	28520	36612
(六)装备制造业	72	17	416101	117768	354933
按区县地域分					
南明区	28	4	315228	86653	315104
云岩区	39	4	411488	155470	341757
花溪区	30	5	220728	78745	187982
乌当区	67	17	474337	154493	433647
白云区	55	23	272854	48967	253984
小河区	33	4	241872	77117	209470
开阳县	20	7	108349	39435	101073
息烽县	10		427523	125244	406564
修文县	37	15	292983	94379	246286
清镇市	41	16	355056	86845	319183

7-10 续表 2

单位:万元

指 标	企业单位数(个)	#亏损企业	工业总产值(当年价格)	工业增加值(当年价格)	工业销售产值(当年价格)
按工业行业分					
采掘业	**16**	**7**	**61509**	**24317**	**58616**
煤炭开采和洗选业	**6**	**4**	**19635**	**7410**	**18527**
非金属矿采选业	10	3	41875	16908	40090
制造业	**343**	**88**	**3057292**	**922109**	**2754818**
农副食品加工业	23	4	201183	35453	191439
食品制造业	19	2	214398	77160	210510
饮料制造业	5		42562	17055	40763
纺织服装、鞋、帽制造	1	1	1149	563	806
木材加工及木、竹、藤、棕、草制品业	1		11290	1046	11840
家具制造业	2	1	1712	311	1680
造纸及纸制品业	11	2	39322	6890	35784
印刷业和记录媒介的复制	14	1	106067	45115	102563
文教体育用品制造业	1		1175	550	989
化学原料及化学制品制造业	24	8	428037	117747	411361
医药制造业	50	8	845983	350613	689965
橡胶制品业	4	1	23362	3031	20363
塑料制品业	23	4	144392	37249	131232
非金属矿物制品业	60	22	229489	71634	212645
黑色金属冶炼及压延加工业	17	13	306032	34171	293387
有色金属冶炼及压延加工业	7	3	9806	1793	9683
金属制品业	8	1	20076	2851	19718
通用设备制造业	15	2	60544	22758	44304
专用设备制造业	14	4	105000	29808	86149
交通运输设备制造业	18	3	90582	21661	84014
电气机械及器材制造业	14	4	122949	29914	104845
通信设备、计算机及其他电子设备制造业	6	3	10826	2856	10074
仪器仪表及文化、办公用机械制造业	5	1	26201	10772	25547
工艺品及其他制造业	1		15160	1108	15156
电力、燃气及水的生产和供应业	**1**		**1614**	**922**	**1614**
电力、热力的生产和供应业	1		1614	922	1614

7-10 续表 3

单位:万元

指标	#出口交货值	资产总计	流动资产合计	#应收帐款	产成品
总计	**50368**	**2636590**	**1580905**	**333773**	**199659**
#亏损企业	13571	551462	313019	60135	52731
按登记注册类型分					
内资企业	**12311**	**2112185**	**1268824**	**244089**	**162087**
股份合作企业					
联营企业		2112	1308	422	
其他联营企业		2112	1308	422	
有限责任公司	9347	1322422	765006	161586	107970
其他有限责任公司	9347	1322422	765006	161586	107970
股份有限公司		171750	118985	15809	13465
私营企业	2964	615901	383525	66272	40652
私营独资企业		42573	27067	11477	1696
私营合作企业		33072	20301	4812	2322
私营有限责任公司	2964	396954	261767	44759	26035
私营股份有限公司		143302	74390	5224	10599
港、澳、台商投资企业	**13607**	**122680**	**60815**	**22650**	**11210**
合资经营企业(港或澳、台资)		57001	31395	6444	5598
港澳台商独资经营企业	13607	61119	28047	16206	4447
港澳台商投资股份有限公司		4560	1372		1165
外商投资企业	**24450**	**401725**	**251266**	**67034**	**26362**
中外合资经营企业	18745	160371	98827	22650	14717
外资企业	5705	112370	66432	19952	8275
外商投资股份有限公司		128985	86008	24432	3370
按经济组织类型分					
独资企业	19312	216062	121546	47635	14417
合作、合伙企业		35184	21609	5234	2322
股份有限公司		448597	280755	45465	28601
有限责任公司	31056	1936747	1156996	235439	154320
按轻重工业分					
轻工业	15947	1312953	804345	179092	85736
重工业	34422	1323637	776560	154681	113922
按企业规模分					
中型企业	32201	1234110	747034	131569	69674
小型企业	18167	1402480	833871	202203	129984

7-10 续表 4

单位:万元

指　　标	#出口交货值	资产总计	流动资产合计	#应收帐款	产成品
按企业主营业务收入分					
年收入在20—40亿元		149854	72921	5518	4123
年收入在10—20亿元	2154	74272	66280	4062	750
年收入在 5—10亿元	11336	331224	233338	24677	34373
年收入在 1— 5亿元	18832	1056099	642675	177907	77104
年收入在3000万元— 1亿元	13289	554192	328221	68590	42120
年收入在1000万元—3000万元	3076	332054	171274	38211	28988
年收入在1000万元以下	1681	138895	66196	14807	12202
按支柱、特色行业分					
(一)能源、优势原材料为主的支柱产业	5215	485710	269402	41292	27656
电		13165	80	-1	
煤及煤化工		21382	12327	2590	1587
铝及铝加工		5473	1888	150	628
磷及磷化工	5215	359358	188651	26290	18091
铁合金		88524	67314	12754	7752
(二)烟酒为主的传统支柱产业		23317	7843	266	494
酒		23317	7843	266	494
(三)特色优势产业	2340	909322	578258	118933	56384
民族制药	34	651835	405814	106775	43666
特色食品	2306	257487	172444	12159	12718
(四)高技术产业	3797	798577	493187	118054	56185
(五)生物技术企业		37096	30148	1368	1708
(六)装备制造业	32678	374872	252841	69048	42480
按区县地域分					
南明区	2350	232573	191158	26825	23248
云岩区	1213	396459	242452	44886	18834
花溪区		153953	89185	14439	10843
乌当区	6556	419164	240069	68098	36643
白云区	7886	256566	145317	38822	24583
小河区	25460	211792	136415	42540	22642
开阳县	4789	202432	100170	15259	12152
息烽县	413	234584	120799	20728	16614
修文县	1701	295182	173668	40770	14433
清镇市		233885	141673	21405	19668

7-10 续表 5

单位:万元

指 标	#出口交货值	资产总计	流动资产合计	#应收帐款	产成品
按工业行业分					
采掘业		**114248**	**70082**	**12990**	**5408**
煤炭开采和洗选业		**6803**	**4288**	**459**	**216**
非金属矿采选业		107445	65794	12531	5192
制造业	**50368**	**2509177**	**1510743**	**320783**	**194251**
农副食品加工业		66198	43731	2231	7573
食品制造业	2306	184422	125917	9711	3695
饮料制造业		33809	13103	441	2010
纺织服装、鞋、帽制造		7977	5894	252	1921
木材加工及木、竹、藤、棕、草制品业		35932	28457	13033	4908
家具制造业		6399	3812	130	285
造纸及纸制品业		26042	20164	7106	1700
印刷业和记录媒介的复制		130698	51621	21262	6386
文教体育用品制造业		1472	1439	495	611
化学原料及化学制品制造业	5215	263942	132522	16803	13581
医药制造业	34	724721	452094	111738	48240
橡胶制品业	553	21642	14851	4314	2988
塑料制品业		84546	55419	12972	9862
非金属矿物制品业	8659	257902	115513	27899	17161
黑色金属冶炼及压延加工业		193526	141678	15577	23860
有色金属冶炼及压延加工业		25815	7441	213	2338
金属制品业	923	18861	14008	2584	2592
通用设备制造业		37069	21193	7236	2444
专用设备制造业	13674	108376	76437	16481	14932
交通运输设备制造业	4577	76482	52847	7566	5473
电气机械及器材制造业	14427	100951	71637	32855	11892
通信设备、计算机及其他电子设备制造业		20526	10355	2818	1017
仪器仪表及文化、办公用机械制造业		31467	20371	2092	6723
工艺品及其他制造业		50404	30240	4972	2058
电力、燃气及水的生产和供应业		**13165**	**80**	**-1**	
电力、热力的生产和供应业		13165	80	-1	

7-10 续表 6

单位:万元

指标	固定资产合计	固定资产原价	负债合计	流动负债合计	#应付账款
总计	**762045**	**920383**	**1428035**	**1206625**	**337357**
#亏损企业	162332	215571	413853	362424	98409
按登记注册类型分					
内资企业	**579948**	**719414**	**1201510**	**1008848**	**288566**
股份合作企业					
联营企业	780	1569	167	167	58
其他联营企业	780	1569	167	167	58
有限责任公司	392387	504071	754555	640389	210788
其他有限责任公司	392387	504071	754555	640389	210788
股份有限公司	46511	43486	65642	60170	7617
私营企业	140269	170287	381147	308121	70103
私营独资企业	13233	17609	29257	23486	6930
私营合作企业	8504	12631	18519	16501	3043
私营有限责任公司	92130	106053	219889	197344	51313
私营股份有限公司	26402	33995	113482	70790	8817
港、澳、台商投资企业	**55936**	**66203**	**42249**	**31654**	**8993**
合资经营企业(港或澳、台资)	24184	35255	19303	14963	1476
港澳台商独资经营企业	28564	27119	20256	14000	5019
港澳台商投资股份有限公司	3188	3830	2690	2690	2498
外商投资企业	**126161**	**134767**	**184275**	**166124**	**39799**
中外合资经营企业	48281	64054	74573	71026	24828
外资企业	37844	53327	61302	56892	11965
外商投资股份有限公司	40037	17385	48400	38207	3006
按经济组织类型分					
独资企业	79641	98055	110815	94378	23915
合作、合伙企业	9284	14200	18685	16667	3102
股份有限公司	116139	98696	230214	171858	21937
有限责任公司	556982	709433	1068320	923722	288404
按轻重工业分					
轻工业	364564	425497	627873	528931	138377
重工业	397482	494887	800162	677695	198980
按企业规模分					
中型企业	369531	407699	658529	572864	191318
小型企业	392514	512685	769505	633762	146039

7-10 续表 7

单位:万元

指　　标	固定资产合　计	固定资产原　价	负　债合　计	流动负债合　计	#应　付账　款
按企业主营业务收入分					
年收入在20—40亿元	63574	92212	86392	73574	28503
年收入在10—20亿元	5368	8111	29307	29282	16900
年收入在 5—10亿元	67173	71244	168822	157289	50760
年收入在 1— 5亿元	293414	345698	547810	477183	128128
年收入在3000万元— 1亿元	168133	195161	298798	225102	61731
年收入在1000万元—3000万元	106263	144954	200547	169406	37656
年收入在1000万元以下	58121	63003	96359	74789	13680
按支柱、特色行业分					
(一)能源、优势原材料为主的支柱产业	161586	211219	313224	262378	82899
电	12967	14727	12884	5484	
煤及煤化工	8739	8989	13031	12573	4270
铝及铝加工	2005	3227	3789	3769	507
磷及磷化工	121047	158464	200032	157087	41533
铁合金	17897	27392	84735	84692	36677
(二)烟酒为主的传统支柱产业	14439	20459	30202	30202	3578
酒	14439	20459	30202	30202	3578
(三)特色优势产业	228018	234143	442507	353428	99573
民族制药	155677	150941	302341	251994	64469
特色食品	72342	83202	140166	101434	35103
(四)高技术产业	192507	190530	371860	311760	81607
(五)生物技术企业	3763	4505	16450	16430	1873
(六)装备制造业	83475	110530	190790	171260	53520
按区县地域分					
南明区	32270	47157	132593	127385	43984
云岩区	135881	175551	198552	187378	68883
花溪区	33833	44557	89773	80628	18201
乌当区	104721	127330	216009	167447	40036
白云区	89447	115456	142860	130032	26903
小河区	43677	60524	90510	88066	24055
开阳县	69309	72391	116189	79080	10057
息烽县	80952	114379	114579	94850	38421
修文县	93703	79933	167373	120846	16742
清镇市	78254	83106	159596	130914	50073

7-10 续表 8

单位:万元

指 标	固定资产合 计	固定资产原 价	负 债合 计	流动负债合 计	#应 付账 款
按工业行业分					
采掘业	**14876**	**17964**	**58842**	**42282**	**3780**
煤炭开采和洗选业	**2159**	**2792**	**4293**	**3830**	**446**
非金属矿采选业	12717	15172	54549	38452	3335
制造业	**734203**	**887692**	**1356309**	**1158860**	**333577**
农副食品加工业	14760	15831	34238	27532	8385
食品制造业	53722	62932	101696	69670	23546
饮料制造业	19671	26944	36472	34420	6235
纺织服装、鞋、帽制造	1971	3427	4155	4155	657
木材加工及木、竹、藤、棕、草制品业	7115	7695	20988	20988	
家具制造业	1413	1894	5382	5382	1
造纸及纸制品业	5601	11365	17236	16088	7579
印刷业和记录媒介的复制	69747	91944	41996	40204	16412
文教体育用品制造业	33	111	893	844	58
化学原料及化学制品制造业	110685	146503	150729	123068	40198
医药制造业	169868	169711	336098	283809	69004
橡胶制品业	5632	13295	11491	9414	3087
塑料制品业	23089	27230	43794	34393	8362
非金属矿物制品业	108691	120405	145683	116650	31596
黑色金属冶炼及压延加工业	31582	46356	171924	167695	60200
有色金属冶炼及压延加工业	16793	17955	20317	14297	2646
金属制品业	3778	4169	14949	14249	2092
通用设备制造业	8754	14805	20100	19907	4709
专用设备制造业	17774	21380	53808	48298	20806
交通运输设备制造业	20236	31217	51516	51326	11918
电气机械及器材制造业	24713	34021	45423	38815	8296
通信设备、计算机及其他电子设备制造业	9186	3882	10963	7482	5893
仪器仪表及文化、办公用机械制造业	2811	5224	8981	5433	1898
工艺品及其他制造业	6579	9397	7479	4744	
电力、燃气及水的生产和供应业	**12967**	**14727**	**12884**	**5484**	
电力、热力的生产和供应业	12967	14727	12884	5484	

7-10 续表 9

单位:万元

指　　标	长期负债合计	所有者权益合计	实收资本	主营业务收入	利润总额
总　　计	**179105**	**1176373**	**669494**	**2771266**	**204971**
#亏损企业	43712	136732	170301	534589	-38641
按登记注册类型分					
内资企业	**153754**	**903433**	**477168**	**2330318**	**158284**
股份合作企业					
联营企业		1945	1662	1559	49
其他联营企业		1945	1662	1559	49
有限责任公司	104043	563408	304409	1519506	67945
其他有限责任公司	104043	563408	304409	1519506	67945
股份有限公司	3913	103853	37766	135555	15433
私营企业	45797	234226	133331	673696	74857
私营独资企业	5762	13152	12117	54192	-622
私营合作企业	1601	14517	8283	57862	5880
私营有限责任公司	22294	176741	85919	428106	70055
私营股份有限公司	16140	29818	27013	133537	-457
港、澳、台商投资企业	**7199**	**80431**	**41680**	**139636**	**18958**
合资经营企业(港或澳、台资)	4340	37698	19843	88768	13568
港澳台商独资经营企业	2859	40863	21738	44631	5002
港澳台商投资股份有限公司		1870	100	6236	388
外商投资企业	**18152**	**192510**	**150646**	**301313**	**27729**
中外合资经营企业	3547	85782	71446	150536	15725
外资企业	4411	51067	50695	96320	7319
外商投资股份有限公司	10194	55661	28506	54456	4685
按经济组织类型分					
独资企业	13032	105082	84549	195143	11700
合作、合伙企业	1601	16462	9945	59421	5929
股份有限公司	30247	191201	93385	329784	20049
有限责任公司	134224	863629	481616	2186917	167293
按轻重工业分					
轻工业	69773	655572	297692	1313354	172244
重工业	109332	520801	371803	1457911	32727
按企业规模分					
中型企业	83947	549388	291200	1377398	130311
小型企业	95158	626985	378294	1393868	74660

7-10 续表 10

单位:万元

指 标	长期负债合 计	所 有 者权益合计	实 收资 本	主营业务收 入	利 润总 额
按企业主营业务收入分					
年收入在20—40亿元	12818	63462	30000	309602	3038
年收入在10—20亿元		44965	1000	134975	46527
年收入在 5—10亿元	11533	162403	89958	414353	20253
年收入在 1— 5亿元	66138	482094	278905	1114502	100902
年收入在3000万元— 1亿元	45451	251355	124723	512378	31725
年收入在1000万元—3000万元	26332	130219	99965	246501	4095
年收入在1000万元以下	16832	41876	44943	38955	-1569
按支柱、特色行业分					
(一)能源、优势原材料为主的支主产业	50154	172472	106337	622148	4324
电	7400	281	100	1614	81
煤及煤化工	41	8350	8570	32006	398
铝及铝加工	20	1684	2285	10243	-472
磷及磷化工	42677	159311	77257	434826	14830
铁合金	43	3790	18353	145386	-10696
(二)烟酒为主的传统支柱产业		-7185	2500	32566	2783
酒		-7185	2500	32566	2783
(三)特色优势产业	60507	437960	166554	981530	115318
民族制药	48371	320943	127714	553610	39485
特色食品	12136	117016	38840	427920	75833
(四)高技术产业	54722	398166	164622	674437	61542
(五)生物技术企业	20	20646	6700	36611	18291
(六)装备制造业	12862	183918	132939	346456	13330
按区县地域分					
南明区	5183	99948	23336	339757	61290
云岩区	11174	196967	90378	332187	51719
花溪区	7690	64180	39971	195481	22178
乌当区	42111	199625	118446	412473	13823
白云区	9550	113543	117939	247277	4648
小河区	2444	119759	74666	193259	15041
开阳县	36842	86242	34813	95611	11641
息烽县	19729	120005	54939	405753	10757
修文县	19008	101832	69329	215905	5609
清镇市	25373	74272	45678	333564	8265

7-10 续表 11

单位:万元

指标	长期负债合计	所有者权益合计	实收资本	主营业务收入	利润总额
按工业行业分					
采掘业	**16135**	**55406**	**19271**	**53553**	**12854**
煤炭开采和洗选业	**37**	**2510**	**3612**	**16718**	**244**
非金属矿采选业	16097	52896	15659	36835	12611
制造业	**155571**	**1120686**	**650123**	**2716099**	**192036**
农副食品加工业	6706	31957	8751	197471	19415
食品制造业	5430	82725	29390	221319	55897
饮料制造业	2053	-2964	4656	41731	3192
纺织服装、鞋、帽制造		3795	3000	1435	-33
木材加工及木、竹、藤、棕、草制品业		14944	913	12155	19
家具制造业		1017	1270	1588	-152
造纸及纸制品业	558	8806	4512	36138	1800
印刷业和记录媒介的复制	1792	88076	42207	86793	26739
文教体育用品制造业	49	579	520	989	38
化学原料及化学制品制造业	27394	113197	67712	407638	3594
医药制造业	50313	360072	143881	647775	61255
橡胶制品业	2077	10152	9167	20247	278
塑料制品业	6359	40381	27437	127312	10463
非金属矿物制品业	27016	110639	77661	202210	8370
黑色金属冶炼及压延加工业	3506	21603	44858	319862	-14949
有色金属冶炼及压延加工业	6020	4951	7595	10385	-640
金属制品业	700	3912	3656	18580	106
通用设备制造业	193	16970	13344	51219	1177
专用设备制造业	5510	54567	45371	88143	6933
交通运输设备制造业	190	24967	18817	82024	2729
电气机械及器材制造业	3342	55366	42288	103750	2431
通信设备、计算机及其他电子设备制造业	79	9562	10244	10047	-255
仪器仪表及文化、办公用机械制造业	3548	22486	2875	11273	314
工艺品及其他制造业	2735	42926	40000	16015	3313
电力、燃气及水的生产和供应业	**7400**	**281**	**100**	**1614**	**81**
电力、热力的生产和供应业	7400	281	100	1614	81

7-10 续表 12

单位:万元、人

指标	亏损企业亏损总额	利税总额	本年应交增值税	本年销项税额	全部从业人员年平均人数
总计	**38641**	**329639**	**106308**	**290589**	**57196**
#亏损企业	38641	-20195	15549	57576	12975
按登记注册类型分					
内资企业	**35278**	**261129**	**87980**	**235136**	**47050**
股份合作企业					
联营企业		150	88	265	42
其他联营企业		150	88	265	42
有限责任公司	27100	119346	43076	133168	30166
其他有限责任公司	27100	119346	43076	133168	30166
股份有限公司	138	33314	16016	18204	2883
私营企业	8040	108319	28800	83500	13959
私营独资企业	1509	1786	1935	6094	1940
私营合作企业	404	12407	5509	7023	1544
私营有限责任公司	4011	89295	17232	56141	8635
私营股份有限公司	2115	4830	4124	14242	1840
港、澳、台商投资企业	**365**	**23755**	**4459**	**19482**	**2784**
合资经营企业(港或澳、台资)	208	16396	2822	14606	1465
港澳台商独资经营企业	157	6489	1444	4550	1299
港澳台商投资股份有限公司		870	193	325	20
外商投资企业	**2998**	**44756**	**13869**	**35971**	**7362**
中外合资经营企业	677	18346	2549	13349	3024
外资企业	2322	16797	6431	15929	2145
外商投资股份有限公司		9612	4889	6694	2193
按经济组织类型分					
独资企业	3988	25073	9810	26573	5384
合作、合伙企业	404	12557	5597	7288	1586
股份有限公司	2254	48626	25221	39465	6936
有限责任公司	31996	243384	65679	217263	43290
按轻重工业分					
轻工业	11034	252900	70311	149885	26528
重工业	27608	76740	35997	140704	30668
按企业规模分					
中型企业	13000	193877	53981	131747	25633
小型企业	25641	135762	52327	158842	31563

7-10 续表 13

单位:万元、人

指　　标	亏损企业亏损总额	利税总额	本年应交增值税	本年销项税额	全部从业人员年平均人数
按企业主营业务收入分					
年收入在20—40亿元		3249	193	400	1824
年收入在10—20亿元		56852	9387	22882	1297
年收入在 5—10亿元	8357	41636	19413	37964	6511
年收入在 1— 5亿元	17057	151865	42183	126992	18440
年收入在3000万元— 1亿元	4277	59330	23041	65170	14540
年收入在1000万元—3000万元	5878	16340	10446	31837	11423
年收入在1000万元以下	3072	369	1646	5345	3161
按支柱、特色行业分					
(一)能源、优势原材料为主的支柱产业	15882	22467	13881	46078	9522
电		92	3		27
煤及煤化工	1601	2814	1930	5212	1310
铝及铝加工	564	-268	192	1727	251
磷及磷化工	3204	25811	7765	20678	5475
铁合金	10758	-5924	4259	18734	2264
(二)烟酒为主的传统支柱产业		9311	3368	5932	801
酒		9311	3368	5932	801
(三)特色优势产业	9448	175275	53922	105076	18150
民族制药	9207	84062	40474	62134	11441
特色食品	241	91214	13448	42942	6709
(四)高技术产业	10701	112291	46023	75089	14619
(五)生物技术企业		20776	2289	2434	262
(六)装备制造业	2657	25754	10698	41428	8976
按区县地域分					
南明区	1181	76489	13473	38223	5581
云岩区	665	88606	31212	55618	8888
花溪区	770	30808	7255	18630	3166
乌当区	11485	32308	16070	33885	9946
白云区	6983	9996	4443	30151	4743
小河区	561	20529	5043	20745	4771
开阳县	2875	20727	5937	15057	3322
息烽县		13244	2086	4022	2828
修文县	3078	18316	11727	26675	7087
清镇市	11043	18616	9063	47584	6864

7-10 续表 14

单位:万元、人

指 标	亏损企业亏损总额	利 税 总 额	本年应交增值税	本年销项税 额	全部从业人员年平均人数
按工业行业分					
采掘业	**1595**	**21711**	**6171**	**8224**	**2388**
煤炭开采和洗选业	**973**	**2159**	**1465**	**2032**	**981**
非金属矿采选业	623	19551	4706	6192	1407
制造业	**37046**	**307836**	**100134**	**282365**	**54781**
农副食品加工业	217	21611	1969	8045	3035
食品制造业	25	68209	11069	34086	3614
饮料制造业		10270	3615	6763	1108
纺织服装、鞋、帽制造	33	69	91	244	165
木材加工及木、竹、藤、棕、苇制品业		122	78	2039	158
家具制造业	194	-87	57	162	157
造纸及纸制品业	388	3506	1539	5961	894
印刷业和记录媒介的复制	128	33304	6033	14449	1641
文教体育用品制造业		141	93	168	117
化学原料及化学制品制造业	2790	7855	3251	16764	4245
医药制造业	9290	110512	44685	72354	12981
橡胶制品业	11	1050	730	2304	1217
塑料制品业	132	13254	2584	17362	2498
非金属矿物制品业	4071	17720	7925	24835	7679
黑色金属冶炼及压延加工业	15860	-8704	5335	31064	4841
有色金属冶炼及压延加工业	732	-412	215	1751	273
金属制品业	520	350	168	2584	512
通用设备制造业	324	5210	3851	5869	1336
专用设备制造业	108	8754	1620	6332	2382
交通运输设备制造业	824	5477	1849	10992	1692
电气机械及器材制造业	665	4912	2191	15771	2101
通信设备、计算机及其他电子设备制造业	549	190	356	994	835
仪器仪表及文化、办公用机械制造业	186	1211	832	1471	630
工艺品及其他制造业		3313			670
电力、燃气及水的生产和供应业		**92**	**3**		**27**
电力、热力的生产和供应业		92	3		27

7-11 规模以上高技术工业主要指标

(2009年) 单位:万元

指标	企业单位数(个)	#亏损企业	全部从业人员年平均人数	工业总产值(当年价格) 2009年	2009年比2008年增长(%)	工业增加值(当年价) 2009年	2009年比2008年增长(%)
总　计	**91**	**18**	**32969**	**1556973**	**32.4**	**594094**	**36.8**
#国有控股企业	27	5	18180	637808	31.1	220479	40.8
#非公有制工业	63	13	14619	889119	33.6	365951	34.8
按登记注册类型分							
内资企业	**75**	**13**	**29205**	**1343989**	**30.5**	**528215**	**38.4**
# 国有企业	6	2	3120	67374	-6.2	24246	23.5
有限责任公司	51	7	19915	900218	22.0	324632	13.7
股份有限公司	5		4428	238327	84.9	109212	2.3倍
私营企业	13	4	1742	138071	60.6	70126	82.8
港、澳、台商投资企业	**8**	**2**	**605**	**80574**	**88.3**	**15942**	**63.7**
外商投资企业	**8**	**3**	**3159**	**132409**	**22.8**	**49937**	**16.5**
按轻重工业分							
轻工业	54	8	14079	1056632	33.3	422040	33.2
重工业	37	10	18890	500341	30.7	172054	46.6
按企业规模分							
大型企业	1		2326	40237		17850	
中型企业	27	3	23991	975911	18.5	390373	27.3
小型企业	63	15	6652	540825	54.6	185871	47.4
按企业主营业务收入分							
年收入在10—20亿元	1		769	161848	43.2	56996	43.9
年收入在 5—10亿元	2		2146	193288	1.4倍	80624	1.6倍
年收入在 1— 5亿元	30	4	21866	904434	15.2	350145	17.9
年收入在3000万元— 1亿元	25	2	5374	232006	69.0	83968	69.5
年收入在1000万元—3000万元	21	4	2254	55858	13.0	18721	20.3
年收入在1000万元以下	12	8	560	9539	-19.8	3640	10.5
按区县地域分组							
南明区	4		632	33001	67.3	10479	26.2
云岩区	11		4272	234008	12.2	99045	27.9
花溪区	4	1	456	57724	-2.9	36009	38.5

7-11 续表 1

单位:万元

指 标	企业单位数(个)	#亏损企业	全部从业人员年平均人数	工业总产值(当年价格)		工业增加值(当年价)	
				2009年	2009年比2008年增长(%)	2009年	2009年比2008年增长(%)
乌当区	37	14	10214	451927	38.6	167798	32.5
白云区	4	1	1720	61241	13.6	23874	-3.5
小河区	12	2	10905	385932	42.6	137260	74.4
开阳县							
息烽县	2		352	85662	31.5	22800	-20.0
修文县	10		3446	169364	27.5	62334	24.7
清镇市	7		972	78113	66.7	34494	1.1倍
按高技术产业行业分							
信息化学品制造	2		112	4871	1.1倍	468	2.0倍
医药制造业	52	8	13262	891090	30.5	363975	30.7
# 化学药品制造	6	1	1326	83626	60.4	37716	82.3
中成药制造	42	7	11540	759756	28.7	294710	24.7
生物生化制品的制造	2		262	40403	5.4	28520	60.7
航空航天器制造	9	2	9683	215188	7.4	78062	1.0
飞机制造及修理	9	2	9683	215188	7.4	78062	1.0
电子及通信设备制造	19	6	7874	370591	49.9	121486	93.9
通信设备制造	4	1	285	51712	74.7	3217	27.7
#通信传输设备制造	1		125	1602	1.5倍	737	20.9倍
移动通信及终端设备制造	3	1	160	50111	73.0	2480	-0.2
电子器件制造	8	5	2585	51363	7.1	19586	1.0倍
#电子真空器件制造	1	1	1064	25383	9.9	11748	1.7倍
半导体分立器件制造	2		985	17160	20.8	6245	82.0
集成电路制造	4	3	491	8153	-19.9	1462	-22.9
光电子器件及其他电子器件制造	1	1	45	667	33.2	130	1.5倍
电子元件制造	5		4187	101973	78.1	40618	4.0倍
家用视听设备制造	2		817	165542	46.5	58065	46.6
医疗设备及仪器仪表制造	9	2	2038	75233	53.8	30104	53.6
仪器仪表制造	9	2	2038	75233	53.8	30104	53.6

7-11 续表 2

单位:万元

指标	工业销售产值(当年价格)	#出口交货值	资产总计	流动资产合计	固定资产原价	负债合计	流动负债合计
总计	**1354801**	**55641**	**1747262**	**1121522**	**516207**	**784266**	**595967**
#国有控股企业	594757	51845	937280	621443	320846	410124	281926
#非公有制工业	730863	3797	798577	493187	190530	371860	311760
按登记注册类型分							
内资企业	**1173836**	**19379**	**1529103**	**983037**	**465229**	**686316**	**519111**
# 国有企业	62301	1185	127539	81064	37035	67814	38833
有限责任公司	805628	17953	946086	631130	334020	456147	354519
股份有限公司	189164	207	327863	208133	67048	85079	65888
私营企业	116743	34	127616	62710	27126	77277	59871
港、澳、台商投资企业	**67017**	**32500**	**39329**	**23306**	**14003**	**21083**	**13730**
外商投资企业	**113949**	**3763**	**178830**	**115179**	**36975**	**76868**	**63126**
按轻重工业分							
轻工业	891736	34	816933	520309	189376	386777	324838
重工业	463065	55607	930329	601213	326831	397489	271129
按企业规模分							
大型企业	36364	4776	96392	63459	46319	57263	27403
中型企业	853124	14569	1180742	768148	337466	517233	407058
小型企业	465314	36297	470128	289915	132422	209770	161507
按企业主营业务收入分							
年收入在10—20亿元	162726		59026	45940	10998	35876	35226
年收入在 5—10亿元	148787		173319	112997	36836	58789	50811
年收入在 1— 5亿元	813777	51261	1156977	756949	347885	513292	376699
年收入在3000万元— 1亿元	177921	4347	255349	145493	89024	123626	98728
年收入在1000万元—3000万元	44603		62675	38928	20274	31110	19329
年收入在1000万元以下	6987	34	39917	21216	11190	21575	15175
按区县地域分组							
南明区	26210		27210	19061	6826	16466	13027
云岩区	173509	34	219114	154588	56773	99722	94419
花溪区	51673		62530	33389	10564	31842	28426

7-11 续表 3

单位:万元

指 标	工业销售产值(当年价格)	#出口交货值	资产总计	流动资产合计	固定资产原价	负债合计	流动负债合计
乌当区	403724	38124	480269	305121	152528	200906	136949
白云区	42293	19	91456	66498	33811	48783	42547
小河区	377942	17465	576932	370385	188862	271030	192790
开阳县							
息烽县	76157		71018	39848	16548	23480	17352
修文县	134439		185641	113522	37681	78696	60310
清镇市	68855		33093	19112	12615	13342	10148
按高技术产业行业分							
信息化学品制造	4038		7739	5355	2238	3442	2660
医药制造业	725316	34	751876	469550	177166	348035	286746
# 化学药品制造	65635		48594	25204	16295	25250	15483
中成药制造	619035	34	659795	411196	154062	302985	253140
生物生化制品的制造	36612		37096	30148	4505	16450	16430
航空航天器制造	192488	21039	444135	290743	184602	262881	185172
飞机制造及修理	192488	21039	444135	290743	184602	262881	185172
电子及通信设备制造	367281	34010	458841	292258	138661	129902	87619
通信设备制造	51801	32500	27213	24467	4643	8800	8365
#通信传输设备制造	1412		2400	1680	892	831	831
移动通信及终端设备制造	50389	32500	24814	22787	3751	7969	7534
电子器件制造	47520	1303	112992	66401	44745	42471	13340
#电子真空器件制造	25698	1159	43287	28564	13564	18829	
半导体分立器件制造	14202	145	42063	23178	25630	8450	4511
集成电路制造	6982		25693	13589	4396	15112	8828
光电子器件及其他电子器件制造	638		1949	1070	1155	81	1
电子元件制造	101540	207	253580	150631	77064	39888	27821
家用视听设备制造	166420		65057	50759	12209	38743	38093
医疗设备及仪器仪表制造	65679	558	84671	63616	13540	40007	33771
仪器仪表制造	65679	558	84671	63616	13540	40007	33771

7-11 续表 4

单位:万元

指　　标	所有者权益合计	主营业务收入	利润总额	亏损企业亏损总额	利税总额	本年应交增值税
总　　计	**934440**	**1290073**	**121605**	**13162**	**185413**	**55747**
#国有控股企业	527152	586454	56496	2461	67073	9212
#非公有制工业	398166	674437	61542	10701	112291	46023
按登记注册类型分						
内资企业	**839155**	**1126985**	**109665**	**11842**	**164637**	**47111**
# 国有企业	59725	56461	3956	1606	6274	2118
有限责任公司	488567	777634	53284	9589	80252	21824
股份有限公司	240528	179464	33965		52623	16738
私营企业	50336	113427	18460	646	25488	6432
港、澳、台商投资企业	**18246**	**64549**	**2077**	**208**	**3479**	**1285**
外商投资企业	**77039**	**98538**	**9863**	**1113**	**17297**	**7352**
按轻重工业分						
轻工业	401605	849267	68121	9290	123118	47966
重工业	532835	440806	53484	3873	62294	7781
按企业规模分						
大型企业	39129	36971	3660		4025	314
中型企业	637315	817614	74787	2262	114181	35380
小型企业	257996	435487	43158	10900	67206	20053
按企业主营业务收入分						
年收入在10—20亿元	23150	163608	1596		3979	1974
年收入在 5—10亿元	114530	149804	17114		33496	15128
年收入在 1— 5亿元	617491	780224	89631	10651	123761	28707
年收入在3000万元— 1亿元	129387	149366	12634	928	21036	7687
年收入在1000万元—3000万元	31561	40789	1464	654	3408	1726
年收入在1000万元以下	18321	6283	-834	930	-269	526
按区县地域分组						
南明区	10742	24669	2167		3390	1142
云岩区	119373	163940	25268		47299	20164
花溪区	30688	51643	18455	138	22046	3296

7-11 续表 5

单位:万元

指 标	所有者权益合计	主营业务收入	利润总额	亏损企业亏损总额	利税总额	本年应交增值税
乌当区	276768	375131	18343	11863	36421	15799
白云区	42673	47245	7804	170	8151	343
小河区	305902	367031	29304	991	33975	3947
开阳县						
息烽县	47539	77173	6533		8172	1317
修文县	81006	114761	9328		19064	7566
清镇市	19751	68480	4404		6894	2174
按高技术产业行业分						
信息化学品制造	4297	4103	956		1178	214
医药制造业	375291	681965	66361	9290	118758	45797
# 化学药品制造	23343	61359	4966	83	7782	2489
中成药制造	328262	579961	43000	9207	89976	40913
生物生化制品的制造	20646	36611	18291		20776	2289
航空航天器制造	181254	191169	17001	1462	18425	1198
飞机制造及修理	181254	191169	17001	1462	18425	1198
电子及通信设备制造	328934	362822	28025	2169	33996	5144
通信设备制造	18409	51498	1777	13	2358	484
#通信传输设备制造	1568	1226	7		30	15
移动通信及终端设备制造	16841	50272	1770	13	2328	469
电子器件制造	70521	42927	-577	2156	1369	1802
#电子真空器件制造	24458	21421	-1365	1365	129	1383
半导体分立器件制造	33613	13903	1542		1796	234
集成电路制造	10582	6966	-607	644	-457	141
光电子器件及其他电子器件制造	1868	638	-147	147	-100	44
电子元件制造	213691	101095	25064		25909	689
家用视听设备制造	26314	167302	1760		4360	2169
医疗设备及仪器仪表制造	44664	50014	9263	242	13055	3394
仪器仪表制造	44664	50014	9263	242	13055	3394

7-12 规模以上工业企业主营业务收入前40强

(2009年)

序 号	企 业 名 称	规 模	主要产品	登记类型
1	贵阳卷烟厂	大型	卷烟制造	国有
2	贵阳市供电局	大型	输电	国有
3	贵州开磷(集团)有限责任公司	大型	磷肥制造	其他有限责任公司
4	中国铝业贵州分公司	大型	氧化铝	股份有限公司
5	贵州轮胎股份有限公司	大型	轮胎制造	股份有限公司
6	贵州西洋肥业有限公司	中型	西洋牌复合肥	其他有限责任公司
7	贵州贵航汽车零部件股份有限公司	大型	汽车零部件	股份有限公司
8	贵阳海信电子有限公司	中型	电视机	其他有限责任公司
9	贵州铝厂	中型	铝矿冶炼	国有
10	贵阳南明老干妈风味食品有限公司	中型	调味品	私营有限责任公司
11	贵州华能焦化制气有限公司	中型	煤气生产	股份有限公司
12	际华三五三七制鞋有限责任公司	大型	橡胶靴鞋制造	国有
13	贵州益佰制药股份有限公司	中型	中成药制造	股份有限公司
14	贵阳汇力钢铁实业有限公司	中型	钢冶炼	其他有限责任公司
15	贵州久联集团有限责任公司	大型	炸药及火工产品	国有独资公司
16	贵州烟叶复烤有限责任公司	小型	烟叶复考	国有
17	南方汇通股份有限公司	大型	铁路货车制造修理	股份有限公司
18	贵州电力线路器材厂	小型	金属结构制品	国有
19	中国国电集团公司贵阳发电厂	中型	发电量	国有
20	贵州华电清镇发电有限公司	中型	电力生产	国有
21	五矿(贵州)铁合金有限责任公司	中型	铁合金生产	其他有限责任公司
22	贵州詹阳动力重工有限公司	中型	液压挖掘机	中外合资经营
23	林东矿务局	大型	原煤开采	国有
24	贵州乌江水电开发有限责任公司东风发电厂	小型	水电发电	国有
25	贵州汉方息烽药业有限公司	小型	日舒安洗液	其他有限责任公司
26	联塑科技发展(贵阳)有限公司	中型	塑料管材、管件	与港澳台商合资经营
27	开阳供电局	中型	电力供应	国有
28	贵州航天风华精密设备有限公司	中型	军工	国有独资公司
29	贵阳小河电力有限公司	小型	电力供应	国有独资公司
30	贵州航天电器股份有限公司	中型	连接器	股份有限公司
31	贵州乌江水电开发有限公司索风营电厂	小型	水电	国有
32	贵阳新希望农业科技有限公司	小型	生产饲料	其他有限责任公司
33	贵阳航空电机有限公司	中型	航空产品	国有独资公司
34	中国航空工业标准件制造有限责任公司	中型	标准件	国有独资公司
35	贵州美丰化工有限责任公司	中型	合成氨	其他有限责任公司
36	贵州西南工具(集团)有限公司	大型	精密零部件	其他有限责任公司
37	贵阳新天药业股份有限公司	中型	宁泌泰胶囊	私营有限股份公司
38	贵州健兴药业有限公司	中型	肺力咳合剂	其他有限责任公司
39	贵州永吉印务有限公司	中型	烟标印刷	其他有限责任公司
40	贵州振华欧比通信有限公司	小型	GSM手机	与港澳台商合资经营

7-13 规模以上工业企业利润总额前40强

(2009年)

序号	企业名称	规模	主要产品	登记类型
1	贵阳卷烟厂	大型	卷烟制造	国有
2	贵州轮胎股份有限公司	大型	轮胎制造	股份有限公司
3	贵阳南明老干妈风味食品有限公司	中型	调味品	私营有限责任公司
4	贵阳市供电局	大型	输电	国有
5	贵阳黔峰生物制品有限责任公司	小型	人血白蛋白生产销售	私营有限责任公司
6	贵州贵航汽车零部件股份有限公司	大型	汽车零部件	股分有限公司
7	贵州航天电器股份有限公司	中型	连接器	股份有限公司
8	贵州烟叶复烤有限责任公司	小型	烟叶复考	国有
9	贵州永吉印务有限公司	中型	烟标印刷	其他有限责任公司
10	贵州乌江水电开发有限公司索风营电厂	小型	水电	国有
11	贵州乌江水电开发有限责任公司东风发电厂	小型	水电发电	国有
12	贵阳南明春梅酿造有限公司	中型	散豆豉	其他有限责任公司
13	贵州益佰制药股份有限公司	中型	中成药制造	股份有限公司
14	贵州久联集团有限责任公司	大型	炸药及火工产品	国有独资公司
15	贵州盘江民爆有限公司	中型	工业炸药	国有
16	中国航空工业标准件制造有限责任公司	中型	标准件	国有独资公司
17	联塑科技发展(贵阳)有限公司	中型	塑料管材、管件	与港澳台商合资经营
18	贵阳振兴铝镁科技产业发展有限公司	小型	电气产品	其他有限责任公司
19	贵阳娃哈哈饮料有限公司	中型	营养快线饮料	中外合资经营
20	际华三五三七制鞋有限责任公司	大型	橡胶靴鞋制造	国有
21	中国振华(集团)新云电子元器件有限责任公司	中型	钽电解电容	其他有限责任公司
22	贵州西牛王印务有限公司	小型	烟标印刷	与港澳台商合资经营
23	贵州力源液压股份有限公司	中型	液压泵	股份有限公司
24	贵州汉方息烽药业有限公司	小型	日舒安洗液	其他有限责任公司
25	贵州詹阳动力重工有限公司	中型	液压挖掘机	中外合资经营
26	贵阳航空电机有限公司	中型	航空产品	国有独资公司
27	贵州燃气(集团)有限责任公司	中型	燃气生产供应	其他有限责任公司
28	贵州同济堂制药股份有限公司	中型	仙灵骨葆胶囊	外商投资股份有限公司
29	贵州健兴药业有限公司	中型	肺力咳合剂	其他有限责任公司
30	贵州神奇制药有限公司	中型	中成药	其他有限责任公司
31	贵州益康制药有限公司	中型	中成药	其他有限责任公司
32	贵州拜特制药有限公司	小型	中成药	外资企业
33	贵州劲嘉新型包装材料有限公司	小型	包装装潢	港澳台商独资
34	贵州兰花水泥有限公司	中型	水泥生产销售	其他有限责任公司
35	贵州红林机械有限公司	大型	汽车零部件	国有独资公司
36	贵州省开阳县金中化工厂	小型	磷矿石	私营合伙
37	贵阳维康药业有限公司	小型	骨康胶囊	其他有限责任公司
38	贵阳新希望农业科技有限公司	小型	生产饲料	其他有限责任公司
39	贵州航天林泉电机有限公司	中型	微电机	其他有限责任公司
40	贵州西洋肥业有限公司	中型	西洋牌复合肥	其他有限责任公司

7-14 规模以上工业企业利税总额前40强

(2009年)

序 号	企 业 名 称	规 模	主要产品	登记类型
1	贵阳卷烟厂	大型	卷烟制造	国有
2	贵州轮胎股份有限公司	大型	轮胎制造	股份有限公司
3	贵阳南明老干妈风味食品有限公司	中型	调味品	私营有限责任公司
4	贵阳市供电局	大型	输电	国有
5	贵州益佰制药股份有限公司	中型	中成药制造	股份有限公司
6	贵州贵航汽车零部件股份有限公司	大型	汽车零部件	股份有限公司
7	贵州乌江水电开发有限责任公司东风发电厂	小型	水电发电	国有
8	贵阳黔峰生物制品有限责任公司	小型	人血白蛋白生产销售	私营有限责任公司
9	贵州乌江水电开发有限公司索风营电厂	小型	水电	国有
10	贵州永吉印务有限公司	中型	烟标印刷	其他有限责任公司
11	贵州久联集团有限责任公司	大型	炸药及火工产品	国有独资公司
12	贵州烟叶复烤有限责任公司	小型	烟叶复考	国有
13	贵州航天电器股份有限公司	中型	连接器	股份有限公司
14	贵阳南明春梅酿造有限公司	中型	散豆豉	其他有限责任公司
15	贵州盘江民爆有限公司	中型	工业炸药	国有
16	际华三五三七制鞋有限责任公司	大型	橡胶靴鞋制造	国有
17	华润雪花啤酒(贵州)有限公司	中型	啤酒生产	外资企业
18	林东矿务局	大型	原煤开采	国有
19	贵阳振兴铝镁科技产业发展有限公司	小型	电气产品	其他有限责任公司
20	贵州同济堂制药股份有限公司	中型	仙灵骨葆胶囊	外商投资股份有限公司
21	联塑科技发展(贵阳)有限公司	中型	塑料管材、管件	与港澳台商合资经营
22	贵州华电清镇发电有限公司	中型	电力生产	国有
23	中国国电集团公司贵阳发电厂	中型	发电量	国有
24	贵州健兴药业有限公司	中型	肺力咳合剂	其他有限责任公司
25	中国航空工业标准件制造有限责任公司	中型	标准件	国有独资公司
26	贵州力源液压股份有限公司	中型	液压泵	股份有限公司
27	贵州西牛王印务有限公司	小型	烟标印刷	与港澳台商合资经营
28	贵州电力线路器材厂	小型	金属结构制品	国有
29	贵阳娃哈哈饮料有限公司	中型	营养快线饮料	中外合资经营
30	贵阳维康药业有限公司	小型	骨康胶囊	其他有限责任公司
31	中国振华(集团)新云电子元器件有限责任公司	中型	钽电解电容	其他有限责任公司
32	贵州詹阳动力重工有限公司	中型	液压挖掘机	中外合资经营
33	贵州燃气(集团)有限责任公司	中型	燃气生产供应	其他有限责任公司
34	贵州拜特制药有限公司	小型	中成药	外资企业
35	贵州益康制药有限公司	中型	中成药	其他有限责任公司
36	贵州省开阳县金中化工厂	小型	磷矿石	私营合伙
37	贵州神奇制药有限公司	中型	中成药	其他有限责任公司
38	贵州险峰实业总公司	中型	金属切削机床制造	国有
39	贵州汉方息烽药业有限公司	小型	日舒安洗液	其他有限责任公司
40	贵阳航空电机有限公司	中型	航空产品	国有独资公司

7-15 规模以上工业企业主要产品产销情况

(2009年)

产品名称	单 位	生产量	销售量	企业自用及其他	产销率(%)
原 煤	吨	4186099	4148078	6792	99.3
洗 煤	吨	6798	7987		117.5
磷矿石(折含五氧化二磷30%)	吨	7035413	3386922	3079830	91.9
配合饲料	吨	328242	326134		99.4
混合饲料	吨	44779	40480	2983	97.1
精制食用植物油	吨	17882	17792		99.5
乳制品	吨	37279	37527		100.7
白酒(折65度.商品量)	千升	694	756	8	110.0
啤 酒	千升	128818	127104	1784	100.1
软饮料	吨	379195	359982		94.9
卷 烟	万支	5182152	5182152		100.0
纱	吨	1783	996	831	102.5
布	万米	805.76	784.43		97.4
#棉 布	万米	7.13	8.45		118.5
棉混纺布	万米	13.77	16.55		120.2
化学纤维布	万米	784.86	759.43		96.8
服 装	万件	292.63	295.16	0.03	100.9
人造板	立方米	58330	53469		91.7
机制纸及纸板(外购原纸加工除外)	吨	11343	11651		102.7
焦 炭	吨	716726	723722		101.0
硫酸(折100%)	吨	2751971	9489	2750309	100.3
碳化钙(电石,折 300升／千克	吨	75868	37368	38547	100.1
纯 苯	吨	2211	2442		110.4
黄 磷	吨	100500	96208	5761	101.5
合成氨(无水氨)	吨	478652	1774	476701	100.0
农用氮、磷、钾化学肥料总计(折纯)	吨	1652172	1530051	4798	92.9
1.氮肥(折含N100%)	吨	629207	598083	1085	95.2
#尿素(折含N100%)	吨	117661	114106	5	97.0
2.磷肥(折五氧化二磷100%)	吨	1022965	931968	3713	91.5
涂 料	吨	2623	2666		101.6

7-15 续表

产品名称	单 位	生产量	销售量	企业自用及其他	产销率(%)
化学药品原药	吨	461	427		92.7
橡胶轮胎外胎	条	5172087	5145536		99.5
塑料制品	吨	141033	146991	86	104.3
#农用薄膜	吨	2667	3605		135.2
水 泥	吨	5427975	5391011	1311	99.3
生 铁	吨	84095	85272		101.4
粗 钢	吨	237052	24433	218106	102.3
钢 材	吨	195827	200913	39	102.6
#棒 材	吨	121601	128464	16	105.7
钢 筋	吨	57056	55202		96.8
无缝钢管	吨	17169	17247	23	100.6
铁合金	吨	248417	237543	2750	96.7
十种有色金属	吨	369551	368380	3	99.7
#锌	吨	0.01			
原铝(电解铝)	吨	369551	368380	3	99.7
氧化铝	吨	1176491	472554	703863	100.0
铜 材	吨	214	214		100.0
铝 材	吨	3362	3198		95.1
金属切削机床	台	531	602		113.4
#数控金属切削机床	台	48	43		89.6
交流电动机	千瓦	269580	227965		84.6
家用电冰箱	台	45848	45201		98.6
移动通信手持机(手机)	台	1248863	1128188	1385	90.5
集成电路	万块	1655	1734		104.8
彩色电视机	台	725634	711090		98.0
发电量	万千瓦时	1146107			
#水 电	万千瓦时	532560			
火 电	万千瓦时	611625			
供电量	万千瓦时	2346701			
黄 磷	吨	100500			

7-16 规模以下工业抽样调查推算结果

(2009年)　　　　单位：万元

区县市名称	全部规模以下工业合计		规模以下企业		个体工业		2009年比2008年增长(%)	
	工业总产值	工业增加值	工业总产值	工业增加值	工业总产值	工业增加值	工业总产值	工业增加值
合　计	589259	161782	486481	133004	102778	28778	14.9	14.1
南明区	79769	19516	69930	16761	9839	2755	17.9	15.2
云岩区	67893	17990	58259	15293	9634	2697	16.6	12.8
花溪区	78816	22836	64474	18820	14342	4016	11.7	12.1
乌当区(不含金阳)	54696	14147	38242	9540	16454	4607	12.6	12.0
白云区	42149	10414	34513	8276	7636	2138	18.4	18.9
小河区	37869	10323	30255	8191	7614	2132	10.4	9.2
开阳县	52093	17551	42098	14753	9995	2799	19.5	20.6
息烽县	19447	6113	12675	4217	6772	1896	8.1	5.8
修文县	47235	13617	38687	11223	8548	2393	18.2	17.8
清镇市	64795	17525	52850	14180	11945	3345	21.9	20.1
金阳新区	44498	11749	44498	11749	个体工业包括在乌当区		16.8	16.3
乌当区(含金阳)	99194	25896	82740	21289	16454	4607	15.1	14.5

注：工业总产值和工业增加值的增长速度按价格紧缩后的可比价格计算。

7-17 规模以下非公有工业抽样调查推算结果

(2009年)　　　　单位：万元

区县市名称	全部规模以下非公有制工业合计		规模以下企业		个体工业		2009年比2008年增长(%)	
	工业总产值	工业增加值	工业总产值	工业增加值	工业总产值	工业增加值	工业总产值	工业增加值
合　计	493805	136311	391027	107533	102778	28778	17.6	16.7
南明区	54019	13036	44180	10281	9839	2755	18.5	17.5
云岩区	48341	12548	38708	9851	9634	2697	15.2	14.8
花溪区	67613	20055	53271	16039	14342	4016	14.1	13.9
乌当区(不含金阳)	48659	12841	32205	8234	16454	4607	11.7	12.6
白云区	33392	8014	25757	5876	7636	2138	22.5	20.3
小河区	36203	9843	28589	7711	7614	2132	13.6	12.0
开阳县	43807	14750	33811	11951	9995	2799	22.9	22.4
息烽县	17885	5532	11114	3636	6772	1896	8.8	7.1
修文县	46374	13324	37826	10930	8548	2393	20.6	19.3
清镇市	56728	15129	44784	11784	11945	3345	20.5	21.4
金阳新区	40784	11239	40784	11239	个体工业包括在乌当区		16.5	16.9
乌当区(含金阳)	89443	24080	72989	19473	16454	4607	15.9	15.4

注：工业总产值和工业增加值的增长速度按价格紧缩后的可比价格计算。

主 要 统 计 指 标 解 释

工　业　指从事自然资源的开采，对采掘品和农产品进行加工和再加工的物质生产部门。具体包括：(1)对自然资源的开采，如采矿、晒盐等(但不包括禽兽捕猎和水产捕捞)；(2)对农副产品的加工、再加工，如粮油加工、食品加工、缫丝、纺织、制革等；(3)对采掘品的加工、再加工，如炼铁、炼钢、化工生产、石油加工、机器制造、木材加工等，以及电力、自来水、煤气的生产和供应等；(4)对工业品的修理、翻新，如机器设备的修理、交通运输工具(包括小卧车)的修理等。

1984 年以前农村的村及村以下办工业归属农业，1984 年以后划归工业。

工业统计调查单位为独立核算法人工业企业。

独立核算法人工业企业　指从事工业生产经营活动的单位。独立核算法人工业企业应同时具备以下条件：①依法成立，有自己的名称、组织机构和场所，能够承担民事责任；②独立拥有和使用资产，承担负债，有权与其他单位签订合同；③独立核算盈亏，并能够编制资产负债表。

国有及国有控股企业　指国有企业加上国有控股企业。国有企业(即原全民所有制工业或国营工业)指企业全部资产归国家所有，并按《中华人民共和国企业法人登记管理条例》规定登记注册的非公司制的经济组织。包括国有企业、国有独资公司和国有联营企业。1957 年以前的公私合营和私营工业，后均改造为国营工业，1992 年改为国有工业，这部分工业的资料不单独分列时，均包括在国有企业内。国有控股企业是对混合所有制经济的企业进行的“国有控股”分类。它是指这些企业的全部资产中国有资产(股份)相对其他所有者中的任何一个所有者占资(股)最多的企业。该分组反映了国有经济控股情况。

轻工业　指主要提供生活消费品和制作手工工具的工业。按其所使用的原料不同，可分为两大类：(1)以农产品为原料的轻工业，是指直接或间接以农产品为基本原料的轻工业。主要包括食品制造、饮料制造、烟草加工、纺织、缝纫、皮革和毛皮制作、造纸以及印刷等工业；(2)以非农产品为原料的轻工业，是指以工业品为原料的轻工业。主要包括文教体育用品、化学药品制造、合成纤维制造、日用化学制品、日用玻璃制品、日用金属制品、手工工具制造、医疗器械制造、文化和办公用机械制造等工业。

重工业　指为国民经济各部门提供物质技术基础的主要生产资料的工业。按其生产性质和产品用途，可以分为下列三类：(1)采掘(伐)工业，是指对自然资源的开采，包括石油开采、煤炭开采、金属矿开采、非金属矿开采等工业；(2)原材料工业，指向国民经济各部门提供基本材料、动力和燃料的工业。包括金属冶炼及加工、炼焦及焦炭、化学、化工原料、水泥、人造板以及电力、石油和煤炭加工等工业；(3)加工工业，是指对工业原材料进行再加工制造的工业。包括装备国民经济各部门的机械设备制造工业、金属结构、水泥制品等工业，以及为农业提供的生产资料如化肥、农药等工业。

根据上述划分原则，修理业中以重工业产品为修理作业对象的划为重工业，反之划为轻工业。

工业总产值

(1)定义：工业总产值是以货币形式表现的，工业企业在一定时期内生产的工业最终产品或提供工业性劳务活动的总价值量。它反映一定时间内工业生产的总规模和总水平。

(2)计算原则:

工业生产的原则　即凡是企业在报告期生产的经检验合格的产品,不管是否在报告期销售,均包括在内。

最终产品的原则　即凡是计入工业总产值的产品,必须是本企业生产的经检验合格的,不需要再进行任何加工的最终产品。如果企业有中间产品(半成品)对外销售,则对外销售的中间产品应视为企业的最终产品。

工厂法原则　即工业总产值是以工业企业作为基本计算(核算)单位,即按企业的最终产品计算工业总产值。按这种方法计算的工业总产值,不允许同一产品价值在企业内部重复计算,不能把企业内部各个车间(分厂)生产的成果相加,但允许企业间的重复计算。

(3)内容及计算方法:1995年全国工业普查对工业总产值(原规定)的内容及计算原则和方法做了某些修订,修订后的工业总产值(新规定)包括三项内容:即本期生产成品价值、对外加工费收入、在制品半成品期末期初差额价值三部分。

本期生产成品价值　指企业本期生产,并在报告期内不再进行加工,经检验、包装入库的全部工业成品(半产品)价值合计,包括企业生产的自制设备及提供给本企业在建工程、其他非工业部门和福利部门等单位使用的成品价值。本期生产成品价值为按自备原材料生产的产品的数量乘以本期不含增值税(销项税额)的产品实际销售平均单价计算;会计核算中按成本价格转帐的自制设备和自产自用的成品,按成本价格计算生产成品价值。生产成品价值中不包括用定货者来料加工的成品(半产品)价值。

对外加工费收入　指企业在报告期内完成的对外承接的工业品加工(包括用定货者来料加工产品)的加工费收入和对外工业修理作业所取得的加工费收入。对外加工费收入按不含增值税(销项税额)的价格计算,可根据会计"产品销售收入"科目的有关资料取得。

对于本企业对内非工业部门提供的加工修理、设备安装的劳务收入,如果企业会计核算基础较好,能取得这部分资料,而且这部分价值所占比重较大,应包括在对外加工费收入中。

自制半成品在制品期末期初差额价值　指企业报告期在制品期末减期初的差额价值,本指标一般可以从会计核算资料中取得。如果会计产品成本核算中不计算半成品、在制品的成本,则总产值中也不包括这部分价值,反之则包括。

(4)工业总产值统计范围变化和计算方法修订情况:

1984年以前工业总产值不包括村办工业,村办工业总产值划归农业。1984年以后工业总产值包括村办工业。

1995年工业普查对工业总产值计算方法做了修订,即从1995年始按新修订(新规定)方法计算工业总产值。新规定与原规定的区别如下:

全价与加工费的计算原则不同:新规定为凡自备原材料,不论其生产繁简程度如何,一律按全价计算工业总产值;凡来料加工,允许按加工费计算工业总产值。原规定则视生产加工的繁简程度不同,规定哪些行业按全价,哪些行业按加工费计算工业总产值。

自制半成品、在产品期末期初差额价值的计算原则不同:新规定要求,凡会计产品成本核算时计算了成本的差额价值,总产值中就应包括,否则可不包括;原规定则按生产周期六个月的界限区分,凡生产周期六个月以上的企业,总产值计算中应包括这部分差额价值,否则可不包括。

计算价格不同:新规定按不含增值税(销项税额)的价格计算;原规定则按含增值税(销项税额)的价格计算。

工业增加值 指工业企业在报告期内以货币表现的工业生产活动的最终成果。

工业增加值有两种计算方法:一是生产法,即工业总产出减去工业中间投入加上应交增值税;二是收入法,即从收入的角度出发,根据生产要素在生产过程中应得到的收入份额计算,具体构成项目有固定资产折旧、劳动者报酬、生产税净额、营业盈余,这种方法也称要素分配法。本年鉴中的工业增加值是以生产法计算的。

生产法工业增加值的计算方法为:

工业增加值 = 工业总产出 - 工业中间投入 + 应交增值税

(1)工业总产出 指工业企业在一定时期内工业生产活动的总成果。工业总产出包括:成品生产价值,对外加工费收入,自制半成品、在产品期末期初差额价值。1995 年后用新规定计算的工业总产值代替。

(2)工业中间投入 指工业企业在工业生产活动中消耗的外购物质产品和对外支付的服务费用。服务费用包括支付给物质生产部门(工业、农业、批发零售贸易业、建筑业、运输邮电业)的服务费用和支付给非物质生产部门(如保险、金融、文化教育、科学研究、医疗卫生、行政管理等)的服务费用。工业中间投入的确定须遵循以下原则:必须从外部购入的,并已计入工业总产出的产品和服务价值;必须是本期投入生产,并一次性消耗掉(包括本期摊销的低值易耗品等)的产品和服务价值。

工业中间投入包括直接材料费用、制造费用中的工业中间投入、管理费用中的工业中间投入、销售费用中的工业中间投入和利息支出五部分。

资产总计 指企业拥有或控制的能以货币计量的经济资源,包括各种财产、债权和其他权利。资产按流动性分为流动资产、长期投资、固定资产、无形资产、递延资产和其他资产。该指标根据企业会计"资产负债表"中"资产总计"项目的期末数增列。

流动资产平均余额 指企业在报告期内全部流动资产的平均余额。

固定资产净值年平均余额 指固定资产净值在报告期内余额的平均数。计算公式为:

固定资产净值年平均余额 =1 至 12 月各月月初、月末固定资产净值之和 /24

该指标根据"资产负债表"中"固定资产原价"、"累计折旧"指标的期初、期末数计算填列。

固定资产净值 指固定资产原价减去历年已提折旧额后的净额。计算公式为:

固定资产净值 = 固定资产原价 - 累计折旧

产品销售收入 指企业在报告期内生产的成品、自制半成品和工业性劳务取得的收入。

产品销售成本 指企业在报告期内销售本企业生产的成品、自制半成品和工业性劳务等的实际成本。

产品销售税金及附加 指企业在报告期内销售产品、提供的劳务等主要经营业务应负担的城市维护建设税、消费税、资源税和教育费附加等。

利润总额 指企业生产经营活动的最终成果，是企业在一定时期内实现的盈亏相抵后的利润总额(亏损以"–"号表示)，它等于营业利润加上补贴收入加上投资收益加上营业外净收入再加上以前年度损益调整。

本年应交增值税 指企业在报告期内应交纳的增值税额。它等于本年销项税额加上出口退税加上进项税额转出数减去本年进项税额。小规模纳税企业直接按全年计税销售额乘以征收率计算取得。

年末从业人员平均人数 从业人员是指在企业工作并取得劳动报酬的全部人员数。包括在岗职工、再就业的离退休人员、民办教师及在企业工作的外方人员和港澳台方人员、兼职人员、借用的外单位人员和第二职业者。不包括离开本单位但仍保留劳动关系的职工。

从业人员平均人数 是指在报告内企业每天雇佣人员数，

总资产贡献率 反映企业全部资产的获利能力，是企业经营业绩和管理水平的集中体现，是评价和考核企业盈利能力的核心指标。

计算公式为：

总资产贡献率(%)=(利润总额 + 税金总额 + 利息支出)/ 平均资金总额 × 100%

公式中：税金总额为产品销售税金及附加与应交增值税之和；平均资产总额为期初期末资产之和的算术平均值。

资产负债率 该指标既反映企业经营风险的大小，也反映企业利用债权人提供的资金从事经营活动的能力。

计算公式为：

资产负债率(%)= 负债总额 / 资产总额 × 100%

资产与负债均为报告期期末数。

流动资产周转次数 指一定时期内流动资产完成的周转次数，反映投入工业企业流动资金的周转速度。

计算公式为：

流动资产周转资转 = 产品销售收入 / 全部流动资产平均余额

公式中：全部流动资产平均余额为期初和期末的流动资产之和的算术平均值。

成本费用利润率 反映企业投入的生产成本及费用的经济效益，同时也反映企业降低成本所取得的经济效益。

计算公式为：

成本费用利润(%)= 利润总额 / 成本费用总额 × 100%

公式中：成本费用总额为产品销售成本、销售费用、管理费用、财务费用之和。

全员劳动生产率 指根据产品的价值量指标计算的平均每一个从业人员在单位时间内的产品生产量。是考核企业经济活动的重要指标，是企业生产技术水平、经营管理水平、职工技术熟练程度和劳动积极性的综合表现。目前我国的全员劳动生产率是将工业企业的工业增加值除以同一时期全部从业人员的平均人数来计算的。计算公式为：

全员劳动生产率 = 工业增加值 / 全部从业人员平均人数

城市调查

Urban Survey

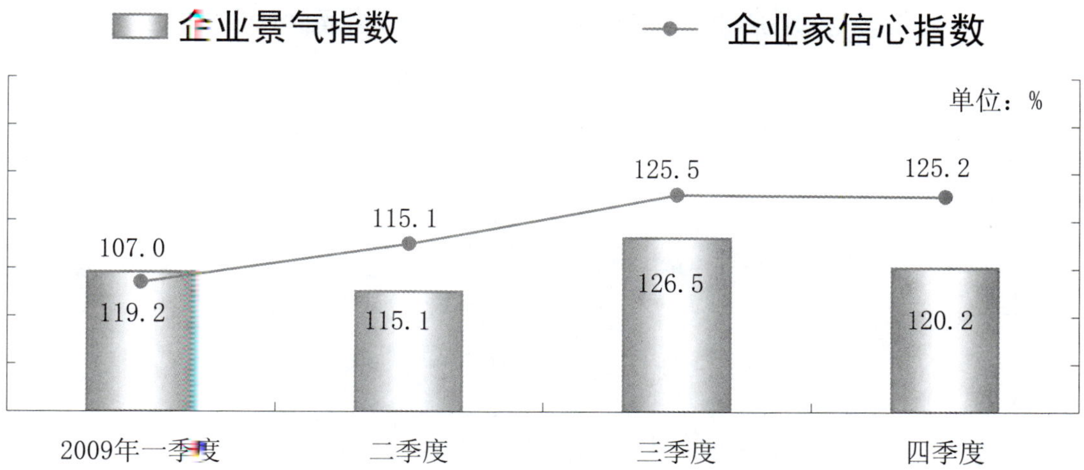

2009年 企业景气指数(按经济类型分)

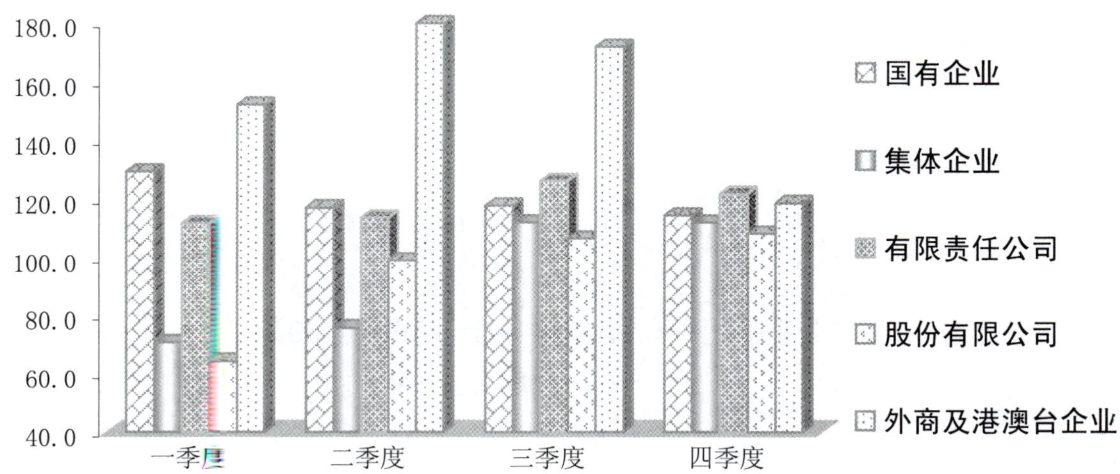

2009年 企业家信心指数(按经济类型分)

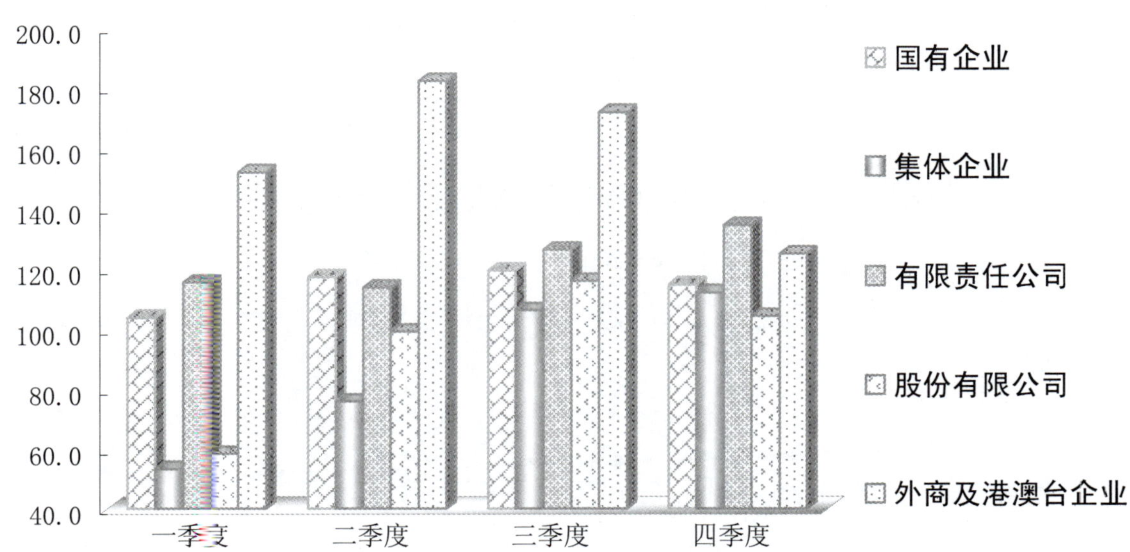

城市居民消费价格指数（上年同期=100）

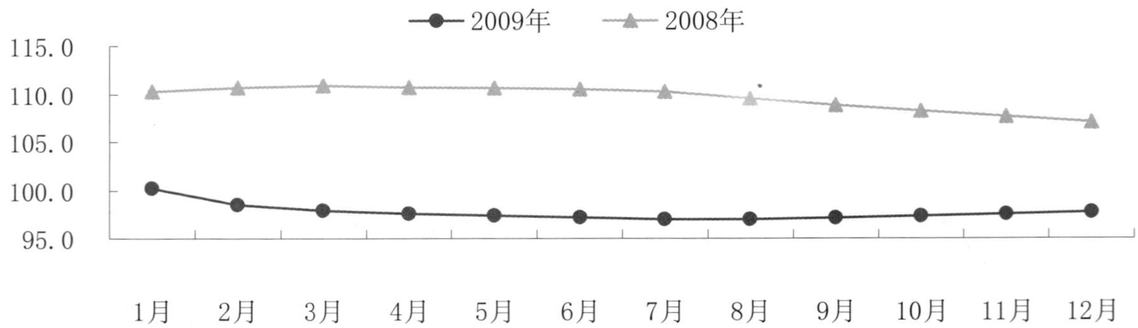

商品零售价格指数（上年同期=100）

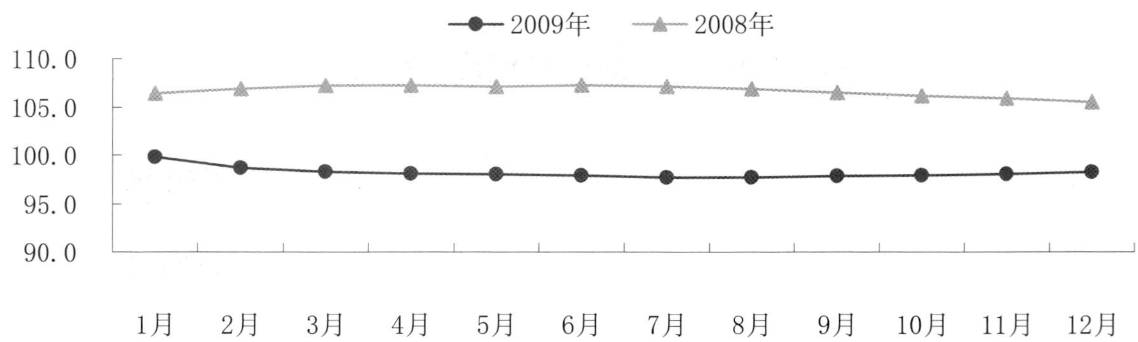

工业品出厂价格指数（上年同期=100）

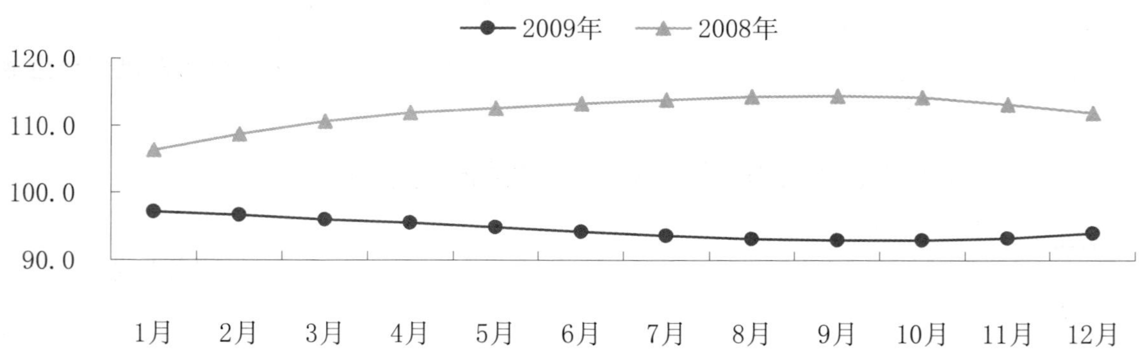

原材料、燃料、动力购进价格指数（上年同期=100）

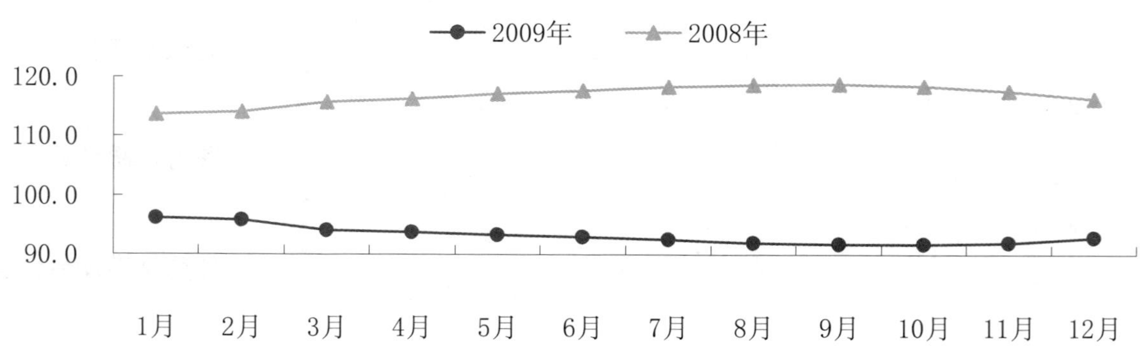

8-1 企业景气指数

（2009年） 单位:%

指标	一季度	二季度	三季度	四季度
总计	**119.2**	**115.1**	**126.5**	**120.2**
一、按经济类型分				
国有企业	129.4	117.2	118.0	114.8
集体企业	70.6	75.6	112.3	112.3
股份合作企业				
有限责任公司	111.8	113.9	126.4	122.1
股份有限公司	64.4	99.2	106.8	108.6
外商及港澳台企业	152.1	182.5	172.1	119.0
二、按行业分				
工业	111.3	99.2	106.4	117.8
建筑业	142.3	161.8	148.9	103.3
交通运输邮电业	123.0	109.5	123.0	118.6
批发零售业	132.1	125.3	141.7	144.7
房地产业	108.6	127.7	119.0	133.2
社会服务业	113.5	124.7	158.7	124.7
信息传输、计算机服务和软件业	145.1	95.1	145.1	110.4
住宿和餐饮业	72.2	123.4	152.6	124.8

8-2 企业家信心指数

（2009年） 单位:%

指标	一季度	二季度	三季度	四季度
总计	**107.0**	**115.1**	**125.5**	**125.2**
一、按经济类型分				
国有企业	103.9	117.2	119.4	114.8
集体企业	53.5	76.0	106.4	112.3
股份合作企业				
有限责任公司	115.6	113.9	126.4	134.5
股份有限公司	58.6	99.2	115.9	104.4
外商及港澳台企业	152.1	182.5	172.1	125.1
二、按行业分				
工业	89.2	99.2	108.5	116.7
建筑业	150.9	161.8	161.7	156.1
交通运输邮电业	111.5	109.5	120.6	107.5
批发零售业	129.4	125.3	140.4	147.3
房地产业	95.2	127.7	118.2	132.4
社会服务业	100.0	124.7	142.0	116.7
信息传输、计算机服务和软件业	135.1	95.1	125.1	120.4
住宿和餐饮业	100.0	123.4	144.4	114.9

8-3 城市居民消费价格指数

(以上年同期为100)

类别及名称	2009年	2008年	类别及名称	2009年	2008年
居民消费价格总指数	**97.7**	**107.0**	(2)饮　料	101.6	101.0
#服务项目价格指数	98.0	103.5	12.干鲜瓜果	109.8	112.6
消费品价格指数	97.6	108.2	(1)鲜　果	112.3	113.6
一、食　品	**98.3**	**118.1**	(2)干(坚)果及瓜果制品	101.5	108.2
1.粮　食	106.3	110.3	13.糕点饼干面包	101.7	116.6
2.淀粉及薯类	109.0	105.1	14.奶及奶制品	107.6	127.6
3.干豆类及豆制品	97.4	164.1	15.在外用膳食品	99.5	117.5
4.油　脂	75.0	129.5	16.其它食品及食品加工服务	98.6	101.8
5.肉禽及其制品	86.4	127.7	**二、烟酒及用品**	**101.9**	**102.8**
(1)食用畜肉及副产品	82.5	131.2	1.烟　草	100.0	100.0
(2)禽	97.3	113.0	2.酒	107.6	110.8
(3)肉禽加工制品	105.5	131.0	3.吸烟饮酒用品	100.0	98.7
6.蛋	100.7	103.2	**三、衣　着**	**93.1**	**94.2**
7.水产品	99.5	121.0	1.服　装	94.7	95.2
(1)鱼	98.0	123.7	(1)男式服装	100.4	96.8
(2)其它水产品	103.1	102.4	(2)女式服装	91.5	94.4
8.菜	114.3	107.0	(3)儿童服装	89.4	92.5
(1)鲜　菜	116.0	106.0	2.衣着材料	101.0	101.1
(2)干菜及菜制品	99.4	111.4	3.鞋袜帽	88.7	90.9
9.调味品	107.5	111.1	(1)鞋	86.4	89.2
10.糖	103.2	114.4	(2)袜　子	99.7	99.3
11.茶及饮料	99.9	98.4	(3)帽　子	100.2	99.8
(1)茶　叶	96.3	92.5	4.衣着加工服务	105.0	107.3

8-3 续表

类别及名称	2009年	2008年	类别及名称	2009年	2008年
四、家庭设备用品及维修服务	**99.5**	**105.6**	(2)车用燃料及零配件	88.4	115.0
1.耐用消费品	99.1	103.8	(3)车辆使用及维修	108.7	101.6
(1)家　具	99.1	106.1	(4)市区公共交通	100.0	100.0
(2)家庭设备	99.2	101.5	(5)城市间交通	101.9	103.3
2.室内装饰品	101.9	85.0	2.通　信	91.6	96.6
3.床上用品	96.9	98.9	(1)通信工具	90.2	80.6
4.家庭日用杂品	99.2	101.0	(2)通信服务	91.9	100.0
5.家庭服务及加工维修服务	105.3	147.9	**七、娱乐教育文化用品及服务**	**101.2**	**102.9**
五、医疗保健和个人用品	**101.0**	**101.1**	1.文娱用耐用消费品及服务	92.6	93.2
1.医疗保健	100.6	101.1	2.教　育	100.4	103.7
(1)医疗器具及用品	100.0	100.0	(1)教材及参考书	101.1	100.4
(2)中药材及中成药	101.2	108.5	(2)学杂托幼费	100.4	103.8
(3)西药	101.4	98.9	3.文化娱乐用品	105.5	114.2
(4)保健器具及用品	99.4	100.0	(1)文化娱乐	97.3	100.7
(5)医疗保健服务	99.7	99.3	(2)书报杂志	106.2	100.0
2.个人用品及服务	101.4	101.1	(3)文娱费	107.8	121.7
(1)化妆美容用品	99.9	96.9	4.旅游及外出	107.3	97.0
(2)卫生用品	101.3	97.5	**八、居　住**	**92.2**	**105.2**
(3)个人饰品	100.2	105.9	1.建房及装修材料	100.0	105.9
(4)个人服务	103.5	107.6	2.租　房	116.7	109.3
六、交通和通讯	**96.7**	**98.9**	3.自有住房	82.0	103.5
1.交　通	101.2	101.4	4.水、电、燃料	98.7	106.8
(1)交通工具	103.8	100.8			

8-4 商品零售价格指数

(以上年同期为100)

类别及名称	2009年	2008年	类别及名称	2009年	2008年
商品零售价格总指数	**98.2**	**105.4**	**四、纺织品类**	**96.6**	**102.4**
一、食品类	**100.1**	**119.5**	1.衣着材料	101.0	101.1
1.粮　食	106.3	109.7	2.床上用品	95.2	102.9
2.淀粉及薯类	109.0	105.1	**五、家用电器及音像器材**	**96.7**	**97.7**
3.干豆类及豆制品	97.6	163.4	1.家庭设备	99.4	101.4
4.油　脂	75.1	129.4	2.文娱用耐用消费品	92.3	92.0
5.肉禽及其制品	90.7	129.0	3.音像器材类	100.0	100.0
(1)食用畜肉及副产品	82.9	131.8	**六、文化办公用品**	**101.1**	**99.5**
(2)禽	97.1	112.8	**七、日用品**	**99.9**	**101.7**
(3)肉禽加工制品	105.4	131.0	1.日用百货	102.9	104.0
6.蛋	100.8	103.1	2.日用杂品	99.8	100.0
7.水产品	98.5	121.1	3.洗涤用品	98.2	101.8
(1)鱼	98.0	123.7	4.其它日用品	99.7	100.7
(2)其它水产品	103.1	102.4	**八、体育娱乐用品**	**97.7**	**100.5**
8.菜	114.0	107.0	1.体育用品	103.3	102.5
9.调味品	107.5	111.1	2.娱乐用品	93.9	99.2
10.糖	102.3	112.9	**九、交通、通信用品**	**100.6**	**97.2**
11.干鲜瓜果	110.0	112.8	1.交通运输机械	101.4	100.8
12.糕点饼干面包	101.6	116.5	2.通讯器材类	94.3	88.7
13.奶及奶制品	107.2	126.7	**十、家　具**	**99.7**	**105.6**
14.在外用膳食品	99.5	117.5	**十一、化妆品类**	**98.8**	**96.5**
15.其它食品	98.6	101.8	**十二、金银珠宝类**	**85.9**	**119.1**
二、饮料、烟酒	**102.3**	**102.3**	**十三、中西药品及医疗保健用品类**	**101.4**	**102.5**
1.茶及饮料	103.1	98.5	1.医疗器具及用品	100.0	100.0
(1)茶　叶	96.3	92.5	2.中药材及中成药	101.7	109.4
(2)饮　料	105.2	100.6	3.西药	101.4	98.9
2.烟　草	100.0	100.0	4.保健器具及用品	99.1	99.9
3.酒	107.3	110.9	**十四、书报杂志及电子出版物类**	**104.5**	**100.0**
三、服装、鞋帽类	**93.1**	**94.1**	1.教材及参考书	101.9	100.8
1.服　装	94.6	95.0	2.书报杂志	106.9	100.0
(1)男士服装	100.4	96.8	3.电子音像制品	96.8	100.0
(2)女式服装	91.5	94.4	**十五、燃料类**	**92.2**	**114.0**
(3)儿童服装	89.4	92.5	1.煤炭及制品类	102.6	143.4
2.鞋袜帽	87.4	90.0	2.石油及制品类	90.8	110.8
(1)鞋	86.4	89.2	**十六、建筑材料及五金电料类**	**97.4**	**106.6**
(2)袜　子	99.7	99.3	1.建筑装璜材料	97.6	109.0
(3)帽　子	100.2	99.8	2.五金电料类	96.1	96.9
3.其　它	96.5	101.3			

8-5 工业品出厂价格指数

(以上年同期为100)

类别及名称	2009年	2008年	类别及名称	2009年	2008年
全部工业品	**94.09**	**111.86**	皮革、毛皮、羽毛(绒)及其制品业	100.00	100.00
#轻工业	100.62	106.59	木材加工及木、竹、藤、棕、草制品业	99.66	104.22
以农产品为原料	101.55	105.46	家具制造业	98.87	106.22
以非农产品为原料	99.19	108.30	造纸及纸制品业	100.22	103.55
重工业	89.54	115.69	印刷业和记录媒介的复制	98.72	101.00
采　掘	89.51	123.18	文教体育用品制造业	100.03	100.29
原　料	90.74	110.73	石油加工、炼焦及核燃料加工业	85.02	181.24
加　工	87.64	122.49	化学原料及化学制品制造业	79.56	149.18
#生产资料	91.24	114.83	医药制造业	105.06	104.82
采　掘	89.51	123.18	化学纤维产品		
原　料	90.75	110.64	橡胶制品业	102.19	105.61
加　工	91.81	118.44	塑料制品业	91.93	108.70
生活资料	101.13	104.57	非金属矿物制品业	99.32	128.68
食　品	102.49	105.78	黑色金属冶炼及压延加工业	74.08	145.29
衣　着	107.16	107.79	有色金属冶炼及压延加工业	82.07	88.76
一般日用品	99.40	101.21	金属制品业	105.09	102.09
耐用消费品	82.15	92.90	通用设备制造业	98.15	102.72
按工业行业大类分			专用设备制造业	99.41	103.46
煤炭开采和洗选业	92.22	143.34	交通运输设备制造业	99.50	103.11
非金属矿采选业	88.13	112.60	电器机械及器材制造业	96.01	101.68
农副食品加工业	96.25	132.21	通信设备、计算机及其他电子设备制造业	80.76	88.11
食品制造业	103.52	118.64	仪器仪表及文化、办公用机械制造业	96.81	94.82
饮料制造业	99.63	104.98	废弃资源和废旧材料回收加工业	87.47	149.48
烟草制品业	100.65	100.00	电力、热力的生产和供应业	103.39	104.60
纺织业	88.82	98.29	燃气生产和供应业	100.00	100.00
纺织服装、鞋、帽制造业	100.35	106.66	水的生产和供应业	100.00	114.17

8-6 原材料、燃料、动力购进价格指数

(以上年同期为100)

类别及名称	2009年	2008年	类别及名称	2009年	2008年
全部原材料	**92.91**	**116.29**	家具制造业		
(一)燃料、动力类	102.26	118.95	造纸及纸制品业	97.92	113.51
(二)黑色金属材料类	86.12	124.07	印刷业和记录媒介的复制	98.57	104.85
#钢 材	86.64	121.74	文教体育用品制造业	84.47	106.12
其 它	82.86	130.64	石油加工、炼焦及核燃料加工业	87.11	113.45
(三)有色金属材料和电线类	81.48	97.35	化学原料及化学制品制造业	86.01	120.39
(四)化工原料类	82.10	114.54	医药制造业	92.33	110.56
(五)木材及纸浆类	94.90	108.85	化学纤维制造业	103.57	96.78
(六)建筑材料及非金属矿类	97.08	134.66	橡胶制品业	86.73	113.31
(七)其它工业原材料及半成品类	92.36	108.65	塑料制品业	87.22	103.35
(八)农副产品类	87.42	126.43	非金属矿物制品业	103.43	123.35
(九)纺织原料类	99.13	103.71	黑色金属冶炼及压延加工业	88.60	133.81
按行业分(企业法)			有色金属冶炼及压延加工业	88.85	119.87
煤炭开采和洗选业	100.00	100.93	金属制品业	86.43	124.17
非金属矿采选业	89.32	125.43	通用设备制造业	92.21	113.44
农副食品加工业	95.65	117.24	专用设备制造业		
食品制造业	93.22	114.55	交通运输设备制造业	90.46	109.89
饮料制造业	94.84	113.24	电气机械及器材制造业	88.37	102.38
烟草制品业	101.54	107.92	通信设备、计算机及其他电子设备制造业	92.64	103.15
纺织业	88.63	102.62	仪器仪表及文化、办公用机械制造业	91.77	109.38
纺织服装、鞋、帽制造业			废弃资源和废旧材料回收加工业	87.13	150.71
皮革、毛皮、羽毛(绒)及其制品业	100.00	100.00	电力、热力的生产和供应业	100.58	122.61
木材加工及木、竹、藤、棕、草制品业	99.55	104.79	水的生产和供应业	102.34	106.70

主要统计指标解释

企业景气调查 是通过对部分企业负责人定期进行问卷调查，并根据他们对企业经营状况及宏观经济环境的判断和预期来编制景气指数，从而准确、及时地反映宏观经济运行和企业经营状况，预测经济发展的变动趋势的一种调查统计方法。它是适应我国社会主义市场经济发展的新形势，借鉴西方国家的经验而建立起来的一项进行事前统计的调查制度，它是增强统计服务时效性、扩大统计服务范围，提高统计服务质量的一种新的调查工作。

企业景气指数 又称为企业综合生产经营景气指数，是根据企业负责人对本企业综合生产经营情况的判断与预期而编制的指数，用以综合反映企业的生产经营状况。

企业家信心指数 又称为宏观经济景气指数，是根据企业负责人对企业外部市场环境与宏观政策的认识、看法、判断与预期而编制的指数，用以综合反映企业负责人对宏观经济环境的感受与信心。

商品零售价格指数 是反映城乡商品零售价格变动趋势的一种经济指数。零售物价的变动直接反映城乡居民的生活支出和国家的财政收入，反映居民购买力和市场供需平衡，反映消费与积累的比例。

居民消费价格指数 是反映一定时期内城乡居民所购买的生活消费品价格和服务项目价格变动趋势和程度的相对数，是对城市居民消费价格指数和农村居民消费价格指数进行综合汇总计算的结果。

原材料、燃料和动力价格指数 是反映工业企业作为生产投入，而从物质交易市场和能源、原材料生产企业购买原材料、燃料和动力产品时，所支付的价格水平变动趋势和程度的统计指标，是扣除工业企业物质消耗成本中的价格变动影响的重要依据。

9

nine

建 筑 业

Construction

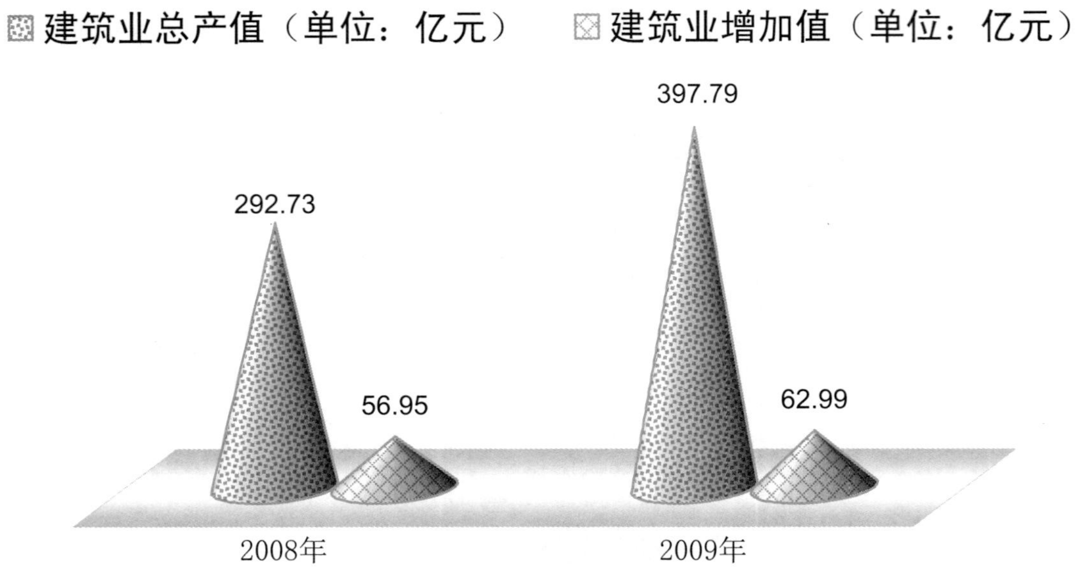
建筑业总产值（单位：亿元）
建筑业增加值（单位：亿元）
292.73
56.95
397.79
62.99
2008年
2009年

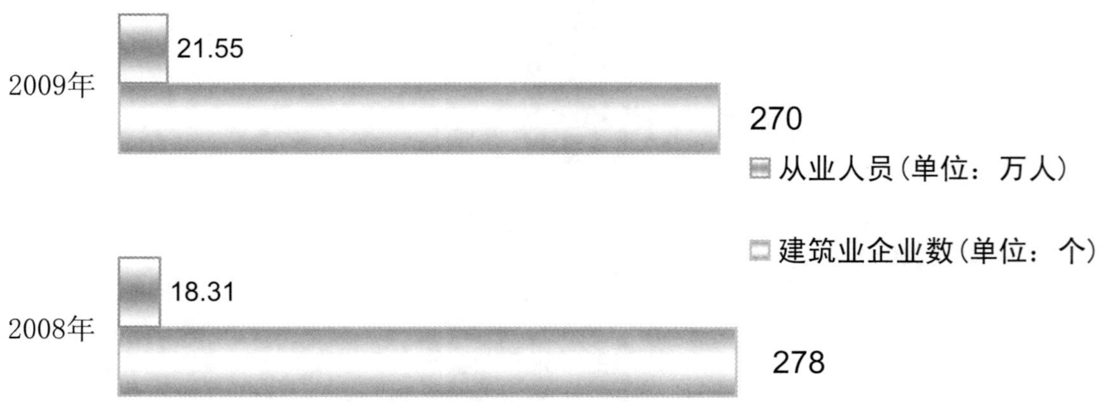
2009年
21.55
270
从业人员(单位：万人)
建筑业企业数(单位：个)
2008年
18.31
278

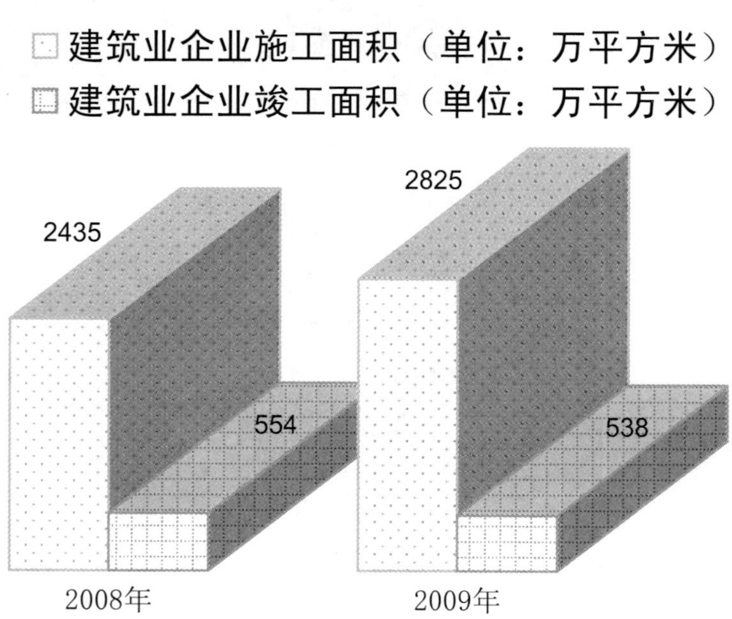
建筑业企业施工面积（单位：万平方米）
建筑业企业竣工面积（单位：万平方米）
2435
554
2825
538
2008年
2009年

9-1 总承包及专业承包建筑业企业主要经济指标

指　　标	单　位	2009年	2008年	2009年比2008年增长(%)
从业人员	万人	21.55	18.31	17.7
自有固定资产原价	亿元	57.48	49.28	16.6
自有固定资产净价	亿元	36.27	28.32	28.1
自有机械设备台数	(台)	33389	29375	13.7
自有机械设备净值	亿元	17.82	14.58	22.2
自有机械设备总功率	万千瓦	65.45	71.00	-7.8
建筑业总产值	亿元	397.79	292.73	35.9
建筑业增加值	亿元	62.99	56.95	10.6
#本年固定资产折旧	亿元	3.53	2.52	40.1
主营业务应付工资	亿元	38.42	35.1	9.5
主营业务应付福利费	亿元	2.42	2.07	16.9
工程结算税金及附加	亿元	13	9.58	35.7
管理费用中的税金	亿元	0.38	0.6	-36.7
营业利润	亿元	3.93	4.07	-3.4
施工面积	万平方米	2825	2435	16.0
竣工面积	万平方米	537.7	554	-2.9
利润总额	亿元	4.08	4.44	-8.1
劳动生产率				
按总产值计算	元/人	192821	169372	13.8
按增加值计算	元/人	30534	37953	-19.5
技术装备率	元/人	8638	8436	2.4
动力装备率	千瓦/人	3.2	4.1	-22.0
房屋建筑面积竣工率	%	19	22.77	-16.6
产值利润率	%	1	1.5	-33.3
产值利税率	%	4.66	5.26	-11.4

9–2 总承包及专业承包建筑企业生产情况指标

(2009年)　　单位：万元

指　标	企业个数（个）	#有工作量的企业	#亏损企业	签订的合同额	#本年新签合同额	直接从建设单位承揽工程完成的产值	#分包出去的工程产值	从建设单位以外承揽工程完成的产值
总　计	**270**	**246**	**71**	**8355274**	**5034047**	**3954455**	**5833**	**29245**
#国有及国有控股企业	80	76	19	7679527	4595302	3489624	2012	13355
一、按登记注册类型分组								
内资企业	269	246	70	8355274	5034047	3954455	5833	29245
国有企业	57	54	15	6751099	4276874	2870226	2012	13305
集体企业	34	30	10	73106	58143	44947		3147
联营企业	3	3	2	3661	3401	4217		
国有联营企业	1	1	1			654		
其他联营企业	2	2	1	3661	3401	3563		
有限责任公司	112	106	25	1296627	557124	874891	3821	12794
国有独资公司	5	4		164576	109417	125212		
其他有限责任公司	107	102	25	1132051	447707	749679	3821	12794
股份有限公司	12	11	2	97595	52540	75188		
私营企业	50	41	16	133186	85965	84788		
私营合伙企业	2	1	1	1049	813	949		
私营有限责任公司	44	38	14	69223	39348	36795		
私营股份有限公司	4	2	1	62914	45804	47044		
其他企业	1	1				198		
二、按国民经济行业分组								
房屋和土木工程建筑业	139	127	34	7678003	4553220	3439340	5833	20503
房屋工程建筑	103	94	29	3273588	1951014	1704113	3821	6882
土木工程建筑业	36	33	5	4404416	2602206	1735227	2012	13621
建筑安装业	60	56	17	578685	402053	451845		
建筑装饰业	47	40	15	47292	32162	37355		
其他建筑业	24	23	5	51294	46611	25915		8742
工程准备	12	11	2	38423	35131	13803		8742
提供施工设备服务	1	1	1	20	20	15		
其他未列明的建筑活动	11	11	2	12850	11460	12097		

9-2 续表 1

单位：万元

指　　标	企业个数(个)	#有工作量的企业	#亏损企业	签订的合同额	#本年新签合同额	直接从建设单位承揽工程完成的产值	#分包出去的工程产值	从建设单位以外承揽工程完成的产值
三、按隶属关系分组								
中　央	17	17	3	2762500	1401145	1575348	2012	12250
省(自治区、直辖市)	62	59	14	4908431	3171418	1924727		2476
地区(州、盟、省辖市)	46	44	13	229089	158249	156169		1956
县(区、市、旗)	13	11	6	27222	22809	20813		
街　道	7	5	2	28443	22207	26455	3821	3821
镇	2		1	7				
乡	1	1		2461	2461	1378		
村委会	1	1		441	410	338		
其　他	121	108	32	396681	255349	249227		8742
四、按企业资质等级分组								
施工总承包	163	149	43	8226179	4934108	3845195	5833	20323
特　级	1	1		582284	133770	347586		
一　级	29	29	4	6641816	4237970	2925497	2012	13255
二　级	47	46	10	828331	443552	452834		50
三级及以下	86	73	29	173748	118817	119278	3821	7018
专业承包	107	97	28	129095	99938	109260		8922
一　级	8	8	1	18365	11069	17484		
二　级	57	54	14	58154	40782	72058		180
三级及以下	42	35	13	52576	48088	19718		8742
五、按营业状态分								
营　业	261	244	65	8355004	5034027	3954238	5833	29245
停业(歇业)	6	1	5	20	20	15		
其　他	2	1	1	250		202		
六、按控股情况分								
国有控股	80	76	19	7679527	4595302	3489624	2012	13355
集体控股	46	41	12	100844	76333	64513		3327
私人控股	117	106	31	386097	232636	272637		8742
其　他	26	23	8	188806	129776	127681	3821	3821

9-2 续表 2

单位：万元

指　标	建筑业总产值	装饰装修产值	在外省完成的产值	按构成分 建筑工程产值	安装工程产值	其他产值	竣　工产　值
总　计	**3977867**	**39157**	**1000424**	**3404214**	**445703**	**127950**	**1268521**
#国有及国有控股企业	3500966	5562	990947	3031211	367630	102125	1063740
一、按登记注册类型分组							
内资企业	3977867	39157	1000424	3404214	445703	127950	1268521
国有企业	2881519	4718	707168	2495612	293176	92731	947163
集体企业	48094	155	500	37589	2059	8446	22875
联营企业	4217			4215	1		1
国有联营企业	654			654			
其他联营企业	3563			3561	1		1
有限责任公司	883863	22971	292756	745785	123371	14707	201891
国有独资公司	125212		92298	51053	74159		5857
其他有限责任公司	758651	22971	200457	694732	49212	14707	196034
股份有限公司	75188	523		45316	21863	8009	63653
私营企业	84788	10779		75509	5222	4056	32938
私营合伙企业	949			949			334
私营有限责任公司	36795	9135		27516	5222	4056	19133
私营股份有限公司	47044	1644		47044			13471
其他企业	198	11		188	11		
二、按国民经济行业分组							
房屋和土木工程建筑业	3454010	11879	840970	3157167	248850	47993	1156321
房屋工程建筑	1707174	11522	550417	1650652	33782	22741	701054
土木工程建筑业	1746836	358	290552	1506515	215068	25252	455267
建筑安装业	451845	250	159454	184940	195859	71046	88076
建筑装饰业	37355	26713		35197	966	1192	11543
其他建筑业	34657	315		26910	28	7719	12581
工程准备	22545			16374		6171	2974
提供施工设备服务	15				15		
其他未列明的建筑活动	12097	315		10536	13	1548	9607

9-2 续表 3

单位：万元

指　标	建筑业总产值			按构成分			竣工产值
		装饰装修产值	在外省完成的产值	建筑工程产值	安装工程产值	其他产值	
三、按隶属关系分组							
中　央	1585585	899	757916	1303399	271807	10379	497323
省(自治区、直辖市)	1927203	12508	240796	1742620	91216	93368	572620
地区(州、盟、省辖市)	158125	3384		144697	9996	3433	50609
县(区、市、旗)	20813	50		20363		450	13531
街　道	26455			9867	16588		3601
镇							
乡	1378			1378			
村委会	338			338			338
其　他	257970	22316	1712	181554	56097	20320	130499
四、按企业资质等级分组							
施工总承包	3859684	11967	998712	3317659	423623	118402	1225733
特　级	347586		56933	347586			
一　级	2936740	10253	916728	2483784	360749	92207	923720
二　级	452884	904	24551	406112	34007	12765	242543
三级及以下	122475	810	500	80177	28866	13431	59469
专业承包	118182	27190	1712	86555	22080	9548	42788
一　级	17484	10131	1712	10331	6105	1048	4001
二　级	72238	13696		59104	8063	5072	33460
三级及以下	28461	3363		17120	7912	3428	5328
五、按营业状态分							
营　业	3977650	39157	1000424	3404012	445688	127950	1268521
停业(歇业)	15				15		
其　他	202			202			
六、按控股情况分							
国有控股	3500966	5562	990947	3031211	367630	102125	1063740
集体控股	67840	819	500	49883	9289	8669	33193
私人控股	281379	30577	8977	216276	52714	12389	158207
其　他	127681	2199		106844	16070	4767	13381

9-2　续表 4

单位：平方米、人

指　　标	房屋建筑施工面积	#本年新开工面积	#实行投标承包面积	计算建筑业劳动生产率的平均人数	年　　末从业人数	#管　　理人　　员	#工　　程技术人员
总　计	**2825**	**957**	**2670**	**206298**	**215526**	**23087**	**21094**
#国有及国有控股企业	2449	839	2348	171827	180823	18682	15812
一、按登记注册类型分组							
内资企业	2825	957	2670	206295	215523	23087	21094
国有企业	2408	823	2324	145560	156712	16491	13257
集体企业	47	30	29	5003	6150	838	1050
联营企业				194	178	50	45
国有联营企业				27	11	11	4
其他联营企业				167	167	39	41
有限责任公司	192	45	141	45071	42289	4415	5081
国有独资公司	7	4	4	5042	3214	923	699
其他有限责任公司	184	41	137	40029	39075	3492	4382
股份有限公司	73	19	71	5274	5030	523	691
私营企业	106	40	105	5176	5155	764	967
私营合伙企业	1	1		83	74	16	13
私营有限责任公司	52	11	52	2421	2559	270	493
私营股份有限公司	53	28	53	2672	2522	478	461
其他企业	1			17	9	6	3
二、按国民经济行业分组							
房屋和土木工程建筑业	2635	876	2499	183209	193754	19092	17214
房屋工程建筑	2581	846	2458	88285	97977	10980	9894
土木工程建筑业	54	29	42	94924	95777	8112	7320
建筑安装业	187	79	170	17636	16563	3061	2930
建筑装饰业				3045	3162	641	553
其他建筑业	3	2		2408	2047	293	397
工程准备	1			1478	1296	168	169
提供施工设备服务				10	10	5	5
其他未列明的建筑活动	2	2		920	741	120	223

9-2 续表 5

单位：平方米、人

指标	房屋建筑施工面积	#本年新开工面积	#实行投标承包面积	计算建筑业劳动生产率的平均人数	年末从业人数	#管理人员	#工程技术人员
三、按隶属关系分组							
中央	836	259	804	68199	61073	5920	4686
省(自治区、直辖市)	1663	585	1602	105181	121589	12723	11453
地区(州、盟、省辖市)	107	31	88	12245	12417	1442	1791
县(区、市、旗)	22	18	21	2212	2399	321	358
街道	2	1	1	1216	1647	155	221
镇				73	81	24	16
乡	4	4	4	172	113	21	37
村委会	5			115	131	35	39
其他	186	58	150	16885	16076	2446	2493
四、按企业资质等级分组							
施工总承包	2807	955	2669	197639	207257	22063	19657
特级				20438	22485	850	750
一级	2281	775	2251	138019	143502	14941	12115
二级	406	134	339	27953	29324	4490	4831
三级及以下	120	46	78	11229	11946	1782	1961
专业承包	18	2	0	8659	8269	1024	1437
一级				1064	1332	193	265
二级	14			5463	5009	533	903
三级及以下	4	2	0	2132	1928	298	269
五、按营业状态分							
营业	2825	957	2670	206238	215463	23062	21085
停业(歇业)				51	49	22	9
其他				9	11		
六、按控股情况分							
国有控股	2449	839	2348	171827	180823	18682	15812
集体控股	57	35	35	6743	8075	1308	1567
私人控股	259	78	230	19455	18603	2071	2503
其他	61	5	56	8270	8022	1026	1212

9-2 续表 6

单位：人

指　标	#一级建造师	#现场施工工人	主要建筑材料消耗量 钢材(吨)	木材(立方米)	水泥(吨)	平板玻璃(重量箱)	平板玻璃(平方米)
总　计	**1255**	**140892**	**7706275**	**305989**	**6284003**	**307186**	**8085913**
#国有及国有控股企业	964	119595	7540824	253138	5319105	238913	7534863
一、按登记注册类型分组							
内资企业	1255	140892	7706275	305989	6284003	307186	8085913
国有企业	802	108597	7356279	247579	4338167	237735	7515523
集体企业	23	3665	16615	8726	120999	14451	119581
联营企业	6	127	100	1279	10482		
国有联营企业	2	5					
其他联营企业	4	122	100	1279	10482		
有限责任公司	283	21285	257002	27548	1499218	23045	219318
国有独资公司	42	1273	14651	823	16467	162	7081
其他有限责任公司	241	20012	242351	26725	1482751	22883	212237
股份有限公司	38	3737	29764	5426	129668	21001	120799
私营企业	103	3481	46478	15416	183269	10931	109427
私营合伙企业		21	268	1210	3473		
私营有限责任公司	83	1459	9740	4243	32811	2287	22989
私营股份有限公司	20	2001	36470	9963	146985	8644	86438
其他企业			37	15	2200	23	1265
二、按国民经济行业分组							
房屋和土木工程建筑业	983	128976	7595838	276981	5819038	277573	7605624
房屋工程建筑	532	56026	1195500	235974	3392336	273800	7512839
土木工程建筑业	451	72950	6400338	41007	2426702	3773	92785
建筑安装业	200	9012	94755	26690	210899	21473	460354
建筑装饰业	35	1978	3993	2005	39441	8135	19785
其他建筑业	37	926	11689	313	214625	5	150
工程准备	12	569	10207	50	203295		
提供施工设备服务							
其他未列明的建筑活动	25	357	1482	263	11330	5	150

9-2 续表 7

单位：人

指　标			主要建筑材料消耗量				
	#一　级 建造师	#现　　场 施工工人	钢　材 (吨)	木　材 (立方米)	水　泥 (吨)	平板玻璃 (重量箱)	平板玻璃 (平方米)
三、按隶属关系分组							
中　央	309	30930	6713566	26974	2123131	8188	50367
省(自治区、直辖市)	657	89714	831708	232768	3306850	238262	7540421
地区(州、盟、省辖市)	93	9184	47119	10906	264833	26630	163037
县(区、市、旗)	23	1316	10767	6313	61678	8808	69323
街　道	2	1149	15600	2260	17850	323	6669
镇		36					
乡		55	487	756	5400	210	8400
村委会		51	186	65	780	250	12536
其　他	171	8457	86842	25947	503481	24515	235160
四、按企业资质等级分组							
施工总承包	1108	137926	7692152	303268	6065204	299751	8060776
特　级	50	21635	142874	10147	551256		
一　级	765	90104	7375418	242633	4397975	211186	7244211
二　级	250	19107	130765	33978	876577	70574	651922
三级及以下	43	7080	43095	16510	239396	17991	164643
专业承包	147	2966	14123	2721	218799	7435	25137
一　级	23	721	1340	636	6919	921	2108
二　级	104	1442	2122	1425	6439	6386	17628
三级及以下	20	803	10661	660	205441	128	5401
五、按营业状态分							
营　业	1255	140865	7706246	305949	6283903	307184	8085713
停业(歇业)		27					
其　他			29	40	100	2	200
六、按控股情况分							
国有控股	964	119595	7540824	253138	5319105	238913	7534863
集体控股	39	4831	19152	11024	149384	14679	125324
私人控股	186	11570	101809	34331	620597	53155	380982
其　他	66	4896	44490	7496	194917	439	44744

9-2 续表 8

单位：万元

指 标	铝 材(吨)	企 业总产值	#在境外完成的营业额	房屋建筑竣工面积(万平方米)	#住 宅	竣工房屋价 值	#住 宅
总 计	**118402**	**4097380**	**124125**	**538**	**359**	**507879**	**281621**
#国有及国有控股企业	112235	3616302	123176	404	259	416734	225701
一、按登记注册类型分组							
内资企业	118402	4097380	124125	538	359	507879	281621
国有企业	111702	2995075	123176	377	241	389584	208119
集体企业	1935	48598		10	6	8037	4238
联营企业		4217					
国有联营企业		654					
其他联营企业		3563					
有限责任公司	3681	888597		94	79	56245	41421
国有独资公司	71	125212		4	4	4210	3810
其他有限责任公司	3610	763385		90	75	52035	37611
股份有限公司	300	75664		41	28	36469	22754
私营企业	776	84970	949	16	6	17544	5090
私营合伙企业		949	949				
私营有限责任公司	226	36977		6	6	5175	5090
私营股份有限公司	550	47044		10		12370	
其他企业	8	259					
二、按国民经济行业分组							
房屋和土木工程建筑业	75268	3563241	41540	484	314	469454	252906
房屋工程建筑	66135	1716524	949	471	314	438377	252906
土木工程建筑业	9133	1846718	40592	13		31077	
建筑安装业	42815	461780	82585	54	45	38425	28715
建筑装饰业	317	37478					
其他建筑业	2	34881					
工程准备		22573					
提供施工设备服务		15					
其他未列明的建筑活动	2	12293					

9-2 续表 9

单位：万元

指 标	铝 材(吨)	企 业 总产值	#在境外完成的营业额	房屋建筑竣工面积(万平方米)	#住 宅	竣工房屋价 值	#住 宅
三、按隶属关系分组							
中 央	745	1687863	40592	83	47	112419	44828
省(自治区、直辖市)	113582	1939910	82585	366	257	319136	195897
地区(州、盟、省辖市)	504	158787		44	33	38748	26268
县(区、市、旗)	1779	20916		10	6	7757	3823
街 道	9	26771				480	415
镇							
乡	2	1378					
村委会	56	338					
其 他	1725	261418	949	35	16	29339	10391
四、按企业资质等级分组							
施工总承包	118022	3978267	124125	538	359	507879	281621
特 级		347586					
一 级	110419	3049270	123176	373	229	395018	203789
二 级	5223	455558	949	126	105	85550	62384
三级及以下	2380	125853		39	25	27311	15449
专业承包	380	119113					
一 级	20	17497					
二 级	281	72920					
三级及以下	79	28697					
五、按营业状态分							
营 业	118389	4096990	124125	538	359	507879	281621
停业(歇业)		188					
其 他	13	202					
六、按控股情况分							
国有控股	112235	3616302	123176	404	259	416734	225701
集体控股	2082	70528		16	10	11767	6568
私人控股	1829	282782	949	78	51	70302	40929
其 他	2256	127769		39	38	9076	8423

9-3 总承包及专业承包建筑企业财务状况

（2009年）　　单位：万元

指标	流动资产合计	#存货	固定资产合计	固定资产原价	#生产经营用	累计折旧	#本年折旧
总　　计	**2510568**	**536039**	**499305**	**574767**	**423829**	**212017**	**35316**
#国有及国有控股企业	2058503	414910	411152	467687	343959	175680	28708
一、按登记注册类型分组							
内资企业	2508884	535944	499219	574658	423829	211933	35316
国有企业	1741069	333992	382304	421708	305548	156066	26027
集体企业	24575	6342	11403	10829	7529	2591	229
联营企业	1593	70	2829	2922	378	94	5
国有联营企业	65	2	5	24	24	19	3
其他联营企业	1528	68	2824	2898	355	75	3
有限责任公司	582670	144893	78329	110819	92086	42806	7533
国有独资公司	88763	20375	3218	4855	2809	2211	622
其他有限责任公司	493906	124518	75111	105964	89278	40595	6911
股份有限公司	73029	10225	13549	14627	9367	6643	849
私营企业	85843	40388	10304	13170	8567	3618	663
私营合伙企业	1673	386	843	1357	1351	513	
私营有限责任公司	51773	8457	7197	8922	4373	2477	539
私营股份有限公司	32398	31546	2263	2892	2843	628	124
其他企业	104	35	502	583	353	116	9
港、澳、台商投资企业	1684	95	86	109		84	
港、澳、台商独资经营企业	1684	95	86	109		84	
二、按国民经济行业分组							
房屋和土木工程建筑业	2102207	459993	444733	502605	374795	187774	29947
房屋工程建筑	938111	211208	208396	193627	98059	35702	6020
土木工程建筑业	1164096	248785	236337	308978	276736	152072	23927
建筑安装业	340791	67583	37608	52049	35063	16902	4124
建筑装饰业	48080	6216	6454	7770	3416	4052	416
其他建筑业	19491	2248	10510	12343	10555	3290	830
工程准备	9898	1003	6636	7739	6036	1236	455
其他未列明的建筑活动	9328	1245	3875	4604	4519	2054	375

9-3 续表 1

单位：万元

指标	流动资产合计	#存货	固定资产合计	固定资产原价	#生产经营用	累计折旧	#本年折旧
三、按隶属关系分组							
中　央	863924	197756	162477	239478	152408	80424	15046
省(自治区、直辖市)	1157476	210735	249933	231084	196547	95062	14102
地区(州、盟、省辖市)	150160	35336	34711	32701	24362	8493	1141
县(区、市、旗)	11867	2969	4760	5283	4223	932	68
街　道	12763	1578	3959	2861	2472	731	294
镇	1610	978	361	460		99	
乡	1516	976	83	106	21	24	10
村委会	253	209	651	668	650	17	
其　他	311000	85502	42372	62127	43146	26235	4656
四、按企业资质等级分组							
施工总承包	2368330	516215	478576	545571	402436	200443	33313
特　级	148375	32697	18232	36511	30897	18279	4549
一　级	1722925	384790	290646	316350	282064	138080	22026
二　级	361936	63833	138977	155249	63465	31656	3759
三级以下	135094	34896	30721	37461	26010	12428	2979
专业承包	142238	19824	20729	29196	21394	11574	2003
一　级	17079	3444	1686	2957	1184	2091	206
二　级	65471	12404	11060	17471	14489	7644	1294
三级以下	59688	3975	7983	8769	5721	1839	503
五、按营业状态分							
营　业	2506965	534081	498595	574112	423487	211727	35298
停业(歇业)	1974	930	205	401	278	196	11
其　他	500	49	443	156	64	60	6
六、按控股情况分							
国有控股	2058503	414910	411152	467687	343959	175680	28708
集体控股	62375	10219	19482	25206	18649	8901	2466
私人控股	272730	89871	44242	54901	36798	22065	3207
其　他	115277	20944	24342	26864	24423	5287	934

9-3 续表 2

单位：万元

指 标	在建工程	资产合计	负债合计	所有者权益合计	工程结算收入	工程结算成本	工程结算税金及附加
总 计	**121736**	**3281732**	**2392070**	**889662**	**3855856**	**3486211**	**130064**
#国有及国有控股企业	113518	2690525	2052737	637788	3393189	3089593	114354
一、按登记注册类型分组							
内资企业	121736	3279961	2391580	888381	3855856	3486211	130064
国有企业	111891	2335770	1772553	563217	2800196	2546858	93484
集体企业	2367	38540	19584	18956	46155	39954	1680
联营企业		4428	2025	2403	4340	3901	187
国有联营企业		70	64	6	639	501	35
其他联营企业		4358	1961	2397	3701	3400	153
有限责任公司	6359	691492	485663	205829	850788	767476	29470
国有独资公司	575	92237	79799	12438	117878	103218	3895
其他有限责任公司	5785	599256	405864	193392	732911	664258	25575
股份有限公司	561	108016	50060	57956	71916	53574	2538
私营企业	524	100876	61493	39383	82263	74294	2698
私营合伙企业		2516	68	2449	949	895	31
私营有限责任公司	524	61036	30543	30494	36594	30881	1152
私营股份有限公司		37323	30883	6440	44720	42518	1516
其他企业	35	840	202	637	198	154	7
港、澳、台商投资企业		1771	490	1281			
港、澳、台商独资经营企业		1771	490	1281			
二、按国民经济行业分组							
房屋和土木工程建筑业	116546	2774540	2070429	704111	3384461	3070097	114129
房屋工程建筑	38727	1200850	849725	351125	1639577	1504900	56517
土木工程建筑业	77819	1573690	1220704	352986	1744884	1565197	57612
建筑安装业	2320	413368	273048	140320	402650	358208	13733
建筑装饰业	2188	56588	30890	25699	35316	30206	1174
其他建筑业	682	37236	17703	19533	33430	27701	1028
工程准备	56	21590	10705	10885	19648	16218	633
其他未列明的建筑活动	626	15381	6999	8383	13767	11476	394

9-3　续表 3

单位：万元

指　　标	在　建 工　程	资　产 合　计	负　债 合　计	所有者权 益合计	工程结算 收　入	工程结算 成　本	工程结算 税金及附加
三、按隶属关系分组							
中　央	1405	1098383	847162	251222	1586890	1428420	51668
省(自治区、直辖市)	111294	1556403	1163880	392523	1801053	1657752	61890
地区(州、盟、省辖市)	2620	192423	135630	56794	155070	133486	5258
县(区、市、旗)	223	18405	9577	8828	17158	14716	888
街　道	1045	16841	10953	5889	22916	18242	710
镇		1971	676	1295			
乡		1599	989	610	1378	1200	47
村委会		912	245	667	601	500	23
其　他	5149	394794	222960	171835	270791	231895	9580
四、按企业资质等级分组							
施工总承包	119894	3104748	2282930	821818	3738363	3389916	126025
特　级		179373	140771	38602	347586	328038	11470
一　级	107468	2204824	1752122	452702	2825924	2573565	93830
二　级	8176	546778	288811	257967	455073	395388	16776
三级以下	4250	173773	101227	72546	109780	92926	3949
专业承包	1842	176984	109140	67844	117494	96295	4039
一　级	667	19963	12873	7090	17850	15128	593
二　级	774	88695	43730	44965	70554	58945	2633
三级以下	401	68327	52537	15790	29089	22222	813
五、按营业状态分							
营　业	121693	3277196	2390537	886658	3855467	3485875	130054
停业(歇业)		2280	751	1529	188	176	3
其　他	43	1065	386	679	202	160	7
六、按控股情况分							
国有控股	113518	2690525	2052737	637788	3393189	3089593	114354
集体控股	2375	89687	54745	34942	68167	58303	2551
私人控股	5064	356798	189498	167300	279643	239082	9520
其　他	780	142952	94601	48351	114857	99232	3639

9-3 续表 4

单位：万元、人

指　　标	工程结算利　润	营　业利　润	利　润总　额	应　交所得税	应　收工程款		全部从业人员年平均人数
						#竣　工工　程	
总　　计	**168002**	**39275**	**40768**	**10760**	**624675**	**242004**	**215523**
#国有及国有控股企业	137848	30709	28363	7825	557985	203553	176803
一、按登记注册类型分组							
内资企业	168002	39275	40768	10760	624675	242004	215520
国有企业	113423	18244	15854	5171	444427	140063	150469
集体企业	2587	52	131	131	1434	612	8202
联营企业	120			1			194
国有联营企业	16						27
其他联营企业	103	15		1			167
有限责任公司	39775	15856	16980	3620	165308	88831	45937
国有独资公司	10001	5475	5405	1241	14623	1372	5042
其他有限责任公司	29774	10381	11575	2378	150685	87459	40895
股份有限公司	7839	4355	6952	1732	2457	2079	5380
私营企业	4251	770	873	106	11049	10419	5321
私营合伙企业	23			1	192		85
私营有限责任公司	3542	664	652	104	9540	9102	2520
私营股份有限公司	686	121	221		1317	1317	2716
其他企业	7						17
港、澳、台商投资企业							3
港、澳、台商独资经营企业							3
二、按国民经济行业分组							
房屋和土木工程建筑业	133953	27442	25929	7463	513178	192512	189128
房屋工程建筑	43751	11504	11090	3591	246051	118440	91067
土木工程建筑业	90203	15939	14839	3872	267126	74072	98061
建筑安装业	27846	11235	13891	3068	98015	39097	17888
建筑装饰业	2717		37	85	3633	2087	3148
其他建筑业	3486	979	912	145	9849	8308	5359
工程准备	1827	840	773	102	4011	2470	4392
其他未列明的建筑活动	1651	156	156	43	5838	5838	957

9-3 续表 5

单位：万元、人

指标	工程结算利润	营业利润	利润总额	应交所得税	应收工程款	#竣工工程	全部从业人员年平均人数
三、按隶属关系分组							
中央	76113	19338	16956	4794	346017	99568	69310
省(自治区、直辖市)	57454	9562	9519	2620	169863	63107	109109
地区(州、盟、省辖市)	7946	1755	2162	548	29327	9599	15737
县(区、市、旗)	1418	88	70	21	380	340	2249
街道	2048	340	318	79	154	154	1220
镇							79
乡	41	11	11	3	394	286	172
村委会	15				30	30	115
其他	22967	8219	11758	2696	78510	68920	17532
四、按企业资质等级分组							
施工总承包	155924	36312	37705	10050	593917	214858	203593
特级	8078	2112	1043	261			21188
一级	113071	23822	22225	6127	469896	130373	142526
二级	26760	9170	12816	3149	109180	73059	28148
三级以下	8015	1209	1621	513	14840	11425	11731
专业承包	12079	2962	3063	711	30758	27147	11930
一级	1705	295	294	57	1415	1415	1105
二级	5724	611	764	281	17987	16444	5713
三级以下	4650	2056	2005	373	11356	9289	5112
五、按营业状态分							
营业	167988	39401	40883	10760	624531	241861	215458
停业(歇业)	9				144	144	51
其他	5						11
六、按控股情况分							
国有控股	137848	30709	28363	7825	557985	203553	176803
集体控股	4743	1020	1453	423	7521	6434	10046
私人控股	19718	6670	10077	2237	35713	29483	20180
其他	5693	876	875	276	23456	2535	8491

9-4 总承包及专业承包建筑业增加值及构成

(2009年)

单位：万元

指　　标	合　计	中　央	省　级	国有及国有控股
建筑业增加值	**629930**	**277541**	**392852**	**522663**
本年提取的固定资产折旧	35316	80424	95062	28708
应付工资	384205	111631	205577	313287
应付福利费	24150	7202	13485	20908
管理费用中的劳动待业保险费	13149	5919	5839	11897
工程结算税金及附加	130064	51668	61889	114354
管理费用中的税金	3771	1359	1438	2800
营业利润	39275	19338	9562	30709
建筑业劳动生产率(元/人,按增加值计算)	**30535**	**40696**	**37350**	**30418**
建筑业增加值构成(%)				
本年提取的固定资产折旧	5.61	28.98	24.20	5.49
主营业务应付工资	60.99	40.22	52.33	59.94
主营业务应付福利费	3.83	2.59	3.43	4.00
管理费用中的劳动待业保险费	2.09	2.13	1.49	2.28
工程结算税金及附加	20.65	18.62	15.75	21.88
管理费用中的税金	0.60	0.49	0.37	0.54
营业利润	6.23	6.97	2.43	5.88

主要统计指标解释

建筑业统计单位 指从事房屋、构筑物建造和设备安装活动的法人企业。建筑业法人企业应同时具备的条件是:①依法成立,有自己的名称、组织机构和场所,能够承担民事责任;②独立拥有和使用资产,承担负债,有权与其他单位签订合同;③独立核算盈亏,能够编制资产负债表。

建筑业总产值(即自行完成施工产值) 是以货币表现的建筑安装企业在一定时期内生产的建筑业产品的总和。建筑业总产值包括:

(1)建筑工程产值:指列入建筑工程预算内的各种工程价值。

(2)设备安装工程产值:指设备安装工程价值,不包括被安装设备本身价值。

(3)房屋、构筑物修理产值:指房屋、构筑物修理所完成的价值,但不包括被修理房屋、构筑物本身的价值和生产设备的修理价值。

(4)非标准设备制造产值:指加工制造没有定型的、非标准的生产设备的加工费和原材料价值,以及附属加工厂为本企业承建工程制作的非标准设备的价值。

建筑业增加值 指建筑业企业在报告期内以货币表现的建筑业生产经营活动的最终成果。目前建筑业增加值采用分配法(收入法)计算,即从收入的角度出发,根据生产要素在生产过程中应得的收入份额计算。具体计算公式为:

建筑业增加值=本年提取的固定资产折旧+应付工资+应付福利费+管理费用中的劳动待业保险金、税金+工程结算税金及附加+营业利润

房屋建筑施工面积 指在报告期内施过工的全部房屋建筑面积,包括本期新开工的房屋面积、上期施工跨入本期继续施工的房屋面积、上期停缓建在本期恢复施工的房屋面积、本期竣工的房屋面积及本期施工后又停缓建的房屋面积。

房屋建筑竣工面积 指在报告期内房屋建筑按照设计要求全部完工,达到了住人和使用条件,经验收鉴定合格,正式移交使用单位的房屋建筑面积。

工程结算收入 指企业承包工程实现的工程价款结算收入,以及向发包单位收取的除工程价款以外的按规定列作营业收入的各种款项,如临时设施费、劳动保险费、施工机械调迁费等以及向发包单位收取的各种索赔款。

工程结算利润 指已结算工程实现的利润,如亏损以"—"号表示。计算公式为:

工程结算利润=工程结算收入—工程结算成本—工程结算税金及附加

企业总收入 指与企业生产经营直接有关的各项收入,包括工程结算收入和其他业务收入。计算公式为:企业总收入=工程结算收入+其他业务收入

10

ten

农业及农村经济

Agriculture and Rural Economy

农林牧渔业总产值

单位：万元

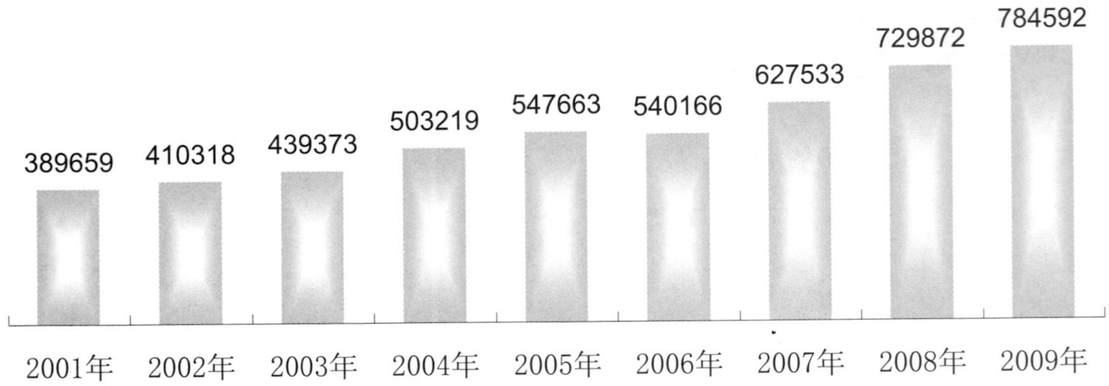

注:2006年、2007年数据与第二次农业普查进行了衔接.

农林牧渔业总产值构成

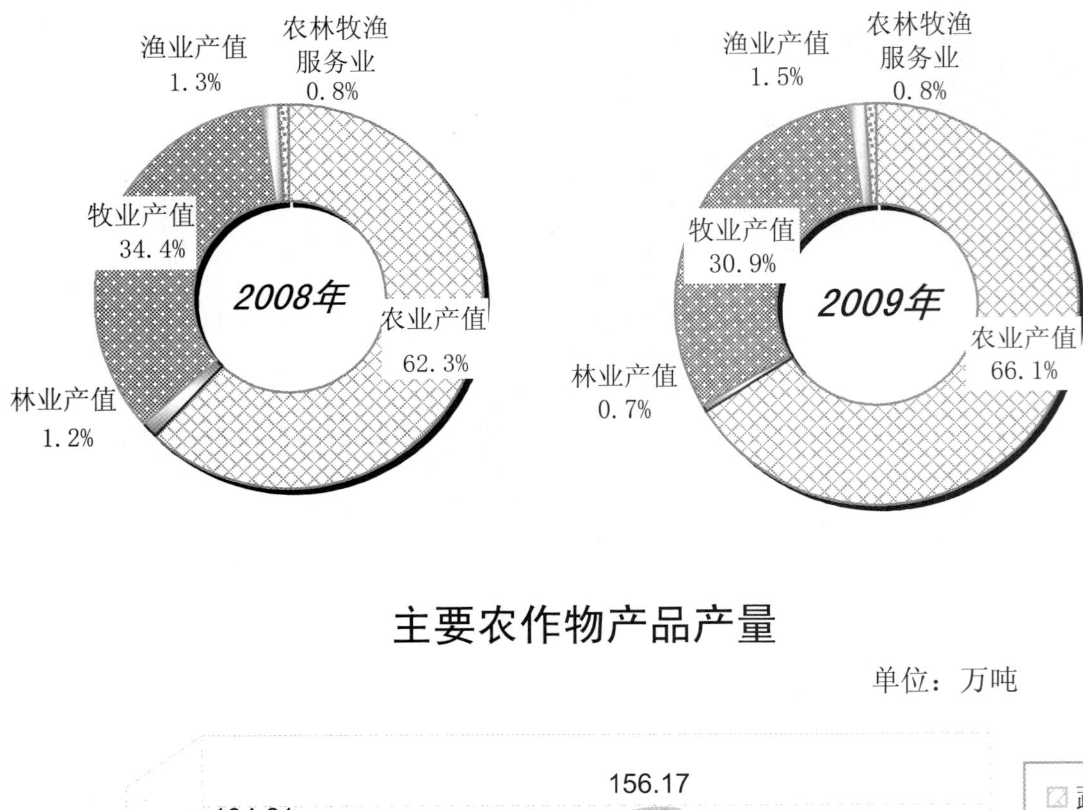

主要农作物产品产量

单位：万吨

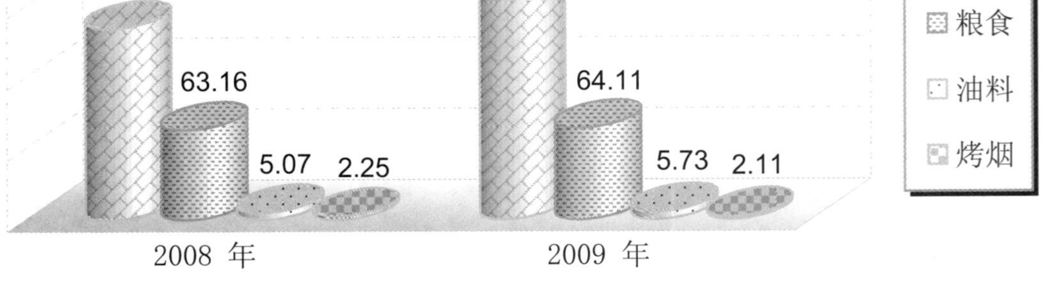

10-1 农村基本情况及农业生产条件

指　　标	单 位	2009年	2008年	2009年比2008年增长(%)
一、农村基层组织				
乡镇个数	个	77	77	持平
#镇	个	29	29	持平
村委会个数	个	1166	1166	持平
二、农村社会基础设施				
自来水受益村数	个	1136	1125	1.0
通电乡镇数	个	77	77	持平
通电村数	个	1166	1166	持平
通公路的乡镇数	个	77	77	持平
通公路的村数	个	1166	1166	持平
通汽车的村数	个	1166	1164	0.2
通邮件的乡镇数	个	77	77	持平
通邮件的村数	个	1141	1099	3.8
通电话的乡镇数	个	77	77	持平
通电话的村数	个	1138	1127	1.0
通有线广播的村数	个	957	992	-3.5
建成农村地面卫星接收站个数	个	83947	57274	46.6
有文化站的乡数	个	48	48	持平
有文化中心的镇数	个	28	28	持平
用电户数	户	532953	521736	2.1
饮用安全卫生水户数	户	481680	459469	4.8
使用沼气的户数	户	197747	191239	3.4
#当年新增	户	7946	19818	-59.9
已实现小康的村数	个	705	695	1.4
三、农村人口及劳动力资源				
乡村户数	万户	53.42	52.31	2.1
乡村人口数	万人	192.78	192.25	0.3
乡村从业人员数	万人	116.66	117.60	-0.8
按性别分				
男劳动力	万人	61.87	62.53	-1.1
女劳动力	万人	54.79	55.07	-0.5
按行业分				
农林牧渔业劳动力	万人	68.34	69.08	-1.1

10-1续表 1

指　　标	单 位	2009年	2008年	2009年比2008年增长(%)
工业劳动力	万人	8.81	9.45	-6.8
建筑业劳动力	万人	5.70	5.51	3.4
交通运输、仓储业及邮电通讯业劳动力	万人	3.31	3.18	4.1
批发零售贸易业、餐饮业劳动力	万人	7.10	7.25	-2.1
其他劳动力	万人	23.40	-25.39	1.2
#外出人数	万人	17.54	18.16	-3.4
#出省人数	万人	10.66	10.64	0.2
四、耕地情况				
年末实有耕地面积	公顷	98235	98187	0.05
#水　田	公顷	39840	39871	-0.1
水浇地	公顷	4875	5992	-18.6
五、农田水利建设和农业机械化情况				
机耕面积	公顷	58309	57230	1.9
机播面积	公顷	1943	1705	14.0
机电灌溉面积	公顷	32521	32126	1.2
机械植保面积	公顷	15375	11466	34.1
机械收获面积	公顷	874	3383	-74.2
农用机械总动力	万千瓦	114.95	110.08	4.4
柴油机	万千瓦	89.12	84.42	5.6
汽油机	万千瓦	6.19	6.28	-1.4
电动机	万千瓦	19.37	19.10	1.4
其他机械	万千瓦	0.27	0.28	-3.6
六、农用主要能源及物资消耗				
农用化肥施用量(折纯法)	万吨	6.60	6.46	2.2
氮　肥	万吨	3.21	3.23	-0.6
磷　肥	万吨	0.65	0.67	-3.0
钾　肥	万吨	0.94	0.95	-1.1
复合肥	万吨	1.80	1.61	11.8
平均每亩耕地化肥施用量	公斤	44.82	43.82	2.3
农村用电量	万千瓦时	31228.00	24806.08	25.9
农药使用量	吨	614	540	13.7
地膜使用量	吨	2045	1958	4.4

10-2 主要农业机械年末拥有量

指　　标	单位	2009年	2008年	2009年比2008年增长(%)
大中型拖拉机	台	4719	4106	14.9
大中型拖拉机配套农具	部	2017	2504	-19.4
小型拖拉机	台	3753	3619	3.7
小型拖拉机配套农具	部	2987	2721	9.8
农用排灌柴油机	台	5731	6405	-10.5
农用排灌电动机	台	8860	8685	2.0
农用水泵	台	12143	11951	1.6
机动喷雾(粉)机	台	2003	1981	1.1
联合收割机	台	15	17	-11.8
机动脱粒机	台	3387	2605	30.0
谷物烘干机	台	33	32	3.1
饲料粉碎机	台	8598	8387	2.5
机动挤奶机	台	443	429	3.3
农用运输车	辆	13286	12413	7.0

注：本表资料由市农机部门提供。

10-3 主要农作物播种面积

单位：公顷

指　　标	2009年	2008年	2009年比2008年增长(%)
农作物总播种面积	**255676**	**243083**	**5.2**
一、粮食作物播种面积	**117963**	**117590**	**0.3**
#稻　谷	36510	37137	-1.7
小　麦	8695	7840	10.9
玉　米	37929	37724	0.5
大　豆	6693	6464	3.5
薯　类	26702	26947	-0.9
二、经济作物播种面积	**46334**	**44799**	**3.4**
#棉　花			
油菜籽	32240	29614	8.9
花　生	708	707	0.1
麻　类	1	1	持平
烤　烟	11007	11958	-8.0
三、其他作物播种面积	**91379**	**80694**	**13.2**
#蔬　菜	81151	70629	14.9
西　瓜	731	598	22.2
青饲料	5500	3633	51.4
绿　肥	2468	2851	-13.4

10-4 主要农作物产品产量及单产

指标	2009年		2008年		2009年比2008年增长(%)	
	产量(万吨)	单产(公斤/亩)	产量(万吨)	单产(公斤/亩)	产量	单产
粮食作物产量	**64.11**	**362**	**63.16**	**358**	**1.5**	**1.1**
按夏秋粮分						
#夏粮	11.02	229	10.51	222	4.8	3.2
秋粮	53.06	412	52.65	408	0.8	1.0
按类别分						
稻谷	28.69	524	28.70	515	-0.1	1.7
小麦	2.55	195	2.26	193	12.8	1.0
玉米	21.40	376	20.99	371	2.0	1.3
大豆	1.29	129	1.24	128	4.0	0.8
薯类	9.86	246	9.64	239	2.3	2.9
油料作物	**5.73**	**114**	**5.07**	**109**	**13.0**	**4.6**
#油菜籽	5.48	113	4.75	107	15.4	5.6
花生	0.16	147	0.16	154	持平	-4.5
烤烟	**2.11**	**128**	**2.25**	**126**	**-6.4**	**1.6**
蔬菜	**156.17**	**1283**	**134.61**	**1271**	**16.0**	**0.9**

10-5 茶叶、水果、水产品面积及产量

指标	2009年	2008年	2009年比2008年增长(%)
一、面积(公顷)			
茶园面积	4316	4588	-5.9
果园面积	22256	19580	13.7
二、产量(吨)			
茶叶	1751	1669	4.9
园林水果	91143	87937	3.6
#苹果	194	136	42.6
柑桔	4502	4783	-5.9
#桔	2977	3438	-13.4
梨	37340	37691	-0.9
桃	11612	8011	45.0
杨梅	12924	7720	67.4
猕猴桃	6496	6698	-3.0
葡萄	5066	3561	42.3
柿子	712	1082	-34.2
三、水产品产量	**9190**	**7786**	**18.0**

10-6 造林面积及林产品产量

指　　标	单 位	2009年	2008年	2009年比2008年增长(%)
一、当年造林面积	**公顷**	**3648**	**3183**	**14.6**
#竹林面积	公顷	114	80	42.5
二、林产品产量				
生　漆	吨	17	22	-22.7
油桐籽	吨	46	198	-76.8
油茶籽	吨	146	171	-14.6
乌桕籽	吨	5	9	-44.4
五倍籽	吨	16	22	-27.3
棕　片	吨	37	62	-40.3
松　脂	吨	29	29	持平
竹笋片	吨	11	10	10.0
核　桃	吨	150	164	-8.5
板　栗	吨	273	331	-17.5
花　椒	吨	80	85	-5.9
银　杏(白果)	吨	16	39	-59.0

10-7 畜牧业生产

指　　标	单 位	2009年	2008年	2009年比2008年增长(%)
一、猪牛羊家禽出栏头数				
当年肉猪出栏头数	万头	117.78	108.94	8.1
当年肉用牛出栏头数	万头	4.28	3.94	8.6
当年羊出栏头数	万只	2.03	1.96	3.5
当年家禽出栏头数	万只	1715.81	1199.87	43.0
二、当年肉类总产量	**万吨**	**13.34**	**12.21**	**9.3**
#猪　肉	万吨	10.05	9.56	5.1
牛　肉	万吨	0.55	0.50	10.0
羊　肉	万吨	0.04	0.04	持平
禽　肉	万吨	2.57	1.94	32.5
三、其他畜产品产量				
#牛　奶	吨	35055	28618	22.5
蜂　蜜	吨	20	20	持平
禽　蛋	吨	20948	15584	34.4
四、大牲畜年末存栏头数	**万头**	**30.42**	**29.94**	**1.6**
#牛	万头	26.96	26.39	2.2
肉　牛	万头	2.17	2.15	0.9
奶　牛	万头	1.03	1.08	-4.6
役用牛	万头	23.76	23.16	2.6
马	万匹	3.46	3.53	-2.0
五、猪年末存栏数	**万头**	**86.64**	**84.19**	**2.9**
六、羊年末存栏数	**万只**	**4.50**	**3.00**	**50.0**
七、家禽年末存栏数	**万只**	**1269.37**	**746.69**	**70.0**

10-8 主要农产品、畜产品最高年产量

产 品 名 称	年 份	产 量
一、种植业(万吨)		
粮 食	2000	63.45
#稻 谷	2000	30.37
小 麦	1997	5.15
玉 米	2009	21.40
大 豆	2009	1.29
薯 类	2009	9.86
油菜籽	2009	5.48
烤 烟	1997	3.73
蔬 菜	2009	156.17
茶 叶	2009	0.17
园林水果	2009	9.11
二、畜牧业(万头、万只、万吨)		
大牲畜年末存栏数	2009	30.42
#牛	2009	26.96
猪年末存栏数	2009	86.64
肉猪出栏头数	2009	117.78
家禽年末存栏数	2009	1269.37
家禽出栏数	2009	1715.81
肉类总产量	2009	13.34
牛奶产量	2009	3.51
禽蛋产量	2009	2.09
三、水产品(吨)	**2009**	**9190**

10-9 农林牧渔总产值、增加值

指　　　标	2009年		2008年		2009年比2008年增长(%)
	绝对数(万元)	构　成(%)	绝对数(万元)	构　成(%)	
农林牧渔业总产值(万元)	**784592**	**100.0**	**729872**	**100.0**	**8.5**
一、农业产值	**518431**	**66.1**	**454631**	**62.3**	**7.4**
谷物及其他作物	203467	25.9	199948	27.4	-1.2
谷　物	101344	12.9	100075	13.7	-2.4
#小　麦	4701	0.6	3983	0.5	10.7
稻　谷	59938	7.6	61428	8.4	-3.5
玉　米	36516	4.7	34408	4.7	2.8
薯　类	42866	5.5	38696	5.3	3.0
油　料	21353	2.7	25349	3.5	8.8
#花　生	558	0.1	519	0.1	5.7
油菜籽	20423	2.6	24168	3.3	9.4
豆　类	5490	0.7	5023	0.7	8.9
#大　豆	4797	0.6	4424	0.6	8.0
棉　花					
麻　类	10	0.0	17	0.0	-41.2
糖　类					
烟　草	29640	3.8	26508	3.6	-3.9
其他农作物	2764	0.4	4280	0.6	-43.6
#饲料作物	275	0.0	185	0.0	35.1
蔬菜园艺作物	264466	33.7	215153	29.5	11.9
蔬　菜(含菜用瓜)	257368	32.8	206430	28.3	13.5
花　卉	3545	0.5	4579	0.6	-28.6
其他园艺作物	3553	0.5	4144	0.6	-22.9
水果、饮料和香料作物	46732	6.0	35932	4.9	28.6
水果、坚果(含果用瓜)	43122	5.5	33986	4.7	25.5
#苹　果	37	0.0	25	0.0	41.0
梨	13776	1.8	11973	1.6	4.1
柑桔类	716	0.1	717	0.1	-0.1
茶及其他饮料作物	3610	0.5	1946	0.3	74.8
#茶	3610	0.5	1946	0.3	74.8
香料作物					
中药材	3766	0.5	3598	0.5	2.4

注：表中绝对数按当年价格计算，增长速度按可比价格计算。

10-9 续表

指标	2009年		2008年		2009年比2008年增长(%)
	绝对数(万元)	构成(%)	绝对数(万元)	构成(%)	
二、林业产值	**5604**	**0.7**	**8917**	**1.2**	**-39.7**
林木的培育和种植	1760	0.2	2347	0.3	-25.0
木材和竹材采运	3036	0.4	5448	0.7	-47.5
林产品的采集	808	0.1	1122	0.2	-32.4
三、牧业产值	**242702**	**30.9**	**250719**	**34.4**	**12.0**
牲畜饲养	26360	3.4	21768	3.0	21.6
牛的饲养	14616	1.9	13268	1.8	18.1
羊的饲养	905	0.1	853	0.1	12.9
其它动物的饲养	682	0.1	491	0.1	54.3
奶产品	10157	1.3	7156	1.0	24.9
#牛　奶	10157	1.3	7156	1.0	24.9
猪的饲养	158554	20.2	183822	25.2	6.8
家禽饲养	55965	7.1	42838	5.9	31.0
肉　禽	33093	4.2	25877	3.5	28.6
禽　蛋	22872	2.9	16961	2.3	34.4
其他畜牧业	1823	0.2	2291	0.3	-20.4
四、渔业产值	**11520**	**1.5**	**9718**	**1.3**	**15.3**
五、农林牧渔服务业	**6335**	**0.8**	**5887**	**0.8**	**10.1**
农林牧渔服务业增加值(当年生产价)	**508482**	**100.0**	**472885**	**100.0**	**8.1**
农　业	364678	71.7	317977	67.2	7.2
林　业	3338	0.7	6225	1.3	-40.0
牧　业	129831	25.5	139376	29.5	11.6
渔　业	6258	1.2	5183	1.1	15.2
农林牧渔服务业	4377	0.9	4124	0.9	9.8

主 要 统 计 指 标 解 释

农林牧渔业总产值 指以货币表现的农、林、牧、渔业全部产品的总量和对农村牧渔业生产活动进行的各种支持性服务活动的价值。它反映一定时期内农业生产总规模和总成果,农业总产值的计算方法通常是按农林牧渔业产品及其副产品的产量分别乘以各自单位产品价格求得。

耕地面积 指可以用来种植农作物、经常进行耕锄的田地,包括熟地、当年新开荒地、连续撂荒未满三年的耕地和当年的休闲地(轮歇地),还包括以种植农作物为主并附带种植桑树、茶树、果树和其他林木的土地,以及沿海、沿湖地区已围垦利用的“海涂”、“湖田”等面积。不包括属于专业性的桑园、茶园、果园、果木苗圃、林地、芦苇地、天然或人工草地面积。

有效灌溉面积 指具有一定的水源,地块比较平整,灌溉工程或设备已经配套,在一般年景下当年能够进行正常灌溉的耕地面积。

农用化肥施用量 指本年内实际用于农业生产的化肥数量,包括氮肥、磷肥、钾肥和复合肥。化肥施用量要求按折纯量计算数量。折纯量是指把氮肥、磷肥、钾肥分别按含氮、含五氧化二磷、含氧化钾的百分之一百成份进行折算后的数量。复合肥按其所含主要成分折算。

农业机械总动力 指主要用于农、林、牧、渔业的各种动力机械的动力总和。包括耕作机械、排灌机械、收获机械、农用运输机械、植物保护机械、牧业机械、林业机械、渔业机械和其他农业机械〔内燃机按引擎马力折成瓦(特)计算、电动机按功率折成瓦(特)计算〕。不包括专门用于乡、镇、村、组办工业、基本建设、非农业运输、科学试验和教学等非农业生产方面用的动力机械与作业机械。

农作物播种面积 指实际播种或移植有农作物的面积。凡是实际种植有农作物的面积,不论种植在耕地上还是种植在非耕地上,均包括在农作物播种面积中。在播种季节基本结束后,因遭灾而重新改种和补种的农作物面积,也包括在内。

粮食产量 指全社会的产量。包括国有经济经营的、集体统一经营的和农民家庭经营的粮食产量,还包括工矿企业办的农场和其他生产单位的产量。粮食除包括稻谷、小麦、玉米、高粱、谷子及其他杂粮外,还包括薯类和豆类。其产量计算方法,豆类按去豆荚后的干豆计算;薯类(包括甘薯和马铃薯,不包括芋头和木薯)按5公斤鲜薯折1公斤粮食计算。城市郊区作为蔬菜的薯类(如马铃薯等)按鲜品计算,并且不作粮食统计。其他粮食一律按脱粒后的原粮计算。

油料产量 指全部油料作物的生产量。包括花生、油菜籽、芝麻、向日葵籽、胡麻籽(亚麻籽)和其他油料。不包括大豆、木本油料和野生油料。花生以带壳干花生计算。

肉产量 指各种牲畜及家禽、兔等动物肉产量总计。猪、牛、羊、驴、骡、骆驼肉产量按去掉头蹄下水后带骨肉的胴体重量计算。兔禽肉产量按屠宰后去毛和内脏后的重量计算。

猪、牛、羊肉产量 指当年出栏并已屠宰、除去头蹄下水后带骨肉(即胴体重)的重量。

期初(末)畜禽存栏头(只)数 指报告期初(末)农村各种合作经济组织和国营农场、农民个人、机关、团体、学校、工矿企业、部队等单位以及城镇居民饲养的大牲畜、猪、羊、家禽等畜禽的存栏数。

水产品产量 指人工养殖的水产品和天然生长的水产品的捕捞量。包括海水的鱼类、虾蟹类、贝类和藻类以及内陆水域的鱼类、虾蟹类和贝类,不包括淡水生植物。

11

eleven

国内外贸易及旅游

Domestic Trade, Foreign Trade and Tourism

社会消费品零售总额

单位：万元

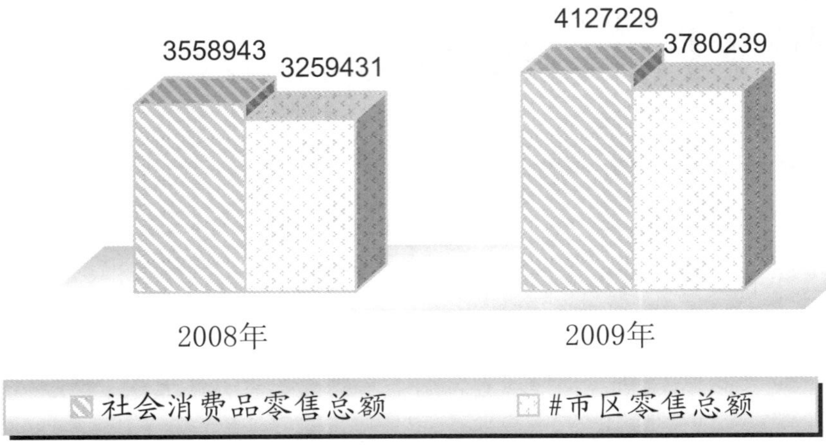

社会消费品零售总额构成

单位：%

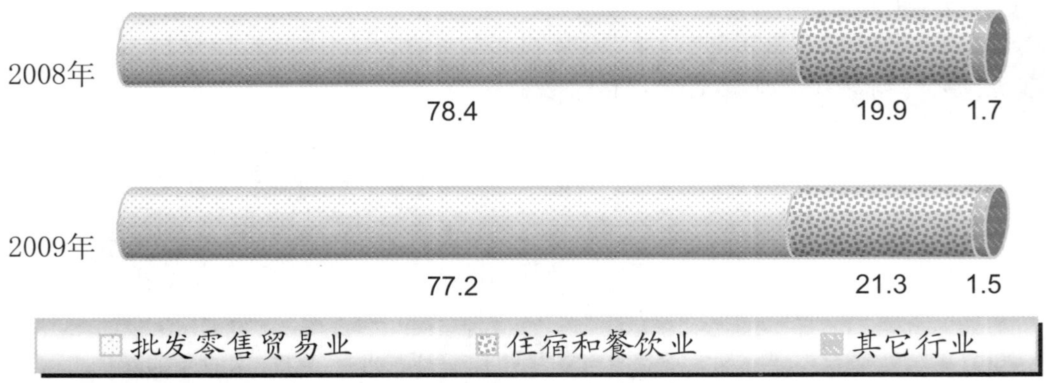

海关进出口总额

单位：万美元

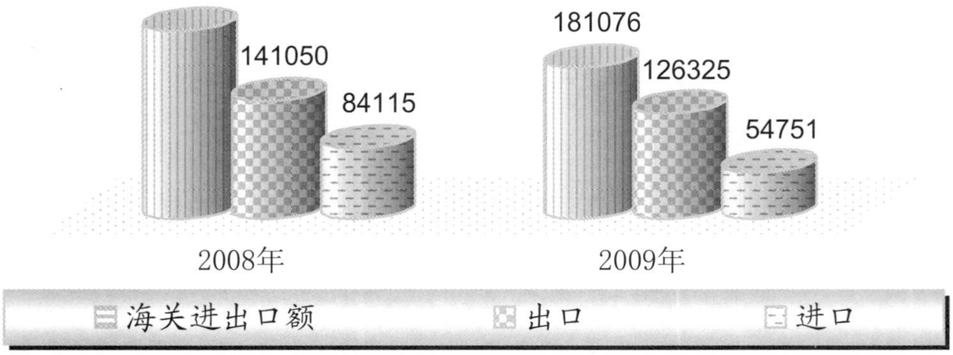

11-1 社会消费品零售总额

单位：万元

指　　标	2009年	2008年	2009年比2008年增长(%)
总　　计	**4127229**	**3558943**	**16.0**
按销售单位所在地分			
市	3780239	3259431	16.0
县	180822	156024	15.9
县以下	166168	143488	15.8
按行业分			
批发和零售贸易业	3185604	2789282	14.2
住宿和餐饮业	878435	708596	24.0
其他行业	63190	61065	3.5

注：2008年的社会消费品零售总额为经济普查调整数。

11-2 住宿和餐饮业经营情况

单位：万元

指　　标	营业总收入		2009年比2008年增长(%)	商品零售		2009年比2008年增长(%)
	2009年	2008年		2009年	2008年	
总　　计	**938043**	**809591**	**15.9**	**878435**	**748188**	**17.4**
限额以上企业(单位)	161358	159895	0.9	101750	98492	3.3
限额以下企业及个体户	776685	649696	19.5	776685	649696	19.5

11-3 批发零售贸易业销售总额

单位：万元

指　　标	销售总额		2009年比2008年增长(%)	批　发		2009年比2008年增长(%)	零　售		2009年比2008年增长(%)
	2009年	2008年		2009年	2008年		2009年	2008年	
总　　计	**9926342**	**9749038**	**1.8**	**6474189**	**6719713**	**-3.7**	**3452153**	**3029325**	**14.0**
限额以上企业	5536944	5492498	**0.8**	3714644	4005436	**-7.3**	1822300	1487062	**22.5**
限额以下企业及个体	4389398	4256540	**3.1**	2759545	2714277	**1.7**	1629853	1542263	**5.7**

注：2008年的批发零售贸易业销售总额为经济普查调整数。

11-4 限额以上批发和零售业企业基本情况

(2009年)

指标	单位数(个)	年末从业人数(人)	年末零售营业面积(平方米)
总计	**299**	**24894**	**606167**
一、批发业	**157**	**10605**	**1268**
按国民经济行业分组			
农畜产品批发	1	25	
食品、饮料及烟草制品批发	14	2457	177
米、面制品及食用油批发	4	277	
烟草制品批发	2	1661	
纺织、服装及日用品批发	4	228	274
文化、体育用品及器材批发	7	372	
医药及医疗器材批发	29	1998	
矿产品、建材及化工产品批发	59	3130	50
煤炭及制品批发	15	718	
石油及制品批发	7	1376	
金属及金属矿批发	16	374	
建材批发	6	156	
化肥批发	3	85	
机械设备、五金交电及电子产品批发	36	2209	767
汽车、摩托车及零配件批发	13	530	767
家用电器批发	4	676	
计算机、软件及辅助设备批发	2	119	
其他批发	7	186	
按登记注册类型分组			
内资企业	155	10428	1268
国有企业	23	3480	
集体企业	4	99	
股份合作企业	2	66	
有限责任公司	110	5416	1268
国有独资公司	2	97	
其他有限责任公司	108	5319	1268
股份有限公司	5	1037	
私营企业	11	330	
私营独资企业	1	6	
私营有限责任公司	10	324	
港、澳、台商投资企业	1	168	
合资经营企业(港或澳、台资)	1	168	
外商投资企业	1	9	
外资企业	1	9	
按控股情况分组			
国有控股	39	5389	500
集体控股	7	207	
私人控股	97	3965	718
港澳台商控股	1	168	
外商控股	1	9	
其他	12	867	50
按经济形式分组			
独立门店	60	2763	197
连锁门店	1	90	
其他	96	7752	1071

11-4 续表

指　　标	单位数 (个)	年　末 从业人数 (人)	年末零售 营业面积 (平方米)
二、零售业	**142**	**14289**	**604899**
按国民经济行业分组			
综合零售	20	3876	275738
百货零售	9	2537	222329
超级市场零售	6	688	29096
食品、饮料及烟草制品专门零售	6	310	461
纺织、服装及日用品专门零售	17	1636	75805
服装零售	12	1211	74565
文化、体育用品及器材专门零售	11	1231	33779
图书零售	5	742	19726
医药及医疗器材专门零售	9	1710	18157
药品零售	8	1690	17957
汽车、摩托车、燃料及零配件专门零售	53	3748	150692
汽车零售	51	3710	149261
家用电器及电子产品专门零售	19	1579	49290
家用电器零售	8	911	43354
五金、家具及室内装修材料专门零售	2	67	403
无店铺及其他零售	5	132	574
按登记注册类型分组			
内资企业	134	12414	523445
国有企业	6	347	1072
集体企业	2	153	263
有限责任公司	88	7810	362011
国有独资公司	2	127	12357
其他有限责任公司	86	7683	349654
股份有限公司	7	1259	41525
私营企业	30	2583	94574
私营独资企业	2	95	1136
私营有限责任公司	25	2417	86088
其他企业	1	262	24000
港、澳、台商投资企业	4	639	51699
合资经营企业(港或澳、台资)	3	431	49079
港、澳、台商独资经营企业	1	208	2620
外商投资企业	4	1236	29755
中外合资经营企业	3	1221	29635
外资企业	1	15	120
按控股情况分组			
国有控股	14	1749	55335
集体控股	2	153	263
私人控股	98	8759	385618
港澳台商控股	3	509	31992
外商控股	4	1236	29755
其　他	21	1883	101936
按经济形式分组			
独立门店	109	9377	502595
连锁总店(总部)	12	2464	52913
连锁门店	9	886	30654
其　他	12	1562	18737

11-5 限额以上批发和零售业企业商品销售情况

(2009年) 单位：万元

指　标	销售合计	批发额	零售额
总　计	**5536944**	**3714644**	**1822300**
一、批发业	**3756554**	**3465371**	**291184**
按国民经济行业分组			
农畜产品批发	6692	6692	
食品、饮料及烟草制品批发	582557	580773	1784
米、面制品及食用油批发	24335		
烟草制品批发	510064	510064	
纺织、服装及日用品批发	23224	22088	1137
文化、体育用品及器材批发	127030	126035	995
医药及医疗器材批发	347817	330490	17327
矿产品、建材及化工产品批发	1899685	1636716	262969
煤炭及制品批发	271664	271664	
石油及制品批发	767010	505632	261379
金属及金属矿批发	225636	225358	278
建材批发	103625	102313	1312
化肥批发	90821	90821	
机械设备、五金交电及电子产品批发	715807	708888	6920
汽车、摩托车及零配件批发	446083	445201	882
家用电器批发	95942	95687	255
计算机、软件及辅助设备批发	24544	19724	4820
其他批发	53743	53689	54
按登记注册类型分组			
内资企业	3727068	2998666	728402
国有企业	1368519	797163	571357
集体企业	93208	93208	
股份合作企业	12607	12607	
有限责任公司	1533046	1507724	25323
国有独资公司	18087	18087	
其他有限责任公司	1514960	1489637	25323
股份有限公司	641551	513033	128518
私营企业	78136	74931	3205
私营独资企业	4786	4786	
私营有限责任公司	73351	70145	3205
其他企业			
港、澳、台商投资企业	15321	9830	5492
合资经营企业(港或澳、台资)	15321	9830	5492
外商投资企业	14166	14166	
外资企业	14166	14166	
按控股情况分组			
国有控股	2303359	1602719	700640
集体控股	128053	128053	
私人控股	1092416	1064653	27763
港澳台商控股	15321	9830	5492
外商控股	14166	14166	
其　他	203241	203241	
按经济形式分组			
独立门店	820958	815661	5298
连锁门店	27357	27357	
其　他	2908239	2179643	728596

11-5续表

单位：万元

指　　标	销售合计	批发额	零售额
二、零售业	**1780390**	**249274**	**1531116**
按国民经济行业分组			
综合零售	412728	126277	286451
百货零售	249569	2536	247033
超级市场零售	22738	2604	20134
食品、饮料及烟草制品专门零售	33755	19056	14699
纺织、服装及日用品专门零售	128610	3954	124656
服装零售	106872	452	106421
文化、体育用品及器材专门零售	44903	4292	40611
图书零售	18770	20	18750
医药及医疗器材专门零售	52965	158	52807
药品零售	52038	158	51880
汽车、摩托车、燃料及零配件专门零售	866914	54068	812846
汽车零售	843667	31160	812507
家用电器及电子产品专门零售	202293	11710	190583
家用电器零售	126899		126899
五金、家具及室内装修材料专门零售	12077	10171	1907
无店铺及其他零售	26145	19588	6557
按登记注册类型分组			
内资企业	1567729	230057	1337672
国有企业	31555	17312	14243
集体企业	13931	4557	9374
有限责任公司	1067001	198426	868575
国有独资公司	128529	119820	8709
其他有限责任公司	938473	78606	859867
股份有限公司	87069		87069
私营企业	328649	9762	318887
私营独资企业	2772		2772
私营有限责任公司	306724	9299	297425
其他企业	39525		39525
港、澳、台商投资企业	104005	2481	101525
合资经营企业(港或澳、台资)	92155		92155
港、澳、台商独资经营企业	11851	2481	9370
外商投资企业	108655	16736	91920
中外合资经营企业	105554	14917	90637
外资企业	3101	1819	1282
按控股情况分组			
国有控股	242328	137290	105038
集体控股	13931	4557	9374
私人控股	1044631	80293	964339
港澳台商控股	89859	2481	87378
外商控股	108655	16736	91920
其　他	280985	7918	273068
按经济形式分组			
独立门店	1422575	205926	1216649
连锁总店(总部)	114700	3961	110738
连锁门店	117261	2	117259
其　他	125854	39384	86470

11-6 限额以上批发和零售业企业主要财务状况

(2009年)

单位：万元

指标	企业数(个)	流动资产合计	存货	固定资产原价	资产总计	负债合计	实收资本	主营业务收入
总计	**299**	**2057527**	**404022**	**396283**	**2732403**	**2042609**	**396662**	**5024755**
一、批发业	**157**	**1343527**	**260516**	**220294**	**1815635**	**1254272**	**257764**	**3408023**
按国民经济行业分组								
农畜产品批发	1	759	94	122	791	352	300	5964
食品、饮料及烟草制品批发	14	206511	62071	68112	295307	63315	55122	498062
米、面制品及食用油批发	4	15615	1418	3634	20213	14246	6482	22088
烟草制品批发	2	162457	53012	49116	203718	22990	30450	432635
纺织、服装及日用品批发	4	5536	3100	159	5642	4528	900	19850
文化、体育用品及器材批发	7	159599	19523	15239	170822	153710	14652	92450
医药及医疗器材批发	29	155140	26614	12467	187567	142764	40635	315835
矿产品、建材及化工产品批发	59	582536	108670	109327	907576	689606	122593	1710136
煤炭及制品批发	15	83263	7111	14510	113737	47675	14892	234965
石油及制品批发	7	110481	26326	73457	308689	288001	22160	718678
金属及金属矿批发	16	115566	10516	6000	132787	119935	15431	199274
建材批发	6	66791	9135	5501	122053	30684	42517	88569
化肥批发	3	33723	7741	3900	44492	44071	4306	88089
机械设备、五金交电及电子产品批发	36	215203	36362	8343	223836	181727	19446	722273
汽车、摩托车及零配件批发	13	98270	11071	2576	102183	73603	8575	463076
家用电器批发	4	35209	4581	402	35463	35308	950	82002
计算机、软件及辅助设备批发	2	2501	938	193	2629	1021	1399	20978
其他批发	7	18244	4082	6525	24095	18271	4116	43455
按登记注册类型分组								
内资企业	155	1338103	260134	216903	1803568	1252668	251964	3382451
国有企业	23	516546	99894	138536	822384	478525	107839	1177071
集体企业	4	31301	7815	3788	40083	40752	4453	90164
股份合作企业	2	2296	519	346	2587	2432	240	12199
有限责任公司	110	603242	90451	53942	702512	534544	107143	1419410
国有独资公司	2	13047	80	14354	53566	17064	16900	16750
其他有限责任公司	108	590195	90372	39587	648946	517480	90243	1402660
股份有限公司	5	165289	56163	19723	216039	180544	29135	616409
私营企业	11	19430	5291	568	19963	15871	3155	67199
私营独资公司	1	506	101	1	506	465	30	4090
私营有限责任公司	10	18925	5190	568	19457	15407	3125	63108

11-6 续表 1

单位：万元

指标	企业数(个)	流动资产合计	存货	固定资产原价	资产总计	负债合计	实收资本	主营业务收入
港、澳、台商投资企业	1	3391	382	3391	10034	1592	5750	13464
合资经营企业(港或澳、台资)	1	3391	382	3391	10034	1592	5750	13464
外商投资企业	1	2033			2033	12	50	12107
外资企业	1	2033			2033	12	50	12107
按控股情况分组								
国有控股	39	749819	122513	183133	1142932	709892	146518	2108068
集体控股	7	37549	9126	4359	47125	46270	5645	120591
私人控股	97	479076	112880	22310	514308	417439	86069	964737
港澳台商控股	1	3391	382	3391	10034	1592	5750	13464
外商控股	1	2033			2033	12	50	12107
其他	12	71660	15615	7101	99202	79068	13732	189056
按经济形式分组								
独立门店	60	402548	53858	40955	457003	357825	56622	714440
连锁门店	1	16746	859	89	16796	16353	300	23382
其他	96	924234	205799	179250	1341836	880094	200842	2670201
二、零售业	**142**	**714000**	**143506**	**175989**	**916768**	**788337**	**138898**	**1616733**
按国民经济行业分组								
综合零售	20	113370	20442	90581	206153	178748	46887	382988
百货零售	9	89130	14640	84394	169699	147069	13008	221645
超级市场零售	6	11927	2500	558	12708	11900	2439	22048
食品、饮料及烟草制品专门零售	6	9276	1154	1827	10382	4102	400	28838
纺织、服装及日用品专门零售	17	40851	13841	6769	49502	39786	8566	110064
服装零售	12	33294	10146	6530	41191	29771	7333	91484
文化、体育用品及器材专门零售	11	23135	10504	18207	54210	42070	17520	38842
图书零售	5	13011	4436	3174	16647	15601	2925	16431
医药及医疗器材专门零售	9	26084	9758	3896	29637	24729	3750	46823
药品零售	8	24449	9084	3791	27929	23101	3700	46031
汽车、摩托车、燃料及零配件专门零售	53	343245	65455	50771	400547	358480	44384	795554
汽车零售	51	335781	64494	50699	392921	351899	44224	773869
家用电器及电子产品专门零售	19	133211	20158	1583	137690	119460	10210	176387
家用电器零售	8	86801	9164	821	88014	75003	4180	106122
五金、家具及室内装修材料专门零售	2	11534	1187	70	11582	10403	900	10700
无店铺及其他零售	5	13294	1007	2284	17065	10560	6282	26537

11-6 续表 2

单位：万元

指标	企业数(个)	流动资产合计	存货	固定资产原价	资产总计	负债合计	实收资本	主营业务收入
按登记注册类型分组								
内资企业	134	643471	131514	146020	808786	701228	125375	1434932
国有企业	6	12307	2174	3257	15532	19022	3965	27447
集体企业	2	7641	1223	382	8996	3377	156	11907
有限责任公司	88	357032	93248	73518	450045	373915	94295	981264
国有独资公司	2	9389	1987	5318	19983	17029	30300	128971
其他有限责任公司	86	347643	91261	68200	430061	356886	63995	852293
股份有限公司	7	53308	6159	33738	77269	59868	12641	84003
私营企业	30	208055	27897	23389	239280	227597	14219	295976
私营独资企业	2	1250	504	35	1258	1071	290	2563
私营有限责任公司	25	195315	26981	23232	225344	216160	12509	273376
其他企业	1	5128	812	11737	17665	17450	100	34335
港、澳、台商投资企业	4	26054	6324	3931	39958	26452	10790	88893
合资经营企业(港或澳、台资)	3	19924	1654	3730	25827	18222	3700	78765
港、澳、台商独资经营企业	1	6131	4670	201	14131	8231	7090	10129
外商投资企业	4	44474	5669	26037	68024	60657	2733	92908
中外合资经营企业	3	44175	5558	26004	67717	60486	2650	90257
外资企业	1	299	111	33	308	171	83	2651
按控股情况分组								
国有控股	14	37195	10327	42209	72713	62535	43483	236637
集体控股	2	7641	1223	382	8996	3377	156	11907
私人控股	98	500663	99754	72752	590178	518297	66662	941050
港澳台商控股	3	23059	6314	2615	32545	20365	9790	76803
外商控股	4	44474	5669	26037	68024	60657	2733	92908
其　他	21	100968	20219	31993	144312	123107	16075	257429
按经济形式分组								
独立门店	109	530212	102881	145812	699968	575544	112935	1302266
连锁总店(总部)	12	77261	20125	12382	91357	86551	9960	98439
连锁门店	9	53250	6650	7881	60673	59803	5200	107885
其　他	12	53277	13850	9913	64771	66438	10803	108143

11-6 续表 3

单位：万元

指标	主营业务成本	主营业务税金及附加	主营业务利润	利润总额	应交所得税	本年应交增值税	全部从业人员年平均人数(人)
总计	**4548318**	**41204**	**435719**	**138702**	**36618**	**124157**	**24845**
一、批发业	**3089576**	**35684**	**282511**	**111539**	**29230**	**95944**	**10598**
按国民经济行业分组							
农畜产品批发	5654	5	304	28	7	33	24
食品、饮料及烟草制品批发	355371	14372	128318	79609	20226	13666	2466
米、面制品及食用油批发	20049	23	2016	200	50	105	274
烟草制品批发	304031	14118	114486	75431	19239	11711	1658
纺织、服装及日用品批发	18035	25	1790	98	32	197	248
文化、体育用品及器材批发	85074	31	7345	1305	250	1088	387
医药及医疗器材批发	296010	678	19044	4032	1730	3533	1911
矿产品、建材及化工产品批发	1619119	19696	71261	10659	2849	69631	3191
煤炭及制品批发	210289	1095	23581	1681	879	2272	723
石油及制品批发	693264	910	24504	-1031	467	62416	1376
金属及金属矿批发	193591	226	5397	1254	312	793	376
建材批发	84214	94	4261	2627	265	775	175
化肥批发	89317	18	-1245	201	8	116	92
机械设备、五金交电及电子产品批发	669733	791	51661	15132	3905	7239	2178
汽车、摩托车及零配件批发	432145	330	30513	12965	3237	2393	533
家用电器批发	75161	168	6672	308	143	627	664
计算机、软件及辅助设备批发	20254	16	708	46	12	117	102
其他批发	40581	85	2789	676	231	556	193
按登记注册类型分组							
内资企业	3066648	35684	279868	110335	29042	94023	10420
国有企业	1005346	15563	156161	76334	21184	20322	3513
集体企业	91587	4	-1427	301	76	45	106
股份合作企业	11826	87	286	6	1	30	66
有限责任公司	1311768	3408	103982	26484	6807	13744	5339
国有独资公司	11497	121	5133	1602	432	822	95
其他有限责任公司	1300272	3287	98850	24882	6375	12922	5244
股份有限公司	581616	16557	18236	6905	895	59468	1065
私营企业	64505	64	2630	304	79	415	331
私营独资公司	3969	2	120	4		20	6
私营有限责任公司	60536	62	2510	301	79	395	325

11-6 续表 4

单位：万元

指　　标	主营业务成　本	主营业务税金及附加	主营业务利　润	利　润总　额	应　交所得税	本年应交增值税	全部从业人员年平均人数(人)
港、澳、台商投资企业	11751		1713	556	187	1746	168
合资经营企业(港或澳、台资)	11751		1713	556	187	1746	168
外商投资企业	11177		930	649		174	10
外资企业	11177		930	649		174	10
按控股情况分组							
国有控股	1874581	16929	216498	98835	25832	83048	5418
集体控股	120788	32	-229	401	93	264	216
私人控股	893306	18319	53008	6727	2032	9289	3978
港澳台商控股	11751		1713	556	187	1746	168
外商控股	11177		930	649		174	10
其　他	177974	404	10591	4372	1085	1422	808
按经济形式分组							
独立门店	668735	1545	43908	6581	1535	6775	2756
连锁门店	22362	42	978	80	23	17	82
其　他	2398479	34097	237625	104878	27672	89152	7760
二、零售业	**1458742**	**5520**	**153208**	**27163**	**7389**	**28214**	**14247**
按国民经济行业分组							
综合零售	335499	2523	44233	6625	1549	9714	3894
百货零售	182026	2204	37421	6379	1466	8875	2567
超级市场零售	18727	56	2525	-530	2	333	687
食品、饮料及烟草制品专门零售	22609	92	6138	2404	757	1254	301
纺织、服装及日用品专门零售	89181	598	20284	4579	866	3232	1631
服装零售	74467	538	16479	5009	840	2685	1229
文化、体育用品及器材专门零售	33724	143	4975	-3030	26	1685	1231
图书零售	14124	89	2218	-1181	21	442	734
医药及医疗器材专门零售	37075	127	9620	1034	148	1162	1715
药品零售	36379	126	9527	1031	147	1155	1695
汽车、摩托车、燃料及零配件专门零售	744296	1459	51080	10049	2787	8487	3727
汽车零售	723265	1419	50466	9806	2784	8356	3689
家用电器及电子产品专门零售	160695	513	15180	5259	1195	2500	1548
家用电器零售	95579	332	10212	4818	1059	1445	880
五金、家具及室内装修材料专门零售	10300	17	383	21	4	61	68
无店铺及其他零售	25363	49	1316	223	57	119	132

11-6 续表 5

单位：万元

指标	主营业务成本	主营业务税金及附加	主营业务利润	利润总额	应交所得税	本年应交增值税	全部从业人员年平均人数(人)
按登记注册类型分组							
内资企业	1305924	4783	124962	19413	5640	23234	12336
国有企业	24367	135	2946	356	12	369	349
集体企业	8449	89	3369	2456	675	724	153
有限责任公司	899526	3339	79995	10897	3664	15048	7717
国有独资公司	125637	223	3112	794	90	319	131
其他有限责任公司	773889	3116	76883	10104	3574	14729	7586
股份有限公司	76069	219	7038	652	277	958	1267
私营企业	269428	656	25712	4848	962	4741	2588
私营独资企业	2200	5	358	11	3	35	94
私营有限责任公司	248343	631	24032	4178	793	4473	2427
其他企业	28086	345	5903	203	51	1395	262
港、澳、台商投资企业	76300	307	12287	4135	787	1900	690
合资经营企业(港或澳、台资)	67498	307	10960	4567	784	1826	482
港、澳、台商独资经营企业	8802		1327	-431	3	74	208
外商投资企业	76518	431	15959	3615	962	3080	1221
中外合资经营企业	74442	428	15387	3552	946	2958	1205
外资企业	2076	3	572	64	16	122	16
按控股情况分组							
国有控股	221667	612	14358	1343	506	2497	1755
集体控股	8449	89	3369	2456	675	724	153
私人控股	851013	3190	90003	11335	3425	16976	8729
港澳台商控股	66408	261	10134	3691	678	1516	560
外商控股	76518	431	15959	3615	962	3080	1221
其　他	234687	938	19386	4722	1143	3421	1829
按经济形式分组							
独立门店	1177550	4933	120784	27506	7007	22718	9349
连锁总店(总部)	86094	189	12025	879	147	3162	2456
连锁门店	97831	173	9557	372	41	655	892
其　他	97267	225	10841	-1594	194	1679	1550

11-7 星级住宿业和限额以上餐饮业经营情况

(2009年)

指　　标	单位数(个)	年末从业人数(人)	营业额(万元)				
				客房收入	餐费收入	商品销售额	其他收入
总　　计	**125**	**16139**	**161358**	**55275**	**96751**	**4999**	**4334**
一、住宿业	**74**	**9783**	**96857**	**54444**	**36064**	**2328**	**4021**
按住宿行业中类分组							
旅游饭店	49	7771	76749	41423	30269	2217	2840
一般饭店	21	1524	15936	10229	4474	111	1122
按登记注册类型分组							
内资企业	69	8428	82983	46735	30333	2182	3733
国有企业	30	3315	32544	17155	12307	662	2420
集体企业	2	148	1326	534	457	200	135
股份合作企业	1	66	711	711			
有限责任公司	27	4278	43033	24592	15943	1320	1178
国有独资公司	1	528	7940	3187	3573	963	218
其他有限责任公司	26	3750	35093	21406	12371	357	960
私营企业	9	621	5369	3743	1625		
港、澳、台商投资企业	4	1044	10681	6134	4185	146	216
外商投资企业	1	311	3193	1576	1546		72
按控股情况分组							
国有控股	35	4699	48873	24749	19380	1878	2866
集体控股	2	94	920	898	22		
私人控股	29	3792	35735	22061	12316	372	986
港澳台商控股	2	433	4584	2807	1666	78	34
其　他	6	765	6745	3930	2681		135
二、餐饮业	**51**	**6356**	**64502**	**831**	**60687**	**2671**	**313**
按餐饮行业中类分组							
正餐服务	48	6075	62709	533	59193	2671	313
按登记注册类型分组							
内资企业	51	6356	64502	831	60687	2671	313
国有企业	3	501	4631	831	3752	41	7
有限责任公司	24	2517	25302		23270	1726	306
其他有限责任公司	24	2517	25302		23270	1726	306
股份有限公司							
私营企业	22	3094	32779		31952	827	
按控股情况分组							
国有控股	2	375	1804	831	925	41	7
集体控股	2	145	1071		1071		
港澳台商控股	42	4206	42270		39747	2216	306
其　他	5	1630	19357		18944	413	

11-8 限额以上住宿和餐饮业主要财务状况

(2009年)

指　　标	企业数(个)	流动资产合计	#存货	固定资产原价	资产总计	负债合计	实收资本
总　计	**125**	**84028**	**7636**	**244838**	**293773**	**218861**	**90910**
一、住宿业	**74**	**54887**	**4722**	**214569**	**230384**	**180069**	**73307**
按住宿行业中类分组							
旅游饭店	49	47558	3860	198734	209190	168691	64561
一般饭店	21	5805	660	13988	18365	10385	7282
按登记注册类型分组							
内资企业	69	51341	4004	180274	199773	157135	60299
国有企业	30	13426	1566	70273	66085	30536	36328
集体企业	2	569	37	433	1112	1272	53
股份合作企业	1	442	21	21	463	263	300
有限责任公司	27	33978	2034	104024	123379	117275	22140
国有独资公司	1	3689	500	10851	9906	6615	3385
其他有限责任公司	26	30288	1534	93174	113473	110660	18755
私营企业	9	2927	347	5522	8734	7789	1479
私营独资企业	2	366	28	493	1066	406	850
私营有限责任公司	6	2239	301	4757	7184	7048	362
私营股份有限公司	1	323	17	272	484	335	267
港、澳、台商投资企业	4	2957	659	29815	21228	15628	11008
合资经营企业(港或澳、台资)	2	1679	558	11626	7494	5239	4000
港、澳、台商独资经营企业	2	1279	101	18188	13734	10390	7008
外商投资企业	1	589	59	4481	9383	7305	2000
中外合资经营企业	1	589	59	4481	9383	7305	2000
按控股情况分组							
国有控股	35	19954	2938	102121	95714	59572	47442
集体控股	2	754	35	264	1039	1175	350
私人控股	29	28882	1419	83669	103694	92163	15109
港澳台商控股	2	1279	101	18188	13734	10390	7008
其　他	6	4019	230	10327	16202	16769	3397
按经营形式分组							
独立门店	73	54299	4664	210088	221001	172763	71307
其　他	1	589	59	4481	9383	7305	2000

11-8 续表 1

单位：万元

指标	企业数（个）	流动资产合计	#存货	固定资产原价	资产总计	负债合计	实收资本
5.按星级分组							
五星	2	8486	807	36103	43555	42629	5000
四星	10	10060	1005	60269	56099	47152	19441
三星	23	10458	1032	54638	57586	47554	23594
二星	7	3018	374	18328	16657	6147	13227
一星	3	13032	279	28677	29896	21507	1590
其他	29	9834	1225	16554	26592	15079	10455
二、餐饮业	**51**	**29141**	**2914**	**30268**	**63389**	**38793**	**17603**
按餐饮行业中类分组							
正餐服务	48	27496	2788	28567	60754	37061	16330
快餐服务	2	1527	17	799	1882	1334	520
按登记注册类型分组							
内资企业	51	29141	2914	30268	63389	38793	17603
国有企业	3	3318	473	3292	5402	2728	3069
有限责任公司	24	15186	873	7648	24775	18983	6620
其他有限责任公司	24	15186	873	7648	24775	18983	6620
私营企业	22	10266	1472	19078	32757	16850	7814
私营独资企业	12	1133	218	3716	4617	2129	1991
私营合伙企业	3	1196	38	1767	3244	1045	1614
私营有限责任公司	6	7937	1216	13377	24232	12815	4158
私营股份有限公司	1			217	664	861	50
按控股情况分组							
国有控股	2	431	223	1898	1759	793	1993
集体控股	2	675	12	142	933	758	650
私人控股	42	21056	1633	18496	44073	25765	13504
其他	5	6980	1046	9732	16624	11477	1456
按经营形式分组							
独立门店	49	19611	1738	20576	45259	27711	15526
连锁总店(总部)	1	6643	926	8299	14487	9145	1000
其他	1	2887	250	1394	3643	1936	1076

11-8 续表 2

单位：万元

指 标	主营业务收入	主营业务成本	主营业务税金及附加	主营业务利润	利润总额	应交所得税	全部从业人员年平均人数(人)
总 计	**159949**	**60083**	**9069**	**89855**	**-5213**	**953**	**16025**
一、住宿业	**95899**	**25399**	**5528**	**64872**	**-6949**	**357**	**9714**
按住宿行业中类分组							
旅游饭店	75917	19613	4356	51848	-6681	230	7702
一般饭店	15848	4347	918	10582	117	110	1524
按登记注册类型分组							
内资企业	82126	23080	4807	54239	-6856	354	8360
国有企业	32267	9837	1875	20555	-4503	80	3355
集体企业	1266	849	67	350	1		148
股份合作企业	711	348	57	306	-12		66
有限责任公司	42886	9863	2530	30494	-2521	239	4179
国有独资公司	7766	1758	395	5613	35	9	628
其他有限责任公司	35120	8104	2135	24881	-2557	230	3551
私营企业	4996	2184	278	2534	179	35	612
私营独资企业	1212	823	67	321	2		158
私营有限责任公司	2994	1123	165	1707	103	32	356
私营股份有限公司	790	238	46	506	74	2	98
港、澳、台商投资企业	10681	1764	556	8261	-99	1	1036
合资经营企业(港或澳、台资)	6097	948	326	4724	-118		603
港、澳、台商独资经营企业	4584	817	230	3538	19	1	433
外商投资企业	3092	555	165	2372	6	1	318
中外合资经营企业	3092	555	165	2372	6	1	318
按控股情况分组							
国有控股	48460	12784	2812	32764	-4670	114	4823
集体控股	920	366	69	485	-12		94
私人控股	35228	9195	2025	24008	-1584	195	3604
港澳台商控股	4584	817	230	3538	19	1	433
其 他	6708	2238	392	4078	-703	47	760
按经营形式分组							
独立门店	92807	24845	5363	62500	-6955	355	9396
其 他	3092	555	165	2372	6	1	318

11-8 续表 3

单位：万元

指标	主营业务收入	主营业务成本	主营业务税金及附加	主营业务利润	利润总额	应交所得税	全部从业人员年平均人数(人)
5.按星级分组							
五星	7391	1533	406	5452	-2205		984
四星	22999	4430	1218	17350	-602	10	2241
三星	24367	7071	1516	15679	-1962	116	2542
二星	9466	3073	527	5866	-2502	55	1088
一星	8903	2215	506	6183	379		577
其他	22773	7077	1354	14342	-58	176	2282
二、餐饮业	**64050**	**34684**	**3541**	**24984**	**1736**	**596**	**6311**
按餐饮行业中类分组							
正餐服务	62257	33397	3448	24571	1803	588	6030
快餐服务	1145	454	57	634	-66	4	171
按登记注册类型分组							
内资企业	64050	34684	3541	24984	1736	596	6311
国有企业	4220	2844	130	1247	-229	5	504
有限责任公司	25266	12256	1356	10824	588	251	2482
其他有限责任公司	25266	12256	1356	10824	588	251	2482
股份有限公司							
私营企业	32774	18718	1948	12098	1256	309	3090
私营独资企业	7655	4479	520	2646	142	18	866
私营合伙企业	2415	1269	143	1003	273	30	281
私营有限责任公司	20954	12013	1175	7765	817	255	1688
私营股份有限公司	1751	956	110	684	25	6	255
按控股情况分组							
国有控股	1804	1146	98	560	45	5	378
集体控股	1071	513	47	511	-32	3	147
私人控股	41823	21293	2288	17401	903	358	4194
其他	19352	11732	1108	6512	820	231	1592
按经营形式分组							
独立门店	46264	23734	2641	19048	1226	400	5184
连锁总店(总部)	15370	9252	869	5248	785	196	1001
其他	2416	1698	31	687	-274		126

11-9　海关进出口总额

单位：万美元

指　　标	2009年	2008年	2009年比2008年增长(%)
海关进出口总额	**181076**	**225165**	**-19.6**
按企业性质分			
三资企业	12035	16594	-27.5
国有企业	139827	176120	-20.6
集体企业	2315	5232	-55.8
民营企业及其他	26899	27219	-1.2
按贸易方式分			
一般贸易	141382	197850	-28.5
加工贸易	23081	22886	0.9
其他贸易	16613	4429	2.8倍
出口总额	**126325**	**141050**	**-10.4**
按企业性质分			
三资企业	7986	8766	-8.9
国有企业	104144	103115	1.0
集体企业	1777	3589	-50.5
民营企业及其他	17418	25580	-31.9
按贸易方式分			
一般贸易	95759	121381	-21.1
加工贸易	16116	15729	2.5
其他贸易	14450	3940	2.7倍
进口总额	**54751**	**84115**	**-34.9**
按企业性质分			
三资企业	4049	7828	-48.3
国有企业	35683	73005	-51.1
集体企业	538	1643	-67.3
民营企业及其他	9481	1639	4.8倍
按贸易方式分			
一般贸易	45623	76469	-40.3
加工贸易	6965	7157	-2.7
其他贸易	2163	489	3.4倍

注：数据来源于海关。

11-10 招商引资

指 标	项目个数(个)		合同引资额		实际到位资金		
	2009年	2008年	2009年	2008年	2009年	2008年	2009年比2008年增长(%)
利用外资(万美元)	**19**	**17**	**8933**	**15090**	**11220**	**9350**	**20.0**
直接利用外资	**19**	**17**	**8933**	**15090**	**11220**	**9350**	**20.0**
#合资经营企业	7	8	2638	2506	3562	3740	-4.8
合作经营企业		1		87	270	239	13.0
外资企业	12	8	6295	12497	7388	5371	37.6
引进内资(亿元)	**1901**	**1479**	**296**	**303**	**369**	**303**	**21.6**

11-11 旅 游

指 标	单 位	2009年	2008年	2009年比2008年增长(%)
一、接待海外旅游人数	**人次**	**91115**	**135834**	**-32.9**
外国人	人次	38272	48332	-20.8
港澳同胞	人次	27793	42606	-34.8
台湾同胞	人次	25050	44896	-44.2
二、接待海外旅游人天数	**人天**	**241546**	**364163**	**-33.7**
外国人	人天	103754	138314	-25.0
港澳同胞	人天	71640	110937	-35.4
台湾同胞	人天	66152	114912	-42.4
三、旅游外汇收入	**万美元**	**4042.28**	**6268.90**	**-35.5**
四、国内旅游				
接待国内游客	万人次	3279.36	2612.27	25.5
旅游收入	亿元	292.09	182.29	60.2
五、旅游总收入	**亿元**	**294.85**	**187.29**	**57.4**

11-12 “黄金周”旅游接待情况

(2009年)

指　标	单　位	春　节	国庆节
旅游住宿设施			
累计接待人天数	万人天	9.17	22.47
平均停留天数	天	3.90	2.15
星级宾馆出租率	%	29.00	58.00
旅行社			
累计接团数	个	1020	896
累计接待人数	万人次	2.30	2.06
景　区(点)			
统计的景区(点)	个	13	18
累计接待人数	万人次	50.73	252.66
一日游游客所占比重	%	68.00	82.50
门票收入	万元	214.42	909.82
交通客运			
累计抵达班车次			
#铁　路	班车、次	514	397
民　航	班车、次	949	715
公　路	班车、次	35979	52955
累计抵达旅客量			
#铁　路	万人次	32.78	23.40
民　航	万人次	8.32	7.34
公　路	万人次	79.23	109.66
接待综合情况			
接待人数	万人次	97.42	218.90
旅游收入	万元	26300	75609
人均天花费			
#过夜旅游者	元/人天	438	1157
一日游游客	元/人天	234.39	238.00

主 要 统 计 指 标 解 释

社会消费品零售总额 指批发和零售业、住宿和餐饮业以及其他行业直接售给城乡居民和社会集团的消费品零售额。其中,对居民的消费品零售额,是指售予城乡居民用于生活消费的商品金额;对社会集团的消费品零售额,是指售给机关、社会团体、部队、学校、企事业单位、居委会或村委会等,公款购买的用作非生产、非经营使用与公共消费的商品金额。社会消费品零售总额包括:售给城乡居民作为生活消费用的商品和修建房屋用的建筑材料的金额,以及售给来华的外国人、华侨、港澳台同胞的消费品金额;售给社会集团用作非生产、非经营使用与公共消费的商品金额。

不包括:城市居民间或居民委托信托商店卖出的商品;

售给农业、工业、建筑业等行业用于生产的商品。

批发零售贸易业商品购、销、存总额 指各种登记注册类型的批发、零售贸易业(不包括个体)企业(单位)以本企业(单位)为总体的商品购进、销售、库存总额。

商品购进总额 指从本企业(单位)以外的单位和个人购进(包括从境外直接进口)作为转卖或加工后转卖的商品总额。它反映批发零售贸易业从国内、国外市场上购进商品的总量。商品购进总额包括:(1)从工农业生产者购进的商品;(2)从出版社、报社的出版发行部门购进的图书、杂志和报纸;(3)从各种登记注册类型的批发零售贸易企业(单位)购进的商品;(4)从其他单位购进的商品,如从机关、团体、企业等单位购进的剩余物资,从餐饮业、服务业购进的商品,从海关、市场管理部门购进的缉私和没收的商品,从居民手中收购的废旧商品等;(5)从国(境)外直接进口的商品。不包括企业(单位)为自身经营用和未通过买卖行为而收入的商品以及销售退回、商品升溢等。

商品销售总额 指对本企业(单位)以外的单位和个人出售(包括对境外直接出口)的商品总额。它反映批发零售贸易业在国内市场上销售商品以及出口商品的总量。商品销售总额包括:(1)售给城乡居民和社会集团消费用的商品;(2)售给工业、农业、建筑业、运输邮电业、批发零售贸易业、餐饮业、服务业等作为生产、经营使用的商品;(3)售给批发零售贸易业作为转卖或加工后转卖的商品;(4)对国(境)外直接出口的商品。不包括出售本企业(单位)自用的废旧包装用品;未通过买卖行为付出的商品;经本单位介绍,由买卖双方直接结算,本单位只收取手续费的业务;购货退出的商品以及商品损耗和损失等。

批发零售贸易业库存 指报告期末各种登记注册类型的批发零售贸易企业 (单位) 已取得所有权的商品。它反映批发零售贸易企业(单位)的商品库存情况和对市场商品供应的保证程度。

零售额 指售给城乡居民用于生活消费和社会集团用于公共消费的商品金额。具体包括:

(1)售给城乡居民的各种生活消费品;

(2)售给入境旅游的外国人、华侨、港澳台同胞的各类商品;

(3)售给行政事业单位、社会团体、军队和武警等机构的商品,以及以零售方式售予各类企业的商品。具体包括:用于非生产和社会交往的办公用品,如通讯设备、计算器具和设备、电讯网络设备、文印设备、音像视听器材和设备、纸张、本册、文具及装订文印材料、家具、日用电器、针纺织品、清洁卫生用品、文体用品、奖品、纪念品、礼品等;供内部人员乘坐的交通工具和燃料;用于办公设施修缮的各类配件、材料、工具等;用于取暖和防暑降温的设备、燃料、材料及食品等;专用于教学的用品和设备;非营利医疗机构的中、西药品、中药材和医疗设备器材;非专用的劳动保护用品;不对外营业的内部食堂用的餐具、炊具、设备、清洁卫生工具和食品、燃料等;军队、武警用于其人员生活的衣着品和个人用品;其他各类非生产性设备和用品。不包括:

(1)售给城乡居民已确知是用于生产、经营的商品;

(2)售给各类农业生产者的生产资料类商品;

(3)售给企业单位生产上专用的劳动保护用品;

批发额 指售给国民经济各行业用于生产经营的商品金额。具体包括:(1)售予国民经济各行业用于生产经营、勘察设计、科研试验等的商品;加油站售予生产及营运用的运输工具的石油及制品类商品;售予民政部门救灾用的商品。

(2)售予批发零售业、餐饮业和其他服务行业用于转卖的商品。

(3)直接向境外出品的商品和委托外贸部门代理出口的商品。不包括售给外贸部门出口或加工后出口的商品以及在境内市场以外币销售的商品。外贸企业只统计自主出口的商品,不包括代理出口的商品。

住宿和餐饮业经营情况

营业额 指住宿和餐饮业法人企业、产业活动单位在经营活动中因提供服务或销售商品等取得的收入。包括:客房收入、餐费收入、商品销售额(含增值税)和其他收入。

客房收入 指住宿和餐饮业法人企业、产业活动单位在经营活动中因提供住宿服务取得的客房收入。

餐费收入 指住宿和餐饮业法人企业、产业活动单位因为顾客提供就餐服务取得的收入。包括:经烹饪、调制加工后出售的各种食品,如主食、炒菜、凉拌菜等的收入。

商品销售额 指住宿和餐饮业法人企业、产业活动单位出售商品的总金额(含增值税)。

其他收入 指营业额中除客房收入、餐费收入、商品销售额(含增值税)以外的其他收入。包括:娱乐、健身和商务服务等。

从业人员 指在该连锁企业工作并取得劳动报酬的年末实有人员数。包括在岗职工、再就业的离退休人员、在该企业工作的外方人员、港、澳、台方人员、兼职人员、借用的外单位人员和第二职业者。不包括离开本单位但仍保留劳动关系的职工。从业人数包括总店和全部门店以及自有配送中心的从业人数。

海关进出口总额 指实际进出我国国境的货物总金额。包括对外贸易实际进出口货物,来料加工装配进出口货物,国家间、联合国及国际组织无偿援助物资和赠送品,华侨、港澳台同胞和外籍华人捐赠品,租赁期满归承租人所有的租赁货物,来料加工进出口货物,边境地方贸易及边境地区小额贸易进出口货物(边民互市贸易除外),中外合资企业、中外合作经营企业、外商独资经营企业进出口货物和公用物品,到、离岸价格在规定限额以上的进出口货样和广告品(无商业价值、无使用价值和免费提供出口的除外),从保税仓库提取在中国境内销售的进口货物,以及其他进出口货物。进出口总额用以观察一个国家在对外贸易方面的总规模。我国规定出口货物按离岸价格统计,进口货物按到岸价格统计。

利用外资 指我国各级政府、部门和其他经济组织通过对外借款、吸收外商直接投资以及用其他方式筹措的境外现汇、设备、技术等。

外商直接投资 指外国企业和经济组织或个人(包括华侨、港澳台胞以及我国在境外注册的企业)按我国有关政策、法规,用现汇、实物、技术等在我国境内开办外商独资企业、与我国境内的企业或经济组织共同举办中外合资经营企业、合作经营企业或合作开发资源的投资(包括外商投资收益的再投资),以及经政府有关部门批准的项目投资总额内企业从境外借入的资金。

旅游者人数

(1)入境国际旅游者人数: 指来中国参观、访问、旅行、探亲、访友、休养、考察、参加会议和从事经济、科技、文化、教育、宗教等活动的外国人、华侨、港澳同胞和台湾同胞的人数。不包括外国在我国的常驻机构,如使领馆、通讯社、企业办事处的工作人员;来我国常住的外国专家、留学生以及在岸逗留不过夜人员。

(2)出境居民人数:指大陆居民因公务活动或私人事务短期出境的人数。公务活动出境居民人数包括在国际交通工具上的中国服务员工,因私出境居民人数不包括在国际交通工具上的中国服务员工。

(3)国内旅游者人数:指我国大陆居民和在我国常住1年以上的外国人、华侨、港澳台同胞离开常住地在境内其他地方的旅游设施内至少停留一夜,最长不超过6个月的人数。

国际旅游(外汇)收入 指入境旅游的外国人、华侨、港澳同胞和台湾同胞在中国大陆旅游过程中发生的一切旅游支出,对于国家来说就是国际旅游(外汇)收入。

涉外饭店 指经有关部门批准,允许接待外国人、华侨、港澳同胞和台湾同胞的饭店。

12

twelve

交通、运输、邮电、城市公用事业

Traffic, Transportation, Postal and Telecommunication Services, Urban Public Utilities

2009年民用车辆拥有量（单位：辆）

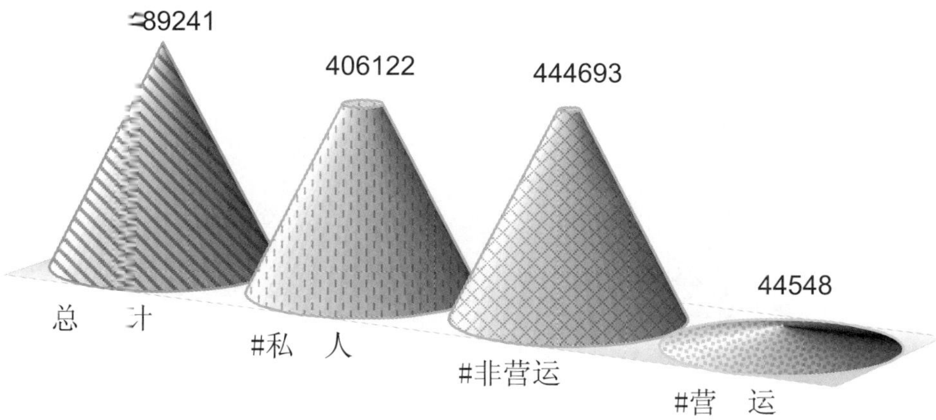

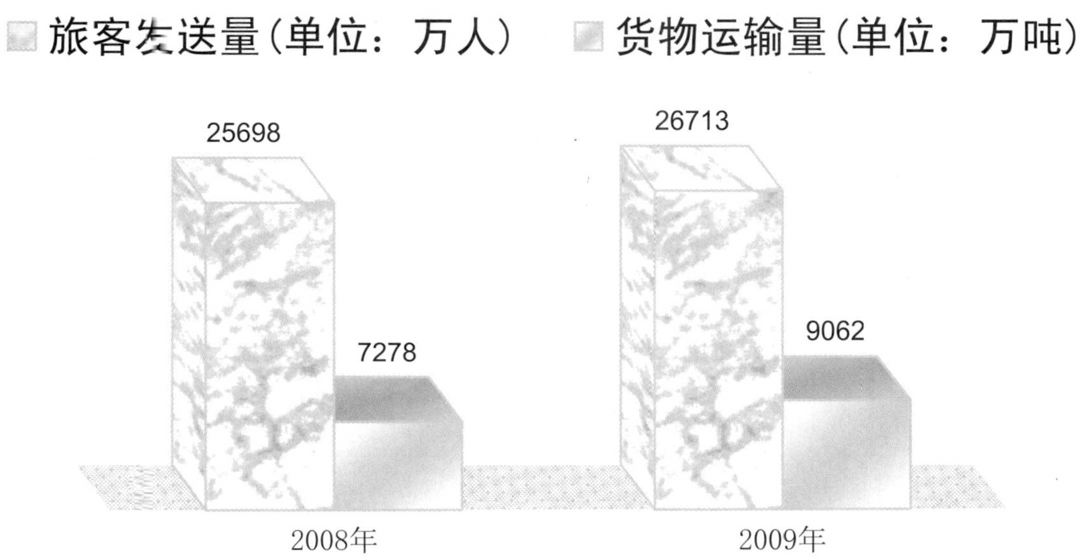

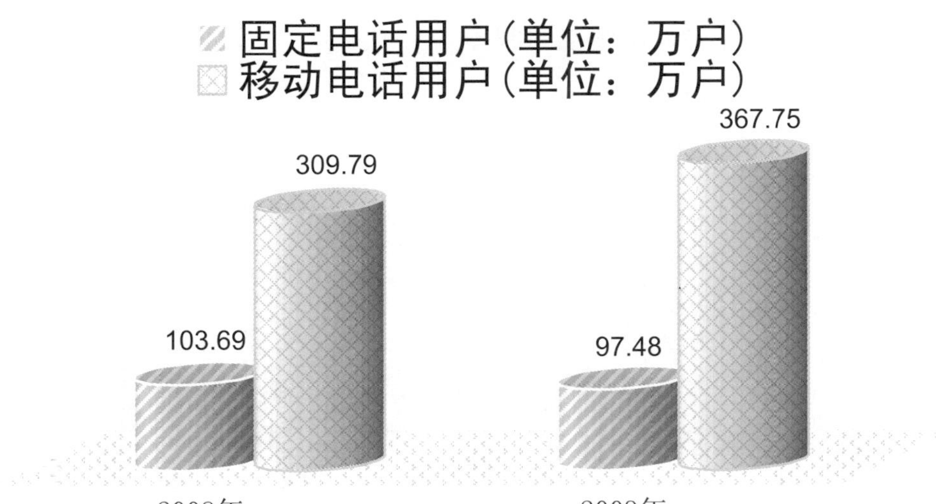

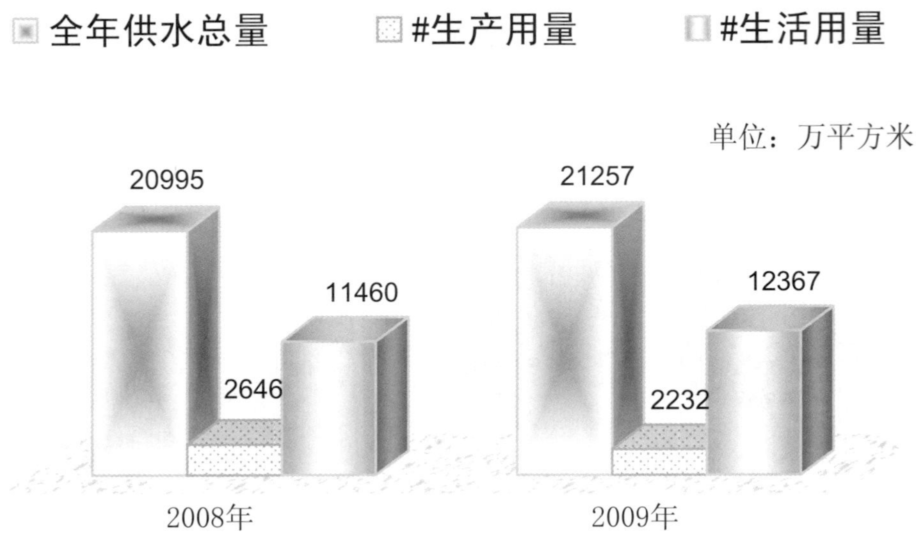

2009年城市公用事业

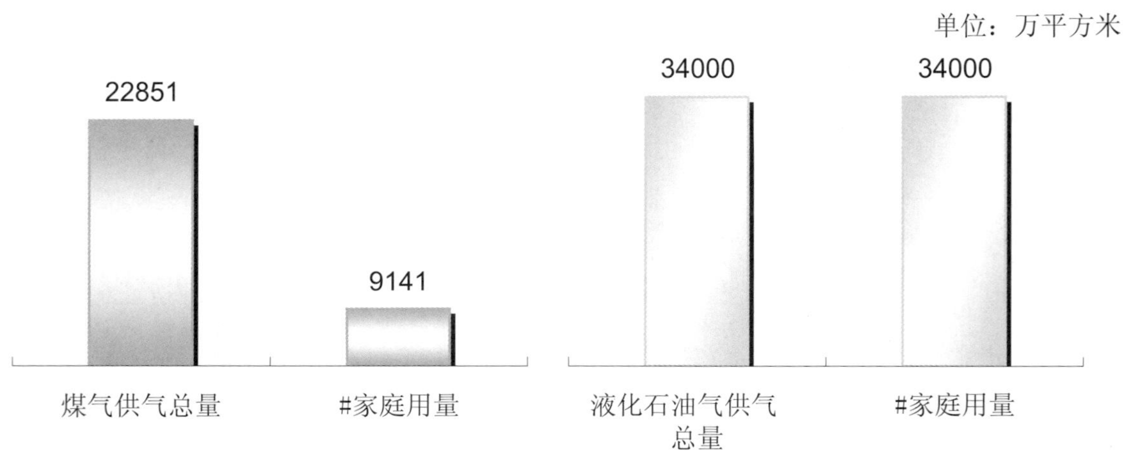

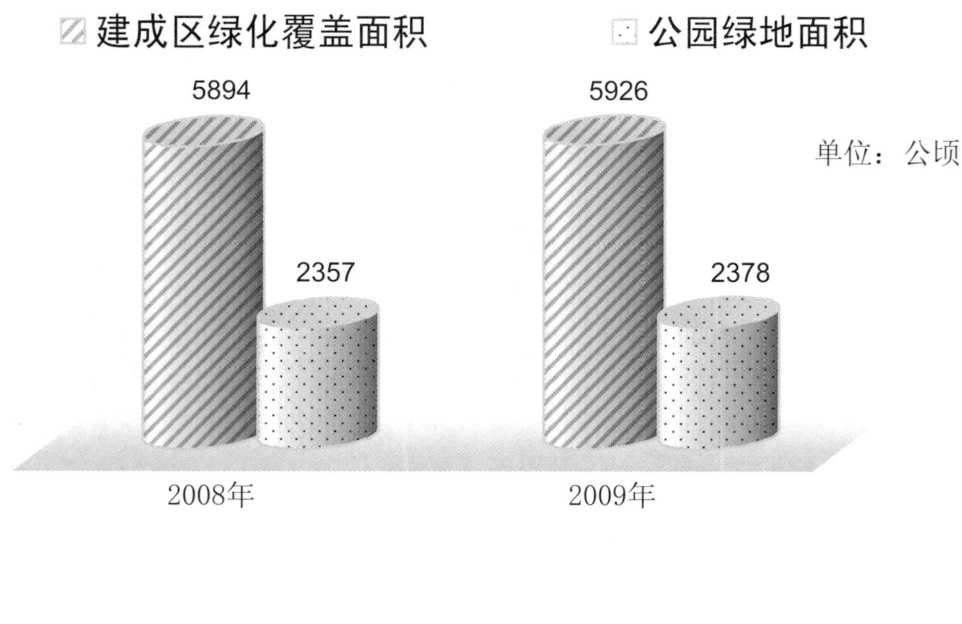

12-1 民用车辆拥有量

(2009年)　　单位：辆

指标	总计	营运	非营运	#进口	#个人	#新注册	报废
民用车辆合计	**489241**	**44548**	**444693**	**8950**	**406122**	**92541**	**2365**
一、汽车	**346144**	**43421**	**302723**	**8873**	**274949**	**70954**	**2328**
1. 载客汽车	251920	9106	242814	8545	204978	56767	1826
#大型	5012	3656	1356	40	103	516	338
中型	4409	1172	3237	210	1219	249	144
小型	218246	4164	214082	8262	182283	54323	1165
微型	24253	114	24139	33	21373	1679	179
2. 载货汽车	84159	33069	51090	267	62442	13417	483
#重型	6173	5019	1154	36	3215	1709	19
中型	18754	13433	5321	37	13135	2521	69
轻型	56182	14451	41731	193	43562	9185	295
微型	3050	166	2884	1	2530	2	100
3. 其它汽车	10065	1246	8819	61	7529	770	19
#三轮汽车	2508	182	2326		2507	211	
低速汽车	5307	570	4737	1	4542	212	2
二、摩托车	**134310**	**847**	**133463**	**76**	**131104**	**21513**	**36**
1. 普通	115485	844	114641	74	112964	20132	34
2. 轻便	18825	3	18822	2	18140	1381	2
三、拖拉车	**8472**		**8472**				
四、挂车	**315**	**280**	**35**	**1**	**69**	**74**	**1**
机动车驾驶员(人)	**866571**						
#汽车驾驶员	779914						

12-2 旅客运量及货物运输量

指标	2009年	2008年	2009年比2008年增长(%)
旅客发送量(万人)	**26713**	**25698**	**3.9**
铁路	979	1008	-2.9
公路	25007	24128	3.6
航空	568.8	432.0	31.5
水运	158.9	130.0	22.2
货物运输量(万吨)	**9062**	**7278**	**24.5**
铁路	1378	1398	-1.4
公路	7645	5843	30.8
航空	5.2	4.2	22.9
水运	33.6	33.0	1.8

注：从2010年起航空旅客发送量、货物运输量按吞吐量计算，2009年做作相应调整。

12-3 邮电线路及通信工具拥有量

指 标	单 位	2009年	2008年	2009年比2008年增长(%)
邮路总条数	**条**	**235**	**236**	**-0.4**
邮路总长度(单程)	**公里**	**39933**	**43171**	**-7.5**
汽车邮路	公里	9733	9733	持平
铁路邮路	公里	6413	6876	-6.7
航空邮路	公里	26562	26562	持平
农村投递线路总长度	**公里**	**5821**	**5215**	**11.6**
电话交换机容量	**万门**	**583**	**625**	**-6.7**

12-4 邮电业务量

指 标	单 位	2009年	2008年	2009年比2008年增长(%)
邮电业务收入	**万元**	**391822**	**343108**	**14.2**
电信业务收入	万元	364192	318400	14.4
邮政业务收入	万元	27630	24708	11.8
函 件	万件	3300.00	3765.81	-12.4
包 件	万件	22.00	28.66	-23.2
特快专递	万件	193.31	190.67	1.4
汇 票	万张	114.86	100.91	13.8
订销报纸	万份	7122.00	7337.56	-2.9
订销杂志	万份	1061.00	400.81	1.6倍
邮政储蓄期末余额	万元	409921	337851	21.3
集邮业务量	万枚	188.29	226.60	-16.9
邮电业务总量	**万元**	**1023224**	**970573**	**5.4**
电信业务总量	万元	996720	944600	5.5
邮政业务总量	万元	26504	25973	2.0
年末固定电话用户	**万户**	**97.48**	**103.69**	**-6.0**
#城市电话用户	万户	81.68	86.12	-5.2
农村电话用户	万户	15.80	17.57	-10.1
#公用电话用户	万户	13.76	13.56	1.5
移动电话用户	**万户**	**367.75**	**309.79**	**18.7**
互联网用户	**万户**	**39.18**	**27.26**	**43.7**

12-5 自来水、公共汽车基本情况

指标	单位	2009年	2008年
水厂	个	9	9
综合生产能力(包括各单位自备水源)	万吨/日	116.50	116.00
供水管道长度	公里	2812	2561
全年供水总量	万立方米	21257	20995
#生产用量	万立方米	2232	2646
生活用量	万立方米	12367	11460
用水户数	万户	50.75	46.97
#家庭用户	万户	48.52	44.94
用水人口	万人	203	203
年末实有公共汽车(电)车营运车辆数	辆	2531	2429
公共汽(电)车营运标准车台数	标台	2396	2387
公共汽(电)车营运线路网长度	公里	359	306
全年公共汽(电)车客运总量	万人次	59082	57559
年末实有出租汽车数	辆	3605	3069

注：本表数据为市辖区数。

12-6 市政设施和城市燃气情况

指标	单位	2009年	2008年
道路长度	公里	823	818
道路面积	万平方米	1163	1141
#人行道	万平方米	397	394
桥梁数	座	149	149
排水管道长度	公里	1798	1798
防洪堤长度	公里	30	30
路灯盏数	万盏	9.24	8.57
煤气供气总量	万立方米	22851	22685
#家庭用量	万立方米	9141	8905
用煤气户数	万户	41.01	37.33
#家庭用户	万户	40.80	37.14
用煤气人口	万人	144	131
液化石油气供气总量	万吨	3.40	3.20
#家庭用量	万吨	3.40	3.20
用液化气户数	万户	21	20
#家庭用户	万户	21	20
用液化石油气人口	万人	73	70

12-7 园林绿化及清洁卫生情况

指　　标	单 位	2009年	2008年
园林绿地面积	公顷	20359	19933
#建成区	公顷	5748	5722
建成区公共绿地面积	公顷	1170	1150
公园绿地面积	公顷	2378	2357
绿化覆盖面积	公顷	20990	20550
#建成区	公顷	5926	5894
建成区绿地率	%	41.1	40.9
建成区绿化覆盖率	%	42.3	42.1
人均公共绿地面积	平方米/人	9.75	9.75
公园数	个	10	10
公园面积	公顷	2296	2081
道路清扫面积	万平方米	1300	1164
生活垃圾清运量	万吨	71.0	60.2
生活垃圾粪便无害化处理量	万吨	68.3	57.3
城市生活垃圾无害化处理率	%	95.0	93.4
城市生活垃圾粪便无害化处理率	%	95.1	93.5
公厕数量(水冲式)	座	527	515
环卫机械总数(环卫专用车总数)	台	328	269

12-8 环境保护

指　　标	单　位	2009年	2008年
废水排放总量	万吨	15547	15199
生活废水排放总量	万吨	13190	12795
工业废水排放总量	万吨	2356	2404
工业废水排放达标量	万吨	2292	2244
工业废水排放达标率	%	97.3	93.4
当年完成工业废水治理项目	个	6	21
新增废水治理能力	吨/日	5200	319345
城市地表水水质达标率	%	95.8	94.4
饮用水水源地水质达标率	%	100.0	96.1
工业废气排放总量	亿标立方米	1540	1769
工业二氧化硫去除量	万吨	27.86	24.11
二氧化硫排放总量	万吨	17.95	17.34
#工业二氧化硫排放量	万吨	8.45	8.53
二氧化硫年均浓度值	毫克/立方米	0.058	0.064
二氧化氮年均浓度值	毫克/立方米	0.026	0.023
大气可吸入颗粒年均浓度值	毫克/立方米	0.075	0.082
空气污染指数年平均值	%	65.0	69.0
烟尘排放总量	万吨	3.03	3.15
#工业烟尘排放量	万吨	1.38	1.71
工业烟尘去除量	万吨	69.42	95.57
工业粉尘排放量	万吨	1.47	1.58
工业粉尘去除量	万吨	41.39	32.49
当年完成工业废气治理项目	个	47	11
新增废气治理能力	万标立方米/时	26.5	17.3
工业固体废物产生量	万吨	872.6	888.1
工业固体废物排放量	万吨	0.01	0.01
工业固体废物综合利用率	%	45.8	46.3
当年完成工业固体废物治理项目	个	5	1
城镇生活污水排放量	万立方米	13190	12795
城镇生活污水处理量	万立方米	4369	3548
城镇生活污水处理率	%	33.1	27.7
城市烟尘控制区	个	14	14
城市烟尘控制区面积	平方公里	129	129
城市区域环境噪声平均值	分贝	55.7	55.8
交通干线噪声平均值	分贝	67.9	67.8

主要统计指标解释

货(客)运量 指在一定时期内,各种运输工具实际运送的货物(旅客)数量。货运按吨计算,客运按人次计算。货物不论运输距离长短、货物类别,均按实际重量统计。旅客不论行程远近或票价多少,均按一人一次客运量统计;半价票、小孩票也按一人统计。

邮电业务总量 指以价值量形式表现的邮电通信企业为社会提供各类邮电通信服务的总数量。邮电业务量按专业分类包括函件、包件、汇票、报刊发行、邮政快件、特快专递、邮政储蓄、集邮、公众电报、用户电报、传真、长途电话、出租电路、市话无线寻呼、移动电话、分组交换数据通信、出租代维等。计算方法为各类产品乘以相应的平均单价(不变价)之和,再加上出租电路和设备、代用户维护电话交换机和线路等的服务收入。其计算公式为:

邮电业务总量=∑(各类邮电业务量×不变单价)+出租代维及其他业务收入

移动电话用户 指在移动电话营业部门登记,通过移动电话交换机进入移动电话网、占有移动电话号码的电话用户。用户数量以实际办理登记手续进入邮电部门移动电话网的户数进行计算,一部或一台移动电话统计为一户。

固定电话用户 指接入国家公众固定电话网,并按固定电话业务进行经营管理的电话用户。

城市电话用户 指直辖市、省辖市、地级市、县级市的市区、市郊区及县城(包括县人民政府所在地的县城关区或行政建制相当于县人民政府所在地的镇)范围内接入局用交换机的电话用户数,包括分布在农村地区的独立工矿区、林区、驻军等电话用户数。

农村电话用户 指按行政区划属于城市范围内以外的乡镇、村的电话用户数。

生活用水 包括城镇生活用水和农村生活用水。城镇生活用水由居民用水和公共用水(含服务业、商饮业、货运邮电业及建筑业等用水)组成;农村生活用水除居民生活用水外,还包括畜用水在内。

工业废水排放量 指经过企业厂区所有排放口排到企业外部的工业废水量。包括生产废水、外排的直接冷却水、超标排放的矿井地下水和与工业废水混排的厂区生活污水,不包括外排的间接冷却水(清污不分流的间接冷却水应计算在内)。

工业废水排放达标量 指报告期内废水中各项污染物指标都达到国家或地方排放标准的外排工业废水量,包括未经处理外排达标的,经废水处理设施处理后达标排放的,以及经污水处理厂处理后达标排放的。

工业废水排放达标率 指工业废水排放达标量占工业废水排放量的百分率,计算公式为:

工业废水排放达标率=工业废水排放达标量/工业废水排放量×100%

城镇生活污水排放量 指城镇居民每年排放的生活污水量。用人均系数法测算,测算公式为:城镇生活污水排放量=城镇生活污水排放系数×市镇非农业人口×365

工业废气排放量 指报告期内企业厂区内燃料燃烧和生产工艺过程中产生的各种排入大气的含有污染物的气体的总量，以标准状态(273K，101325Pa)计算。测算公式为：

工业废气排放量 = 燃料燃烧过程中废气排放量 + 生产工艺过程中废气排放量

工业烟尘排放量 指企业厂区内燃料燃烧过程中产生的烟气中夹带的颗粒物排放量。

工业粉尘排放量 指企业在生产工艺过程中排放的能在空气中悬浮一定时间的固体颗粒物排放量。如钢铁企业的耐火材料粉尘、焦化企业的筛焦系统粉尘、烧结机的粉尘、石灰窑的粉尘、建材企业的水泥粉尘等。不包括电厂排入大气的烟尘。

工业固体废物产生量 指报告期内企业在生产过程中产生的固体状、半固体状和高浓度液体状废弃物的总量，包括危险废物、冶炼废渣、粉煤灰、炉渣、煤矸石、尾矿、放射性废物和其他废物等。不包括矿山开采的剥离废石和掘进废石(煤矸石和呈酸性或碱性的废石除外)。酸性或碱性废石指采掘的废石其流经水、雨淋水的 pH 值小于 4 或 pH 值大于 10.5 者。

工业固体废物综合利用率 指工业固体废物综合利用量占工业固体废物产生量 (包括综合利用往年贮存量)的百分率。计算公式为：

工业固体废物综合利用率 = 工业固体废物综合利用量 / (工业固体废物产生量 + 综合利用往年贮存量) × 100%

工业固体废物排放量 指报告期内企业将所产生的固体废物排到固体废物污染防治设施、场所以外的数量，不包括矿山开采的剥离废石和掘进废石(煤矸石和呈酸性或碱性的废石除外)。

“三废”综合利用产品产值 指报告期内利用“三废”作为主要原料生产的产品价值(现行价)。已经销售或准备销售的应计算产品价值，留作生产自用的不应计算产品价值。

生活垃圾清运量 指报告期内收集和运送到垃圾处理厂(场)的生活垃圾数量。生活垃圾指城市日常生活或为城市日常生活提供服务的活动中产生的固体废物以及法律行政规定的视为城市生活垃圾的固体废物。包括：居民生活垃圾、商业垃圾、集市贸易市场垃圾、街道清扫垃圾、公共场所垃圾和机关、学校、厂矿等单位的生活垃圾。

生活垃圾无害化处理率 指报告期生活垃圾无害化处理量与生活垃圾产生量比率。在统计上，由于生活垃圾产生量不易取得，可用清运量代替。计算公式为：

生活垃圾无害化处理率 = 生活垃圾无害化处理量 / 生活垃圾产生量 × 100%

13

thirteen

财政、税收、金融、证券、保险、社会保险和税务

Government Finance, Taxation, Banking, Securites, Insurance and Social Insurance

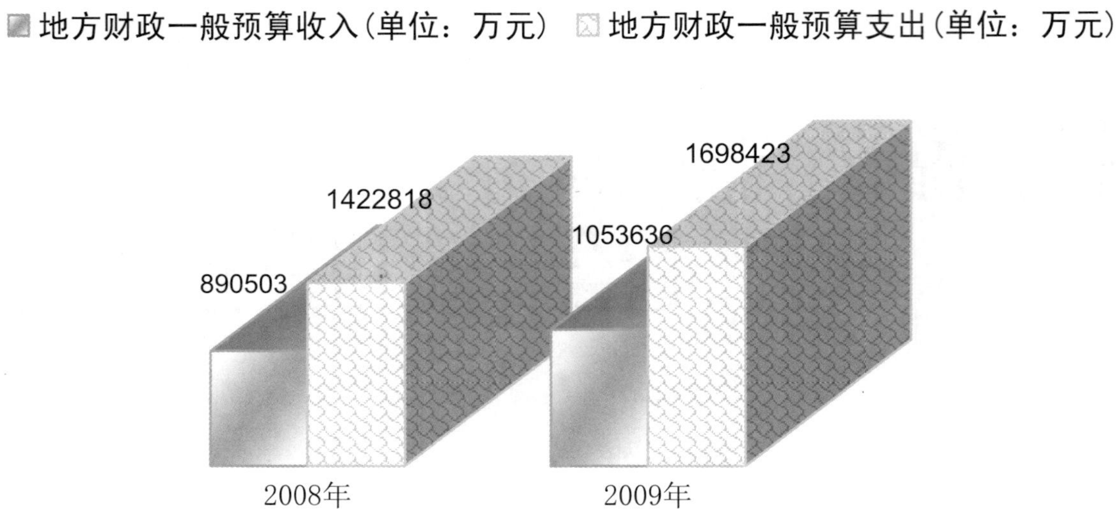
地方财政一般预算收入(单位：万元)
地方财政一般预算支出(单位：万元)
890503
1422818
1053636
1698423
2008年
2009年

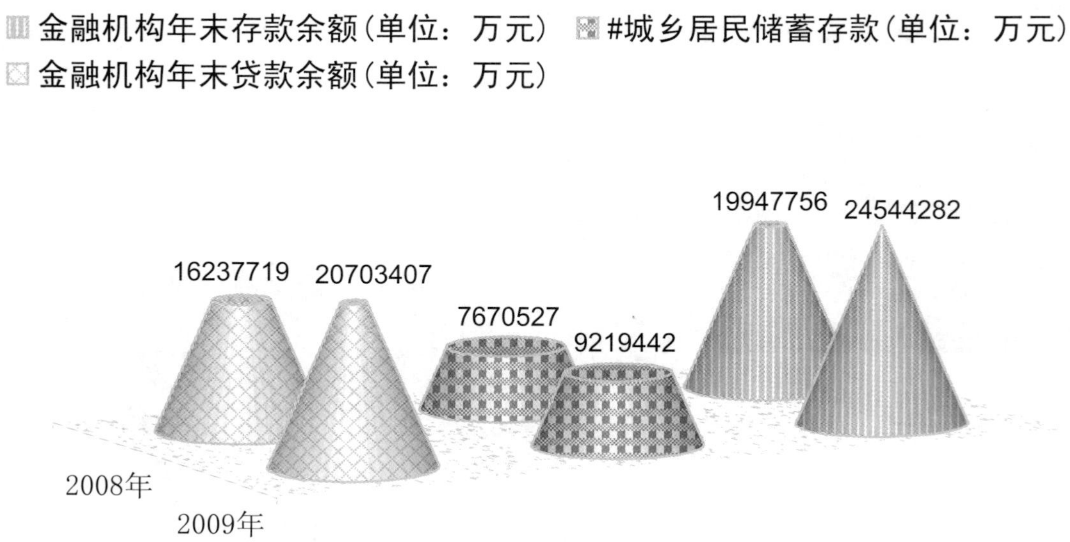
金融机构年末存款余额(单位：万元)
#城乡居民储蓄存款(单位：万元)
金融机构年末贷款余额(单位：万元)
16237719
20703407
7670527
9219442
19947756
24544282
2008年
2009年

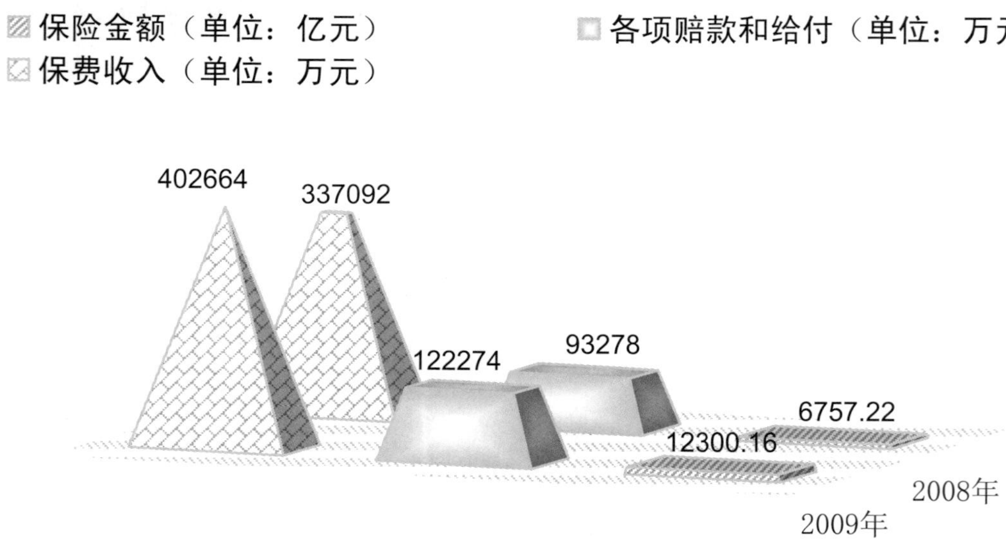
保险金额（单位：亿元）
各项赔款和给付（单位：万元）
保费收入（单位：万元）
402664
337092
122274
93278
6757.22
12300.16
2008年
2009年

13-1 财政收入基本情况

单位：万元

指标	2009年	2008年	2009年比2008年增长(%)
财政总收入	**2520497**	**2242864**	**12.4**
#地方财政一般预算收入	**1053636**	**890503**	**18.3**
税收收入	**907151**	**761177**	**19.2**
#增值税	90318	93132	-3.0
营业税	347106	272685	27.3
企业所得税	143502	111154	29.1
个人所得税	64116	58286	10.0
城市维护建设税	86749	79916	8.6
土地增值税	25154	14663	71.5
耕地占用税	9526	6542	45.6
契　税	38234	41113	-7.0
烟叶税	5380	5273	2.0
非税收入	**146485**	**129326**	**13.3**
专项收入	49587	49192	0.8
行政事业性收费、罚没收入	52396	50110	4.6
国有资本经营收入	12381	12975	-4.6
国有资源(资产)有偿使用收入	25279	10914	1.3倍
其他收入	6842	6135	11.5

13-2 财政支出基本情况

单位：万元

指标	2009年	2008年	2009年比2008年增长(%)
财政总支出	**2321126**	**1738021**	**33.5**
地方财政预算内支出	**1698423**	**1422818**	**19.4**
#一般公共服务	272316	241082	13.0
公共安全	141731	110336	28.5
教　育	276730	259727	6.5
科学技术	28859	27119	6.4
文化体育与传媒	28030	23620	18.7
社会保障和就业	160822	152143	5.7
医疗卫生	100100	78838	27.0
环境保护	26588	33866	-21.5
城乡社区事务	124335	157887	-21.3
农林水事务	132279	101148	30.8
交通运输	108124	13354	6.1倍
采掘电力信息等事务	119932	-	-
粮食物资储备管理等事务	19205	-	-
其他支出	153981	117391	31.2
基金支出	**622703**	**315203**	**97.6**

13-3 各级地方财政分类别收入

(2009年) 单位：万元

指标	全市合计	市级	市本级	县级	乡镇级
总计	**1053636**	**504485**	**416529**	**454989**	**94162**
税收收入	**907151**	**440746**	**355381**	**374707**	**91698**
#增值税	90318	39200	38610	39776	11342
营业税	347106	151867	98511	160895	34344
企业所得税	143502	81841	63817	51330	10331
个人所得税	64116	35239	34334	21381	7496
资源税	8037	1357	1216	803	5877
城市维护建设税	86749	56645	52829	26300	3804
契税	38234	16888	16660	18257	3089
非税收入	**146485**	**63739**	**61148**	**80282**	**2464**
专项收入	49587	26101	24293	23087	399
行政事业性收费收入	32682	19461	19162	12693	528
罚没收入	19714	7553	7504	11902	259
国有资本经营收入	12381	2519	2409	9862	
国有资源(资产)有偿使用收入	25279	6363	6038	18110	806
其他收入	6842	1742	1742	4628	472

13-4 各级地方财政分类别支出

(2009年) 单位：万元

指标	全市合计	市级	市本级	县级	乡镇级
合计	**1698423**	**753187**	**647381**	**882598**	**62638**
#一般公共服务	272316	92164	70785	142921	37231
公共安全	141731	65173	63050	75477	1081
教育	276730	62259	56705	214236	235
科学技术	28859	14640	14640	14049	170
文化体育与传媒	28030	20291	17039	6650	1089
社会保障和就业	160822	75187	73062	82455	3180
医疗卫生	100100	35221	33715	63557	1322
环境保护	26588	13186	12506	13208	194
城乡社区事务	124335	79170	72272	42660	2505
农林水事务	132279	29074	23886	92534	10671
交通运输	108124	104653	104653	3471	
采掘电力信息等事务	119932	101722	51690	17228	982
粮油物资储备管理等事务	19205	8173	8154	10090	942
其他支出	153981	48127	41114	102885	2969

13－5 财政一般预算分类别支出

（2009年） 单位：万元

指标	支出数	指标	支出数
教育	**276730**	企业改革补助	178
教育管理事务	5310	就业补助	15927
普通教育	210153	抚恤	9096
#学前教育	4912	退役安置	9838
小学教育	108972	社会福利	5229
初中教育	68661	残疾人事业	1360
高中教育	17997	**医疗卫生**	**100100**
高等教育	7071	医疗卫生管理事务	4551
职业教育	16452	医疗服务	17860
成人教育	112	社区卫生服务	5393
广播电视教育	153	医疗保障	47714
特殊教育	1535	疾病预防控制	7020
教师进修及干部继续教育	5320	卫生监督	1411
教育附加及基金支出	34760	妇幼保健	2804
其他教育支出	2935	农村卫生	9678
科学技术	**28859**	中医药	526
科学技术管理事务	1611	其他医疗卫生支出	2803
技术研究与开发	23345	**环境保护**	**26588**
科技条件与服务	785	#环境保护管理事务	2305
社会科学	206	环境监测与监察	887
科学技术普及	1333	污染防治	4656
其他科学技术支出	466	自然生态保护	4290
文化体育与传媒	**28030**	天然林保护	2161
文化	11109	退耕还林	5808
文物	1049	风沙荒漠治理	2074
体育	4617	能源节约利用	1994
广播影视	4828	污染减排	1750
新闻出版	505	**农林水事务**	**132279**
其他文化体育与传媒支出	5922	农业	75873
社会保障和就业	**160822**	林业	12765
#社会保障和就业管理事务	10355	水利	25042
民政管理事务	9422	扶贫	9381
财政对社会保险基金的补助	41145	农业综合开发	5144
行政事业单位离退休	1139	其他农林水事务支出	4074

13-6 各区、县(市)地方财政收支

(2009年) 单位：万元

区(市、县)名称	地方财政一般预算收　入	2009年比2008年增长(%)	地方财政一般预算支　出	2009年比2008年增长(%)
南明区	107055	13.7	142670	35.8
云岩区	125052	18.3	156616	16.4
花溪区	36922	10.8	79625	20.1
乌当区	49895	15.8	81543	9.1
白云区	37771	8.6	53086	5.5
小河区	47310	13.5	62854	19.9
开阳县	43026	17.8	103138	18.7
息烽县	25588	15.2	76155	16.3
修文县	23028	20.6	72619	32.1
清镇市	44856	15.8	105770	27.5

13-7 全部金融机构本外币信贷收支情况

单位：万元

指　标	2009年	2008年	2009年比2008年增长(%)
一、资金来源			
各项存款合计	**24662127**	**20041271**	**23.1**
#企事业单位存款	8087038	6445747	25.5
储蓄存款	9283929	7729097	20.1
委托存款	213460	36282	4.9倍
其他存款	7077700	5830145	21.4
二、资金运用			
各项贷款合计	**20810664**	**16325678**	**27.5**
#短期贷款	4182717	3504939	19.3
中长期贷款	15707797	12107095	29.7
委托贷款	184587	18766	8.8倍
其他贷款	77941	44939	73.4

13-8　全部金融机构人民币信贷收支情况

单位：万元

指　　标	2009年	2008年	2009年比2008年增长%
一、资金来源			
各项存款合计	**24544282**	**19947756**	**23.0**
#企业存款	8035946	6417091	25.2
财政存款	1321101	1181973	11.8
机关团体存款	3848026	3082391	24.8
城乡储蓄存款	9219442	7670527	20.2
#活期储蓄	4331032	3241581	33.6
定期储蓄	4888411	4428946	10.4
农业存款	531072	370844	43.2
委托存款	213134	35974	4.9倍
其他存款	1375560	1188956	15.7
二、资金运用			
各项贷款合计	**20703407**	**16237719**	**27.5**
#短期贷款	4153451	3478186	19.4
#工业贷款	1408243	1550672	-9.2
商业贷款	444606	363160	22.4
建筑业贷款	257399	279840	-8.0
农业贷款	221307	175414	26.2
乡镇企业贷款	133421	80991	64.7
三资企业贷款	4533	3629	24.9
私营企业及个体贷款	147206	25469	4.8倍
其他短期贷款	1536735	999011	53.8
中长期贷款	15707797	12090903	29.9
委托贷款	184587	18766	8.8倍

13-9 保险业务情况

(人身保险公司)

项目 / 年份 / 险种	承保人次(万人)		保险金额(万元)		保费收入(万元)	
	2009年	2008年	2009年	2008年	2009年	2008年
合　　计	**726.47**	**618.21**	**37933957**	**29689486**	**264984**	**226518**
一、寿险小计	**80.50**	**73.55**	**4845119**	**2186603**	**247010**	**210916**
普通寿险	38.51	40.83	724724	933819	16617	17836
分红寿险	33.46	25.06	3620868	829251	189956	125771
投资连结产品	1.40	1.76	46368	45935	7970	27959
万能寿险	7.14	5.91	453159	377598	32466	39350
二、意外伤害险小计	**356.22**	**311.14**	**27161613**	**22152959**	**4508**	**3827**
三、健康险小计	**289.75**	**233.51**	**5927225**	**5349924**	**13467**	**11775**

13-9 续表 1（人身保险公司）

项目 / 年份 / 险种	新单保费		赔付支出(万元)		退保金	
	2009年	2008年	2009年	2008年	2009年	2008年
合　　计	**177031**	**159626**	**32790**	**27083**	**38675**	**46949**
一、寿险小计	**175535**	**158556**	**26951**	**22402**	**38058**	**46379**
普通寿险	831	1533	13643	10083	1363	2164
分红寿险	149546	100797	12923	12100	11681	33300
投资连结产品	5513	26149	83	26	19092	4778
万能寿险	19645	30078	302	193	5922	6137
二、意外伤害险小计			**1291**	**1337**		
三、健康险小计	**1496**	**1069**	**4548**	**3345**	**617**	**571**

13-9 续表 2（财产保险公司）

项目 / 年份 / 险种	承保件数（万件）		保险金额或责任限额（万元）		签单保费（万元）	
	2009年	2008年	2009年	2008年	2009年	2008年
合　　计	**65.03**	**52.62**	**85067624**	**37882713**	**137680**	**110574**
企业财产保险	**0.50**	**0.15**	**14865668**	**12242906**	**14122**	**9680**
家庭财产保险	0.75	0.55	84253	95564	115	75
机动车辆保险	52.22	39.36	11236607	8599692	106880	82695
工程保险	0.04	0.03	2414632	2155314	5359	7245
责任保险	0.67	0.66	43982955	2476557	3525	2710
信用保险						
保证保险		0.03	5440	2193	19	41
船舶保险			237		6	
货物运输保险	6.35	5.14	3069847	2632155	2766	2841
特殊风险保险			94572	141509	118	661
农业保险		0.04	8936	16255	377	554
健康险	0.37	0.70	564647	587069	1034	773
意外伤害保险	4.12	5.77	8738103	8932039	3352	3295
其他险		**0.19**	**1725**	**1460**	**6**	**5**

13-9 续表 3（财产保险公司）

项目 / 年份 / 险种	赔付件数（万件）		已决赔款（万元）	
	2009年	2008年	2009年	2008年
合　　计	**27.41**	**32.39**	**89484**	**66195**
企业财产保险	**0.12**	**0.16**	**31955**	**14055**
家庭财产保险	0.02	0.02	33	37
机动车辆保险	25.90	30.77	51046	48098
工程保险	0.01	0.02	1025	707
责任保险	0.16	0.12	2097	1464
信用保险				
保证保险			21	33
船舶保险			1	
货物运输保险	0.05	0.04	628	493
特殊风险保险			646	
农业保险	0.61	0.40	384	343
健康险	0.20	0.13	422	255
意外伤害保险	0.29	0.28	1226	709
其他险		**0.43**	**0.06**	

13-10 社会保障及就业情况

指　　标	单 位	2009年	2008年	2009年比2008年增长(%)
一、城镇就业和失业				
城乡统筹就业人数	人	81601	78310	4.2
城镇失业人员就业人数	人	40531	32657	24.1
农村富余劳动力转移人数	人	28580	25567	11.8
下岗失业人员再就业人数	人	12490	20086	-37.8
#就业困难对象(4050人员)	人	13292	7942	67.4
新增就业岗位	人	54975	52774	4.2
城镇实有登记失业人数	人	28588	30280	-5.6
#女　性	人	15076	15691	-3.9
城镇登记失业率	%	3.30	3.58	-0.28个百分点
二、社会保险				
养老保险	人	611249	504606	21.1
离退休退职人员养老保险	人	162039	149700	8.2
失业保险	人	382176	382253	0.0
医疗保险	人	975199	861791	13.2
#退休人员	人	346970	258097	34.4
生育保险	人	759705	688352	10.4
工伤保险	人	505757	471940	7.2

13-11 上市公司情况

指　标	单 位	2009年	2008年
上市公司数量	**个**	**12**	**12**
#上交所	个	4	4
#深交所	个	8	8
上市公司总股本	**亿股**	**39.53**	**34.31**
上市公司总市值	**亿元**	**610.08**	**225.01**

注：资料范围为总部设在贵阳市辖区内的上市公司。

13-12 证券期货交易情况

指　标	单 位	2009年	2008年
证券公司	**家**	**1**	**1**
客户交易结算资金	亿元	38.06	24.14
指定与托管证券市值	亿元	184.65	77.92
证券营业部	**家**	**15**	**10**
资金帐户数	户	316000	346942
客户交易结算资金	亿元	35.66	22.98
指定与托管证券市值	亿元	226.15	144.08
成交金额	亿元	2684.80	1755.97
期货营业部	**家**	**6**	**5**
成交金额	亿元	1590.93	86.69

注：资料范围包括贵阳市辖区内从事证券交易的所有证券机构。

13-13 税收收入分企业类型情况

(2009年) 单位：万元

指标	税收总计	国税	地税
总计	**2417261**	**1397294**	**1019967**
内资企业	**2136962**	**1211786**	**925176**
国有企业	317104	145924	171180
集体企业	42449	9002	33447
股份合作企业	10339	3471	6868
联营企业	2068	987	1081
股份公司	1632728	1022939	609789
私营企业	50548	27462	23086
其他企业	81726	2001	79725
港澳台投资企业	**27899**	**18886**	**9013**
外商投资企业	**119627**	**99821**	**19806**
个体经营	**132773**	**66801**	**65972**

13-14 税收收入分产业情况

(2009年) 单位：万元

指标	税收总计	国税	地税
总计	**2417261**	**1397294**	**1019967**
第一产业	**5351**	**4751**	**600**
第二产业	**1241772**	**937265**	**304507**
采矿业	56739	28784	27955
制造业	921845	768633	153212
电力、燃气及水的生产和供应业	171518	129664	41854
建筑业	91670	10184	81486
第三产业	**1170138**	**455278**	**714860**
交通运输、仓储及邮政业	47596	4437	43159
批发和零售业	286840	215679	71161
金融业	153132	33255	119877
信息传输、计算机服务和软件业	84162	65518	18644
住宿和餐饮业	26899	711	26188
文化、体育和娱乐业	17521	1691	15830
租赁和商务服务业	84917	10116	74801
房地产业	261277	55500	205777
其他行业	207794	68371	139423

13-15 地税收入分企业类型情况

(2009年)

单位：万元

指标	合计	内资企业				
		小计	国有企业	集体企业	股份合作企业	联营企业
税收收入合计	**1019967**	**925176**	**171180**	**33447**	**6868**	**1081**
#营业税	428755	383603	83181	12175	2629	284
企业所得税	96442	96442	5010	12679	124	431
个人所得税	160289	130607	27317	1558	2632	39
资源税	11483	11185	2098	65	3	28
固定资产投资方向调节税						
城市维护建设税	86747	84358	12399	1200	258	59
房产和城市房地产税	37373	33393	8459	1984	284	34
印花税	16262	15084	4104	390	223	10
城镇土地使用税	38015	35544	10249	582	400	56
土地增值税	25153	22297	964	143	22	80
车船税	8785	8503	103	180		
烟叶税	5380	5380	5380			

13-15 续表

单位：万元

指标	内资企业			港澳台投资企业	外商投资企业	个体经营	附列资料：乡镇(企业)
	股份公司	私营企业	其他企业				
税收收入合计	**609789**	**23086**	**79725**	**9013**	**19806**	**65972**	**26689**
#营业税	255712	7483	22139	5424	10900	28828	4547
企业所得税	74087	1534	2577				9501
个人所得税	72550	6140	20371	621	3647	25414	5905
资源税	7424	1089	478	1	36	261	3277
固定资产投资方向调节税							
城市维护建设税	67564	1340	1538		41	2348	946
房产和城市房地产税	19173	468	2991	860	490	2630	115
印花税	9934	227	196	106	428	644	185
城镇土地使用税	22016	1416	825	396	1508	567	417
土地增值税	19185	1038	865	768	1933	155	249
车船税	8218		2			282	57
烟叶税							

13-16 国税收入分企业类型情况

(2009年)

单位：万元

指　　　标	合　计	内资企业				
		小　计	国有企业	集体企业	股份合作企　　业	联营企业
税收收入合计	**1397294**	**1211786**	**145924**	**9002**	**3471**	**987**
#增值税	611923	558415	96018	6990	2306	740
#一般纳税人	581430	543462	93066	6448	2290	717
小规模纳税人	30493	14953	2952	542	16	23
消费税	366215	362948	9384	9		140
企业所得税	356904	279515	34395	461	676	17
外商投资企业和外国企业所得税						
个人所得税	5000					
车辆购置税	57252	10908	6127	1542	489	90

13-16 续表

单位：万元

指　　　标	内资企业			港澳台投资企业	外商投资企　　业	个体经营	附列资料:乡　　镇(企　　业)
	股份公司	私营企业	其他企业				
税收收入合计	**1022939**	**27462**	**2001**	**18886**	**99821**	**66801**	**5478**
#增值税	425635	26535	191	9332	28731	15445	5393
#一般纳税人	416202	24652	87	9281	28670	17	5264
小规模纳税人	9433	1883	104	51	61	15428	129
消费税	353410	5		45	3206	16	21
企业所得税	243107	654	205	9507	67882		64
外商投资企业和外国企业所得税							
个人所得税						5000	
车辆购置税	787	268	1605	2	2	46340	

主 要 统 计 指 标 解 释

财政收入 包括地方财政收入和上划中央增值税、消费税两部分。财政一般预算内收入包括营业税、地方企业所得税 40%部分、个人所得税 40%部分、城镇土地使用税 70%部分、城镇维护建设税、房产税、车船使用税、印花税、屠宰税、烤烟税、耕地占用税、契税、增值税 15%部分和除海洋石油资源税以外的其他资源税 70%部分。

财政支出 国家财政将筹集起来的资金进行分配使用,以满足经济建设和各项事业的需要,主要包括:一般公共服务、公共安全、教育、科学技术、文化体育与传媒、社会保障和就业、医疗卫生、环境保护、城乡社区事务、农林水事务、交通运输、粮食物资储备管理等事务、采掘电力信息等事务和其他支出。

信贷资金 指金融机构以信用方式积聚和分配的货币资金。金融机构信贷资金的来源有各项存款、对国际金融机构负债、流通中货币、银行自有资金及当年结益等;信贷资金的运用有各项贷款、黄金占款、外汇占款、财政借款及在国际金融机构中的资产等。

存　款 指企业、机关、团体或居民根据资金必须收回的原则,把货币资金存入银行或其他信用机构保管并取得一定利息的一种信用活动形式。根据存款对象的不同可划分为企业存款、财政存款、机关团体存款、基本建设存款、城镇储蓄存款、农村存款等科目。它是银行信贷资金的主要来源。

城乡居民储蓄存款余额 指某一时点城乡居民存入银行及农村信用社的储蓄金额,包括城镇居民储蓄存款和农民个人储蓄存款,不包括居民的手存现金和工矿企业、部队、机关、团体等单位存款。

贷　款 指银行或其他信用机构根据资金必须归还的原则,按一定利率,为企业、个人等提供资金的一种信用活动形式。我国银行贷款分为流动资金贷款、固定资产贷款、城乡个体工商户贷款以及农业贷款等科目。

保险金额 指保险人承担赔偿或者给付保险金责任的最高限额。

城镇登记失业人员 指有非农业户口,在一定的劳动年龄内,有劳动能力,无业而要求就业,并在当地就业服务机构进行求职登记的人员。

城镇登记失业率 指城镇登记失业人数同城镇从业人数与城镇登记失业人数之和的比。

计算公式为:

城镇登记失业率 = 城镇登记失业人数 / 城镇从业人数 + 城镇登记失业人数 × 100%

保　费 指投保人为取得保险人在约定范围内所承担赔偿责任而支付给保险人的费用。

赔　款 指保险人根据保险合同的规定,向被保险人支付的赔偿保险责任损失的金额。

给　付 包括死伤医疗给付和满期给付。死伤医疗给付是指保险人根据人寿保险及长期健康保险合同的规定,因被保险人在保险期内发生保险责任范围内的保险事故支付给被保险人(或受益人)的金额。满期给付是指被保险人生存期满,保险人按人寿保险合同规定支付给被保险人的满期保险金额。

股票市价总值 指在交易所上市的证券在某一时点按市价与发行数量计算的总金额。计算公式为:

股票市价总值=∑(市价 × 发行数量)。

人民生活

People's Living Conditions

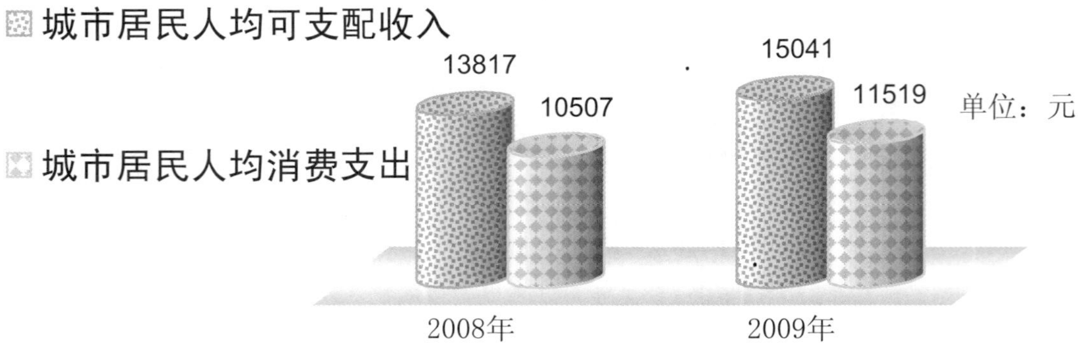

2009年每百户城镇居民主要耐用消费品拥有量

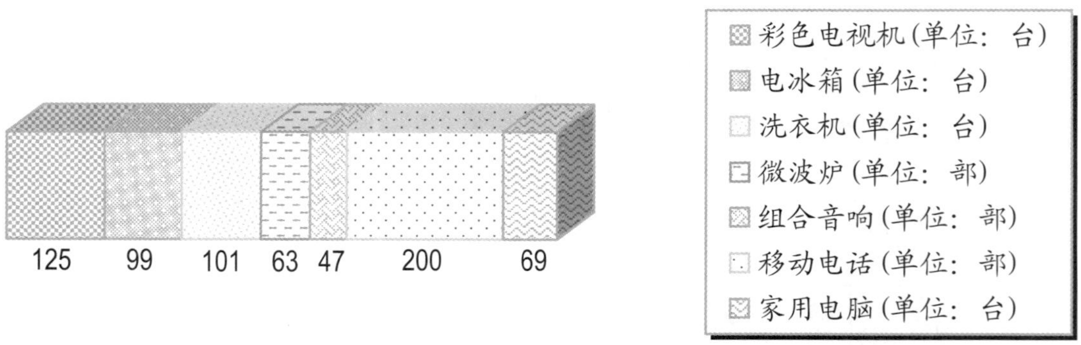

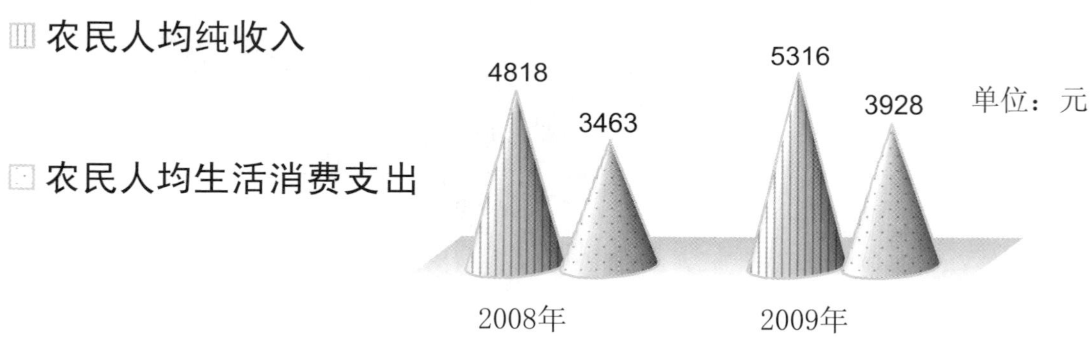

2009年每百户农民主要耐用消费品拥有量

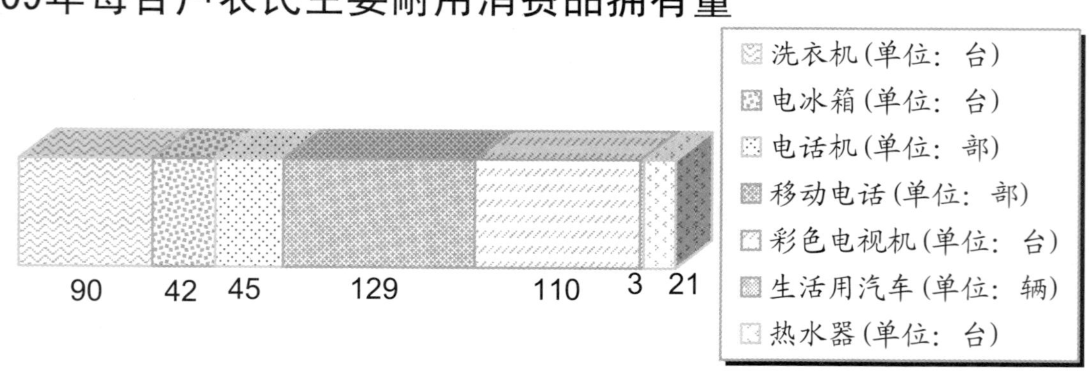

14-1 城市住户基本情况

(2009年)

指　　标	单　位	数　量	指　　标	单　位	数　量
调查户数	**户**	**300**	**现住房总建筑面积**	**平方米/人**	**22.64**
一、家庭人口数	**人/户**	**2.96**	**一、房屋产权**		
1.有收入者人数	人/户	2.13	租赁公房	%	14.75
(1)就业人口数	人/户	1.54	租赁私房	%	6.89
①国有经济单位职工人数	人/户	0.93	原有私房	%	4.92
②城镇集体经济单位职工人数	人/户	0.04	房改私房	%	54.1
③其它经济类型单位职工人数	人/户	0.12	商品房	%	18.68
④城镇个体或私营企业主人数	人/户	0.24	其　它	%	0.66
⑤城镇个体或私营企业被雇人数	人/户	0.17	**二、住宅建筑式样**		
⑥离退休再就业人数	人/户	0.01	单栋住宅	%	
⑦其它就业人数	人/户	0.02	四居室	%	1.97
(2)离退休人数	人/户	0.48	三居室	%	20.98
(3)其它有收入者人数	人/户	0.11	二居室	%	61.31
2.无收入者人数	人/户	0.83	一居室	%	10.82
二、在外就学人数	**人/户**	**0.05**	普通楼房	%	2.3
三、非家庭人口在家用餐	**人/户**	**1.37**	平房及其它	%	2.62
四、家庭人口在外用餐	**人/户**	**24.24**	**三、装修状况**		
五、负担系数	**人/就业者**	**1.92**	有装修	%	71.48
六、耐用消费品			未装修	%	28.52
1.摩托车	辆/百户	1.31	**四、饮水情况**		
2.助力车	辆/百户	0.66	自来水	%	59.34
3.家用汽车	辆/百户	9.18	矿泉水	%	30.17
4.洗衣机	台/百户	100.98	纯净水	%	10.49
5.电冰箱	台/百户	99.02	井、河水	%	
6.彩色电视机	台/百户	125.25	其　它	%	
7.家用电脑	台/百户	68.85	**五、用水情况(合计)**		
8.组合音响	套/百户	46.89	独用自来水	%	99.67
9.摄像机	架/百户	7.87	公用自来水	%	0.33
10.照相机	架/百户	47.87	**六、卫生设备**		
11.钢　琴	架/百户	2.3	无卫生设备	%	1.97
12.其它中高档乐器	件/百户	7.21	有厕所浴室	%	71.8
13.微波炉	台/百户	62.95	有厕所无浴室	%	24.92
14.空调器	台/百户	22.62	公　用	%	1.31
15.淋浴热水器	台/百户	72.46	**七、取暖设备**		
16.消毒碗柜	台/百户	46.56	无取暖设备	%	81.64
17.洗碗机	台/百户		空调设备	%	17.38
18.健身器材	套/百户	6.89	暖　气	%	0.98
19.固定电话	部/百户	69.18	其　它	%	
20.移动电话	部/百户	200	**八、炊用燃料使用情况**		
七、信息化调查			管道煤气	%	69.51
1.接入互联网的移动电话	部/百户	10.82	液化石油气	%	12.79
2.接入有线电视网络的电视机	台/百户	101.31	煤	%	3.93
3.接入互联网的计算机	台/百户	50.16	其　它	%	13.77

14-2 城市住户现金收支情况

（2009年） 单位：元/人

指　　标	合　计	指　　标	合　计
一、期初手存现金	**464.60**	1.食　品	4717.55
二、家庭总收入	**16536.33**	2.衣　着	1225.64
#可支配收入	15040.66	3.家庭设备用品及服务	696.39
(一)工资性收入	11034.55	4.医疗保健	667.62
1.工资及补贴收入	10767.59	5.交通和通信	1344.27
2.其他劳动收入	266.96	6.教育文化娱乐服务	1684.51
(二)经营净收入	1662.33	7.居　住	752.67
(三)财产性收入	50.08	8.杂项商品和服务	430.16
1.利息收入	4.26	(二)购房与建房支出	762.16
2.股息与红利收入	2.08	1.购　房	762.16
3.保险收益	1.01	2.建　房	
4.其它投资收入	0.22	(三)转移性支出	2105.14
5.出租房屋收入	42.50	1.交纳的个人收入税	21.94
6.知识产权收入		2.捐赠支出	1633.72
7.其他财产性收入		3.购买彩票	8.20
(四)转移性收入	3789.38	4.赡养支出	275.51
1.养老金或离退休金	2981.66	#在外就学侄女费用	210.69
2.社会救济收入	112.00	5.各种非储蓄性保险支出	68.88
3.辞退金	110.53	#车辆保险支出	61.78
4.赔偿收入	3.04	6.其他转移性支出	96.89
5.保险收入		(四)财产性支出	101.08
#失业保险金		1.非生产性贷款利息支出	70.82
6.赡养收入	185.66	2.其　他	30.26
7.捐赠收入	238.97	(五)社会保障支出	1382.68
8.提取住房公积金	31.17	1.个人交纳的养老基金	781.93
9.记帐补贴	91.04	2.个人交纳的住房公积金	328.65
10.其他转移性收入	35.32	3.个人交纳的医疗基金	232.46
三、出售财物收入	**41.82**	4.个人交纳的失业基金	38.00
出售其他物品收入	41.82	5.其他社会保障支出	1.64
四、借贷收入	**4487.76**	**六、借贷支出**	**4860.68**
提取储蓄存款	3877.54	存入储蓄款	4374.15
借入款	9.40	借出款	10.17
住房贷款	428.61	储蓄性保险支出	72.50
其他借贷收入	157.49	购买有价证券	8.44
五、家庭总支出	**15869.88**	其它投资支出	
(一)消费支出	11518.81	归还住房贷款	215.26
#服务性消费支出	3351.15	其他借贷支出	135.30
通过互联网购买商品或服务	16.37	**七、期末手存现金**	**803.64**

14-3 城市住户消费支出情况

(2009年)

指　　标	单　位	数　量 (-/人)	金　额 (元/人)	平均单价 (元/千克)
消费支出	**元**		**11518.81**	
#服务性消费支出	元		3351.15	
一、食　品	**元**		**4717.55**	
(一)粮油类	元		485.70	
1.粮　食	千克		281.34	
(1)大　米	千克	37.85	144.76	3.82
(2)面　粉	千克	0.75	3.09	4.14
(3)其他粮食及制品	千克		133.49	
2.淀粉及薯类	千克		26.24	
3.干豆类及豆制品	元		55.83	
4.油脂类	千克		122.29	
(1)食用植物油	千克	8.57	106.33	12.41
(2)食用动物油	千克		15.96	
(二)肉禽蛋水产品类	元		1124.17	
1.肉　类	千克		734.46	
(1)猪　肉	千克	25.73	546.56	21.24
(2)牛　肉	千克	1.14	36.31	31.74
(3)羊　肉	千克	0.09	3.56	38.97
(4)其他肉及制品	千克		148.04	
2.禽　类	千克		211.58	
(1)鸡	千克	6.59	127.63	19.37
(2)鸭	千克	1.02	16.88	16.49
(3)其他禽类及制品	千克		67.07	
3.蛋　类	千克		72.59	
(1)鲜　蛋	千克	5.63	61.66	10.95
(2)蛋制品	千克		10.94	
4.水产品类	元		105.54	
(1)鱼	千克	4.21	71.13	16.91
(2)虾	千克	0.28	10.11	36.51
(3)其他水产品及制品	千克		24.30	

14-3 续表 1

指　　标	单 位	数　量 (-/人)	金　额 (元/人)	平均单价 (元/-)
(三)蔬菜类	**元**		**440.95**	
1.鲜　菜	千克	86.29	387.23	4.49
2.干　菜	千克		21.33	
3.菜制品	元		32.38	
(四)调味品	**元**		**49.35**	
(五)糖烟酒饮料类	**元**		**581.62**	
1.糖　类	元		47.40	
2.烟草类	元		310.58	
3.酒　类	千克		134.81	
(1)白　酒	千克	2.57	117.58	45.81
(2)果　酒	千克	0.12	6.25	52.75
(3)啤　酒	千克	1.86	7.84	4.22
(4)其他酒	千克		3.13	
4.饮　料	元		88.84	
(1)碳酸饮料	千克	0.72	3.07	4.23
(2)瓶装饮用水	千克	36.94	19.61	0.53
(3)茶　叶	千克	0.24	23.25	96.37
(4)其他饮料	元		42.90	
(六)干鲜瓜果类	**元**		**319.03**	
1.鲜　果	千克	33.48	220.63	6.59
2.鲜　瓜	元	5.32	17.98	3.38
3.其它干鲜瓜果及制品	千克		80.43	
(七)糕点、奶及奶制品	**元**		**291.63**	
1.糕　点	千克	3.97	92.79	
2.奶及奶制品	元		198.84	
(1)鲜乳品	千克	18.51	156.70	8.47
(2)奶　粉	千克	0.17	25.97	157.18
(3)酸　奶	千克	1.37	12.47	9.10
(4)其他奶制品	元		3.69	
(八)其他食品	**元**		**112.26**	

14-3 续表 2

指标	单位	数量(-/百户)	金额(元/人)	平均单价(元/-)
(九)饮食服务	元		1312.84	
1.食品加工服务费	元		1.35	
2.在外饮食	元		1311.48	
二、衣着	**元**		**1225.64**	
(一)服装	件	7.17	871.55	121.60
(二)衣着材料	元		20.28	
(三)鞋类	双	2.49	301.42	121.25
(四)其他衣着用品	元		27.47	
(五)衣着加工服务费	元		4.92	
三、家庭设备用品及服务	**元**		**696.39**	
(一)耐用消费品	元		224.48	
1.家具	元		50.04	
2.家庭设备	元		174.44	
(1)洗衣机	台	5.67	20.31	1061.94
(2)电冰箱	台	3.33	33.90	3013.80
(3)微波炉	台	2.00	4.98	738.50
(4)空调器	台	0.67	7.76	3450.00
(5)淋浴热水器	台	6.67	34.44	1530.65
(6)消毒碗柜	台	1.33	6.49	1443.25
(7)洗碗机	台			
(8)其他家庭设备	元		66.55	
(二)室内装饰品	元		19.12	
(三)床上用品	元		56.67	
(四)家庭日用杂品	元		321.52	
(五)家具材料	元		0.05	
(六)家庭服务	元		74.55	
1.家政服务	元		47.40	
2.加工维修服务费	元		27.14	

14-3 续表 3

指　　标	单　位	数　量 (-/百户)	金　额 (元/人)	平均单价 (元/-)
四、医疗保健	**元**		**667.62**	
(一)医疗器具	元		3.21	
(二)保健器具	元		21.66	
(三)药品费	元		382.00	
(四)滋补保健品	元		51.76	
(五)医疗费	元		201.29	
(六)其　他	元		7.69	
五、交通和通讯	**元**		**1344.27**	
(一)交　通	元		652.15	
1.家庭交通工具	元		85.34	
2.车辆用燃料及零配件	元		142.32	
(1)燃　料	元		137.18	
(2)零配件	元		4.40	
(3)其　他	元		0.74	
3.交通工具服务支出	元		63.04	
(1)维修费	元		22.22	
(2)车辆使用税费	元		38.78	
(3)其它车辆使用费用	元		2.04	
4.交通费	元		361.45	
(1)飞　机	元		87.29	
(2)火　车	元		31.25	
(3)长途汽车	元		30.15	
(4)市内公共交通	元		134.55	
(5)出租汽车费	元		76.75	
(6)其他交通费	元		1.46	
(二)通　信	元		692.12	
1.通信工具	元		107.41	
(1)电话机	部	6.33	2.37	110.83
(2)移动电话	部	31.67	103.55	968.88
(3)其他通信工具	元		1.50	

14-3 续表 4

指　　标	单　位	数　量 (一/人)	金　额 (元/人)	平均单价 (元/一)
2.通信服务	元		584.71	
(1)电信费	元		579.48	
(2)邮　费	元		2.54	
(3)其　他	元		2.69	
六、教育文化娱乐服务	**元**		**1684.51**	
(一)文化娱乐用品	元		465.56	
1.彩色电视机	台	7.33	97.90	3955.67
2.家用电脑	台		129.66	
(1)整机电脑	台	9.67	121.58	3726.69
(2)计算机外部设备	元		4.21	
(3)各种零配件及耗材	元		3.88	
3.组合音响	台			
4.摄像机	架	0.67	8.47	3765.00
5.照相机	架	3.67	28.01	2263.64
6.钢　琴	架			
7.其他中高档乐器	件	1.00	5.78	1713.33
8.健身器材	件	0.33	0.34	298.00
9.电子辞典	部	0.67	3.16	1403.00
10.音像制品及软件	元		8.40	
11.体育用品	元		2.91	
12.书报杂志	元		41.00	
13.纸张文具	元		17.21	
14.其他文娱用品	元		122.72	
(二)文化娱乐服务	元		597.38	
1.参观游览	元		19.55	
2.健身活动	元		17.17	
3.团体旅游	元		400.92	
4.其它文娱活动	元		151.38	
5.文娱用品修理服务费	元		8.37	

14-3 续表 5

指　　标	单　位	数　量 (-/人)	金　额 (元/人)	平均单价 (元/-)
(三)教　育	元		621.57	
1.教　材	元		40.30	
2.教育费用	元		581.27	
七、居　住	**元**		**752.67**	
(一)住　房	元		143.79	
#住房装潢支出	元		83.34	
维修用建筑材料	元		24.30	
(二)水电燃料及其他	元		556.01	
1.水	吨	37.46	83.20	2.22
2.电	度	821.28	362.88	0.44
3.燃　料	元		99.03	
(1)煤　炭	千克	30.32	27.72	0.91
(2)液化石油气	千克	1.30	8.23	6.34
(3)管道煤气	立方米	60.00	63.00	1.05
(4)其他燃料	元		0.07	
4.其　他	元		9.78	
(三)居住服务费	元		52.87	
1.物业管理费	元		31.33	
2.维修服务费	元		1.06	
3.其　它	元		20.48	
八、其它商品和服务	**元**		**430.16**	
(一)其它商品	元		326.10	
1.金银珠宝饰品	元		29.41	
2.手　表	只	0.09	9.13	100.17
3.理发美容用具	元		1.94	
4.化妆品	元		113.18	
5.其他杂品	元		172.43	
(二)服　务	元		104.07	
1.旅馆住宿费	元		20.32	
2.理发洗澡费	元		31.56	
3.美容费	元		29.11	
4.其他服务	元		23.08	

14-4 城市住户按相对收入不等距分组情况

(2009年)

指　　标	单 位	合　计	最低10%	更低5%	低10%	较低20%
一、家庭人口数	**人/户**	**2.96**	**3.28**	**3.22**	**3.35**	**3.16**
#有收入者人数	人/户	2.13	2.05	1.88	2.10	2.21
#就业人口数	人/户	1.54	1.22	1.02	1.52	1.50
#国有经济单位职工人数	人/户	0.93	0.11	0.09	0.85	1.02
二、家庭总收入	**元/人**	**16536.33**	**4814.68**	**3975.88**	**8513.80**	**11034.68**
#可支配收入	元/人	15040.66	4283.32	3444.13	7360.49	9922.33
(一)工薪收入	元/人	11034.55	1470.04	1121.25	5640.48	6685.22
#工资及补贴收入	元/人	10767.59	1309.07	891.91	5558.46	6432.99
(二)经营净收入	元/人	1662.33	1695.90	1268.99	704.19	939.22
三、出售财物收入	**元/人**	**41.82**			**0.28**	
四、借贷收入	**元/人**	**4487.76**	**471.28**	**510.46**	**1668.27**	**2273.23**
五、家庭总支出	**元/人**	**15869.88**	**4740.14**	**4115.75**	**8900.35**	**10469.76**
(一)消费支出	元/人	11518.81	4129.30	3527.75	7173.05	7935.65
1.食　品	元/人	4717.55	2354.59	2133.58	3336.26	3881.22
2.衣　着	元/人	1225.64	246.24	139.41	653.74	785.46
3.家庭设备用品及服务	元/人	696.39	174.10	170.48	484.82	395.92
4.医疗保健	元/人	667.62	160.05	169.68	328.32	626.31
5.交通和通信	元/人	1344.27	257.64	152.48	632.18	759.85
6.教育文化娱乐服务	元/人	1684.51	498.66	378.23	913.33	731.41
7.居　住	元/人	752.67	380.50	332.54	712.45	584.40
8.其它商品和服务	元/人	430.16	57.51	51.35	111.95	171.09
(二)社会保障支出	元/人	1382.68	448.93	447.57	1072.78	1026.44
六、借贷支出	**元/人**	**4860.68**	**293.35**	**367.90**	**1020.29**	**2393.33**
消费支出	**元/人**	**11518.81**	**4129.30**	**3527.75**	**7173.05**	**7935.65**
一、食　品	**元/人**	**4717.55**	**2354.59**	**2133.58**	**3336.26**	**3881.22**
(一)粮油类	元/人	485.70	479.61	473.23	468.67	519.02
(二)肉禽蛋水产品类	元/人	1124.17	758.51	734.78	939.27	1139.65
(三)蔬菜类	元/人	440.95	409.17	412.89	359.04	431.25
(四)调味品	元/人	49.35	43.40	41.34	49.73	52.64
(五)糖烟酒饮料类	元/人	581.62	201.36	127.91	316.02	474.23
(六)干鲜瓜果类	元/人	319.03	115.41	125.06	224.55	281.00
(七)糕点、奶及奶制品	元/人	291.63	87.66	86.05	213.93	221.08

14-4 续表 1

指　　标	单 位	合 计	最低10%	更低5%	低10%	较低20%
(八)其他食品	元/人	112.26	17.95	15.76	61.39	55.46
(九)饮食服务	元/人	1312.84	241.51	116.55	703.65	706.89
二、衣　着	**元/人**	**1225.64**	**246.24**	**139.41**	**653.74**	**785.46**
(一)服　装	元/人	871.55	155.56	85.65	410.90	519.39
(二)衣着材料	元/人	20.28	1.87	0.82	17.16	18.61
(三)鞋　类	元/人	301.42	82.17	49.64	204.65	226.37
(四)其他衣着用品	元/人	27.42	6.20	3.23	18.69	19.18
(五)衣着加工服务费	元/人	4.92	0.45	0.06	2.34	1.91
三、家庭设备用品及服务	**元/人**	**696.39**	**174.10**	**170.48**	**484.82**	**395.92**
(一)耐用消费品	元/人	224.48	64.36	83.98	228.74	116.23
(二)室内装饰品	元/人	19.12	0.78	1.54	9.30	1.50
(三)床上用品	元/人	56.67	7.82	2.20	26.53	41.26
(四)家庭日用杂品	元/人	321.52	95.77	77.51	204.78	213.58
(五)家具材料	元/人	0.05				0.13
(六)家庭服务	元/人	74.55	5.38	5.25	15.47	23.23
四、医疗保健	**元/人**	**667.62**	**160.05**	**169.68**	**328.32**	**626.31**
(一)药品费	元/人	382.00	109.98	101.54	246.04	371.37
(二)医疗费	元/人	201.29	49.51	67.51	64.21	210.56
五、交通和通讯	**元/人**	**1344.27**	**257.64**	**152.48**	**632.18**	**759.85**
(一)交　通	元/人	652.15	109.28	71.97	213.88	230.04
(二)通　信	元/人	692.12	148.36	80.51	418.30	529.81
六、教育文化娱乐服务	**元/人**	**1684.51**	**498.66**	**378.23**	**913.33**	**730.41**
(一)文化娱乐用品	元/人	465.56	90.71	34.75	150.85	260.66
(二)文化娱乐服务	元/人	597.38	93.09	150.07	350.08	205.44
(三)教　育	元/人	40.30	39.18	17.18	24.70	34.98
七、居　住	**元/人**	**752.67**	**380.50**	**332.54**	**712.45**	**584.40**
(一)住　房	元/人	143.79	46.80	30.57	247.74	52.32
(二)水电燃料及其他	元/人	556.01	326.19	299.07	440.40	503.68
(三)居住服务费	元/人	52.87	7.52	2.90	24.31	28.40
八、其它商品商品和服务	**元/人**	**430.16**	**57.51**	**51.35**	**111.95**	**171.09**
(一)其它商品	元/人	326.10	52.18	47.46	87.98	128.50
(二)服　务	元/人	104.07	5.33	3.89	23.97	42.59

14-4 续表 2

指　　标	单 位	中间20%	较高20%	高10%	最高10%	
						更高5%
一、家庭人口数	**人/户**	**2.89**	**2.82**	**2.89**	**2.33**	**2.27**
#有收入者人数	人/户	2.11	2.10	2.39	1.95	1.91
#就业人口数	人/户	1.58	1.57	1.90	1.43	1.72
#国有经济单位职工人数	人/户	0.87	1.03	1.42	1.06	1.04
二、家庭总收入	**元/人**	**15005.28**	**20377.55**	**27465.19**	**41331.51**	**48601.16**
#可支配收入	元/人	13601.28	18587.51	24944.91	38681.81	45479.99
(一)工薪收入	元/人	10345.67	14013.69	19175.23	29046.35	35829.42
#工资及补贴收入	元/人	10135.77	13590.03	19175.23	28198.94	34106.18
(二)经营净收入	元/人	1640.44	2453.50	2849.38	1591.63	3296.46
三、出售财物收入	**元/人**	**39.74**	**0.73**	**341.56**		
四、借贷收入	**元/人**	**2348.39**	**7903.30**	**9190.31**	**11653.40**	**18968.01**
五、家庭总支出	**元/人**	**13267.29**	**21684.79**	**26738.06**	**35745.91**	**45534.38**
(一)消费支出	元/人	10712.53	14570.76	18463.30	24270.11	26916.69
1.食　品	元/人	4954.52	5413.36	6321.91	8111.30	8780.75
2.衣　着	元/人	1250.18	1454.99	2008.09	3094.63	4206.51
3.家庭设备用品及服务	元/人	526.90	870.62	1452.65	1643.44	1447.67
4.医疗保健	元/人	353.83	1034.67	852.74	1686.13	1435.47
5.交通和通信	元/人	1017.40	1920.89	2689.70	3291.45	3811.00
6.教育文化娱乐服务	元/人	1601.37	2485.53	2853.07	3932.95	4316.93
7.居　住	元/人	643.11	811.05	1491.78	1001.08	1174.58
8.其它商品和服务	元/人	365.21	579.65	793.36	1509.12	1743.78
(二)社会保障支出	元/人	1309.60	1660.56	2371.92	2404.67	2737.74
六、借贷支出	**元/人**	**3597.36**	**6292.85**	**9965.66**	**17366.39**	**22325.37**
消费支出	**元/人**	**10712.53**	**14570.76**	**18463.30**	**24270.11**	**26916.69**
一、食　品	**元/人**	**4954.52**	**5413.36**	**6321.91**	**8111.30**	**8780.75**
(一)粮油类	元/人	482.38	489.89	464.81	450.20	446.30
(二)肉禽蛋水产品类	元/人	1244.38	1178.05	1294.84	1206.61	1342.70
(三)蔬菜类	元/人	431.29	477.89	501.03	490.32	549.15
(四)调味品	元/人	48.94	47.83	56.84	43.01	44.81
(五)糖烟酒饮料类	元/人	649.87	740.58	960.60	752.72	880.88
(六)干鲜瓜果类	元/人	336.28	394.50	427.89	483.41	605.58
(七)糕点、奶及奶制品	元/人	356.41	350.81	427.45	403.99	437.15

14-4 续表 3

指　　标	单 位	中间20%	较高20%	高10%	最高10%	
						更高5%
(八)其他食品	元/人	120.26	145.24	154.18	328.59	327.43
(九)饮食服务	元/人	1284.70	1588.56	2034.28	3952.46	4146.75
二、衣　着	**元/人**	**1250.18**	**1454.99**	**2008.09**	**3094.63**	**4206.51**
(一)服　装	元/人	884.00	1054.49	1448.21	2359.21	3279.54
(二)衣着材料	元/人	18.66	21.32	53.17	14.63	21.15
(三)鞋　类	元/人	321.69	333.31	457.11	641.19	808.24
(四)其他衣着用品	元/人	22.43	39.16	38.31	64.55	73.60
(五)衣着加工服务费	元/人	3.40	6.70	11.29	15.06	23.98
三、家庭设备用品及服务	**元/人**	**526.90**	**870.62**	**1452.65**	**1643.44**	**1447.67**
(一)耐用消费品	元/人	162.17	193.04	489.30	659.42	246.55
(二)室内装饰品	元/人	4.42	10.71	35.29	151.22	302.91
(三)床上用品	元/人	34.75	92.12	84.18	148.56	116.79
(四)家庭日用杂品	元/人	303.10	453.94	539.33	556.81	637.42
(五)家具材料	元/人	0.02	0.12			
(六)家庭服务	元/人	22.44	120.71	304.55	127.43	144.00
四、医疗保健	**元/人**	**353.83**	**1034.67**	**852.74**	**1686.13**	**1435.47**
(一)药品费	元/人	212.81	494.10	520.34	994.53	758.81
(二)医疗费	元/人	91.50	326.66	249.78	509.14	456.98
五、交通和通讯	**元/人**	**1017.40**	**1920.89**	**2689.70**	**3291.45**	**3811.00**
(一)交　通	元/人	330.93	950.66	1711.37	2006.34	2261.19
(二)通　信	元/人	686.46	970.23	978.33	1285.12	1549.82
六、教育文化娱乐服务	**元/人**	**1601.37**	**2485.53**	**2853.07**	**3932.95**	**4316.93**
(一)文化娱乐用品	元/人	413.04	563.55	959.49	1312.32	1210.62
(二)文化娱乐服务	元/人	510.16	778.06	1078.94	1965.00	2392.29
(三)教　育	元/人	61.55	49.37	28.50	16.40	18.36
七、居　住	**元/人**	**643.11**	**811.05**	**1491.78**	**1001.08**	**1174.58**
(一)住　房	元/人	14.28	127.30	679.22	67.82	21.93
(二)水电燃料及其他	元/人	599.00	594.17	710.08	799.53	914.33
(三)居住服务费	元/人	29.83	89.58	102.48	133.72	238.31
八、其它商品商品和服务	**元/人**	**365.21**	**579.65**	**793.36**	**1509.12**	**1743.78**
(一)其它商品	元/人	293.82	426.90	594.17	1126.98	1212.96
(二)服　务	元/人	71.40	152.75	199.19	382.14	530.81

14-5 农村住户基本情况

指标	单位	2009年	2008年
一、调查户数	**户**	**550**	**550**
二、调查户常住人口	**人**	**2121**	**2117**
平均每户常住人口	人	3.86	3.85
三、每户整、半劳动力	**人**	**2.76**	**2.76**
平均每个劳动力负担人口	人	1.40	1.40
整、半劳动力占常住人口比重	%	71.48	71.61
四、平均每百个劳动力中			
文盲或半文盲	人	4.36	4.09
小学程度	人	28.65	29.68
初中程度	人	54.65	54.16
高中程度	人	6.80	6.27
中专程度	人	3.89	3.10
大专以上	人	1.65	2.37
五、劳动力平均受教育年限	**年/人**	**8.16**	**8.14**
六、年末住房面积	**平方米/人**	**43.33**	**40.37**
新建房屋面积	平方米/人	2.81	1.57
砖木结构面积	平方米/人	15.85	13.30
钢筋混泥土面积	平方米/人	26.14	24.61
楼房面积	平方米/人	27.94	23.81
七、年末住房价值	**元/平方米**	**385.14**	**300.90**
八、年末生产性固定资产原值	**元/人**	**2619.08**	**2602.87**

14-6 农村住户家庭经营情况

指标	单位	2009年	2008年
一、经营耕地面积	**亩/人**	**1.06**	**1.12**
二、经营山地面积	**亩/人**	**0.31**	**0.38**
三、经营园地面积	**亩/人**	**0.04**	**0.03**
四、经营牧草地面积	**亩/人**	**0.02**	**0.02**
五、年内出售猪头数	**头/户**	**1.59**	**1.32**
年内自宰肥猪数	头/户	0.25	0.27
出售、自宰肥猪肉产量	公斤/户	166.45	112.02
每头猪肉产量	公斤/头	93.3	70.17
六、年内出售菜羊只数	**只/百户**	**2.01**	**2.91**
出售、自宰羊的肉产量	公斤/户	0.39	0.79
七、年内出售肉牛数	**头/百户**	**2.91**	**3.45**

14-7 农民家庭人均总收入

单位：元

指标	2009年	2008年	2009年比2008年增长(%)
全年总收入	**6488.19**	**6144.31**	**5.6**
(一)工资性收入	1947.85	1676.97	16.2
在非企业组织中劳动得到的收入	326.55	299.08	9.2
在本乡地域内劳动得到的收入	1154.29	992.84	16.3
外出从业得到的收入	467.02	385.05	21.3
(二)家庭经营收入	3633.88	3717.70	-2.3
第一产业	2904.44	3042.20	-4.5
农业收入	1904.48	1831.29	4.0
#农产品收入	1883.57	1798.82	4.7
林业收入	8.35	23.34	-64.2
牧业收入	984.71	1176.38	-16.3
渔业收入	6.89	11.20	-38.5
第二产业	173.12	134.61	28.6
工业收入	46.15	6.08	6.6倍
建筑业收入	126.97	128.53	-1.2
第三产业	556.32	540.88	2.9
交通、运输和邮电业收入	268.89	269.30	-0.2
批零贸易业、饮食收入	114.73	114.06	0.6
社会服务业收入	55.99	50.74	10.3
文教卫生业收入	22.33	18.65	19.7
其他行业收入	92.83	87.94	5.6
(三)转移性收入	487.71	351.36	38.8
家庭非常住人口寄回和带回收入	49.08	29.25	67.8
城市亲友赠送收入	14.95	15.65	-4.5
农村亲友赠送收入	60.77	75.84	-19.9
退耕还林还草补贴收入	28.58	20.15	41.8
粮食直接补贴收入	27.65	12.63	1.2倍
其他转移性收入	306.68	197.83	55.0
(四)财产性收入	418.75	398.28	5.1
利息收入	0.77	1.90	-59.4
集体分配股息和红利收入	12.88	0.26	48.6倍
租金收入	256.17	259.65	-1.3
土地征用补偿收入	124.25	74.85	66.0

14-8 农民家庭人均纯收入

指　　标	2009年	2008年	2009年比2008年增长(%)
一、绝对数(元)			
全年纯收入	**5316.01**	**4817.83**	**10.3**
(一)工资性收入	1947.85	1676.97	16.2
#外出从业得到的收入	467.02	385.05	21.3
(二)家庭经营收入	2521.96	2466.26	2.3
第一产业	1972.46	2004.53	-1.6
农业收入	1486.02	1367.85	8.6
林业收入	1.47	17.51	-91.6
牧业收入	479.09	608.32	-21.2
渔业收入	5.88	10.85	-45.8
第二产业	104.04	74.18	40.2
工业收入	17.19	7.88	1.2倍
建筑业收入	86.85	66.12	31.4
第三产业	445.46	387.55	14.9
交通.运输.邮电业收入	198.14	191.70	3.4
批零贸易业.饮食业收入	102.70	86.86	18.2
社会服务业收入	52.64	47.35	11.2
文教卫生业收入	1.27	4.47	-71.6
其他行业收入	90.71	57.16	58.7
(三)转移性收入	427.44	276.32	54.7
(四)财产性收入	418.75	398.28	5.1

14-9 农民家庭人均总支出

指　　标	2009年	2008年	2009年比2008年增长(%)
全年总支出(元)	**5748.92**	**5476.01**	**5.0**
(一)家庭经营费用支出	936.26	1076.01	-13.0
(二)购置生产性固定资产支出	191.69	223.81	-14.3
(三)建、造生产性固定资产建工支出	3.28	1.96	67.5
(四)税费支出	1.05	1.90	-44.7
(五)生活消费支出	3928.09	3463.30	13.4
(六)财产性支出	11.13	3.14	2.5倍
(七)转移性支出	677.41	568.03	19.3
寄给带给家庭非常住人口	20.77	23.12	-10.2
赠送农村亲友	540.84	434.88	24.4
赠送城市亲友	60.09	54.61	10.0
其他转移性支出	55.71	55.42	0.5

14-10 农民家庭人均经营费用和生产性固定资产购置

单位：元

指　　标	2009年	2008年	2009年比2008年增长(%)
一、家庭经营费用支出	**936.26**	**1076.01**	**-13.0**
农业生产费用支出	319.22	362.75	-12.0
#种植业生产资料支出	300.37	331.86	-9.5
林业生产费用支出	6.87	5.20	32.2
牧业生产费用支出	468.70	526.90	-11.0
渔业生产费用支出	0.96	0.32	2.0倍
工业生产费用支出	25.28	10.37	1.4倍
建筑业生产费用支出	38.56	43.74	-11.8
交通运输邮电业生产费用支出	40.23	56.51	-28.8
批零贸易餐饮业生产费用支出	9.70	22.85	-57.5
社会服务、文教卫生业生产费用支出	23.23	16.60	39.9
其他家庭经营费用支出	3.51	30.77	-88.6
二、购置生产性固定资产支出	**191.69**	**223.81**	**-14.3**
建筑生产用建筑物材料	53.63	25.14	1.1倍
役畜、产品畜	14.07	40.33	-65.1
农林牧渔业机械	32.77	55.22	-40.7
工业机械	0.42	8.74	-95.2
运输机械	88.28	93.56	-5.6
其他生产性固定资产	2.52	0.82	2.1倍
三、建、造生产性固定资产雇工支出	**3.28**	**1.96**	**67.5**

14-11 农民家庭人均生活消费支出

指　　标	2009年	2008年	2009年比2008年增长(%)
一、绝对数(元)			
平均每人生活消费支出	**3928.09**	**3463.30**	**13.4**
食　品	1604.97	1435.41	11.8
衣　着	242.83	217.42	11.7
居　住	959.36	755.75	26.9
家庭设备用品及服务	257.09	203.17	26.5
交通和通讯	350.41	396.54	-11.6
文教娱乐用品及服务	254.88	238.19	7.0
医疗保健	185.80	138.61	34.0
其他商品及服务	72.75	78.20	-7.0

14-12 农民人均现金收入

单位:元

指标	2009年	2008年	2009年比2008年增长(%)
一、年内现金收入合计	**5856.67**	**5394.24**	**8.6**
(一)工资性收入	1947.32	1671.01	16.5
在非企业劳动得到的收入	326.03	298.85	9.1
在本乡地域内劳动得到的收入	1154.28	987.10	16.9
外出从业得到的收入	467.02	385.05	21.3
(二)家庭经营现金收入	2960.34	3009.85	-1.6
#第一产业现金收入	2231.35	2336.38	-4.5
工业收入	46.15	6.08	6.6倍
建筑业收入	126.53	128.53	-1.6
交通运输邮电收入	268.89	269.30	-0.2
批零贸易业、饮食业收入	114.73	114.06	0.6
社会服务业收入	55.99	50.74	10.3
文教卫生业收入	22.33	18.65	19.7
(三)转移性现金收入	487.27	350.36	39.1
家庭非常住人口寄回和带回	49.08	29.25	67.8
城市亲友赠送	14.95	15.54	-3.8
农村亲友赠送	60.33	75.52	-20.1
救济金	3.87	4.28	-9.7
抚恤金	3.37	3.55	-5.0
粮食直补	27.65	12.63	1.2倍
购置和更新大型农机具补贴收入		3.04	
良种补贴(粮食种植)	14.24	18.59	-23.4
其它转移性收入	313.78	187.96	66.9
(四)财产性现金收入	461.73	363.03	27.2
#租金(包括农业机械收入	256.17	259.65	-1.3
土地征用补偿收入	124.25	74.85	66.0
二、非收入所得	**1486.16**	**1205.02**	**23.3**
调查补贴	44.36	31.57	40.5
银行、信用社贷款	121.51	171.35	-29.1
借入款	390.16	257.01	51.8
收回借出款	26.74	50.63	-47.2
从银行、信用社取回存款	199.93	180.36	10.8
其他非收入所得	703.46	514.10	36.8

14-13 农民人均出售产品现金收入

单位：元

指　　标	2009年	2008年	2009年比2008年增长(%)
出售产品现金收入			
出售产品收入	2192.21	2301.73	-4.8
出售农业产品收入	1359.76	1241.26	9.5
出售林产品	8.04	22.19	-63.8
出售牧业产品	814.66	1016.17	-19.8
出售渔业产品	7.50	17.18	-56.4
出售工业产品	0.69	3.29	-79.0
出售建筑业产品		1.43	
出售其他产品	1.56	0.19	7.1倍

14-14 农民人均现金支出

单位：元

指　　标	2009年	2008年	2009年比2008年增长(%)
一、消费性现金支出	**5140.15**	**4705.66**	**9.2**
(一)生产费用支出	938.79	1139.67	-17.6
#家庭经营费用支出	743.82	913.91	-18.6
购置生产性固定资产支出	191.69	223.81	-14.3
(二)税费支出	1.05	1.90	-44.7
(三)生活消费支出	3512.19	2994.16	17.3
(四)财产性支出	11.13	3.14	2.5倍
(五)转移性支出	676.99	566.79	19.4
#寄给带给家庭非常人口现金	20.77	23.12	-10.2
赠送农村亲友	540.42	434.45	24.4
赠送城市亲友	60.09	53.80	11.7
二、非消费性现金支出	**771.34**	**766.85**	**0.6**
#归还银行、信用社贷款	29.05	52.15	-44.3
借出款	28.36	20.30	39.7
归还借款	112.90	175.29	-35.6
存入银行、信用社	209.16	141.42	47.9

14-15 农民人均粮食收支存

单位:公斤

指　　标	2009年	2008年	2009年比2008年增长(%)
一、年内粮食收入合计	**453.16**	**502.55**	**-9.8**
家庭经营生产粮食	375.08	413.80	-9.4
购入粮食	77.77	88.46	-12.1
借入粮食	0.05		
收回借出粮			
其它粮食收入	0.26	0.28	-8.3
二、年内粮食支出合计	**385.82**	**391.55**	**-1.5**
主食用粮	152.92	168.94	-9.5
其它生活用粮		0.47	
出售粮食	97.42	97.81	-0.4
种籽用粮	6.40	6.03	6.1
饲料用粮	128.71	116.89	10.1
借出粮食			
其它粮食支出	0.37	1.40	-73.5
三、年末结存	**317.55**	**337.94**	**-6.0**

14-16 农民家庭人均主要消费品消费量

单位:公斤

指　　标	2009年	2008年	2009年比2008年增长(%)
粮食消费量	152.92	168.94	-9.5
#细　粮	123.34	136.96	-9.9
蔬菜及菜制品消费量	305.64	217.98	40.2
油脂类消费量	6.34	6.79	-6.6
肉禽及其制品消费量	30.11	29.86	0.8
蛋类及蛋制品消费量	2.92	3.65	-20.1
奶和奶制品消费量	1.50	1.30	15.2
水产品消费量	0.50	0.55	-8.4
食糖消费量	0.74	0.81	-8.9
酒消费量	7.68	7.89	-2.7
茶叶消费量	0.26	0.34	-23.0

14-17 农民家庭每百户耐用消费品拥有量

指　　标	单　位	2009年	2008年	2009年比2008年增长(%)
洗衣机	台	89.82	87.45	2.7
电冰箱	台	41.82	32.91	27.1
空调机	台	1.45	0.91	59.3
热水器	台	20.91	13.82	51.3
摩托车	辆	46.18	39.64	16.5
生活用汽车	辆	2.73	2.90	-5.9
电话机	部	45.45	50.00	-9.1
移动电话	部	128.73	106.55	20.8
彩色电视机	台	110.18	108.91	1.2
黑白电视机	台	0.55	3.27	-83.2
摄像机	台	1.45	6.00	-75.8
照相机	台	3.45	5.27	-34.5

14-18 农村住户人均主要产品产量及商品率

(2009年)

指　　标	产品产量(公斤)	出售量(公斤)	商品率(%)
谷　物	356.84	92.55	25.9
#小　麦	1.82	0.26	14.3
水　稻	175.06	44.52	25.4
玉　米	178.80	42.50	23.8
豆　类	9.18	3.41	37.1
薯　类	9.07	1.45	16.0
油　料	43.62	19.50	44.7
烟　草	11.41	10.95	96.0
蔬　菜	597.86	434.05	72.6
水　果	61.76	57.73	93.5
茶　叶	0.14	0.10	71.4
肉猪及猪肉	46.21	33.49	72.5
肉牛及牛肉	0.94	1.25	133.0
菜羊及羊肉	0.07	0.07	100.0
家禽肉	5.05	3.43	67.9
禽　蛋	1.40	0.52	37.1

14-19 按人均纯收入分组的农村住户生活消费支出

(2009年)

单位:元

指标名称	800元以下	800-1000元	1000-1200元	1200-1300元	1300-1500元	1500-1700元	1700-2000元
调查户数(户)	1.00	2.00	2.00	1.00	6.00	8.00	14.00
生活消费支出	**999.23**	**3827.15**	**1631.41**	**711.90**	**4036.01**	**1616.35**	**2507.44**
#服务性支出	147.80	285.24	580.93	161.12	1450.51	321.25	525.83
一、食品消费支出	669.43	972.94	689.01	556.50	1286.28	864.82	1147.18
二、衣着消费支出	25.00	68.00	42.00		73.63	153.94	163.43
三、居住消费支出	135.63	2520.81	200.76	51.80	1630.17	143.51	746.14
#生活用燃料	100.00		102.50		9.23	24.45	50.26
四、家庭设备.用品消费支出	63.50	88.26	77.60	13.60	74.68	151.42	63.92
五、交通和通讯消费支出	65.67	79.00	204.66	86.00	349.08	160.60	130.98
六、文化教育.娱乐消费支出	1.00	2.11	319.38		463.83	61.05	129.55
#学杂费			280.00		425.38	12.85	53.97
成人培训费							
文化.体育.娱乐服务消费支出			10.00		4.69	16.54	11.03
七、医疗保健消费支出	38.33	77.43	53.25	4.00	83.57	39.37	63.92
八、其他商品和服务消费支出	0.67	18.60	44.75		74.77	41.65	62.30

14-19 续表

单位:元

指标名称	2000-2500元	2500-3000元	3000-3500元	3500-4000元	4000-4500元	4500-5000元	5000元以上
调查户数(户)	42.00	45.00	49.00	39.00	38.00	41.00	262.00
生活消费支出	2712.00	2490.72	2638.07	3346.33	3042.41	3525.42	5276.90
#服务性支出	612.37	462.14	599.48	864.50	880.85	980.12	1818.85
一、食品消费支出	1098.08	970.60	1106.28	1296.85	1195.12	1508.04	2169.40
二、衣着消费支出	116.44	163.42	137.96	202.31	146.19	220.20	350.81
三、居住消费支出	811.70	781.32	775.35	861.34	1076.40	835.54	1110.87
#生活用燃料	55.59	74.22	58.83	75.13	60.87	92.67	111.82
四、家庭设备.用品消费支出	228.48	163.61	176.42	218.03	153.51	264.80	350.31
五、交通和通讯消费支出	184.59	192.80	172.15	359.77	185.80	278.90	514.13
六、文化教育.娱乐消费支出	110.82	109.89	110.76	222.17	124.33	184.89	397.37
#学杂费	26.22	48.21	31.14	119.58	56.48	87.87	180.35
成人培训费	3.75				0.64	3.03	2.14
文化.体育.娱乐服务消费支出	2.92	5.00	9.67	41.28	27.08	19.66	70.81
七、医疗保健消费支出	124.19	64.32	112.48	93.80	110.81	157.45	290.16
八、其他商品和服务消费支出	37.69	44.75	46.65	92.05	50.25	75.61	93.85

14-20 按人均纯收入分组的农村住户收支情况

(2009年)

单位:元

指标名称	800元以下	800-1000元	1000-1200元	1200-1300元	1300-1500元	1500-1700元	1700-2000元
调查户数(户)	1.00	2.00	2.00	1.00	6.00	8.00	14.00
一、总收入	**671.17**	**1243.65**	**1719.78**	**1728.63**	**2339.94**	**1904.78**	**2548.69**
(一)工资性收入		367.14	88.75		309.42	845.15	693.55
#在本地企业劳动得到的收入							
外出从业得到收入					69.23	161.54	224.13
(二)家庭经营收入	645.83	867.02	1609.66	1718.71	1384.75	957.73	1616.50
#农业收入	645.83	664.66	1355.08	1203.86	790.74	474.20	918.89
牧业收入		202.36	254.58	514.85	591.45	192.30	504.33
(三)财产性收入				-92.08	19.23	67.28	10.09
(四)转移性收入	25.33	9.49	21.38	102.00	626.53	34.62	228.55
二、全年纯收入	**468.06**	**917.50**	**1055.03**	**1282.83**	**1377.41**	**1586.42**	**1833.88**
三、总支出	**1201.23**	**4374.48**	**2163.66**	**1177.70**	**5290.05**	**2030.60**	**3997.07**
(一)家庭经营费用支出	85.33	276.63	527.25	385.80	719.97	223.49	528.68
#农业生产费用支出	60.00	173.34	293.13	67.40	103.88	60.11	212.88
牧业生产费用支出	25.33	103.29	234.13	318.40	616.08	120.38	217.28
(二)购置生产性固定资产支出					58.92		507.27
(三)建.造生产性固定资产雇工支出							
(四)税费支出							
(五)生活消费支出	999.23	3827.15	1631.41	711.90	4036.01	1616.35	2507.44
(六)财产性支出							
(七)转移性支出	116.67	270.70	5.00	80.00	475.15	190.77	453.68

14-20 续表

单位:元

指标名称	2000-2500元	2500-3000元	3000-3500元	3500-4000元	4000-4500元	4500-5000元	5000元以上
调查户数(户)	42.00	45.00	49.00	39.00	38.00	41.00	262.00
一、总收入	**3343.96**	**3588.12**	**4632.17**	**5053.03**	**5029.42**	**5720.08**	**9529.48**
(一)工资性收入	684.03	986.80	1106.41	1725.13	2101.09	2306.92	2715.41
#在本地企业劳动得到的收入	31.57	34.23	61.47	189.09	306.53	457.15	531.21
外出从业得到收入	197.74	276.57	367.25	410.19	560.32	488.67	624.37
(二)家庭经营收入	2365.85	2348.27	2937.51	2911.52	2510.29	3074.01	5073.00
#农业收入	1350.10	1479.00	1552.93	1352.36	1390.47	1608.49	2590.04
牧业收入	968.09	692.88	1227.34	1093.24	774.95	824.68	1126.89
(三)财产性收入	41.85	36.66	89.80	26.46	152.34	99.54	1018.62
(四)转移性收入	252.23	216.38	498.44	389.92	265.71	239.61	722.45
二、全年纯收入	**2273.15**	**2721.26**	**3278.85**	**3748.84**	**4289.89**	**4742.74**	**8205.38**
三、总支出	**4292.06**	**3866.58**	**4304.75**	**5391.78**	**4369.79**	**4992.87**	**7433.94**
(一)家庭经营费用支出	894.08	681.56	999.75	1052.74	639.70	741.66	1065.22
#农业生产费用支出	252.03	275.85	325.02	456.43	243.42	277.75	363.42
牧业生产费用支出	633.54	371.65	652.40	550.22	355.81	379.34	468.62
(二)购置生产性固定资产支出	243.85	262.92	26.84	421.45	67.72	39.26	206.03
(三)建.造生产性固定资产雇工支出	0.45	0.41	0.49			1.21	7.07
(四)税费支出		0.19				0.14	2.36
(五)生活消费支出	2712.00	2490.72	2638.07	3346.33	3042.41	3525.42	5276.90
(六)财产性支出	4.72		7.50	3.80	7.18	2.55	20.79
(七)转移性支出	436.96	430.78	632.10	567.46	612.79	682.64	855.56

14-21 按人均纯收入分组的农村住户主要消费品消费量

(2009年)

单位：公斤

指标名称	800元以下	800-1000元	1000-1200元	1200-1300元	1300-1500元	1500-1700元	1700-2000元
调查户数(户)	1.00	2.00	2.00	1.00	6.00	8.00	14.00
粮　食	110.89	236.93	100.76	85.33	152.13	79.28	138.87
油脂类	3.33	4.93	6.50		1.69	1.42	4.34
#植物油		2.71	0.94		1.39	1.35	2.67
动物油	3.33	2.21	5.56		0.31	0.08	1.68
烟　叶					0.02		
豆制品	1.67	6.64	2.44		0.48	3.67	2.95
蔬菜及菜制品	110.33	99.29	38.50	60.70	105.91	107.38	146.80
水果及水果制品	1.67	7.64	3.94		13.83	15.23	9.54
茶　叶	2.33	0.86			0.04	0.04	0.02
坚　果		4.07			0.33	0.27	0.60
肉禽及其制品	10.33	11.46	20.88	30.60	24.23	29.95	24.28
#猪　肉	10.33	11.43	20.25	30.00	20.66	28.06	21.68
蛋类及蛋制品		1.57	1.63		1.63	2.42	1.94
奶和奶制品	0.33				0.04	1.08	0.07
水产品		0.29	0.59		0.52	0.10	0.05
食　糖	0.33	0.86			2.77	0.38	0.34
酒	9.17	3.51	1.25	2.70	8.10	3.37	4.75

14-21　续表

单位：公斤

指标名称	2000-2500元	2500-3000元	3000-3500元	3500-4000元	4000-4500元	4500-5000元	5000元以上
调查户数(户)	42.00	45.00	49.00	39.00	38.00	41.00	262.00
粮　食	152.64	147.74	164.94	157.67	183.23	159.09	147.54
油脂类	3.83	5.24	4.89	6.22	3.61	5.82	8.39
#植物油	2.48	2.63	3.33	3.55	2.50	3.54	5.39
动物油	1.35	2.60	1.57	2.67	1.11	2.28	3.00
烟　叶	0.05	0.16	0.08		0.03		0.02
豆制品	1.42	1.78	1.14	2.16	2.52	1.90	3.66
蔬菜及菜制品	109.17	110.01	105.63	110.50	130.06	122.62	555.44
水果及水果制品	7.52	7.99	12.73	11.19	10.90	26.67	19.68
茶　叶	0.13	0.25	0.19	0.10	0.17	0.53	0.31
坚　果	0.37	0.40	0.77	0.85	0.39	0.60	1.42
肉禽及其制品	29.83	21.03	27.96	26.56	29.38	31.03	34.07
#猪　肉	26.57	19.01	25.19	23.17	26.03	26.46	28.36
蛋类及蛋制品	1.64	1.79	2.18	3.42	2.07	2.57	3.80
奶和奶制品	0.30	0.74	0.53	0.45	1.64	1.81	2.38
水产品	0.15	0.10	0.28	0.26	0.22	0.53	0.82
食　糖	0.49	0.21	0.85	0.47	0.48	1.37	0.85
酒	8.86	6.54	8.77	9.19	5.44	7.11	8.13

主要统计指标解释

城市住户

家庭人口 指居住在一起,经济上合在一起共同生活的家庭成员。凡计算为家庭人口的成员其全部收支都包括在本家庭中。

就业者负担系数 指家庭人口与就业人口之比。

家庭总收入 指家庭成员得到的工薪收入、经营净收入、财产性收入、转移性收入之和,不包括出售财物收入和借贷收入。

家庭可支配收入 指家庭成员得到可用于最终消费支出和其它非义务性支出以及储蓄的总和,即居民家庭可以用来自由支配的收入。它是家庭总收入扣除交纳的所得税、个人交纳的社会保障支出以及记账补贴后的收入。计算公式为:

可支配收入 = 家庭总收入 - 交纳所得税 - 个人交纳的社会保障支出 - 记帐补贴

家庭总支出 指除借贷支出以外的全部家庭支出。包括消费性支出、购房建房支出、转移性支出、财产性支出、社会保障支出。

家庭消费性支出 指家庭用于日常生活的支出,包括食品、衣着、家庭设备用品及服务、医疗保健、交通和通信、教育文化娱乐服务、居住、其它商品和服务等八大类支出。

家庭服务性消费支出 指家庭用于支付社会提供的各种非商品性服务费用。

家庭收入分组方法 将所有调查户依户人均可支配收入由低到高排队, 按 10%,10%,20%,20%,20%,10%,10%的比例依次分成:最低收入户、低收入户、中等偏下收入户、中等收入户、中等偏上收入户、高收入户、最高收入户等七组。总体中最低 5%的户为困难户。

恩格尔系数 指食物支出金额在生活消费总支出金额中所占的比例。计算公式为:

恩格尔系数 = 食品支出金额 / 生活消费总支出金额 × 100%

农村住户

农村住户 指农村常住户。农村常住户指长期(一年以上)居住在乡镇(不包括城关镇)行政管理区域内的住户,以及长期居住在城关镇所辖行政村范围内的农村住户。户口不在本地而在本地居住一年及以上的住户也包括在本地农村常住户范围内;有本地户口,但举家外出谋生一年以上的住户,无论是否保留承包耕地都不包括在本地农村住户范围内。

家庭常住人口 指全年经常在家或在家居住 6 个月以上,而且经济和生活与本户连成一体的人口。外出从业人员在外居住时间虽然在 6 个月以上,但收入主要带回家中,经济与本户连为一体,仍视为家庭常住人口;在家居住,生活和本户连成一体的国家职工、退休人员也为家庭常住人口。但是现役军人、中专及以上

(走读生除外)的在校学生、以及常年在外(不包括探亲、看病等)且已有稳定的职业与居住场所的外出从业人员,不算家庭常住人口。家庭常住人口主要作为计算农村住户平均每人收入、消费和积累水平及分析家庭人口状况的依据。

整、半劳动力 整劳动力指男子18周岁到50周岁,女子18周岁到45周岁;半劳动力指男子16周岁到17周岁,51周岁到60周岁;女子16周岁到17周岁,46周岁到55周岁,同时具有劳动能力的人。虽然在劳动年龄之内,但已丧失劳动能力的人,不应算为劳动力;超过劳动年龄,但能经常参加劳动,计入半劳动力数内。常住人口中的职工,若这些职工为劳动力,就包括在本户的整半劳动力中。

农民人均总收入 指调查期内农村住户和住户成员从各种来源渠道得到的收入总和。按收入的性质划分为工资性收入、家庭经营收入、财产性收入和转移性收入。

工资性收入 指农村住户成员受雇于单位或个人,靠出卖劳动而获得的收入。

家庭经营收入 指农村住户以家庭为生产经营单位进行生产筹划和管理而获得的收入。农村住户家庭经营活动按行业划分为农业、林业、牧业、渔业、工业、建筑业、交通运输业、邮电业、批发和零售贸易餐饮业、社会服务业、文教卫生业和其他家庭经营。

财产性收入 指金融资产或有形非生产性资产的所有者向其他机构单位提供资金或将有形非生产性资产供其支配,作为回报而从中获得的收入。

转移性收入 指农村住户和住户成员无须付出任何对应物而获得的货物、服务、资金或资产所有权等,不包括无偿提供的用于固定资本形成的资金。一般情况下,是指农村住户在二次分配中的所有收入。

现金收入 指农村住户和住户成员在调查期内得到以现金形态表现的收入。按来源分成工资性收入、家庭经营现金收入、财产性收入、转移性收入。

农民人均纯收入 指农村住户当年从各个来源得到的总收入相应地扣除所发生的费用后的收入总和。计算方法:

纯收入 = 总收入 - 税费支出 - 家庭经营费用支出 - 税费支出 - 生产性固定资产折旧 - 调查补贴 - 赠送农村外部亲友支出

纯收入主要用于再生产投入和当年生活消费支出,也可用于储蓄和各种非义务性支出。“农民人均纯收入”按人口平均的纯收入水平,反映的是一个地区或一个农户农村居民的平均收入水平。

农民人均总支出 指农村住户用于生产、生活和再分配的全部支出。家庭经营费用支出、购置生产性固定资产支出、生产性固定资产折旧、税费支出、生活消费支出、财产性支出和转移性支出。

农民人均生活消费支出 指农民家庭用于物质生活和精神生活方面的支出。生活消费支出包括食品、衣着、居住、家庭设备用品及服务、医疗保健、交通和通讯、文教娱乐用品及服务、其他商品及服务等消费支出。

15

fifteen

教育、文化、广播

Education, Culture and Broadcasting

广播电视节目制作时间

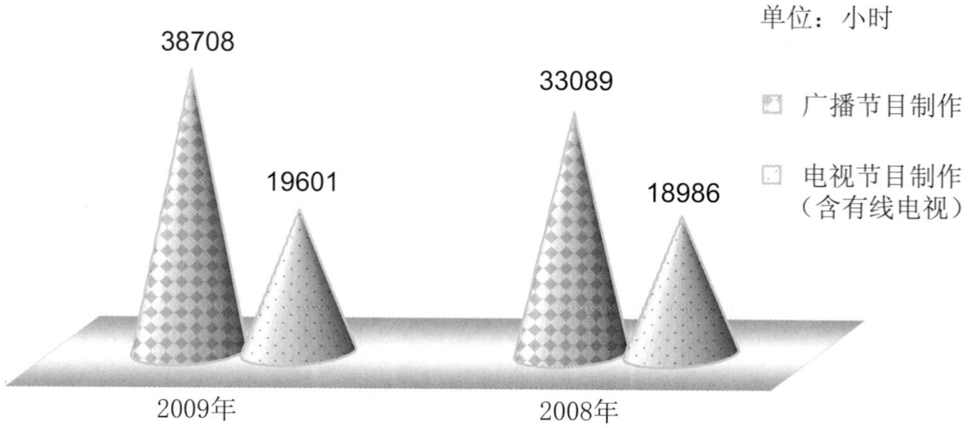

2009年在校生人数

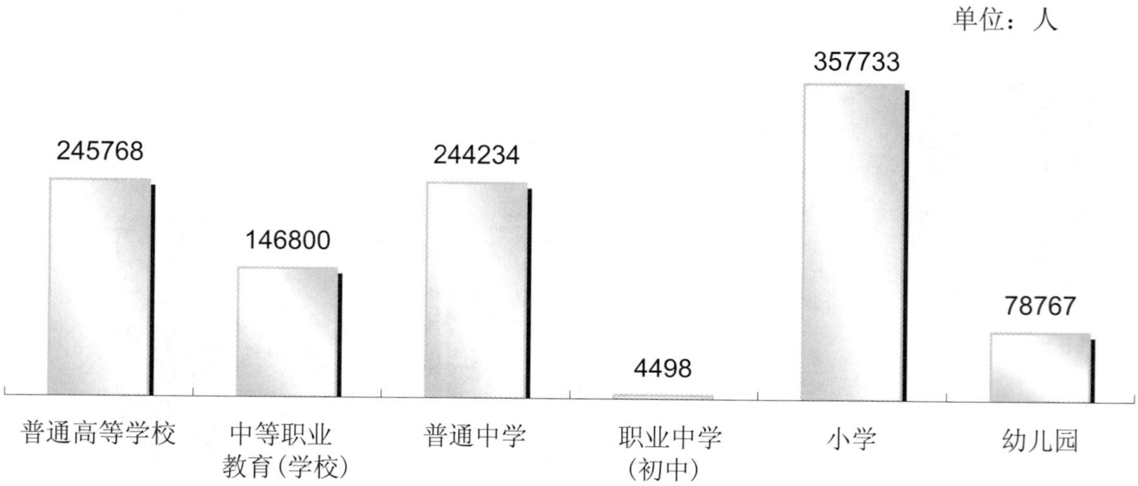

2009年专任教师数

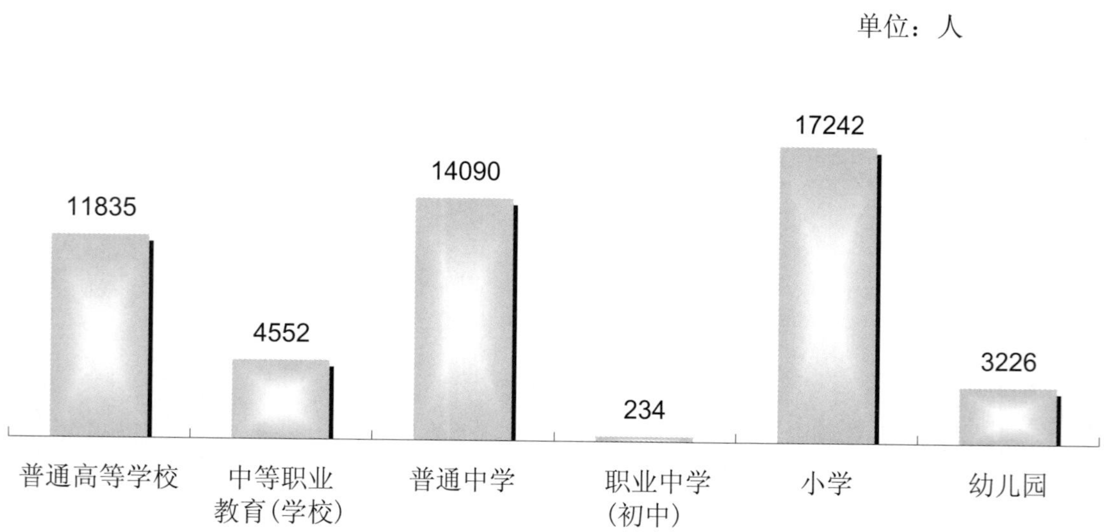

15-1 各级各类学校概况

(2009年) 单位：人

类　　别	学校数(所)	毕业生	招　生	在校生	毕业班学　生	专　任教　师	每一专任教师负担学　　生	每万人口中在校学生
各类学校总计	**2826**	**522420**	**319682**	**1402939**	**289892**	**53499**	**26.2**	**3535.7**
研究生	7	2434	3493	9171	2653			23.1
#高等学校	6	2374	3405	8934	2653			22.5
普通高等学校	25	62454	75465	245768	65009	11835	20.8	619.4
普通高等教育		40526	56960	181245	45829			456.8
成人高等教育		21928	18505	64523	19180			162.6
中等职业教育(学校)	90	34110	56682	146800	48407	4552	32.2	370.0
#普通中等学校	40	24937	37450	100790	31961	2376	42.4	254.0
职业高中	31	6002	11096	29219	9235	911	32.1	73.6
成人中专学校	19	3171	8136	16791	7211	1109	15.1	42.3
普通中学	290	67687	85888	244234	75044	14090	17.3	615.5
高　　中	77	18969	23652	64825	19489	6875	9.4	163.4
初　　中	213	48718	62236	179409	55555	7129	25.2	452.2
职业中学(初中)	13	1848	1499	4498	1319	234	19.2	11.3
小　学	815	64151	52266	357733	65718	17242	20.7	901.6
特殊教育学校	9	191	201	1640		184	8.9	4.1
工读学校	2	173	43	61		28	2.2	0.2
技工学校	25	7608		9537		306	31.2	24.0
成人高等学校	2	843	1393	3683	1685	224	16.4	9.3
普通高等教育		96		69	69			0.2
成人高等教育		747	1393	3614	1616			9.1
职业技术培训机构	889	279327		297505		1156	257.4	749.8
成人基础教育	330	1594		3542		422	8.4	8.9
成人中学								
成人小学	330	1594		3542		422	8.4	8.9
幼儿园	335		42752	78767	30057	3226	24.4	198.5

注：研究生学校数指培养研究生单位数；每万人中在校学生数按常住半年及以上口径人口数计算。

15-2 普通高等教育(学校)基本情况

(2009年)　　单位：人

类别	学校数(所)	毕业生 小计	普通高等教育	成人高等教育	招生 小计	普通高等教育	成人高等教育
总　计	**25**	**62454**	**40526**	**21928**	**75465**	**56960**	**18505**
综合大学	**1**	**11125**	**7237**	**3888**	**10174**	**7560**	**2614**
贵州大学	1	11125	7237	3888	10174	7560	2614
医药院校	**2**	**4162**	**3679**	**483**	**4168**	**3054**	**1114**
贵阳医学院	1	2916	2433	483	2786	1719	1067
贵阳中医学院	1	1246	1246		1382	1335	47
师范院校	**2**	**15170**	**5489**	**9681**	**17507**	**8560**	**8947**
贵州师范大学	1	11077	5123	5954	10639	5080	5559
贵州师范学院	1	4093	366	3727	6868	3480	3388
财经院校	**2**	**8647**	**4499**	**4148**	**8374**	**5695**	**2679**
贵州财经学院	1	4840	1625	3215	4871	2827	2044
贵州商业高等专科学校	1	3807	2874	933	3503	2868	635
民族院校	**1**	**3957**	**2810**	**1147**	**5171**	**4164**	**1007**
贵州民族学院	1	3957	2810	1147	5171	4164	1007
其它院校	**10**	**12782**	**10201**	**2581**	**18820**	**16676**	**2144**
贵阳学院	1	5411	3202	2209	4533	2577	1956
贵州警官职业学院	1	2828	2560	268	1048	1022	26
贵州交通职业技术学院	1	1858	1858		3106	3106	
贵州亚泰职业学院	1	787	787		1605	1605	
贵州工业职业技术学院	1	1058	1058		2283	2156	127
贵州电力职业技术学院	1	608	504	104	699	664	35
贵州轻工职业技术学院	1	232	232		1563	1563	
贵阳护理职业学院	1				1274	1274	
贵阳职业技术学院	1				1158	1158	
贵州职业技术学院	1				1551	1551	
其它机构	**7**	**6611**	**6611**		**11251**	**11251**	
贵阳中医学院时珍学院	1	520	520		909	909	
贵州财经学院商务学院	1	1304	1304		1568	1568	
贵州大学科技学院	1	1291	1291		1660	1660	
贵州大学明德学院	1	1086	1086		1802	1802	
贵州民族学院人文科技学院	1	700	700		1776	1776	
贵州师范大学求是学院	1	1480	1480		2617	2617	
贵阳医学院学神奇民族医药学院	1	230	230		919	919	

15-2 续表

单位：人

类别	在校生小计	普通高等教育	成人高等教育	预计毕业生小计	普通高等教育	成人高等教育	教职工	#专任教师
总计	**245768**	**181245**	**64523**	**65009**	**45829**	**19180**	**17977**	**11835**
综合大学	**39163**	**28395**	**10768**	**10191**	**7130**	**3061**	**4482**	**2591**
贵州大学	39163	28395	10768	10191	7130	3061	4482	2591
医药院校	**17530**	**13295**	**4235**	**4856**	**3666**	**1190**	**1884**	**1060**
贵阳医学院	11670	7482	4188	3465	2275	1190	1129	631
贵阳中医学院	5860	5813	47	1391	1391		755	429
师范院校	**53991**	**24615**	**29376**	**13821**	**5959**	**7862**	**2564**	**1724**
贵州师范大学	36175	18798	17377	9974	5486	4488	2088	1371
贵州师范学院	17816	5817	11999	3847	473	3374	476	353
财经院校	**26252**	**17582**	**8670**	**7903**	**4903**	**3000**	**1471**	**873**
贵州财经学院	15457	8525	6932	3682	1583	2099	1036	562
贵州商业高等专科学校	10795	9057	1738	4221	3320	901	435	311
民族院校	**13966**	**9925**	**4041**	**3561**	**1948**	**1613**	**1129**	**694**
贵州民族学院	13966	9925	4041	3561	1948	1613	1129	694
其它院校	**53598**	**46165**	**7433**	**15730**	**13276**	**2454**	**3964**	**2805**
贵阳学院	18468	11937	6531	6341	4315	2026	767	582
贵州警官职业学院	5007	4646	361	2062	1778	284	485	354
贵州交通职业技术学院	7673	7673		2147	2147		662	499
贵州亚泰职业学院	5008	5008		1444	1444		382	275
贵州工业职业技术学院	5532	5202	330	1471	1365	106	338	269
贵州电力职业技术学院	1745	1534	211	443	405	38	192	106
贵州轻工职业技术学院	3766	3766		1149	1149		289	242
贵阳护理职业学院	2670	2670		429	429		232	174
贵阳职业技术学院	2178	2178		244	244		436	193
贵州职业技术学院	1551	1551					181	111
其它机构	**41268**	**41268**		**8947**	**8947**		**2483**	**2088**
贵阳中医学院时珍学院	3614	3614		669	669		261	228
贵州财经学院商务学院	6473	6473		1367	1367		395	362
贵州大学科技学院	7058	7058		1901	1901		458	427
贵州大学明德学院	6667	6667		1457	1457		327	239
贵州民族学院人文科技学院	4821	4821		1028	1028		356	276
贵州师范大学求是学院	9213	9213		2028	2028		492	393
贵阳医学院学神奇民族医药学院	3422	3422		497	497		194	163

15-3 高等教育分科学生数

(2009年)

单位：人

指 标	毕业生数			招 生 数		
	研究生以上学历	本 科	专 科	研究生以上学历	本 科	专 科
总 计	**2434**	**39074**	**24223**	**3493**	**46408**	**30450**
哲 学	63	42		72	48	
经济学	86	1821	1164	135	1694	1091
法 学	153	3350	3186	298	3412	1207
教育学	108	2197	2421	140	2717	2910
文 学	124	9782	2349	189	12217	2685
历史学	42	510	26	64	423	20
理 学	330	4444	245	465	5022	27
工 学	482	6097	6418	546	7111	10117
农 学	104	797	163	167	864	47
医 学	390	3067	1567	472	4681	2660
管理学	133	6967	6684	214	8219	9686
研究生专业学位	419			731		

15-3 续表

单位：人

指 标	在校学生数			预计毕业生数		
	研究生以上学历	本 科	专 科	研究生以上学历	本 科	专 科
总 计	**9171**	**160877**	**88574**	**2714**	**36770**	**29924**
哲 学	228	154		69	38	
经济学	373	6658	3438	121	1451	1281
法 学	759	12000	6201	195	2998	2564
教育学	295	9177	7872	80	1986	2742
文 学	512	38128	8791	144	8230	3227
历史学	159	1175	60	49	255	29
理 学	1287	16792	293	389	4084	211
工 学	1607	26735	26302	529	6526	7367
农 学	484	3132	213	165	736	78
医 学	1283	18485	8824	401	3790	2641
管理学	560	28441	26580	165	6676	9784
研究生专业学位	1624			407		

15-4 研究生基本情况

(2009年) 单位：人

类别	学校数(所)	毕业生小计	博士	硕士	招生小计	博士	硕士	在校生小计	博士	硕士	预计毕业生小计	博士	硕士
合计	**7**	**2434**	**68**	**2366**	**3493**	**98**	**3395**	**9171**	**324**	**8847**	**2653**	**91**	**2562**
高等院校小计	**6**	**2374**	**28**	**2346**	**3405**	**60**	**3345**	**8934**	**206**	**8728**	**2653**	**91**	**2562**
贵州大学	1	1430	25	1405	1752	51	1701	4988	176	4812	1593	79	1514
贵阳医学院	1	363	3	360	486	9	477	1257	30	1227	366	12	354
贵阳中医学院	1	166		166	197		197	478		478	154		154
贵州师范大学	1	345		345	643		643	1472		1472	379		379
贵州财经学院	1	70		70	224		224	484		484	106		106
贵州民族学院	1				103		103	255		255	55		55
科研机构小计	**1**	**60**	**40**	**20**	**88**	**38**	**50**	**237**	**118**	**119**			
中国科学院地球化学研究所	1	60	40	20	88	38	50	237	118	119			

15-5 职业技术培训机构基本情况

(2009年) 单位：人

类别	学校数(所)	教学班(点)(个)	毕业生	在校生	教职工	#专任教师	聘请校外教师
总计	**889**	**2549**	**279327**	**297505**	**3199**	**1156**	**942**
教育部门办和集体办	824	957	261629	264306	2057	449	796
县办	1	1	2200	2200	18	8	4
乡办	77	62	42715	43120	254	61	138
村办	746	894	216714	218986	1785	380	654
民办	65	1592	17698	33199	1142	707	146

15-6 中等职业教育(学校)基本情况

(2009年)

单位：人

类　别	毕业生				招　生				在校生	
	小　计	#普通中专	职业高中	成人中专	小　计	#普通中专	职业高中	成人中专	小　计	#普通中专
总　计	**34110**	**24937**	**6002**	**3171**	**56682**	**37450**	**11096**	**8136**	**146800**	**100790**
#女	16697	12908	1238	2551	26758	18332	3259	5167	69011	49080
按类别划分										
农林类	**692**	471	40	181	8779	3611	25	5143	14914	7548
资源与环境类	**736**	207		529	503	443		60	1468	1101
能源类	**422**	354	5	63	883	731	19	133	2280	1860
土木水利工程类	**2310**	2137	173		3826	3394	432		9221	8061
加工制造类	**6822**	4505	979	1338	7094	5369	1021	704	22404	16875
交通运输类	**1020**	692	281	47	2912	1363	1228	321	7219	4384
信息技术类	**7605**	4921	2090	594	11909	6955	4030	924	34026	19414
医药卫生类	**3156**	2513	643		7004	4996	1884	124	14479	9756
商贸与旅游类	**4065**	3742	229	94	5946	4927	854	165	16593	13641
财经类	**1996**	1781	67	148	1648	1368	95	185	5953	4984
文化艺术与体育类	**547**	537	10		1085	879	206		3089	2683
社会公共事业类	**1137**	1013	123	1	999	778	159	62	3058	2481
师范类	**1263**	946	141	176	2068	1032	721	315	5845	3699
其　他	**2339**	1118	1221		2026	1604	422		6251	4303

注：中等职业教育学校共90所，其中普通中专40所，职业高中19所，成人中专31所。

15-6 续表

单位：人

类　别	在校生		预计毕业生				专任教师			
	职业高中	成人中专	小　计	#普通中专	职业高中	成人中专	小　计	#普通中专	职业高中	成人中专
总　计	**29219**	**16791**	**48407**	**31961**	**9235**	**7211**	**4552**	**2376**	**911**	**1109**
#女	7188	12743	21330	15462	1975	3893	2092	1264	410	340
按类别划分										
农林类	25	7341	3460	1262		2198	254	101	9	144
资源与环境类		367	562	295		267	35	24		11
能源类	91	329	722	466	60	196	41	24	3	14
土木水利工程类	1093	67	2693	2493	133	67	108	65	9	34
加工制造类	3849	1680	8423	5891	1700	832	184	110	33	29
交通运输类	2250	585	2277	1640	447	190	115	26	42	18
信息技术类	10484	4128	12718	7001	3117	2600	528	295	141	73
医药卫生类	4479	244	3282	2034	1193	55	274	216	52	6
商贸与旅游类	2384	568	5218	4057	822	339	154	105	42	7
财经类	319	650	2114	1796	91	227	227	183	15	22
文化艺术与体育类	406		1145	1092	53		275	227	27	21
社会公共事业类	487	90	1045	869	148	28	32	9	12	11
师范类	1404	742	2108	1570	326	212	129	33	30	65
其　他	1948		2640	1495	1145		253	31	113	101

15-7 普通中学基本情况

(2009年) 单位：人

类别	学校数(所)					毕业生	
		初中	高中	完全中学	九年一贯制学校	高中	初中
总计	**290**	**120**	**16**	**61**	**93**	**18969**	**48718**
#女						9697	24516
教育部门和集体办	186	98	13	40	35	17560	40071
民办	101	22	3	18	58	1156	8163
其他部门办	3			3		253	484
城市合计	**124**	**41**	**13**	**35**	**35**	**13353**	**22449**
教育部门和集体办	78	30	10	23	15	12354	16629
民办	43	11	3	9	20	746	5336
其他部门办	3			3		253	484
县镇合计	**52**	**25**	**3**	**18**	**8**	**5134**	**12536**
教育部门和集体办	41	23	3	14	3	4888	11721
民办	11	2		4	5	246	815
其他部门办							
农村合计	**114**	**54**		**10**	**50**	**482**	**13733**
教育部门和集体办	67	45		5	17	318	11721
民办	47	9		5	33	164	2012
其他部门办							

15-7 续表

单位：人

类别	招生		在校生		毕业班学生		教职工	#专任教师
	高中	初中	高中	初中	高中	初中		
总计	**23652**	**62236**	**64825**	**179409**	**19489**	**55555**	**15972**	**14090**
#女	12308	30072	33617	87280	10060	27283	8571	7644
教育部门和集体办	20289	50139	57302	144831	17597	45322	13287	12106
民办	3029	11490	6599	32885	1634	9752	2582	1890
其他部门办	334	607	924	1693	258	481	103	94
城市合计	**16420**	**27197**	**45939**	**77828**	**14170**	**24209**	**8904**	**7822**
教育部门和集体办	14227	20848	40868	58661	12861	17984	7421	6720
民办	1859	5742	4147	17474	1051	5744	1380	1008
其他部门办	334	607	924	1693	258	481	103	94
县镇合计	**6415**	**16827**	**16821**	**49149**	**4703**	**15474**	**3844**	**3423**
教育部门和集体办	5682	15179	15351	44727	4413	14292	3424	3116
民办	733	1648	1470	4422	290	1182	420	307
其他部门办								
农村合计	**817**	**18212**	**2065**	**52432**	**616**	**15872**	**3224**	**2845**
教育部门和集体办	380	14112	1083	41443	323	13046	2442	2270
民办	437	4100	982	10989	293	2826	782	575
其他部门办								

15-8 职业中学(职业初中)基本情况

(2009年) 单位：人

类别	学校数(所)	毕业生	招生	在校生	毕业班学生	教职工	#专任教师
总计	**13**	**1848**	**1499**	**4498**	**1319**	**247**	**234**
#女		875	721	2208	653	93	92
教育部门和集体办	13	1848	1499	4498	1319	247	234
县镇合计	**2**	**432**	**255**	**603**	**152**	**25**	**21**
教育部门和集体办	2	432	255	603	152	25	21
农村合计	**11**	**1416**	**1244**	**3895**	**1167**	**222**	**213**
教育部门和集体办	11	1416	1244	3895	1167	222	213

15-9 特殊教育基本情况

(2009年) 单位i：人

类别	班数(个)	毕业生	招生	在校学生	教职工	#专任教师
总计	**84**	**191**	**201**	**1640**	**219**	**184**
#女		78	71	649	166	151
按特殊教育分						
视力残疾	10			94		
听力残疾	37			405		
智力残疾	37			1011		
其它残疾				130		
按地域分						
城市	68	50	113	738		
县镇	16	60	31	245		
农村		81	57	657		

注：特殊学校数全市合计9所，其中弱智学校4所，其他学校5所。

15-10 成人高等学校基本情况

(2009年)

单位：人

类别	学校数(所)	毕业生小计	普通高等教育	成人高等教育	招生小计	普通高等教育	成人高等教育
总计	**2**	**843**	**96**	**747**	**1393**		**1393**
贵州广播电视大学	1	**802**	96	706	1393		1393
贵州铝厂职工大学	1	**41**		41			

15-10 续表

单位：人

类别	在校生小计	普通高等教育	成人高等教育	预计毕业学生小计	普通高等教育	成人高等教育	教职工	#专任教师
总计	**3683**	**69**	**3614**	**1685**	**69**	**1616**	**406**	**224**
贵州广播电视大学	3668	69	3599	1670	69	1601	298	145
贵州铝厂职工大学	15		15	15		15	108	79

15-11 小学基本情况

(2009年) 单位：人

类别	学校数(所)	#独立设置少数民族学校	毕业生	招生	在校生	毕业班学生	教职工	#专任教师
总计	**815**	**15**	**64151**	**52266**	**357733**	**65718**	**18571**	**17242**
#女			30884	24547	170075	31752	12707	12123
教育部门和集体办	685	15	52541	37648	276697	52418	15047	14237
民办	127		11129	14292	78763	12864	3446	2936
其他部门办	3		481	326	2273	436	78	69
城市合计	**142**		**20833**	**21654**	**135725**	**22532**	**6322**	**5809**
教育部门和集体办	99		16438	16478	107351	17753	4963	4708
民办	41		4003	4909	26480	4435	1297	1047
其他部门办	2		392	267	1894	344	62	54
县镇合计	**59**		**8658**	**7158**	**47665**	**8865**	**2225**	**2062**
教育部门和集体办	42		7228	5376	38031	7373	1828	1698
民办	17		1430	1782	9634	1492	397	364
其他部门办								
农村合计	**614**	**15**	**34660**	**23454**	**174343**	**34321**	**10024**	**9371**
教育部门和集体办	544	15	28875	15794	131315	27292	8256	7831
民办	69		5696	7601	42649	6937	1752	1525
其他部门办	1		89	59	379	92	16	15

15-12 广播电视事业发展情况

指标	单位	2009年	2008年
广播电台	座	2	2
中短波转播发射台	座	2	3
发射机功率	千瓦	258	278
调频转播发射台	座	13	8
发射机功率	千瓦	88	57
广播人口覆盖率	%	100.00	100.00
电视台	座	2	2
电视发射及转播台	座	32	32
发射机功率	千瓦	49.39	45.39
电视人口覆盖率	%	99.23	99.14
广播电视台	座	4	4

15-13 广播电视节目制作

单位：小时

指　标	2009年	2008年	2009年比2008年增长(%)
广播节目制作	**38708**	**33089**	**17.0**
#新闻资讯	5245	5431	-3.4
专题服务	14647	9649	51.8
综　艺	7750	8094	-4.3
广播剧	1844	395	3.7倍
广　告	4293	3299	30.1
其　他	4929	6586	-25.2
电视节目制作(含有线电视)	**19601**	**18986**	**3.2**
#新闻资讯	4259	4884	-12.8
专题服务	5350	7635	-29.9
综　艺	3220	1216	1.6倍
影视剧	948	1423	-33.4
广　告	1017	2032	-50.0
其　他	4801	1796	1.7倍

15-14 广播电视宣传基本情况

(2009年)

单位：小时

指　标	全年广播电视节目播出时间	按节目类型分					
		新闻资讯	专题服务	综艺益智	广播影视剧	广告	其他
无线广播合计	**59130**	**7598**	**16126**	**11818**	**2190**	**10438**	**10960**
省人民广播电台	32850	2374	8030	6205	365	7664	8212
地(市)级广播电台	26280	5224	8096	5613	1825	2774	2748
电视播映合计(含有线电视)	**84535**	**9873**	**10094**	**9759**	**26420**	**13276**	**15113**
省电视台	47317	2573	8240	4689	17136	6040	8639
地(市)级电视台	31789	3772	672	4758	9284	6852	6451
县电视台	5429	3528	1182	312		384	23

15-15 图书、报纸、杂志出版情况

指　　标	单 位	2009年	2008年	2009年比2008年增长(%)
一、图书出版				
种　　数	种	1303	1284	1.5
总印数	万册	9228	10888	-15.2
总印张	千印张	563790	572518	-1.5
二、报纸出版				
种　　数	种	29	29	
总印数	万份	28310	28479	-0.6
总印张	千印张	1628716	1243480	31.0
三、杂志出版				
种　　数	种	88	76	15.8
总印数	万册	1273	1317	-3.3
总印张	千印张	85667	76441	12.1

15-16 文化事业机构及人员

指　　标	机　构(个)		人　员(人)	
	2009年	2008年	2009年	2008年
总　　计	**236**	**249**	**3940**	**2965**
文化产业	233	246	3931	2956
#艺术业	19	19	1235	1204
图书馆业	9	9	263	261
群众文化业	130	127	548	498
文化市场经营单位	39	61	1301	580
文艺科研	1	1	14	13
文物业	16	12	220	145
其他文化产业	19	17	350	255
非文化产业	3	3	9	9

主 要 统 计 指 标 解 释

普通高等学校 指按照国家规定的设置标准和审批程序批准举办，通过国家统一招生考试，招收高中毕业生为主要培养对象，实施高等教育的全日制大学、独立设置的学院和高等专科学校、短期职业大学。

成人高等学校 指按照国家有关规定审批，招收通过全国成人高教统一招生考试的具有高中毕业或同等学历的在职从业人员，利用脱产、半脱产、业余或函授等多种形式对其实施高等学历教育，培养高等教育专科或本科毕业水平的专门人才，修业年限、课程设置和总学时数均按高等学历教育要求付诸实施的学校。包括广播电视大学、职工高等学校、农民高等学校、管理干部学院、教育学院、独立设置的函授学院等。

小学学龄儿童入学率 指调查范围内已入小学学习的学龄儿童占校内外学龄儿童总数(包括弱智儿童，不包括盲聋哑儿童)的比重。计算公式为：

小学学龄儿童入学率＝已入学的小学学龄儿童数 / 校内外小学学龄儿童总数 ×100%

文化事业机构 指从事专业文化工作和为专业文化工作服务的独立建制的单位。不包括这些单位另外举办独立核算的其他机构和各部门的业余文化组织。

16

sixteen

卫生、体育、民政、火灾、治安

Public Health, Sports, Social Welfare, Fire and Public Safety

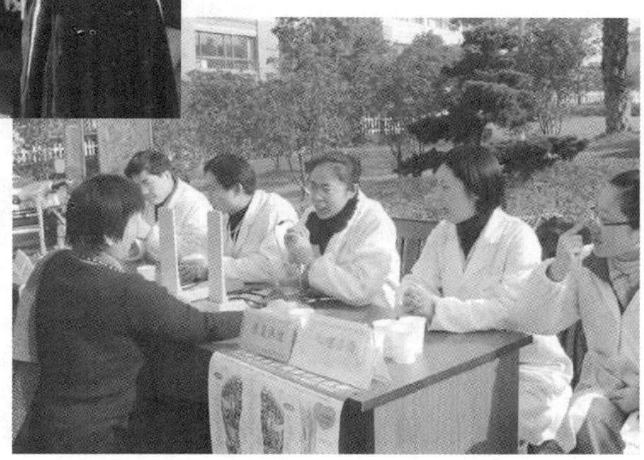

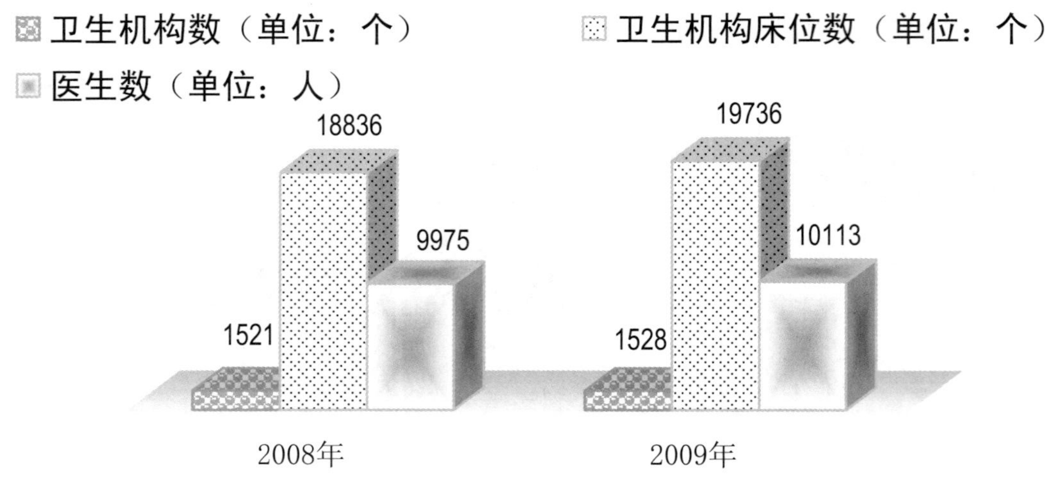
卫生机构数（单位：个）
卫生机构床位数（单位：个）
医生数（单位：人）
18836
9975
1521
19736
10113
1528
2008年
2009年

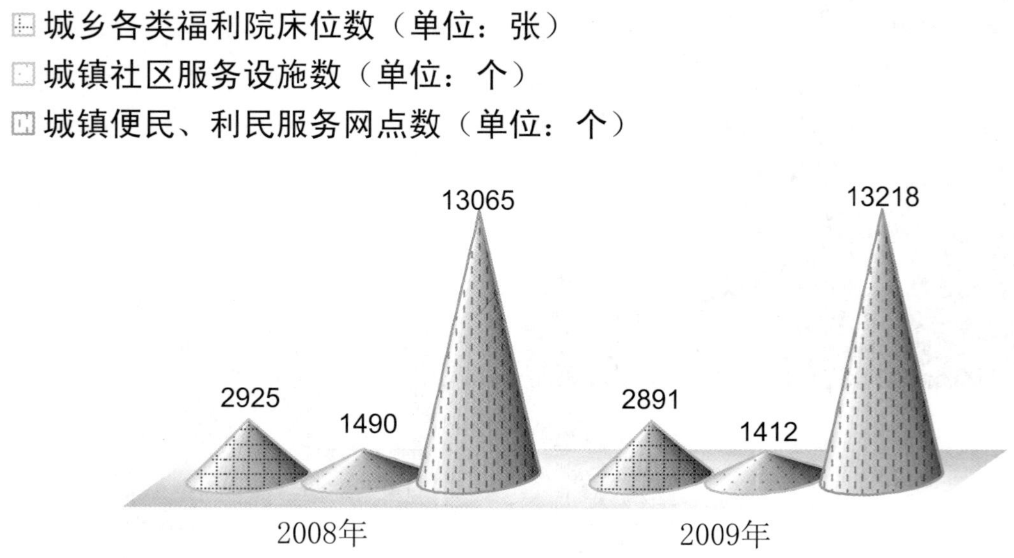
城乡各类福利院床位数（单位：张）
城镇社区服务设施数（单位：个）
城镇便民、利民服务网点数（单位：个）
13065
13218
2925
1490
2891
1412
2008年
2009年

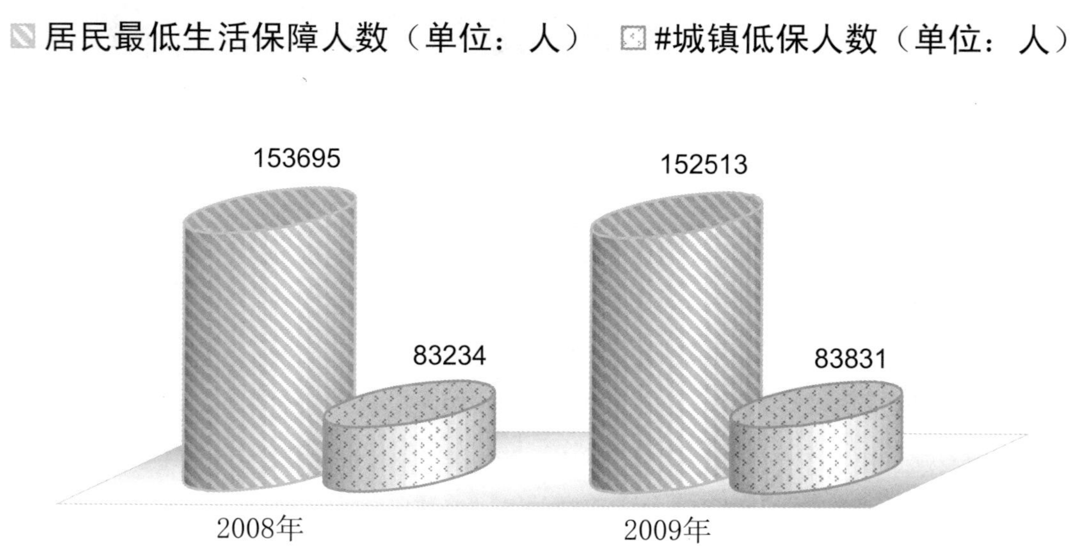
居民最低生活保障人数（单位：人）
#城镇低保人数（单位：人）
153695
152513
83234
83831
2008年
2009年

16-1 卫生机构、床位和人员

(2009年) 单位：人

指标	机构数(个)	床位数(张)	卫生技术人员	#医生	#执业医师	注册护士	药剂人员	检验人员
总计	**1528**	**19736**	**25173**	**10113**	**9223**	**10143**	**1328**	**1462**
一、医院	**140**	**16913**	**17140**	**6133**	**5822**	**7726**	**1029**	**1049**
综合医院	104	13186	13340	4764	4514	6131	769	808
中医医院	7	1612	1631	612	594	710	140	77
中西医结合医院	3	200	183	72	64	66	12	20
专科医院	26	1915	1986	685	650	819	108	144
口腔医院	1	30	116	61	58	42	2	3
眼科医院	3	95	60	18	18	20	4	1
耳鼻喉科医院	1	20	21	7	7	8	1	1
肿瘤医院	1	332	440	134	133	230	22	24
妇产(科)医院	1	35	40	7	7	8	1	2
精神病医院	2	120	46	12	12	25	2	3
皮肤病医院	1	23	32	14	10	4	4	4
结核病医院	1	310	345	92	92	159	23	44
骨科医院	5	558	469	163	152	174	26	35
康复医院	3	117	70	31	31	21	4	6
整形外科医院	1	120	126	64	56	59	1	2
其他专科医院	6	155	221	82	74	69	18	19
二.疗养院	**2**	**98**	**179**	**65**	**50**	**57**	**12**	**10**
三.社区卫生服务中心(站)	**100**	**739**	**968**	**403**	**348**	**414**	**52**	**50**
社区卫生服务中心	33	380	522	194	170	250	28	28
社区卫生服务站	67	359	446	209	178	164	24	22
四.卫生院	**79**	**1124**	**1069**	**490**	**225**	**240**	**40**	**49**
街道卫生院	1	4	19	2	1	2		
乡镇卫生院	78	1120	1050	488	224	238	40	49
中心卫生院	20	523	425	194	100	107	11	16
乡卫生院	58	597	625	294	124	131	29	33
五.门诊部	**28**	**123**	**295**	**146**	**129**	**92**	**22**	**17**
综合门诊部	19	102	205	94	82	66	19	15
中西医结合门诊部	1		15	8	7	5	1	1
专科门诊部	8	21	75	44	40	21	2	1

16-1 续表

单位：人

指标	机构数(个)	床位数(张)	卫生技术人员	#医生	#执业医师	注册护士	药剂人员	检验人员
六.诊所.卫生所.医务室	**1132**		**3303**	**1868**	**174**	**1237**	**117**	**20**
诊 所	1014		2809	1602	145	1048	112	10
卫生所、医务室	118		494	266	29	189	5	10
七.急救中心(站)	**1**		**30**	**12**	**12**	**18**		
八.采供血机构	**3**		**117**	**27**		**44**	**6**	**29**
九.妇幼保健院(所、站)	**10**	**709**	**749**	**422**	**20**	**228**	**31**	**41**
省辖市(地区)属	1	535	481	280		152	22	26
地辖市属	4	130	141	83	12	36	5	8
县 属	3	10	76	31	4	24	3	6
其 他	2	34	51	28	4	16	1	1
妇幼保健院	3	595	540	313	6	172	24	28
妇幼保健所	3	82	110	63	6	27	4	5
妇幼保健站	4	32	99	46	8	29	3	8
十.专科疾病防治院(所、站)	**1**	**30**	**18**	**4**	**3**	**9**		
专科疾病防治院	1	30	18	4	3	9		
十一.疾病预防控制中心	**13**		**890**	**419**	**29**	**47**	**15**	**176**
省 属	1		437	171	6	8	8	69
省辖市(地区)属	1		134	58	1	13	2	52
地辖市属	7		208	134	16	18	1	32
县 属	3		77	42	6	8	3	18
其 他	1		34	14			1	5
十二.卫生监督所(中心)	**12**		**231**					
省 属	1		62					
省辖市(地区)属	1		39					
地辖市属	7		108					
县 属	3		22					
十三.医学科学研究机构	**2**		**160**	**112**	**1**	**29**	**4**	**12**
十四.医学在职培训机构	**3**		**13**	**9**		**2**		**1**
十五.健康教育所(站、中心)								
十六.其他卫生机构	**2**		**11**	**3**				**8**
其 他	2		11	3				8

16-2 县(区)诊所、卫生室、医务室基本情况

(2009年)

指　　标	机构数(个)	总人员数(人)	#执业医师	#中医	执业助理医师	#中医	注册护士	药剂人员	检验人员	诊疗人次数(万人次)
合　计	**1132**	**3348**	**1694**	**225**	**174**	**49**	**1237**	**117**	**14**	**355.45**
按管理类别分										
非营利性	119	533	243	21	31	7	188	7	8	41.21
营利性	946	2609	1348	186	133	40	975	96	4	265.75
按经济类型分										
国　有	93	429	193	18	22	4	157	5	7	33.06
集体办	22	111	46	3	13	4	33	5	1	10.13
联　营	1	2	1				1			0.05
私　营	1006	2784	1445	202	139	41	1038	104	6	307.17
其　他	10	22	9	2			8	3		5.04
按设置、主办单位分										
政府办	15	82	31	2	2		23		4	6.32
社会办	105	453	211	19	27	6	169	5	4	35.61
私人办	1012	2813	1452	204	145	43	1045	112	6	313.52
诊所按类别分										
普　通	875	2409	1254	141	108	31	925	79	6	254.54
中　医	51	132	63	39	7	6	33	21		24.36
中西医结合	38	118	66	23	8	2	39	5		18.79
口　腔	35	105	52		14		32	1		10.03
其　他	133	584	259	22	37	10	208	11	8	47.72

16-3 县(区)村卫生室基本情况

(2009年)

指　　标	单　位	合　计	按主办单位分：村　办	乡医院设　点	联合办	私人办	其　他	按行医方式分：中　医	西　医	中西医结　合
机构数	个	1358	484	47	41	727	59	16	1217	125
执业(助理)医师	人	62	14	10	2	31	5	1	53	8
注册护士	人	99	25	1	3	67	3	1	80	18
乡村医生和卫生员	人	1934	750	80	74	974	56	19	1767	148
乡村医生	人	1547	592	65	38	800	52	17	1394	136
#大专及以上学历	人	187	88	15	6	73	5	1	163	23
中专学历(水平)	人	1197	418	46	23	668	42	15	1080	102
在职培训合格者	人	148	71	4	9	59	5	1	136	11
卫生员	人	387	158	15	36	174	4	2	373	12
诊疗人次	万人次	498.58	149.53	17.95	13.78	296.35	20.97	6.31	446.59	45.68

16-4 体育事业基本情况

(2009年)

指标	单位	合计	省级	市级
一、运动员				
一线在队人员	人	159	156	3
二线在队人员	人	932	157	775
三线在队人员	人	2314	160	2154
二、体育设施个数				
室外全民健身公园、广场	个	3		3
健身路径	个	114	79	35
小篮板	个	55		55
乒乓球台	个	94		94
室内全民健身中心	个	1		1
三、体育设施占地面积				
室外全民健身公园、广场	平方米	1200		1200
健身路径	平方米	35900	21900	14000
小篮板	平方米	28600		28600
乒乓球台	平方米	2820		2820
室内全民健身中心	平方米	2480		2480

注：2009年体育设施个数和体育设施占地面积为当年发展数。

16-5 体育系统机构和从业人员

(2009年)

指标	单位	合计	省级	市级	区、县(市)级
一、机构数	**个**	**41**	**20**	**10**	**11**
行政机关	个	12	1	1	10
体育运动学校	个	2	1	1	
业余体校	个	2		1	1
体育场馆	个	4	1	3	
其他事业单位	个	21	17	4	
二、从业人员	**人**	**1163**	**966**	**144**	**53**
行政机关	人	109	43	14	52
体育运动学校	人	191	129	62	
业余体校	人	1			1
体育场馆	人	162	115	47	
其他事业单位	人	700	679	21	

16-6　举办体育业务情况

(2009年)

指　　标	单　位	合　计	省　级	市　级	区、县(市)级
一、运动会或比赛					
举办综合运动会	次	2	2		
举办单项比赛	次	76	74	24	82
二、全民健身活动					
举办全民健身活动次数	次	64	64	2	32
#1000人以上	次			2	30
参加活动人数	人	22460	25600	2460	44400
三、国际体育活动情况					
出访起数	起	16	16		
出访人次	人次	55	55		
四、举办培训班情况					
举办培训班次数	次	6	6	6	15
参加培训班人数	人	800	800	313	750

16-7　婚姻情况

指　　标	2009年	2008年	2009年比2008年增长(%)
一、国内婚姻			
(一)登记结婚对数	48698	42166	15.5
初　婚(人)	83789	74061	13.1
再　婚(人)	14541	11253	29.2
(二)登记离婚对数	10780	9455	14.0
二、涉外婚姻			
(一)登记结婚对数	467	491	-4.9
国内公民(人)	467	491	-4.9
香港、澳门、台湾居民(人)	307	351	-12.5
华　侨(人)	17	13	30.8
外国人(人)	143	127	12.6
(二)登记离婚对数	52	43	20.9

16-8 民政事业基本情况

(2009年)

指　　　　标	单位数(个)	职工人数(人)	固定资产原　价(万元)	收入合计(万元)	支出合计(万元)
优抚安置单位	**7**	**82**	**1683.4**	**7071.2**	**7362.7**
军休所(含管理中心)	5	55	1528	5429	5406
军供站	1	23	147	1635	1950
烈士纪念建筑物管理单位	1	4	8	7	7
收养类单位	**91**	**532**	**7998.1**	**3014.28**	**2922.3**
社会福利院	2	99	1798	1035	1060
儿童福利院	1	65	772	862	761
社会福利医院(精神病福利院)	1	44	263	564	556
城镇老年福利机构	25	213	3301	437	432
农村五保供养服务机构	62	111	1864	117	113
救助类单位	**1**	**45**	**368**	**495**	**487**
救助管理站	1	45	368	495	487
殡仪服务单位	**16**	**1055**	**15900.3**	**14965.4**	**7181.1**
殡仪馆	5	239	10874	3729	3093
公　墓	8	793	4956	11065	3918
殡葬管理	3	23	71	172	171
彩票、募捐单位	**1**	**6**	**86**	**33**	**33**
福利彩票发行单位	1	6	86	33	33
慈善团体					
老龄事业单位	**11**	**40**	**60**	**293**	**296**
其他事业单位	**6**	**73**	**421**	**749**	**708**
行政机关	**12**	**315**	**3760**	**52351**	**47307**

16-9 城乡各种福利院机构和人员情况

指　　标	2009年	2008年	2009年比2008年增长(%)
一、机构数(个)	**91**	**85**	**7.1**
社会福利院	2	2	持平
儿童福利院	1	1	持平
精神病福利院	1	1	持平
城镇老年福利机构	25	19	31.6
农村五保供养服务机构	62	62	持平
二、职工人数(人)	**532**	**572**	**-7.0**
社会福利院	99	120	-17.5
儿童福利院	65	66	-1.5
精神病福利院	44	50	-12.0
城镇老年福利机构	213	222	-4.1
农村五保供养服务机构	111	114	-2.6
三、床位数(张)	**2891**	**2925**	**-1.2**
社会福利院	550	550	持平
儿童福利院	300	500	-40.0
精神病福利院	129	100	29.0
城镇老年福利机构	1104	1110	-0.5
农村五保供养服务机构	808	665	21.5
城乡各类福利院床位利用率(%)	62.78	57.16	9.8
四、在院人数(人)	**1815**	**1672**	**8.6**
社会福利院	400	400	持平
儿童福利院	416	468	-11.1
精神病福利院	129	89	44.9
城镇老年福利机构	451	302	49.3
农村五保供养服务机构	419	413	1.5

16-10 民政事业发展情况

指　　标	单 位	2009年	2008年	2009年比2008年增长(%)
一、抚恤、补助对象情况				
抚恤、补助优抚对象总人数	人	13435	13605	-1.2
定期抚恤	人	308	340	-9.4
定期补助	人	10689	10861	-1.6
伤残人员	人	2438	2404	1.4
二、优待、烈士褒扬情况				
优待优抚对象	户	3591	3686	-2.6
#优待军属	户	3182	3218	-1.1
安置退役士兵、复员干部	人	1100	1070	2.8
三、低保、救济和医疗救助情况				
城市居民最低生活保障家庭数	户	38244	37614	1.7
城市居民最低生活保障人数	人	83831	83234	0.7
#女　性	人	40263	36515	10.3
农村居民最低生活保障家庭数	户	32295	32169	0.4
农村居民最低生活保障人数	人	68682	70461	-2.5
农村五保户供养户数	户	2805	2949	-4.9
农村五保户供养人数	人	3072	3227	-4.8
#女　性	人	646	777	-16.9
农村民政部门医疗救助总人次数	人次	78147	81161	-3.7
民政部门资助参加合作医疗	人次	75160	77040	-2.4
民政部门医疗救助	人次	3208	4121	-22.2
城市医疗救助人次数	人次	66856	61688	8.4
民政资助参加城镇居民基本医疗保险人数	人次	64937	60696	7.0
民政部门直接救助人次数	人次	1919	992	93.4
四、社会捐赠情况				
直接接收捐赠款	万元	1012.2	12490.8	-91.9
直接接收捐赠衣被	万件	0.1	2.5	-96.0
间接接收捐赠款	万元	65	65	持平
间接接收捐赠衣被	万件		0.2	
受益人次数	人次	67788	262967	-74.2
社会捐赠接收工作站、点数	个	174	173	0.6
#社会捐赠接收工作站	个	26	37	-29.7
慈善超市	个	49	49	持平
五、社区服务情况				
城镇社区服务设施数	个	1412	1490	-5.2
社区服务志愿者组织数	个	2619	2735	-4.2
城镇便民、利民服务网点数	个	13218	13065	1.2

16-11 火灾事故

指　　标	单 位	2009年	2008年	2009年比2008年增长(%)
火灾事故	起数	222	206	7.8
死亡人数	人	5	11	-54.5
受伤人数	人	6	9	-33.3
直接损失额	万元	539.8	597.5	-9.7

16-12 社会治安

指　　标	单 位	2009年	2008年	2009年比2008年增长(%)
交通事故件数	件	412	520	-20.8
交通事故死亡人数	人	207	213	-2.8
交通事故受伤人数	人	501	689	-27.3
交通事故损失额	万元	175	208	-15.9
刑事案件立案数	件	5803	4571	27.0
犯罪人数	人	9189	7108	29.3

注：按照城市年报口径，刑事案件立案数和犯罪人数均为贵阳市中级人民法院数据。

主 要 统 计 指 标 解 释

卫生机构 包括医疗机构、疾病预防控制中心(防疫站)、采供血机构、卫生监督及监测(检验)机构、医学科研和在职培训机构、健康教育所等。

医疗机构 包括医院、社区卫生服务中心(站)、疗养院、卫生院、门诊部、诊所(卫生所、医务室)、妇幼保健院(所、站)、专科疾病防治院(所、站)、急救中心(站)和临床检验中心。医疗机构分为非赢利性医疗机构和赢利性医疗机构。

医 院 指设有固定床位,能收容病人住院并能为病人提供医疗、护理服务的医疗机构,包括县及县以上医院、农村乡卫生院和其他医院三部分。县及县以上医院按业务性质不同分为综合医院和专科医院。

卫生技术人员 指卫生事业机构支付工资的全部职工中现任职务为卫生技术工作的专业人员,包括执业医师、执业助理医师、注册护士、药剂人员、检验员和其他初级卫生技术人员。

医 生 指在医疗、预防保健机构工作且取得《执业医师证书》的执业医师和执业助理医师。

体育场 指有400米跑道(中心含足球场),有固定道牙,跑道6条以上,并有固定看台的室外田径场地。体育场按看台容纳观众人数分为:甲级25000人以上,乙级15000—25000人,丙级5000—15000人,丁级5000人以下。

体育馆 指有固定看台,可供篮球、排球、羽毛球、乒乓球、体操等项目训练比赛活动用的室内运动场地。体育馆按看台容纳观众人数分为:甲级6000人以上,乙级4000—6000人,丙级2000—4000人,丁级2000人以下。

17

seventeen

县域经济

Economy of Districts and Counties

17-1 南明区国民经济主要指标

指 标	单 位	2009年	2008年
一、土地面积			
土地面积	平方公里	209.28	85.40
#城市建成区面积	平方公里	25.99	25.99
二、人 口			
年底总人口(公安口径)	万人	56.25	53.47
#少数民族人口	万人	7.35	6.58
#农 业	万人	5.44	2.66
非农业	万人	50.81	50.81
出生人口	人	4287	4729
死亡人口	人	2754	2613
人口密度	人/平方公里	2688	6261
三、劳动、就业与保障			
从业人员	万人	33.08	34.31
按产业分			
第一产业	万人	2.14	0.93
第二产业	万人	11.44	10.60
第三产业	万人	19.50	22.78
按城乡分			
城镇从业人员	万人	30.94	33.38
农村从业人员	万人	2.14	0.93
在岗职工人数	万人	18.39	17.56
#国有经济单位	万人	10.94	11.14
集体经济	万人	0.92	1.21
其它各种经济	万人	6.53	5.21
在岗职工工资总额	万元	487172	499007
#国有经济单位	万元	324234	374391
集体经济	万元	19743	19206
其它各种经济	万元	143195	105410
在岗职工平均工资	元	25709	28172
#国有经济	元	28346	32998
集体经济	元	20945	16127
其它各种经济	元	21941	20364
在岗职工平均工资指数	上年=100	91.3	160.2
城镇新增就业人数	万人	1.55	1.53
城镇登记失业人数	万人	0.81	0.84
城镇登记失业率	%	3.30	3.49
社会保障			
参加社会保险人数			
#基本养老	万人	3.89	2.08
失业保险	万人	1.79	1.57
医疗保险	万人	17.69	16.15
参加农村合作医疗人数	万人	5.09	2.54
城乡居民最低生活保障人数	人	28056	25412
城 镇	人	27150	25142
农 村	人	906	270
四、生产总值			
生产总值	万元	1733357	1605254
第一产业	万元	15280	5006
第二产业	万元	497500	512728
#工 业	万元	341635	378884

注：2009年新增小碧乡和永乐乡，故2008年和2009年部分指标不可比。

17-1 续表 1

指 标	单 位	2009年	2008年
第三产业	万元	1220649	1087520
生产总值指数	上年=100	113.0	115.0
第一产业	上年=100	100.0	107.0
第二产业	上年=100	105.5	107.5
#工 业	上年=100	100.8	104.2
第三产业	上年=100	116.1	118.2
人均生产总值	元	23882	23087
人均生产总值指数	上年=100	114.4	115.5
五、固定资产投资			
全社会固定资产投资	万元	886567	731973
城镇固定资产投资	万元	886567	731973
农村固定资产投资	万元		
城镇固定资产投资	万元	886567	731973
按管理渠道分	万元		
基本建设	万元	394651	243718
更新改造	万元	130950	95304
其他投资	万元	86458	68260
房地产开发	万元	274508	324691
城镇固定资产投资指数	上年=100	121.1	101.9
基本建设	上年=100	161.9	94.4
更新改造	上年=100	137.4	98.4
其他投资	上年=100	126.7	81.2
房地产开发	上年=100	84.5	116.3
六、建筑业			
建筑企业单位数	个	140	130
建筑业企业从业人员	人	101767	79475
建筑业总产值	万元	1811852	1362956
七、财 政			
财政总收入	万元	186777	159130
地方财政收入	万元	107055	94190
财政支出	万元	142670	104959
八、人民生活			
农村居民家庭人均纯收入	元	6713	6097
农村居民家庭人均纯收入指数(扣价)	上年=100	110.1	114.9
九、农 业			
乡村劳动力	万人	3.81	1.75
#农林牧渔业	万人	2.04	0.84
耕地面积	千公顷	1.74	0.27
有效灌溉面积	千公顷	0.71	0.03
农业机械总动力	万千瓦	6.89	3.00
农村主要能源及物资消耗			
化肥施用折纯量	吨	1954	132
农村用电量	万千瓦时	5252	1662
农林牧渔业总产值	万元	21888	4529
农业产值	万元	15896	1971
#种植业产值	万元	15896	1971
林业产值	万元		
牧业产值	万元	5728	2365
渔业产值	万元	184	163
农林牧渔服务业	万元	80	30

17-1 续表 2

指 标	单 位	2009年	2008年
农林牧渔业总产值指数	上年=100	持平	100.9
农作物播种面积	千公顷	4.98	0.92
粮食播种面积	千公顷	0.26	
#夏 ·粮	千公顷	0.02	
#稻 谷	千公顷	0.14	
大 豆	千公顷	0.05	
小 麦	千公顷	0.01	
薯 类	千公顷	0.01	
玉 米	千公顷	0.05	
油料播种面积	千公顷	0.21	
#油菜籽	千公顷	0.21	
烤烟播种面积	千公顷		
蔬菜播种面积	千公顷	4.39	0.92
糖料播种面积	千公顷		
主要农产品产量			
粮食产量	万吨	0.18	
#夏 粮	万吨	0.00	
#稻 谷	万吨	0.13	
大 豆	万吨	0.01	
小 麦	万吨	0.00	
薯 类	万吨	0.00	
玉 米	万吨	0.03	
粮食产量指数	上年=100		
棉花产量	吨		
油料产量	吨	341	
#油菜籽	吨	341	
茶叶产量	吨	7	
水果产量	吨	5349	87
水果产量指数	上年=100		97.6
蔬菜产量	吨	88352	14032
蔬菜产量指数	上年=100		98.0
畜牧业			
肉类总产量	吨	3218	1323
肉类总产量指数	上年=100		101.9
猪牛羊肉产量	吨	2573	1200
#猪 肉	吨	2522	1200
牛 肉	吨	34	
羊 肉	吨	17	
猪牛羊肉产量指数	上年=100		103.4
禽蛋产量	吨	1369	34
水产品产量	吨	153	136
大牲畜存栏头数	头	2242	134
#牛	头	1846	134
猪年末存栏数	头	22303	8579
羊年末存栏数	头	110	
大牲畜出栏头数	头	217	45
#牛	头	217	45
猪年末出栏数	头	29667	13333
羊年末出栏数	头	703	

17-1 续表 3

指 标	单 位	2009年	2008年
十、乡镇企业			
乡镇企业单位数	个	728	555
乡镇企业从业人员	万人	3.19	2.42
乡镇企业总产值	万元	1039754	963522
#乡镇工业总产值	万元	555617	502147
乡镇企业总产值指数	上年=100	107.9	125.4
乡镇企业总收入	万元	1599875	1502491
乡镇企业总收入指数	上年=100	106.5	119.2
乡镇企业实际缴纳税金	万元	42349	31987
乡镇企业税后利润净额	万元	73493	69284
十一、工 业			
全部工业企业单位数	个	596	623
#规模以上	个	59	59
全部工业总产值	万元	1403354	1477706
#规模以上	万元	1333424	1372259
规模以下		69930	105447
规模以上工业企业增加值	万元	322473	274521
按轻重工业分			
轻工业	万元	113746	90063
重工业	万元	208727	184458
按经济类型分			
#国有及国有控股	万元	224910	177526
#内资企业	万元	321137	274521
国有工业	万元	223245	181160
集体工业	万元	1549	2440
股份合作企业	万元	1619	1721
联营企业	万元		
有限责任公司	万元	30357	29778
股份有限公司	万元	2020	1397
私营企业	万元	62347	58025
其他企业	万元		
港澳台商投资企业	万元	1336	
外商投资企业	万元		
规模以上工业企业增加值指数	上年=100	117.5	97.8
规模以下工业企业增加值	万元	16761	30398
规模以上工业企业效益指标			
主营业务收入	万元	1340389	1401618
利润总额	万元	100239	40666
利税总额	万元	146639	114361
亏损面	%	22.03	28.81
主要工业产品产量			
原 煤	万吨		
发电量	万千瓦小时	236970	225594
饮料酒	万吨	4.93	5.30
水 泥	万吨	62.20	62.89
粗 钢	万吨	14.71	29.37

17-1 续表 4

指 标	单 位	2009年	2008年
十二、国内贸易			
社会消费品零售总额	万元	1371008	1131656
#市	万元	1371008	1131656
#批发零售贸易业	万元	996572	826396
住宿和餐饮业	万元	337155	270593
其 它	万元	37281	34667
社会消费品零售总额指数	上年=100	120.0	128.6
十三、教育			
普通中学学校数	所	61	51
普通中学校在校学生数	人	32599	29437
普通中学教职工数	人	2203	2111
#教师数	人	1923	1829
小学学校数	所	89	83
小学在校学生数	人	68035	66348
小学教职工数	人	3120	2975
#教师数	人	2757	2629
幼儿园数	个	54	50
入园儿童数	万人	1.44	1.55
学龄儿童入学率	%	226.30	217.10
十四、卫 生			
卫生机构数	个	19	16
#医 院	个	13	12
卫生院	个	4	2
卫生防疫站	个	1	1
妇幼保健站	个	1	1
卫生机构床位数	张	597	493
#医 院	张	548	460
卫生院	张	49	33
卫生机构人员数	人	610	274
医院、卫生院技术人员	人	582	244
#执业(助理)医师	人	426	183
注册护士	人	156	61
十五、城建、环保及其他			
生活垃圾清运量	万吨	31.00	35.00
生活垃圾处理量	万吨	31.00	35.00
火灾事故	件	64	35
火灾伤亡人数	人	1	7
火灾损失金额	万元	112.34	91.00
交通事故	件	22521	20801
交通受伤人数	人	53	69
交通死亡人数	人	31	33
交通事故损失金额	万元	277.58	431.02
刑事案件发案数	件	13804	8469
刑事案件破案数	件	3974	3158
犯罪人数	人	2250	1754

17-2 云岩区国民经济主要指标

指　　标	单　位	2009年	2008年
一、土地面积			
土地面积	平方公里	93.57	93.57
#城市建成区面积	平方公里	25.25	25.25
二、人　口			
年底总人口(公安口径)	万人	64.84	64.90
#少数民族人口	万人	8.21	8.21
#农　业	万人	5.03	4.62
非农业	万人	59.81	60.28
出生人口	人	4750	4974
死亡人口	人	3332	3285
人口密度	人/平方公里	6930	6936
三、劳动、就业与保障			
从业人员	万人	30.02	32.54
按产业分			
第一产业	万人	1.22	1.22
第二产业	万人	12.33	11.18
第三产业	万人	16.47	20.14
按城乡分			
城镇从业人员	万人	25.97	28.50
农村从业人员	万人	4.05	4.04
在岗职工人数	万人	23.45	23.98
#国有经济单位	万人	13.53	14.80
集体经济	万人	0.68	0.73
其它各种经济	万人	9.24	8.45
在岗职工工资总额	万元	670838	632364
#国有经济单位	万元	422611	421584
集体经济	万元	12054	14964
其它各种经济	万元	236172	195816
在岗职工平均工资	元	28604	27300
#国有经济	元	31213	29228
集体经济	元	17866	20886
其它各种经济	元	26393	24406
在岗职工平均工资指数	上年=100	104.8	154.6
城镇新增就业人数	万人	1.74	1.52
城镇登记失业人数	万人		0.92
城镇登记失业率	%	3.80	4.00
社会保障			
参加社会保险人数			
#基本养老	万人	4.06	3.89
失业保险	万人	2.71	2.58
医疗保险	万人	2.21	1.60
参加农村合作医疗人数	万人	3.88	3.81
城乡居民最低生活保障人数	人	32898	32795
城　镇	人	31975	31885
农　村	人	923	910
四、生产总值			
生产总值	万元	2681478	2382682
第一产业	万元	1857	1821
第二产业	万元	1038238	940797
#工　业	万元	915881	828905

17-2 续表 1

指　　标	单　位	2009年	2008年
第三产业	万元	1641383	1440064
生产总值指数	上年=100	112.4	114.0
第一产业	上年=100	102.0	102.0
第二产业	上年=100	110.9	114.5
#工　业	上年=100	110.6	115.2
第三产业	上年=100	113.4	113.6
人均生产总值	元	33797	30153
人均生产总值指数	上年=100	111.9	109.8
五、固定资产投资			
全社会固定资产投资	万元	1105996	957040
城镇固定资产投资	万元	1105996	957040
农村固定资产投资	万元		
城镇固定资产投资	万元	1105996	957040
按管理渠道分	万元		
基本建设	万元	319792	247226
更新改造	万元	233929	124800
其他投资	万元	63658	135202
房地产开发	万元	488617	449812
城镇固定资产投资指数	上年=100	115.6	100.5
基本建设	上年=100	129.4	93.2
更新改造	上年=100	187.4	137.9
其他投资	上年=100	47.1	84.2
房地产开发	上年=100	108.6	103.3
六、建筑业			
建筑企业单位数	个	108	93
建筑业企业从业人员	人	96170	76912
建筑业总产值	万元	1689676	1189436
七、财　政			
财政总收入	万元	239234	204450
地方财政收入	万元	125052	105665
财政支出	万元	163642	134507
八、人民生活			
农村居民家庭人均纯收入	元	6734	6116
农村居民家庭人均纯收入指数(扣价)	上年=100	110.1	115.5
九、农　业			
乡村劳动力	万人	4.91	4.04
#农林牧渔业	万人	1.22	1.22
耕地面积	千公顷	0.73	0.78
有效灌溉面积	千公顷	0.08	0.07
农业机械总动力	万千瓦	4.20	4.01
化肥施用折纯量	吨	323	294
农村用电量	万千瓦时	961	961
农林牧渔业总产值	万元	10212	10744
农业产值	万元	6995	6648
#种植业产值	万元	6995	6648

17-2 续表 2

指 标	单 位	2009年	2008年
林业产值	万元	41	213
牧业产值	万元	3164	3873
农林牧渔服务业	万元	12	10
农林牧渔业总产值指数	上年=100	96.0	102.3
农作物播种面积	千公顷	2.08	2.98
粮食播种面积	千公顷	0.16	0.29
#夏 粮	千公顷	0.07	0.04
#稻 谷	千公顷	0.04	0.03
大 豆	千公顷	0.05	0.09
小 麦	千公顷	0.07	0.04
玉 米	千公顷		0.10
油料播种面积	千公顷	0.06	
#油菜籽	千公顷	0.06	
蔬菜播种面积	千公顷	1.85	2.66
主要农产品产量			
粮食产量	万吨	0.05	0.93
#夏 粮	万吨	0.02	
#稻 谷	万吨	0.02	0.01
大 豆	万吨	0.01	0.02
小 麦	万吨	0.02	0.08
玉 米	万吨		0.05
油料产量	吨	76	
#油菜籽	吨	76	
水果产量	吨	340	269
蔬菜产量	吨	43000	43200
7、畜牧业			
肉类总产量	吨	2028	2116
猪牛羊肉产量	吨	1980	2116
#猪 肉	吨	1980	2070
牛 肉	吨		7
禽蛋产量	吨	110	7
大牲畜存栏头数	头	195	410
#牛	头	195	410
猪年末存栏数	头	18396	17914
大牲畜出栏头数	头	47	47
#牛	头	47	47
猪年末出栏数	头	23171	23523
十、乡镇企业			
乡镇企业单位数	个	2068	2007
乡镇企业从业人员	万人	3.90	3.86
乡镇企业总产值	万元	955794	871817
#乡镇工业总产值	万元	386607	379809
乡镇企业总产值指数	上年=100	101.8	171.2
乡镇企业总收入	万元	938853	887584
乡镇企业总收入指数	上年=100	105.8	111.1
乡镇企业实际缴纳税金	万元	52186	45283

17-2 续表 3

指　　标	单 位	2009年	2008年
十一、工　业			
全部工业企业单位数	个		
#规模以上	个	62	63
全部工业总产值	万元	2043460	
#规模以上	万元	1975567	1813123
规模以下		67893	
规模以上工业企业增加值	万元	1015539	909826
按轻重工业分			
轻工业	万元	811692	743331
重工业	万元	203847	166495
按经济类型分			
#国有及国有控股	万元	856750	794054
#内资企业	万元	984713	889076
国有工业	万元	674377	642233
集体工业	万元	659	381
股份合作企业	万元	779	680
联营企业	万元	2551	2578
有限责任公司	万元	65283	67010
股份有限公司	万元	240467	170804
私营企业	万元	598	5390
其他企业	万元		
港澳台商投资企业	万元	10216	8554
外商投资企业	万元	20610	12196
规模以上工业企业增加值指数	上年=100	111.2	124.1
规模以下工业企业增加值	万元	17990	
规模以上工业企业效益指标			
主营业务收入	万元	1805538	1704462
利润总额	万元	191843	169413
利税总额	万元	755129	670832
亏损面	%	16.13	20.63
主要工业产品产量			
卷　烟	万支	5182152	4981963
十二、国内贸易			
社会消费品零售总额	万元	1584003	1319881
#市	万元	1584003	1319881
#批发零售贸易业	万元	1235518	1030430
住宿和餐饮业	万元	321774	263539
其　它	万元	26711	25912
社会消费品零售总额指数	上年=100	120.01	119.2
十三、金　融			
金融机构存款余额	万元	279910	246098
居民储蓄存款	万元	200238	100007
金融机构存款余额指数	上年=100	113.7	132.1
居民储蓄存款指数	上年=100	200.2	86.4
金融机构贷款余额	万元	143838	129391
金融机构贷款余额指数	上年=100	111.2	129.9

17-2 续表 4

指　　标	单 位	2009年	2008年
十四、教　育			
普通中等专业学校学校数	所	4	5
普通中等专业学校在校学生数	人	4220	3819
普通中等专业学校教职工数	人	229	226
#教师数	人	148	145
普通中学学校数	所	52	52
普通中学校在校学生数	人	46516	45021
普通中学教职工数	人	3196	3270
#教师数	人	2879	2737
小学学校数	所	87	91
小学在校学生数	人	69188	67289
小学教职工数	人	3046	2994
#教师数	人	2867	2688
幼儿园数	个	53	54
入园儿童数	万人	0.65	0.67
学龄儿童入学率	%	99.99	99.93
十五、卫　生			
卫生机构数	个	6	6
#医　院	个	2	2
卫生院	个	1	1
卫生防疫站	个	2	2
妇幼保健站	个	1	1
卫生机构床位数	张	305	272
#医　院	张	255	222
卫生院	张	50	50
卫生机构人员数	人	508	415
医院、卫生院技术人员	人	255	335
#执业(助理)医师	人	146	147
注册护士	人	145	106
十六、城建、环保及其他			
污水排放量	万吨	3719.44	3844.02
污水处理量	万吨	441.81	454.43
排水管道长度	公里		
生活垃圾清运量	万吨	30.00	30.00
生活垃圾处理量	万吨	30.00	30.00
火灾事故	件	66	46
火灾伤亡人数	人	3	3
火灾损失金额	万元	68.93	50.26
交通事故	件	3387	2565
交通受伤人数	人	513	542
交通死亡人数	人	32	37
交通事故损失金额	万元	338.10	203.70
刑事案件发案数	件	16560	11351
刑事案件破案数	件	7642	6792
犯罪人数	人	7115	6538

17-3 花溪区国民经济主要指标

指　　标	单　位	2009年	2008年
一、土地面积			
土地面积	平方公里	895.46	961.40
#城市建成区面积	平方公里	10.00	9.10
二、人　口			
年底总人口(公安口径)	万人	32.45	33.62
#少数民族人口	万人	10.58	10.96
#农　业	万人	21.91	23.30
非农业	万人	10.54	10.32
出生人口	人	4165	4021
死亡人口	人	1803	1840
人口密度	人/平方公里	338	350
三、劳动、就业与保障			
从业人员	万人	17.76	16.96
按产业分			
第一产业	万人	7.60	8.18
第二产业	万人	3.13	3.00
第三产业	万人	7.03	5.78
按城乡分			
城镇从业人员	万人	3.32	2.64
农村从业人员	万人	14.44	14.32
在岗职工人数	万人	3.12	2.58
#国有经济单位	万人	2.07	1.30
集体经济	万人	0.18	0.19
其它各种经济	万人	0.87	1.09
在岗职工工资总额	万元	79557	47786
#国有经济单位	万元	60810	29471
集体经济	万元	3080	2511
其它各种经济	万元	15667	15804
在岗职工平均工资	元	25520	18838
#国有经济	元	29365	22680
集体经济	元	16878	13377
其它各种经济	元	18010	15059
在岗职工平均工资指数	上年=100	135.5	106.5
城镇新增就业人数	万人	0.18	0.21
城镇登记失业人数	万人	0.13	0.13
城镇登记失业率	%	4.10	4.00
社会保障			
参加社会保险人数			
#基本养老	万人	1.83	1.08
失业保险	万人	1.05	0.92
医疗保险	万人	5.63	1.27
参加农村合作医疗人数	万人	19.45	20.05
城乡居民最低生活保障人数	人	12490	12127
城　镇	人	4472	4123
农　村	人	8018	8004

注：2009年花溪区减少了小碧乡，故2008年和2009年部分指标不可比。

17-3 续表 1

指　标	单 位	2009年	2008年
四、生产总值			
生产总值	万元	632597	593682
第一产业	万元	68712	70543
第二产业	万元	272989	242695
#工　业	万元	158217	142443
第三产业	万元	290896	280444
生产总值指数	上年=100	115.1	116.0
第一产业	上年=100	108.2	108.2
第二产业	上年=100	117.5	119.8
#工　业	上年=100	111.9	112.2
第三产业	上年=100	114.5	114.8
人均生产总值	元	18059	15766
人均生产总值指数	上年=100	110.9	115.5
五、固定资产投资			
全社会固定资产投资	万元	634657	462981
城镇固定资产投资	万元	590382	413308
农村固定资产投资	万元	44275	49673
城镇固定资产投资	万元	590382	413308
按管理渠道分	万元		
基本建设	万元	506666	330995
更新改造	万元	33122	9935
其他投资	万元	27841	8258
房地产开发	万元	22753	64120
城镇固定资产投资指数	上年=100	142.8	157.9
基本建设	上年=100	153.1	167.4
更新改造	上年=100	333.4	47.6
其他投资	上年=100	337.1	62.6
房地产开发	上年=100	35.5	214.6
六、建筑业			
建筑企业单位数	个	7	7
建筑业企业从业人员	人	1600	1497
建筑业总产值	万元	27890	21514
七、财　政			
财政总收入	万元	68824	58599
地方财政收入	万元	36922	33318
财政支出	万元	79625	66300
八、人民生活			
农村居民家庭人均纯收入	元	5318	4821
农村居民家庭人均纯收入指数(扣价)	上年=100	110.3	118.2
九、农　业			
乡村劳动力	万人	14.75	14.32
#农林牧渔业	万人	7.60	8.18
耕地面积	千公顷	11.17	11.83
有效灌溉面积	千公顷	3.60	4.01
农业机械总动力	万千瓦	12.30	13.10
化肥施用折纯量	吨	7940	8517

17-3 续表 2

指　　标	单　位	2009年	2008年
农村用电量	万千瓦时	4198	4019
农林牧渔业总产值	万元	104451	107858
农业产值	万元	71499	67504
#种植业产值	万元	71499	67504
林业产值	万元	594	601
牧业产值	万元	30914	38382
渔业产值	万元	144	271
农林牧渔服务业	万元	1300	1100
农林牧渔业总产值指数	上年=100	108.4	108.2
农作物播种面积	千公顷	28.96	30.15
粮食播种面积	千公顷	12.73	13.08
#夏　粮	千公顷	2.46	2.37
#稻　谷	千公顷	6.11	6.53
大　豆	千公顷	0.78	0.68
小　麦	千公顷	1.54	1.18
薯　类	千公顷	1.26	1.44
玉　米	千公顷	3.05	3.11
油料播种面积	千公顷	2.24	2.05
#油菜籽	千公顷	1.97	1.83
烤烟播种面积	千公顷	0.01	0.01
蔬菜播种面积	千公顷	12.08	12.59
主要农产品产量			
粮食产量	万吨	8.08	8.40
#夏　粮	万吨	0.72	0.51
#稻　谷	万吨	5.53	5.91
大　豆	万吨	0.15	0.13
小　麦	万吨	0.45	0.25
薯　类	万吨	0.42	0.41
玉　米	万吨	1.53	1.63
粮食产量指数	上年=100	103.8	100.8
油料产量	吨	3842	2175
#油菜籽	吨	3326	1691
油菜籽指数	上年=100	199.6	70.4
烤烟产量	吨	44	43
烤烟产量指数	上年=100	102.3	72.9
茶叶产量	吨	123	152
茶叶产量指数	上年=100	81.5	67.3
水果产量	吨	4075	6089
水果产量指数	上年=100	80.5	110.7
蔬菜产量	吨	265010	266337
蔬菜产量指数	上年=100	109.1	116.0
7、畜牧业			
肉类总产量	吨	15212	17424
肉类总产量指数	上年=100	100.7	109.4
猪牛羊肉产量	吨	12674	14104
#猪　肉	吨	11349	12959
牛　肉	吨	1299	1033
羊　肉	吨	26	112

17-3 续表 3

指　　标	单　位	2009年	2008年
猪牛羊肉产量指数	上年=100	102.7	110.2
禽蛋产量	吨	2956	2799
水产品产量	吨	122	229
大牲畜存栏头数	头	56261	53982
#牛	头	48204	45580
猪年末存栏数	头	102822	112848
羊年末存栏数	头	1871	6692
大牲畜出栏头数	头	8853	8632
#牛	头	8557	6908
猪年末出栏数	头	132731	142589
羊年末出栏数	头	1577	6187
十、乡镇企业			
乡镇企业单位数	个	695	688
乡镇企业从业人员	万人	2.11	2.23
乡镇企业总产值	万元	359358	338786
#乡镇工业总产值	万元	265498	256052
乡镇企业总产值指数	上年=100	106.1	119.4
乡镇企业总收入	万元	361836	340278
乡镇企业总收入指数	上年=100	106.3	122.2
乡镇企业实际缴纳税金	万元	9578	9316
乡镇企业税后利润净额	万元	13934	13526
十一、工　业			
全部工业企业单位数	个	380	406
#规模以上	个	57	57
全部工业总产值	万元	556744	507546
#规模以上	万元	477927	409947
规模以下		78817	97599
规模以上工业企业增加值	万元	135381	130690
按轻重工业分			
轻工业	万元	46322	40505
重工业	万元	89059	90185
按经济类型分			
#国有及国有控股	万元	33754	67687
#内资企业	万元	135070	126710
国有工业	万元	33754	41619
集体工业	万元	2914	3163
股份合作企业	万元	164	-44
联营企业	万元		86
有限责任公司	万元		16062
股份有限公司	万元	88917	50183
私营企业	万元		15641
其他企业	万元	9321	

17-3 续表 4

指　　标	单　位	2009年	2008年
港澳台商投资企业	万元	311	3980
规模以上工业企业增加值指数	上年=100	111.8	119.5
规模以下工业企业增加值	万元	14142	29572
规模以上工业企业效益指标			
主营业务收入	万元	522725	417228
利润总额	万元	48863	25176
利税总额	万元	778800	47877
亏损面	%	26.30	35.10
主要工业产品产量			
原　煤	万吨	35.82	52.10
水　泥	万吨	105.60	84.60
十二、邮政电信			
邮电业务收入	万元	18540	12930
邮政业务收入	万元	831	752
电信业务收入	万元	17709	12178
本地电话用户	户	37514	45583
移动电话用户数	户	150000	100000
互联网用户	万户	15358	9702
十三、国内贸易			
社会消费品零售总额	万元	160524	141361
#市	万元	160524	141361
#批发零售贸易业	万元	125091	114150
住宿和餐饮业	万元	34537	26359
其　它	万元	896	852
社会消费品零售总额指数	上年=100	117.4	124.6
十四、金　融			
金融机构存款余额	万元	773086	617819
居民储蓄存款	万元	508397	405628
金融机构存款余额指数	上年=100	125.1	123.6
居民储蓄存款指数	上年=100	125.3	148.8
金融机构贷款余额	万元	387698	310857
金融机构贷款余额指数	上年=100	124.7	115.0
十五、教　育			
普通中等专业学校学校数	所	3	5
普通中等专业学校在校学生数	人	1059	1214
普通中等专业学校教职工数	人	99	140
#教师数	人	71	73
普通中学学校数	所	33	36
普通中学校在校学生数	人	20028	20401
普通中学教职工数	人	1362	1397
#教师数	人	1197	1246
小学学校数	所	87	120
小学在校学生数	人	27752	31320
小学教职工数	人	1689	1834
#教师数	人	1615	1732
幼儿园数	个	31	38
入园儿童数	万人	0.40	0.48
学龄儿童入学率	%	99.60	99.60

17-3 续表 5

指　标	单　位	2009年	2008年
十六、卫生、交通运输			
卫生机构数	个	35	32
#医　院	个	15	14
卫生院	个	11	12
卫生防疫站	个	1	1
妇幼保健站	个	6	1
卫生机构床位数	张	1737	1465
#医　院	张	898	751
卫生院	张	291	146
卫生机构人员数	人	1165	1136
医院、卫生院技术人员	人	960	850
#执业(助理)医师	人	465	399
注册护士	人	315	298
公路里程	公里	850	822
#等级路里程	公里	680	569
民用车辆拥有量	辆	5202	5859
客　车	辆	417	501
货　车	辆	4785	5358
货物运输量	万吨	5.13	5.31
公　路	万吨	5.13	5.31
货物周转量	万吨公里	257.00	319.00
公　路	万吨公里	257.00	319.00
旅客发送量	万人	10.61	11.37
公　路	万人	10.61	11.37
旅客周转量	万人公里	531.00	614.00
公　路	万人公里	531.00	614.00
十七、城建、环保及其他			
供水管道长度	公里	102	95
供水总量	万吨	965.50	960.00
#生活用	万吨	553.00	550.00
用水人口	万人	19.30	19.20
污水排放量	万吨	1113.25	1111.61
污水处理量	万吨	1113.25	1111.61
生活垃圾清运量	万吨	4.92	4.75
生活垃圾处理量	万吨	4.92	4.75
火灾事故	件	25	10
火灾损失金额	万元	15.46	127.80
交通事故	件	31	33
交通死亡人数	人	33	37
刑事案件发案数	件	1352	1461
刑事案件破案数	件	457	519
犯罪人数	人	353	600

17-4 乌当区国民经济主要指标

指　标	单 位	2009年	2008年
一、土地面积			
土地面积	平方公里	881.83	942.23
#城市建成区面积	平方公里	9.00	9.00
二、人　口			
年底总人口(公安口径)	万人	29.70	29.73
#少数民族人口	万人	5.34	5.34
#农　业	万人	18.59	19.57
非农业	万人	11.11	10.16
出生人口	人	3761	3830
死亡人口	人	1267	1290
人口密度	人/平方公里	329	320
三、劳动、就业与保障			
从业人员	万人	18.24	18.01
按产业分			
第一产业	万人	6.78	8.08
第二产业	万人	7.16	5.64
第三产业	万人	4.30	4.29
按城乡分			
城镇从业人员	万人	4.84	1.79
农村从业人员	万人	13.40	16.22
在岗职工人数	万人	4.84	1.79
#国有经济单位	万人	2.85	0.93
集体经济	万人	0.12	0.08
其它各种经济	万人	1.87	0.79
在岗职工工资总额	万元	128781	44149
#国有经济单位	万元	80104	23657
集体经济	万元	1500	984
其它各种经济	万元	47177	19509
在岗职工平均工资	元	26637	24694
#国有经济	元	28155	25413
集体经济	元	13842	13081
其它各种经济	元	26288	24963
在岗职工平均工资指数	上年=100	125.9	130.4
城镇新增就业人数	万人	0.17	0.07
城镇登记失业人数	万人	0.06	0.10
城镇登记失业率	%	2.20	3.05
社会保障			
参加社会保险人数			
#基本养老	万人	1.81	1.45
失业保险	万人	1.07	1.14
医疗保险	万人	1.27	1.36
参加农村合作医疗人数	万人	10.23	14.45
城乡居民最低生活保障人数	人	3656	8037
城　镇	人	674	3552
农　村	人	2982	4485

注：2009年乌当区减少了永乐乡，故2008年和2009年部分指标不可比。

17-4 续表 1

指　　标	单 位	2009年	2008年
四、生产总值			
生产总值	万元	844392	779132
第一产业	万元	69214	84454
第二产业	万元	460467	408205
#工　业	万元	295973	269914
第三产业	万元	314711	286473
生产总值指数	上年=100	116.2	116.5
第一产业	上年=100	108.6	109.1
第二产业	上年=100	118.2	118.8
#工　业	上年=100	115.4	114.3
第三产业	上年=100	115.0	115.2
人均生产总值	元	27951	25535
人均生产总值指数	上年=100	113.8	123.2
五、固定资产投资			
全社会固定资产投资	万元	451015	373780
城镇固定资产投资	万元	371528	210397
农村固定资产投资	万元	79487	163383
城镇固定资产投资	万元	371528	210397
按管理渠道分	万元		
基本建设	万元	105069	152790
更新改造	万元	44418	34784
其他投资	万元	13743	62573
房地产开发	万元	208298	123633
城镇固定资产投资指数	上年=100	136.3	84.5
基本建设	上年=100	109.7	144.9
更新改造	上年=100	147.5	115.4
其他投资	上年=100	127.4	137.5
房地产开发	上年=100	168.5	105.6
六、建筑业			
建筑企业单位数	个	9	10
建筑业企业从业人员	人	5680	5140
建筑业总产值	万元	107611	62567
七、财　政			
财政总收入	万元	86396	77899
地方财政收入	万元	49895	43091
财政支出	万元	81543	74747
八、人民生活			
农村居民家庭人均纯收入	元	6092	5505
农村居民家庭人均纯收入指数(扣价)	上年=100	110.7	118.0
九、农　业			
乡村劳动力	万人	15.51	16.22
#农林牧渔业	万人	6.78	8.08

17-4 续表 2

指　标	单　位	2009年	2008年
耕地面积	千公顷	8.79	9.45
有效灌溉面积	千公顷	4.04	3.43
农业机械总动力	万千瓦	13.98	19.91
化肥施用折纯量	吨	10361	10636
农村用电量	万千瓦时	3820	2749
农林牧渔业总产值	万元	107362	106609
农业产值	万元	77937	74577
#种植业产值	万元	77937	74577
林业产值	万元	1227	1533
牧业产值	万元	25224	27480
渔业产值	万元	1424	1339
农林牧渔服务业	万元	1550	1680
农林牧渔业总产值指数	上年=100	108.7	109.3
农作物播种面积	千公顷	27.40	26.33
粮食播种面积	千公顷	10.05	10.38
#夏　粮	千公顷	1.40	1.42
#稻　谷	千公顷	4.09	4.28
大　豆	千公顷	0.89	0.89
小　麦	千公顷	0.05	0.05
薯　类	千公顷	1.64	1.71
玉　米	千公顷	2.97	3.05
油料播种面积	千公顷	2.98	2.86
#油菜籽	千公顷	2.58	2.31
蔬菜播种面积	千公顷	12.69	11.45
主要农产品产量			
粮食产量	万吨	5.76	5.77
#夏　粮	万吨	0.44	0.40
#稻　谷	万吨	3.58	3.62
大　豆	万吨	0.16	0.16
小　麦	万吨	0.01	0.01
薯　类	万吨	0.56	0.55
玉　米	万吨	1.36	1.34
粮食产量指数	上年=100	101.3	99.4
油料产量	吨	4600	4451
#油菜籽	吨	4056	3214
油菜籽指数	上年=100	126.2	106.1
茶叶产量	吨	174	180
茶叶产量指数	上年=100	96.6	87.8
水果产量	吨	35853	41911
水果产量指数	上年=100	85.5	98.6
蔬菜产量	吨	250138	247800
蔬菜产量指数	上年=100	100.9	95.8
畜牧业			
肉类总产量	吨	11375	13047

17-4 续表 3

指　标	单 位	2009年	2008年
肉类总产量指数	上年=100	87.2	87.8
猪牛羊肉产量	吨	9166	9605
#猪　肉	吨	8876	9248
牛　肉	吨	278	330
羊　肉	吨	12	27
猪牛羊肉产量指数	上年=100	95.4	122.7
禽蛋产量	吨	1742	1775
水产品产量	吨	1062	1152
大牲畜存栏头数	头	31857	32467
#牛	头	29470	29705
猪年末存栏数	头	76446	79017
羊年末存栏数	头	950	1300
大牲畜出栏头数	头	2173	2598
#牛	头	2173	2561
猪年末出栏数	头	103727	102763
羊年末出栏数	头	822	1089
十、乡镇企业			
乡镇企业单位数	个	574	653
乡镇企业从业人员	万人	1.97	1.87
乡镇企业总产值	万元	379813	447478
#乡镇工业总产值	万元	335287	375804
乡镇企业总产值指数	上年=100	84.9	
乡镇企业总收入	万元	389944	448685
乡镇企业实际缴纳税金	万元	12085	8970
乡镇企业税后利润净额	万元	59719	31735
十一、工　业			
全部工业企业单位数	个	1618	1023
#规模以上	个	98	95
全部工业总产值	万元	1014364	924397
#规模以上	万元	915170	805482
规模以下		99194	118915
规模以上工业企业增加值	万元	270077	233801
按轻重工业分			
轻工业	万元	130168	109141
重工业	万元	139909	124660
按经济类型分			
#国有及国有控股	万元	109863	100864
#内资企业	万元	258710	223482
国有工业	万元	56155	48329
股份合作企业	万元	2088	355
股份有限公司	万元	198251	168763
其他企业	万元	2216	6035

17-4 续表 4

指　　标	单　位	2009年	2008年
港澳台商投资企业	万元	11367	10319
规模以上工业企业增加值指数	上年=100	115.5	113.3
规模以下工业企业增加值	万元	25896	36113
规模以上工业企业效益指标			
主营业务收入	万元	712864	667504
利润总额	万元	44136	27996
利税总额	万元	77201	58733
亏损面	%	31.00	21.00
主要工业产品产量			
原　煤	万吨	189.4	170.20
水　泥	万吨	24.03	21.41
十二、邮政电信			
邮电业务收入	万元	21159	14776
邮政业务收入	万元	583	516
电信业务收入	万元	20576	14260
本地电话用户	户	274492	223578
移动电话用户数	户	246663	192200
互联网用户	万户	1	1
十三、国内贸易			
社会消费品零售总额	万元	90042	72983
#市	万元	90042	72983
#批发零售贸易业	万元	77382	61529
住宿和餐饮业	万元	12660	11454
其　它	万元		
社会消费品零售总额指数	上年=100	125.4	127.2
十四、金　融			
金融机构存款余额	万元	897858	689759
居民储蓄存款	万元	510433	478893
金融机构存款余额指数	上年=100	130.2	125.1
居民储蓄存款指数	上年=100	106.6	139.5
金融机构贷款余额	万元	316802	283422
金融机构贷款余额指数	上年=100	111.8	124.7
十五、教　育			
普通中学学校数	所	17	23
普通中学校在校学生数	人	10240	12764
普通中学教职工数	人	726	909
#教师数	人	683	844
小学学校数	所	55	82
小学在校学生数	人	15164	21940
小学教职工数	人	900	1289
#教师数	人	891	1267
幼儿园数	个	25	30
入园儿童数	万人	0.43	0.55
学龄儿童入学率	%	99.60	99.49

17-4 续表 5

指　　标	单 位	2009年	2008年
十六、卫生、交通运输			
卫生机构数	个	175	212
#医　院	个	18	23
卫生院	个	1	12
卫生防疫站	个	1	1
妇幼保健站	个	1	1
卫生机构床位数	张	623	791
#医　院	张	529	697
卫生院	张	94	94
卫生机构人员数	人	923	1013
医院、卫生院技术人员	人	802	875
#执业(助理)医师	人	303	303
注册护士	人	183	183
公路里程	公里	1369	1369
#等级路里程	公里		
民用车辆拥有量	辆	3815	3529
客　车	辆	286	286
货　车	辆	3529	3243
货物运输量	万吨	497	435
公　路	万吨	497	435
货物周转量	万吨公里	9800	9433
公　路	万吨公里	9800	9433
旅客发送量	万人	1088	1053
公　路	万人	1088	1053
旅客周转量	万人公里	18320	17670
公　路	万人公里	18320	17670
十七、城建、环保及其他			
供水管道长度	公里	168	149
供水总量	万吨	945.00	942.00
#生活用	万吨	388.00	355.15
用水人口	万人	11.00	8.60
污水排放量	万吨	175.33	189.05
污水处理量	万吨	167.38	345.69
生活垃圾清运量	万吨	6.62	6.80
生活垃圾处理量	万吨	6.62	6.80
火灾事故	件	16	17
火灾损失金额	万元	47.90	21.30
交通事故	件	833	739
交通受伤人数	人	114	128
交通死亡人数	人	10	8
刑事案件发案数	件	1452	1131
刑事案件破案数	件	720	814
犯罪人数	人	359	335

17-5 白云区国民经济主要指标

指　　标	单　位	2009年	2008年
一、土地面积			
土地面积	平方公里	259.60	259.60
#城市建成区面积	平方公里	14.64	8.27
二、人　口			
年底总人口(公安口径)	万人	20.24	20.03
#少数民族人口	万人	3.35	3.35
#农　业	万人	6.88	6.74
非农业	万人	13.36	13.25
出生人口	人	2178	2272
死亡人口	人	937	889
人口密度	人/平方公里	751	741
三、劳动、就业与保障			
从业人员	万人	9.68	9.46
按产业分			
第一产业	万人	2.61	2.51
第二产业	万人	3.67	3.71
第三产业	万人	3.40	3.24
按城乡分			
城镇从业人员	万人	5.01	4.97
农村从业人员	万人	4.67	4.48
在岗职工人数	万人	4.41	4.04
#国有经济单位	万人	1.43	1.68
集体经济	万人	0.32	0.21
其它各种经济	万人	2.66	2.15
在岗职工工资总额	万元	129170	117467
#国有经济单位	万元	44301	44986
集体经济	万元	4741	3838
其它各种经济	万元	80128	68643
在岗职工平均工资	元	29200	29036
#国有经济	元	29898	26859
集体经济	元	14669	18158
其它各种经济	元	30510	31789
在岗职工平均工资指数	上年=100	100.6	
城镇新增就业人数	万人	0.33	0.33
城镇登记失业人数	万人	0.20	0.19
城镇登记失业率	%	3.93	3.80
社会保障			
参加社会保险人数			
#基本养老	万人	1.99	1.69
失业保险	万人	0.89	0.88
医疗保险	万人	1.03	0.64
参加农村合作医疗人数	万人	6.81	6.81
城乡居民最低生活保障人数	人	28974	23333
城　镇	人	22252	20619
农　村	人	1770	2714

17-5 续表 1

指　　标	单　位	2009年	2008年
四、生产总值			
生产总值	万元	567328	563092
第一产业	万元	21979	20240
第二产业	万元	342373	357688
#工　业	万元	318526	334562
第三产业	万元	202976	185164
生产总值指数	上年=100	110.2	95.4
第一产业	上年=100	108.5	108.0
第二产业	上年=100	107.8	88.3
#工　业	上年=100	107.8	87.5
第三产业	上年=100	116.0	116.0
人均生产总值	元	28381	28310
人均生产总值指数	上年=100	109.6	94.8
五、固定资产投资			
全社会固定资产投资	万元	563500	433340
城镇固定资产投资	万元	501452	390604
农村固定资产投资	万元	62048	42736
城镇固定资产投资	万元	501452	390604
按管理渠道分	万元		
基本建设	万元	173228	105851
更新改造	万元	165114	155059
其他投资	万元	72625	44145
房地产开发	万元	90485	85549
城镇固定资产投资指数	上年=100	128.4	113.2
基本建设	上年=100	163.7	93.0
更新改造	上年=100	106.5	135.6
其他投资	上年=100	164.5	122.2
房地产开发	上年=100	105.8	106.1
六、建筑业			
建筑企业单位数	个	13	12
建筑业企业从业人员	人	6805	8318
建筑业总产值	万元	210169	147137
七、财　政			
财政总收入	万元	79171	82890
地方财政收入	万元	37771	34789
财政支出	万元	53086	50322
八、人民生活			
农村居民家庭人均纯收入	元	6558	5928
农村居民家庭人均纯收入指数(扣价)	上年=100	110.6	118.1
九、农　业			
乡村劳动力	万人	4.91	4.48
#农林牧渔业	万人	2.61	2.51
耕地面积	千公顷	2.57	2.67
有效灌溉面积	千公顷	1.54	1.55

17-5 续表 2

指标	单位	2009年	2008年
农业机械总动力	万千瓦	7.19	6.60
农村主要能源及物资消耗			
化肥施用折纯量	吨	1551	1402
农村用电量	万千瓦时	2602	1658
农林牧渔业总产值	万元	36088	33915
农业产值	万元	23525	21375
#种植业产值	万元	23525	21375
林业产值	万元	253	598
牧业产值	万元	11735	11450
渔业产值	万元	197	190
农林牧渔服务业	万元	378	302
农林牧渔业总产值指数	上年=100	108.7	108.1
农作物播种面积	千公顷	7.98	7.70
粮食播种面积	千公顷	3.34	3.34
#夏　粮	千公顷	0.78	0.78
#稻　谷	千公顷	1.24	1.27
大　豆	千公顷	0.32	0.29
小　麦	千公顷		
薯　类	千公顷	0.91	0.91
玉　米	千公顷	0.87	0.88
油料播种面积	千公顷	0.74	0.68
#油菜籽	千公顷	0.74	0.66
蔬菜播种面积	千公顷	3.67	3.36
主要农产品产量			
粮食产量	万吨	1.82	1.82
#夏　粮	万吨	0.24	0.24
#稻　谷	万吨	1.05	1.06
大　豆	万吨	0.04	0.03
薯　类	万吨	0.29	0.28
玉　米	万吨	0.44	0.45
粮食产量指数	上年=100	97.8	100.0
棉花产量	吨		
油料产量	吨	902	696
#油菜籽	吨	900	673
油菜籽指数	上年=100	133.7	74.0
茶叶产量	吨	38	38
茶叶产量指数	上年=100	100.0	100.0
水果产量	吨	966	954
水果产量指数	上年=100	101.3	100.0
蔬菜产量	吨	86483	80102
蔬菜产量指数	上年=100	108.0	113.4
畜牧业			
肉类总产量	吨	4659	4587
肉类总产量指数	上年=100	101.6	113.0
猪牛羊肉产量	吨	3604	3499
#猪　肉	吨	3525	3437
牛　肉	吨	63	51
羊　肉	吨	16	11

17-5 续表 3

指　　标	单 位	2009年	2008年
猪牛羊肉产量指数	上年=100	103.0	122.2
禽蛋产量	吨	3955	1847
水产品产量	吨	159	158
大牲畜存栏头数	头	5929	6076
#牛	头	5481	5621
猪年末存栏数	头	35554	34291
羊年末存栏数	头	328	346
大牲畜出栏头数	头	467	467
#牛	头	443	433
猪年末出栏数	头	41009	38690
羊年末出栏数	头	524	360
十、乡镇企业			
乡镇企业单位数	个	2278	1963
乡镇企业从业人员	万人	3.69	3.55
乡镇企业总产值	万元	1415376	1122698
#乡镇工业总产值	万元	1001218	837527
乡镇企业总产值指数	上年=100	120.0	116.8
乡镇企业总收入	万元	1459340	1228444
乡镇企业总收入指数	上年=100	118.0	117.5
乡镇企业实际缴纳税金	万元	18396	16184
乡镇企业税后利润净额	万元	99857	80815
十一、工　业			
全部工业企业单位数	个	1119	1102
#规模以上	个	78	61
全部工业总产值	万元	1129813	1113612
#规模以上	万元	1087664	1068111
规模以下		42149	45501
规模以上工业企业增加值	万元	177816	390305
按轻重工业分			
轻工业	万元	16869	12855
重工业	万元	160947	377450
按经济类型分			
#国有及国有控股	万元	122255	351644
#内资企业	万元	158525	370209
国有工业	万元	2071	9253
集体工业	万元	1603	1968
股份合作企业	万元	580	743
联营企业	万元	93	
有限责任公司	万元	36276	35016
股份有限公司	万元	95933	310908
私营企业	万元	21969	9388
其他企业	万元		2933

17-5 续表 4

指　标	单　位	2009年	2008年
港澳台商投资企业	万元	3459	567
外商投资企业	万元	15832	19529
规模以上工业企业增加值指数	上年=100	44.8	87.2
规模以下工业企业增加值	万元	10414	12748
规模以上工业企业效益指标			
主营业务收入	万元	1155438	1063704
利润总额	万元	-37705	-23102
利税总额	万元	-2226	21175
亏损面	%	34.60	45.90
主要工业产品产量			
原　煤	万吨		
发电量	万千瓦小时	31283	46594
水　泥	万吨	45.81	48.42
粗　钢	万吨	8.83	8.67
铝	万吨	36.96	32.27
十二、邮政电信			
邮电业务收入	万元	5257	4173
邮政业务收入	万元	690	656
电信业务收入	万元	4567	3517
本地电话用户	户	257580	238434
移动电话用户数	户	222580	203000
互联网用户	万户	1	1
十三、国内贸易			
社会消费品零售总额	万元	161200	133556
#市	万元	161200	133556
#批发零售贸易业	万元	121554	98366
住宿和餐饮业	万元	39646	32598
其　它	万元		2592
社会消费品零售总额指数	上年=100	120.7	132.2
十四、金　融			
金融机构存款余额	万元	1195214	896764
居民储蓄存款	万元	638309	447442
金融机构存款余额指数	上年=100	133.3	121.1
居民储蓄存款指数	上年=100	142.7	
金融机构贷款余额	万元	1484448	771555
金融机构贷款余额指数	上年=100	192.4	146.4
十五、教　育			
普通中等专业学校学校数	所	2	2
普通中等专业学校在校学生数	人	1560	1361
普通中等专业学校教职工数	人	89	76
#教师数	人	65	
普通中学学校数	所	11	11
普通中学校在校学生数	人	16033	14679
普通中学教职工数	人	1278	1280
#教师数	人	990	980

17-5 续表 5

指 标	单 位	2009年	2008年
小学学校数	所	52	50
小学在校学生数	人	24239	23584
小学教职工数	人	1251	1204
#教师数	人	1150	1111
幼儿园数	个	36	34
入园儿童数	万人	0.34	0.33
学龄儿童入学率	%	99.90	99.90
十六、卫生、交通运输			
卫生机构数	个	162	158
#医 院	个	12	11
卫生院	个	5	5
卫生防疫站	个	1	1
妇幼保健站	个	1	1
卫生机构床位数	张	1161	1192
#医 院	张	962	1021
卫生院	张	40	59
卫生机构人员数	人	1380	1394
医院、卫生院技术人员	人	1163	1052
#执业(助理)医师	人	561	591
注册护士	人	407	461
公路里程	公里	353	353
#等级路里程	公里	252	252
民用车辆拥有量	辆	2063	1809
客 车	辆	389	360
货 车	辆	1674	1449
十七、城建、环保及其他			
供水管道长度	公里	159	175
供水总量	万吨	1786.00	1468.52
#生活用	万吨	524.00	484.48
用水人口	万人	8.70	8.50
污水排放量	万吨	1094.82	952.38
污水处理量	万吨	410.82	406.75
排水管道长度	公里		28
生活垃圾清运量	万吨	5.94	3.33
生活垃圾处理量	万吨	5.94	3.33
火灾事故	件	10	11
火灾伤亡人数	人		1
火灾损失金额	万元	4.10	
交通事故	件	7	10
交通受伤人数	人		1
交通死亡人数	人	7	12
交通事故损失金额	万元		0.10
刑事案件发案数	件	1998	1791
刑事案件破案数	件	713	929
犯罪人数	人	430	407

17-6 小河区国民经济主要指标

指　　标	单　位	2009年	2008年
一、土地面积			
土地面积	平方公里	63.10	63.10
#城市建成区面积	平方公里	13.13	13.13
二、人　口			
年底总人口(公安口径)	万人	15.32	14.89
#少数民族人口	万人	2.38	1.95
#农　业	万人	2.46	2.29
非农业	万人	12.86	12.60
出生人口	人	1427	1564
死亡人口	人	471	475
人口密度	人/平方公里	2427	2360
三、劳动、就业与保障			
从业人员	万人	8.99	8.82
按产业分			
第一产业	万人	0.83	0.84
第二产业	万人	4.88	4.97
第三产业	万人	3.28	3.01
按城乡分			
城镇从业人员	万人	7.42	7.24
农村从业人员	万人	1.57	1.58
在岗职工人数	万人	5.28	5.07
#国有经济单位	万人	1.03	0.86
集体经济	万人	0.48	0.46
其它各种经济	万人	3.77	3.75
在岗职工工资总额	万元	109339	89982
#国有经济单位	万元	27463	23060
集体经济	万元	6828	6444
其它各种经济	万元	75048	60478
在岗职工平均工资	元	21743	17748
#国有经济	元	26663	26814
集体经济	元	14225	14008
其它各种经济	元	19243	14678
在岗职工平均工资指数	上年=100	122.5	105.3
城镇新增就业人数	万人	0.59	0.47
城镇登记失业人数	万人	0.55	0.46
城镇登记失业率	%	3.46	3.66
社会保障			
参加社会保险人数			
#基本养老	万人	1.54	1.11
失业保险	万人	0.77	0.55
医疗保险	万人	0.73	0.39
参加农村合作医疗人数	万人	2.07	2.06
城乡居民最低生活保障人数	人	34434	40902
城　镇	人	27225	33858
农　村	人	7209	7044

17-6 续表 1

指　标	单　位	2009年	2008年
四、生产总值			
生产总值	万元	500069	442825
第一产业	万元	7445	8066
第二产业	万元	317414	276576
#工　业	万元	273692	232833
第三产业	万元	175210	158183
生产总值指数	上年=100	117.8	116.6
第一产业	上年=100	102.0	108.0
第二产业	上年=100	120.1	118.7
#工　业	上年=100	123.4	116.6
第三产业	上年=100	115.0	113.8
人均生产总值	元	31831	29249
人均生产总值指数	上年=100	113.5	115.9
五、固定资产投资			
全社会固定资产投资	万元	690226	501359
城镇固定资产投资	万元	690226	501359
农村固定资产投资	万元		
城镇固定资产投资	万元	690226	501359
按管理渠道分	万元		
基本建设	万元	166568	210657
更新改造	万元	220046	64075
其他投资	万元	118187	54079
房地产开发	万元	185425	172548
城镇固定资产投资指数	上年=100	137.7	122.5
基本建设	上年=100	79.1	151.8
更新改造	上年=100	343.4	75.9
其他投资	上年=100	218.6	139.9
房地产开发	上年=100	107.5	116.9
六、建筑业			
建筑企业单位数	个	7	6
建筑业企业从业人员	人	663	1195
建筑业总产值	万元	13985	13498
七、财　政			
财政总收入	万元	158685	93687
地方财政收入	万元	47310	41692
财政支出	万元	62854	52424
八、人民生活			
农村居民家庭人均纯收入	元	6714	6061
农村居民家庭人均纯收入指数(扣价)	上年=100	110.0	110.3
九、农　业			
乡村劳动力	万人	1.49	1.58
#农林牧渔业	万人	0.80	0.84
耕地面积	千公顷	0.20	0.20
有效灌溉面积	千公顷	0.20	0.20
化肥施用折纯量	吨	187	182
农村用电量	万千瓦时	1510	1511
农林牧渔业总产值	万元	11262	10850
农业产值	万元	9082	8387
#种植业产值	万元	9082	8387

17-6 续表 2

指　　标	单　位	2009年	2008年
牧业产值	万元	1929	2097
渔业产值	万元	185	308
农林牧渔服务业	万元	66	58
农林牧渔业总产值指数	上年=100	102.1	108.2
农作物播种面积	千公顷	1.14	1.33
粮食播种面积	千公顷	0.05	0.03
#稻　谷	千公顷	0.05	0.03
蔬菜播种面积	千公顷	1.09	1.07
主要农产品产量			
粮食产量	万吨	0.04	0.17
#稻　谷	万吨	0.04	0.17
粮食产量指数	上年=100	23.5	113.0
水果产量	吨	5304	4729
水果产量指数	上年=100	112.2	80.8
蔬菜产量	吨	23800	24176
蔬菜产量指数	上年=100	98.4	108.1
畜牧业			
肉类总产量	吨	880	1021
肉类总产量指数	上年=100	86.2	190.8
猪牛羊肉产量	吨	600	635
#猪　肉	吨	590	620
牛　肉	吨	10	15
猪牛羊肉产量指数	上年=100	94.5	144.3
禽蛋产量	吨	160	188
水产品产量	吨		192
大牲畜存栏头数	头	268	351
#牛	头	244	326
猪年末存栏数	头	5580	4800
大牲畜出栏头数	头	75	117
#牛	头	75	117
猪年末出栏数	头	7200	7300
十、乡镇企业			
乡镇企业单位数	个	215	198
乡镇企业从业人员	万人	3.09	2.84
乡镇企业总产值	万元	693000	581874
#乡镇工业总产值	万元	359414	308393
乡镇企业总产值指数	上年=100	119.1	123.2
乡镇企业总收入	万元	852959	716832
乡镇企业总收入指数	上年=100	119.0	121.6
乡镇企业实际缴纳税金	万元	12765	11388
乡镇企业税后利润净额	万元	36298	30724

17-6 续表 3

指　标	单 位	2009年	2008年
十一、工　业			
全部工业企业单位数	个	330	323
#规模以上	个	68	61
全部工业总产值	万元	983369	846043
#规模以上	万元	945500	805381
规模以下		37869	40662
规模以上工业企业增加值	万元	291612	227777
按轻重工业分			
轻工业	万元	95409	64495
重工业	万元	196203	163282
按经济类型分			
#国有及国有控股	万元	211308	187307
#内资企业	万元	238985	197545
国有工业	万元	40760	20488
集体工业	万元	391	307
股份合作企业	万元	282	689
联营企业	万元		272
有限责任公司	万元	160249	145517
股份有限公司	万元	27276	27462
私营企业	万元	10027	2810
其他企业	万元		
港澳台商投资企业	万元	18429	2359
外商投资企业	万元	34198	27873
规模以上工业企业增加值指数	上年=100	134.5	159.8
规模以下工业企业增加值	万元	10323	11881
规模以上工业企业效益指标			
主营业务收入	万元	882097	724063
利润总额	万元	51147	30551
利税总额	万元	71322	48796
亏损面	%	19.12	27.90
十二、邮政电信			
邮电业务收入	万元	35345	28186
邮政业务收入	万元	129	777
电信业务收入	万元	35216	27409
本地电话用户	户	98709	87580
移动电话用户数	户	223741	142000
互联网用户	万户	7	5
十三、国内贸易			
社会消费品零售总额	万元	335212	256687
#市	万元	335212	256687
#批发零售贸易业	万元	325872	248744
住宿和餐饮业	万元	9340	7943
其　它	万元		
社会消费品零售总额指数	上年=100	130.6	121.5
十四、金　融			
金融机构存款余额	万元	908738	768931
居民储蓄存款	万元	481822	389523

17-6 续表 4

指　　标	单　位	2009年	2008年
金融机构存款余额指数	上年=100	118.2	100.0
居民储蓄存款指数	上年=100	123.7	97.7
金融机构贷款余额	万元	666165	471059
金融机构贷款余额指数	上年=100	141.4	126.4
十五、教　育			
普通中学学校数	所	17	17
普通中学校在校学生数	人	11375	10983
普通中学教职工数	人	819	840
#教师数	人	689	661
小学学校数	所	29	25
小学在校学生数	人	20853	19184
小学教职工数	人	913	759
#教师数	人	817	709
幼儿园数	个	26	25
入园儿童数	万人	0.59	0.59
学龄儿童入学率	%	99.30	99.30
十六、卫生、交通运输			
卫生机构数	个	116	116
#医　院	个	4	4
卫生防疫站	个	1	1
妇幼保健站	个	1	1
卫生机构床位数	张	1618	1407
#医　院	张	1618	1305
卫生机构人员数	人	2037	1398
医院、卫生院技术人员	人	1677	1254
#执业(助理)医师	人	781	623
注册护士	人	896	631
公路里程	公里	17	17
#等级路里程	公里	17	17
民用车辆拥有量	辆	4843	4683
十七、城建、环保及其他			
污水排放量	万吨	127.84	142.78
污水处理量	万吨	31.42	142.78
生活垃圾清运量	万吨	4.33	5.84
生活垃圾处理量	万吨	4.15	5.84
火灾事故	件	17	6
火灾伤亡人数	人	7	
火灾损失金额	万元	32.00	0.82
交通事故	件	9	11
交通死亡人数	人	11	11
刑事案件发案数	件	1472	1602
刑事案件破案数	件	875	1056
犯罪人数	人	468	417

17-7 开阳县国民经济主要指标

指　　标	单　位	2009年	2008年
一、土地面积			
土地面积	平方公里	2026.20	2026.20
#城市建成区面积	平方公里	7.80	7.60
二、人　口			
年底总人口(公安口径)	万人	43.21	42.88
#少数民族人口	万人	4.64	4.64
#农　业	万人	36.49	36.26
非农业	万人	6.71	6.62
出生人口	人	5057	4281
死亡人口	人	2616	2483
人口密度	人/平方公里	213	212
三、劳动、就业与保障			
从业人员	万人	21.16	18.01
按产业分			
第一产业	万人	11.28	11.42
第二产业	万人	6.98	3.79
第三产业	万人	2.90	2.80
按城乡分			
城镇从业人员	万人	2.24	2.61
农村从业人员	万人	18.92	15.40
在岗职工人数	万人	2.24	2.35
#国有经济单位	万人	1.96	1.93
集体经济	万人	0.07	0.09
其它各种经济	万人	0.21	0.33
在岗职工工资总额	万元	64468	59311
#国有经济单位	万元	58943	52318
集体经济	万元	1303	1887
其它各种经济	万元	4222	5106
在岗职工平均工资	元	29108	25551
#国有经济	元	30242	28571
集体经济	元	18776	23620
其它各种经济	元	20134	16220
在岗职工平均工资指数	上年=100	139.2	104.9
城镇新增就业人数	万人	0.18	0.13
城镇登记失业人数	万人	0.07	0.11
城镇登记失业率	%	2.14	3.59
城镇调查失业率	%	2.14	3.59
社会保障			
参加社会保险人数			
#基本养老	万人	4.77	2.44
失业保险	万人	1.38	1.32
医疗保险	万人	3.05	2.81
参加农村合作医疗人数	万人	32.76	35.80
城乡居民最低生活保障人数	人	15996	16828
城　镇	人	2869	3300
农　村	人	13127	13528

17-7 续表 1

指　　标	单　位	2009年	2008年
四、生产总值			
生产总值	万元	554207	559585
第一产业	万元	102765	94737
第二产业	万元	318620	344669
#工　业	万元	238295	270694
第三产业	万元	132822	120179
生产总值指数	上年=100	112.3	115.5
第一产业	上年=100	109.8	108.7
第二产业	上年=100	111.6	119.3
#工　业	上年=100	111.1	122.5
第三产业	上年=100	115.7	111.7
人均生产总值	元	13445	13625
人均生产总值指数	上年=100	111.9	115.1
五、固定资产投资			
全社会固定资产投资	万元	551584	540940
城镇固定资产投资	万元	495205	489668
农村固定资产投资	万元	56379	51272
城镇固定资产投资	万元	495205	489668
按管理渠道分	万元		
基本建设	万元	131964	131035
更新改造	万元	307078	336040
其他投资	万元	31278	1892
房地产开发	万元	24885	20701
城镇固定资产投资指数	上年=100	101.1	122.5
基本建设	上年=100	100.7	80.9
更新改造	上年=100	91.4	158.6
其他投资	上年=100	1653.2	29.2
房地产开发	上年=100	120.2	105.9
六、建筑业			
建筑企业单位数	个	2	2
建筑业企业从业人员	人	1205	998
建筑业总产值	万元	7221	6882
七、财　政			
财政总收入	万元	85801	84518
地方财政收入	万元	43026	36534
财政支出	万元	103138	86800
八、人民生活			
农村居民家庭人均纯收入	元	4808	4350
农村居民家庭人均纯收入指数(打一个)	上年=100	110.5	117.9
九、农　业			
乡村劳动力	万人	22.23	20.72
#农林牧渔业	万人	11.29	11.42
耕地面积	千公顷	23.19	23.19
有效灌溉面积	千公顷	5.70	5.69
农业机械总动力	万千瓦	13.62	13.22
农村主要能源及物资消耗			
化肥施用折纯量	吨	16469	16218
农村用电量	万千瓦时	4607	4641

17-7 续表 2

指　标	单　位	2009年	2008年
农林牧渔业总产值	万元	160664	153274
农业产值	万元	93131	81352
#种植业产值	万元	88355	77993
林业产值	万元	1494	3499
牧业产值	万元	63900	66580
渔业产值	万元	827	638
农林牧渔服务业	万元	1312	1205
农林牧渔业总产值指数	上年=100	110.0	109.2
农作物播种面积	千公顷	58.22	54.99
粮食播种面积	千公顷	27.59	27.32
#夏　粮	千公顷	8.27	7.92
#稻　谷	千公顷	8.60	8.51
大　豆	千公顷	0.61	0.62
小　麦	千公顷	2.14	1.81
薯　类	千公顷	7.04	7.08
玉　米	千公顷	9.04	9.09
油料播种面积	千公顷	10.82	10.32
#油菜籽	千公顷	10.66	10.15
烤烟播种面积	千公顷	5.83	5.84
蔬菜播种面积	千公顷	10.42	8.50
主要农产品产量			
粮食产量	万吨	14.29	14.04
#夏　粮	万吨	2.80	2.78
#稻　谷	万吨	5.87	5.67
大　豆	万吨	0.07	0.07
小　麦	万吨	0.72	0.71
薯　类	万吨	2.36	2.38
玉　米	万吨	5.24	5.19
粮食产量指数	上年=100	101.8	103.5
油料产量	吨	21904	19408
#油菜籽	吨	20649	18971
油菜籽指数	上年=100	108.8	79.2
烤烟产量	吨	11989	12235
烤烟产量指数	上年=100	98.1	108.6
茶叶产量	吨	411	384
茶叶产量指数	上年=100	107.0	111.0
水果产量	吨	3336	3162
水果产量指数	上年=100	105.5	99.9
蔬菜产量	吨	173631	144304
蔬菜产量指数	上年=100	120.3	157.6
畜牧业			
肉类总产量	吨	37559	33393
肉类总产量指数	上年=100	112.5	104.6
猪牛羊肉产量	吨	35064	30760
#猪　肉	吨	34098	29935
牛　肉	吨	796	736
羊　肉	吨	170	89

17-7 续表 3

指　　标	单　位	2009年	2008年
猪牛羊肉产量指数	上年=100	114.0	103.5
禽蛋产量	吨	3547	2450
水产品产量	吨	636	532
大牲畜存栏头数	头	65995	65728
#牛	头	61807	60745
猪年末存栏数	头	276030	270768
羊年末存栏数	头	20986	12351
大牲畜出栏头数	头	5935	5248
#牛	头	5566	5054
猪年末出栏数	头	401149	351942
羊年末出栏数	头	8745	4704
十、乡镇企业			
乡镇企业单位数	个	10113	10325
乡镇企业从业人员	万人	5.56	5.30
乡镇企业总产值	万元	954411	934247
#乡镇工业总产值	万元	456602	517410
乡镇企业总产值指数	上年=100	88.2	116.9
乡镇企业总收入	万元	1063794	1002877
乡镇企业总收入指数	上年=100	106.1	114.8
乡镇企业实际缴纳税金	万元	35952	32517
乡镇企业税后利润净额	万元	65963	66045
十一、工　业			
全部工业企业单位数	个	10146	1840
#规模以上	个	33	29
全部工业总产值	万元	1154281	920824
#规模以上	万元	719575	840598
规模以下		954411	80226
规模以上工业企业增加值	万元	199870	221549
按轻重工业分			
轻工业	万元	1764	1360
重工业	万元	198105	220190
按经济类型分			
#国有及国有控股	万元	14386	131481
#内资企业	万元	199301	221549
国有工业	万元	14386	5782
股份合作企业	万元	427	411
有限责任公司	万元	177587	188511
股份有限公司	万元	504	246
私营企业	万元	6397	26599
港澳台商投资企业	万元	569	
规模以上工业企业增加值指数	上年=100	109.1	123.0
规模以下工业企业增加值	万元	299949	25691
规模以上工业企业效益指标			
主营业务收入	万元	770723	900283
利润总额	万元	-11779	87236
利税总额	万元	38675	172580
亏损面	%	36.40	6.90

17-7 续表 4

指　　标	单　位	2009年	2008年
主要工业产品产量			
原　煤	万吨	34.2	24
发电量	万千瓦小时	82386	8291
饮料酒	万吨		1.35
化　肥	万吨	93.40	52.70
水　泥	万吨	28.14	23.95
十二、邮政电信			
邮电业务收入	万元	15619	10619
邮政业务收入	万元	615	507
电信业务收入	万元	15004	10112
本地电话用户	户	58000	56000
移动电话用户数	户	99000	78000
互联网用户	万户	0	2
十三、国内贸易			
社会消费品零售总额	万元	148343	123571
#市	万元		
县	万元	90703	75030
县以下	万元	57640	48541
#批发零售贸易业	万元	131024	108421
住宿和餐饮业	万元	10404	8830
其　它	万元	6915	6320
社会消费品零售总额指数	上年=100	115.9	125.2
十四、金　融			
金融机构存款余额	万元	386514	326727
居民储蓄存款	万元	214795	186949
金融机构存款余额指数	上年=100	118.3	123.2
居民储蓄存款指数	上年=100	114.9	125.1
金融机构贷款余额	万元	374261	279554
金融机构贷款余额指数	上年=100	133.9	128.3
十五、教　育			
普通中等专业学校学校数	所	2	2
普通中等专业学校在校学生数	人	3070	2631
普通中等专业学校教职工数	人	140	85
#教师数	人	120	74
普通中学学校数	所	26	25
普通中学校在校学生数	人	32440	30478
普通中学教职工数	人	1820	1700
#教师数	人	1582	1461
小学学校数	所	125	119
小学在校学生数	人	33950	38192
小学教职工数	人	2013	2210
#教师数	人	1818	1902
幼儿园数	个	37	35
入园儿童数	万人	0.66	0.72
学龄儿童入学率	%	99.60	99.60

17-7 续表 5

指 标	单 位	2009年	2008年
十六、卫生、交通运输			
卫生机构数	个	506	516
#医 院	个	5	5
卫生院	个	16	16
卫生防疫站	个	1	1
妇幼保健站	个	1	1
卫生机构床位数	张	966	1145
#医 院	张	606	447
卫生院	张	180	211
卫生机构人员数	人	1520	1430
医院、卫生院技术人员	人	1520	1430
#执业(助理)医师	人	556	397
注册护士	人	310	338
公路里程	公里	2733	2733
#等级路里程	公里	30	30
民用车辆拥有量	辆	1661	1452
客 车	辆	288	219
货 车	辆	1373	1233
其 他	辆		
货物运输量	万吨	1415	1412
公 路	万吨	1415	1412
水 运	万吨		
货物周转量	万吨公里	36180	36110
公 路	万吨公里	36180	36110
旅客发送量	万人	636	634
公 路	万人	636	634
旅客周转量	万人公里	24990	24870
公 路	万人公里	24990	24870
十七、城建、环保及其他			
供水管道长度	公里	89	89
供水总量	万吨	317	330
#生活用	万吨	241	280
用水人口	万人	7.80	7.50
火灾事故	件	26	36
火灾伤亡人数	人		3
火灾损失金额	万元	12.19	16.60
交通事故	件	177	292
交通受伤人数	人	85	97
交通死亡人数	人	17	11
交通事故损失金额	万元	44.60	48.11
刑事案件发案数	件	302	184
刑事案件破案数	件	302	184
犯罪人数	人	413	271

17-8 息烽县国民经济主要指标

指　标	单　位	2009年	2008年
一、土地面积			
土地面积	平方公里	1036.50	1036.50
#城市建成区面积	平方公里	3.50	3.30
二、人　口			
年底总人口(公安口径)	万人	25.04	25.02
#少数民族人口	万人	1.37	1.36
#农　业	万人	21.81	21.89
非农业	万人	3.23	3.13
出生人口	人	2663	2668
死亡人口	人	1671	1442
人口密度	人/平方公里	242	241
三、劳动、就业与保障			
从业人员	万人	11.26	11.05
按产业分			
第一产业	万人	7.62	7.41
第二产业	万人	1.91	1.98
第三产业	万人	1.73	1.66
按城乡分			
城镇从业人员	万人	2.61	2.35
农村从业人员	万人	8.65	8.70
在岗职工人数	万人	1.56	1.39
#国有经济单位	万人	1.04	0.74
集体经济	万人	0.05	0.02
其它各种经济	万人	0.47	0.63
在岗职工工资总额	万元	40146	33488
#国有经济单位	万元	30032	19462
集体经济	万元	1390	866
其它各种经济	万元	8724	13160
在岗职工平均工资	元	25821	24647
#国有经济	元	28977	26095
集体经济	元	31593	53801
其它各种经济	元	18911	21177
在岗职工平均工资指数	上年=100	104.8	108.5
城镇新增就业人数	万人	0.17	0.15
城镇登记失业人数	万人	0.09	0.08
城镇登记失业率	%	3.65	3.20
社会保障			
参加社会保险人数			
#基本养老	万人	0.78	0.53
失业保险	万人	0.48	0.50
医疗保险	万人	2.02	1.81
参加农村合作医疗人数	万人	20.13	19.56
城乡居民最低生活保障人数	人	13933	13590
城　镇	人	2124	2289
农　村	人	11809	11301

17-8 续表 1

指　　标	单　位	2009年	2008年
四、生产总值			
生产总值	万元	477637	413671
第一产业	万元	54621	50330
第二产业	万元	322696	275742
#工　业	万元	304835	257341
第三产业	万元	100320	87599
生产总值指数	上年=100	119.6	108.3
第一产业	上年=100	109.4	109.9
第二产业	上年=100	122.8	103.7
#工　业	上年=100	124.6	100.8
第三产业	上年=100	116.0	122.2
人均生产总值	元	20290	17663
人均生产总值指数	上年=100	119.0	107.8
五、固定资产投资			
全社会固定资产投资	万元	378464	287184
城镇固定资产投资	万元	209117	266596
农村固定资产投资	万元	169347	20588
城镇固定资产投资	万元	209117	266596
按管理渠道分	万元		
基本建设	万元	66707	63417
更新改造	万元	104527	145000
其他投资	万元	9064	16434
房地产开发	万元	28819	41745
城镇固定资产投资指数	上年=100	105.2	159.6
基本建设	上年=100	72.1	195.2
更新改造	上年=100	55.2	174.3
其他投资	上年=100	65.9	144.3
房地产开发	上年=100	69.0	104.4
六、建筑业			
建筑企业单位数	个	1	1
建筑业企业从业人员	人	200	200
建筑业总产值	万元	2316	2823
七、财　政			
财政总收入	万元	40906	44535
地方财政收入	万元	25588	22221
财政支出	万元	76155	65498
八、人民生活			
农村居民家庭人均纯收入	元	4343	3803
农村居民家庭人均纯收入指数(扣价)	上年=100	114.2	110.3
九、农　业			
乡村劳动力	万人	14.38	12.40
#农林牧渔业	万人	7.62	7.41
耕地面积	千公顷	15.22	15.21
有效灌溉面积	千公顷	2.87	2.81
农业机械总动力	万千瓦	12.20	11.40
农村主要能源及物资消耗			
化肥施用折纯量	吨	7055	7091

17-8 续表 2

指　　标	单　位	2009年	2008年
农村用电量	万千瓦时	1979	1690
农林牧渔业总产值	万元	84321	77084
农业产值	万元	54710	48212
#种植业产值	万元	54710	48212
林业产值	万元	486	1261
牧业产值	万元	24329	24332
渔业产值	万元	4100	2639
农林牧渔服务业	万元	696	640
农林牧渔业总产值指数	上年=100	109.7	115.6
农作物播种面积	千公顷	34.21	33.20
粮食播种面积	千公顷	18.80	18.41
#夏　粮	千公顷	5.58	5.48
#稻　谷	千公顷	4.15	4.18
大　豆	千公顷	0.72	0.63
小　麦	千公顷	1.38	1.38
薯　类	千公顷	4.84	4.70
玉　米	千公顷	7.57	7.36
油料播种面积	千公顷	5.26	4.60
#油菜籽	千公顷	4.96	4.34
烤烟播种面积	千公顷	1.35	1.40
蔬菜播种面积	千公顷	7.45	7.28
主要农产品产量			
粮食产量	万吨	9.33	8.89
#夏　粮	万吨	2.11	2.00
#稻　谷	万吨	2.54	2.53
大　豆	万吨	0.10	0.08
小　麦	万吨	0.28	0.28
薯　类	万吨	2.14	2.03
玉　米	万吨	4.26	3.95
粮食产量指数	上年=100	105.0	102.7
油料产量	吨	9086	7896
#油菜籽	吨	8634	7448
油菜籽指数	上年=100	115.9	92.1
烤烟产量	吨	2300	2598
烤烟产量指数	上年=100	88.5	97.2
茶叶产量	吨	54	51
茶叶产量指数	上年=100	105.6	113.4
水果产量	吨	4046	3107
水果产量指数	上年=100	130.2	114.9
蔬菜产量	吨	144989	127823
蔬菜产量指数	上年=100	113.4	142.4
畜牧业			
肉类总产量	吨	13310	12447
肉类总产量指数	上年=100	106.9	108.8
猪牛羊肉产量	吨	11346	10883
#猪　肉	吨	10478	10111
牛　肉	吨	775	694
羊　肉	吨	93	78

17-8 续表 3

指　　标	单　位	2009年	2008年
猪牛羊肉产量指数	上年=100	104.3	107.7
禽蛋产量	吨	1623	1543
水产品产量	吨	3727	2201
大牲畜存栏头数	头	39210	40166
#牛	头	37262	37411
猪年末存栏数	头	102300	94406
羊年末存栏数	头	9277	5553
大牲畜出栏头数	头	6083	6378
#牛	头	5246	4994
猪年末出栏数	头	122513	114330
羊年末出栏数	头	4388	4016
十、乡镇企业			
乡镇企业单位数	个	117	116
乡镇企业从业人员	万人	1.33	1.28
乡镇企业总产值	万元	520453	412957
#乡镇工业总产值	万元	497870	388009
乡镇企业总产值指数	上年=100	126.0	100.3
乡镇企业总收入	万元	511763	413186
乡镇企业总收入指数	上年=100	123.9	105.2
乡镇企业实际缴纳税金	万元	8704	7070
乡镇企业税后利润净额	万元	69997	52939
十一、工　业			
全部工业企业单位数	个	234	226
#规模以上	个	20	19
全部工业总产值	万元	1019775	864294
#规模以上	万元	1000328	843591
规模以下		19447	20703
规模以上工业企业增加值	万元	298722	254307
按轻重工业分			
轻工业	万元	38541	29725
重工业	万元	260181	224582
按经济类型分			
#国有及国有控股	万元	118191	123069
#内资企业	万元	118191	123069
国有工业	万元	4091	6738
股份合作企业	万元	9919	36301
有限责任公司	万元		151093
股份有限公司	万元	284712	
私营企业	万元		60175
规模以上工业企业增加值指数	上年=100	117.5	91.0
规模以下工业企业增加值	万元	6113	6763
规模以上工业企业效益指标			
主营业务收入	万元	905214	817333

17-8 续表 4

指　标	单 位	2009年	2008年
利润总额	万元	-35473	15889
利税总额	万元	-21162	43217
亏损面	%	30.00	21.00
主要工业产品产量			
原　煤	万吨	107.16	48.3
发电量	万千瓦小时	5252	387
化　肥	万吨	146.38	85.04
水　泥	万吨	10.00	6.07
铝	万吨		0.70
十二、邮政电信			
邮电业务收入	万元	5359	5530
邮政业务收入	万元	530	440
电信业务收入	万元	4829	5090
本地电话用户	户	27409	27639
移动电话用户数	户	89185	88290
十三、国内贸易			
社会消费品零售总额	万元	79001	65549
#市	万元		
县	万元	56198	46321
县以下	万元	22803	19228
#批发零售贸易业	万元	59016	48826
住宿和餐饮业	万元	14156	11193
其　它	万元	5829	5530
社会消费品零售总额指数	上年=100	121.3	123.5
十四、金　融			
金融机构存款余额	万元	231168	191135
居民储蓄存款	万元	136587	108824
金融机构存款余额指数	上年=100	120.9	118.0
居民储蓄存款指数	上年=100	125.5	119.3
金融机构贷款余额	万元	179879	151656
金融机构贷款余额指数	上年=100	118.6	135.5
十五、教　育			
普通中学学校数	所	15	15
普通中学校在校学生数	人	15910	15784
普通中学教职工数	人	860	831
#教师数	人	766	739
小学学校数	所	60	60
小学在校学生数	人	19218	20664
小学教职工数	人	1260	1253
#教师数	人	1187	1197
幼儿园数	个	20	25
入园儿童数	万人	0.26	0.29
学龄儿童入学率	%	99.28	99.28

17-8 续表 5

指　　标	单　位	2009年	2008年
十六、卫生、交通运输			
卫生机构数	个	15	16
#医　院	个	2	2
卫生院	个	10	10
卫生防疫站	个	1	1
妇幼保健站	个	1	1
卫生机构床位数	张	673	623
#医　院	张	494	458
卫生院	张	178	165
卫生机构人员数	人	609	548
医院、卫生院技术人员	人	572	510
#执业(助理)医师	人	306	273
注册护士	人	265	237
公路里程	公里	1395	1286
#等级路里程	公里	589	589
民用车辆拥有量	辆	2270	2066
客　车	辆	876	744
货　车	辆	1329	1267
其　他	辆	65	55
货物运输量	万吨	312.70	298.20
公　路	万吨	280.00	280.00
水　运	万吨	32.70	18.20
货物周转量	万吨公里	14999.00	13798.70
公　路	万吨公里	14000.00	13000.00
水　运	万吨公里	999.00	798.70
旅客发送量	万人	346.00	325.10
公　路	万人	320.00	320.00
水　运	万人	6.50	5.10
旅客周转量	万人公里	12310.00	12025.50
公　路	万人公里	12000.00	12000.00
水　运	万人公里	39.00	25.50
十七、城建、环保及其他			
供水管道长度	公里	67	65
供水总量	万吨	258.00	250.00
#生活用	万吨	170.00	162.00
用水人口	万人	3.20	2.80
生活垃圾清运量	万吨	3.65	3.65
生活垃圾处理量	万吨	3.65	3.65
火灾事故	件	16	14
火灾损失金额	万元	8.28	5.38
交通事故	件	13	16
交通受伤人数	人	25	24
交通死亡人数	人	6	8
交通事故损失金额	万元	26.49	98.00
刑事案件发案数	件	1073	602
刑事案件破案数	件	464	503
犯罪人数	人	290	283

17-9 修文县国民经济主要指标

指　　标	单　位	2009年	2008年
一、土地面积			
土地面积	平方公里	1075.7	1075.7
#城市建成区面积	平方公里	3.02	3.02
二、人　口			
年底总人口(公安口径)	万人	29.66	29.27
#少数民族人口	万人	2.39	2.38
#农　业	万人	25.65	25.29
非农业	万人	4.01	3.98
出生人口	人	4202	4106
死亡人口	人	1986	1574
人口密度	人/平方公里	275	272
三、劳动、就业与保障			
从业人员	万人	15.50	15.61
按产业分			
第一产业	万人	10.31	10.60
第二产业	万人	2.13	1.94
第三产业	万人	3.06	3.07
按城乡分			
城镇从业人员	万人	5.21	5.12
农村从业人员	万人	10.29	10.49
在岗职工人数	万人	1.37	1.39
#国有经济单位	万人	0.75	0.74
集体经济	万人	0.05	0.05
其它各种经济	万人	0.57	0.59
在岗职工工资总额	万元	35464	32804
#国有经济单位	万元	23843	21075
集体经济	万元	834	715
其它各种经济	万元	10787	11013
在岗职工平均工资	元	26472	23979
#国有经济	元	32168	29242
集体经济	元	16194	14308
其它各种经济	元	19721	18438
在岗职工平均工资指数	上年=100	110.4	115.48
城镇新增就业人数	万人	0.17	0.18
城镇登记失业人数	万人	0.16	0.17
城镇登记失业率	%	2.71	3.08
社会保障			
参加社会保险人数			
#基本养老	万人	0.84	0.73
失业保险	万人	0.32	0.77
医疗保险	万人	1.17	1.01
参加农村合作医疗人数	万人	23.35	23.35
城乡居民最低生活保障人数	人	15793	17705
城　镇	人	4105	4472
农　村	人	11688	13233

17-9 续表 1

指 标	单 位	2009年	2008年
四、生产总值			
生产总值	万元	386497	348649
第一产业	万元	70200	65482
第二产业	万元	182238	163278
#工 业	万元	143550	132750
第三产业	万元	134059	119889
生产总值指数	上年=100	115.2	117.0
第一产业	上年=100	109.6	109.1
第二产业	上年=100	117.0	120.7
#工 业	上年=100	116.2	115.2
第三产业	上年=100	116.0	117.2
人均生产总值	元	13878	12582
人均生产总值指数	上年=100	114.6	116.4
五、固定资产投资			
全社会固定资产投资	万元	289682	229044
城镇固定资产投资	万元	257135	197788
农村固定资产投资	万元	32547	31256
城镇固定资产投资	万元	257135	197788
按管理渠道分	万元		
基本建设	万元	69258	42440
更新改造	万元	98052	94415
其他投资	万元	48338	37414
房地产开发	万元	41487	23519
城镇固定资产投资指数	上年=100	130.01	131.3
基本建设	上年=100	163.19	162.5
更新改造	上年=100	103.85	105.1
其他投资	上年=100	129.2	117.4
房地产开发	上年=100	176.4	855.2
六、建筑业			
建筑企业单位数	个	2	2
建筑业企业从业人员	人	460	450
建筑业总产值	万元	3386	2249
七、财 政			
财政总收入	万元	44065	43062
地方财政收入	万元	23028	19091
财政支出	万元	72619	54643
八、人民生活			
农村居民家庭人均纯收入	元	4620	4178
农村居民家庭人均纯收入指数(扣[illegible])	上年=100	110.6	113
九、农 业			
乡村劳动力	万人	17.82	16.41
#农林牧渔业	万人	10.19	10.49
耕地面积	千公顷	17.47	17.47
有效灌溉面积	千公顷	4.94	4.60

17-9 续表 2

指 标	单 位	2009年	2008年
农业机械总动力	万千瓦	16.88	16.68
农村主要能源及物资消耗			
化肥施用折纯量	吨	6313	6299
农村用电量	万千瓦时	2620	2562
农林牧渔业总产值	万元	111319	101423
农业产值	万元	78845	67563
#种植业产值	万元	78845	67563
林业产值	万元	678	706
牧业产值	万元	30711	32130
渔业产值	万元	782	742
农林牧渔服务业	万元	303	282
农林牧渔业总产值指数	上年=100	109.9	109.1
农作物播种面积	千公顷	45.19	43.81
粮食播种面积	千公顷	23.75	23.56
#夏 粮	千公顷	8.10	7.94
#稻 谷	千公顷	6.02	6.01
大 豆	千公顷	1.71	1.07
小 麦	千公顷	1.95	1.80
薯 类	千公顷	6.75	6.73
玉 米	千公顷	7.09	7.09
油料播种面积	千公顷	4.65	4.51
#油菜籽	千公顷	4.46	4.32
烤烟播种面积	千公顷	1.03	1.66
蔬菜播种面积	千公顷	13.75	12.17
主要农产品产量			
粮食产量	万吨	10.64	10.32
#夏 粮	万吨	2.86	2.79
#稻 谷	万吨	4.42	4.31
大 豆	万吨	0.28	0.28
小 麦	万吨	0.51	0.46
薯 类	万吨	2.56	2.46
玉 米	万吨	2.82	2.80
粮食产量指数	上年=100	103.1	105.1
油料产量	吨	7984	7654
#油菜籽	吨	7624	7306
油菜籽指数	上年=100	104.4	102.5
烤烟产量	吨	1418	2250
烤烟产量指数	上年=100	62.1	109.3
茶叶产量	吨	54	43
茶叶产量指数	上年=100	125.6	104.4
水果产量	吨	22514	20612
水果产量指数	上年=100	109.2	108.5
蔬菜产量	吨	242416	213025
蔬菜产量指数	上年=100	113.8	138.0
畜牧业			
肉类总产量	吨	16445	15860

17-9 续表 3

指　标	单 位	2009年	2008年
肉类总产量指数	上年=100	103.7	107.3
猪牛羊肉产量	吨	14335	13741
#猪　肉	吨	12986	12473
牛　肉	吨	1304	1225
羊　肉	吨	45	43
猪牛羊肉产量指数	上年=100	104.3	105.6
禽蛋产量	吨	2949	2792
水产品产量	吨	651	618
大牲畜存栏头数	头	43003	41978
#牛	头	36420	35467
猪年末存栏数	头	92731	88628
羊年末存栏数	头	9714	2168
大牲畜出栏头数	头	13228	12455
#牛	头	11854	11138
猪年末出栏数	头	152508	141421
羊年末出栏数	头	1867	1675
十、乡镇企业			
乡镇企业单位数	个	6378	6450
乡镇企业从业人员	万人	3.34	3.05
乡镇企业总产值	万元	468892	339950
#乡镇工业总产值	万元	391840	280440
乡镇企业总产值指数	上年=100	137.9	120.4
乡镇企业总收入	万元	424651	326585
乡镇企业总收入指数	上年=100	130.0	90.3
乡镇企业实际缴纳税金	万元	23564	21321
乡镇企业税后利润净额	万元	35231	22201
十一、工　业			
全部工业企业单位数	个	227	192
#规模以上	个	42	40
全部工业总产值	万元	435716.5	392393
#规模以上	万元	401511	341336
规模以下		34205.5	51057
规模以上工业企业增加值	万元	149657	115583
按轻重工业分			
轻工业	万元	65996	51170
重工业	万元	83661	64413
按经济类型分			
#国有及国有控股	万元	44206	46846
#内资企业	万元	110302	79406
国有工业	万元	44206	40436
集体工业	万元		
有限责任公司	万元	45061	28937
股份有限公司	万元	1672	1841
私营企业	万元	19363	8192

17-9 续表 4

指　　标	单　位	2009年	2008年
港澳台商投资企业	万元	5902	2598
外商投资企业	万元	33453	33579
规模以上工业企业增加值指数	上年=100	130.6	116.4
规模以下工业企业增加值	万元	13617	17012
规模以上工业企业效益指标			
主营业务收入	万元	320028	304306
利润总额	万元	25758	26970
利税总额	万元	47013	50170
亏损面	%	35.7	40.00
主要工业产品产量			
原　煤	万吨	159.45	106.30
发电量	万千瓦小时	207110	224248
水　泥	万吨	118	88
十二、邮政电信			
邮电业务收入	万元	3140	2326
邮政业务收入	万元	640	526
电信业务收入	万元	2500	1800
本地电话用户	户	30101	20931
移动电话用户数	户	114514	109112
互联网用户	万户	0.65	0.37
十三、国内贸易			
社会消费品零售总额	万元	86565	72137
#市	万元		
县	万元	36905	30844
县以下	万元	49660	41293
#批发零售贸易业	万元	46464	39142
住宿和餐饮业	万元	40101	32995
其　它	万元		
社会消费品零售总额指数	上年=100	120.0	124.5
十四、金　融			
金融机构存款余额	万元	235656	218207
居民储蓄存款	万元	131112	96123
金融机构存款余额指数	上年=100	108.0	120.9
居民储蓄存款指数	上年=100	136.4	101.6
金融机构贷款余额	万元	147681	111345
金融机构贷款余额指数	上年=100	132.6	84.9
十五、教　育			
普通中学学校数	所	22	21
普通中学校在校学生数	人	16572	16151
普通中学教职工数	人	1037	965
#教师数	人	910	864
小学学校数	所	54	63
小学在校学生数	人	20048	22308
小学教职工数	人	1387	1498
#教师数	人	1298	1417
幼儿园数	个	10	10
入园儿童数	万人	0.39	0.37
学龄儿童入学率	%	99.31	99.11

17-9 续表 5

指　标	单 位	2009年	2008年
十六、卫生、交通运输			
卫生机构数	个	16	17
#医　院	个	5	6
卫生院	个	10	10
妇幼保健站	个	1	1
卫生机构床位数	张	547	464
#医　院	张	414	320
卫生院	张	133	129
卫生机构人员数	人	768	603
医院、卫生院技术人员	人	491	478
#执业(助理)医师	人	216	214
注册护士	人	205	188
公路里程	公里	1320	1471
#等级路里程	公里	1165	1041
民用车辆拥有量	辆	1751	1664
客　车	辆	200	204
货　车	辆	1551	1460
货物运输量	万吨	490	461
公　路	万吨	490	461
水　运	万吨		
货物周转量	万吨公里	19600	18440
公　路	万吨公里	19600	18440
旅客发送量	万人	368	375
公　路	万人	368	375
旅客周转量	万人公里	14720	15000
公　路	万人公里	14720	15000
十七、城建、环保及其他			
供水管道长度	公里	78	50.4
供水总量	万吨	154.90	157.00
#生活用	万吨	106.40	138.00
用水人口	万人	7.09	7.09
生活垃圾清运量	万吨	4.50	1.54
生活垃圾处理量	万吨	4.50	1.54
火灾事故	件	15	21
火灾损失金额	万元	11.22	52.00
交通事故	件	19	26
交通受伤人数	人	28	53
交通死亡人数	人	21	38
交通事故损失金额	万元	141	162
刑事案件发案数	件	1408	1358
刑事案件破案数	件	881	726
犯罪人数	人	413	274

17-10 清镇市国民经济主要指标

指　标	单　位	2009年	2008年
一、土地面积			
土地面积	平方公里	1492.40	1492.40
#城市建成区面积	平方公里	51.60	51.60
二、人　口			
年底总人口(公安口径)	万人	50.38	50.11
#少数民族人口	万人		
#农　业	万人	39.75	39.44
非农业	万人	10.63	10.67
出生人口	人	6618	7842
死亡人口	人	2589	2787
人口密度	人/平方公里	338	336
三、劳动、就业与保障			
从业人员	万人	31.02	30.74
按产业分			
第一产业	万人	18.20	17.79
第二产业	万人	4.67	4.85
第三产业	万人	8.15	8.10
按城乡分			
城镇从业人员	万人	4.96	5.07
农村从业人员	万人	26.06	25.67
在岗职工人数	万人	3.66	3.76
#国有经济单位	万人	1.88	1.82
集体经济	万人	0.08	0.19
其它各种经济	万人	1.70	1.75
在岗职工工资总额	万元	107678	95309
#国有经济单位	万元	65104	51165
集体经济	万元	2600	2860
其它各种经济	万元	39974	41284
在岗职工平均工资	元	29739	23875
#国有经济	元	37305	24469
集体经济	元	27929	15309
其它各种经济	元	19190	16235
在岗职工平均工资指数	上年=100	124.6	107.8
城镇新增就业人数	万人	0.35	0.23
城镇登记失业人数	万人	0.39	0.27
城镇登记失业率	%	3.92	3.92
社会保障			
参加社会保险人数			
#基本养老	万人	3.73	2.49
失业保险	万人	2.31	2.48
医疗保险	万人	4.56	4.41
参加农村合作医疗人数	万人	36.15	35.42
城乡居民最低生活保障人数	人	19974	20674
城　镇	人	4025	4174
农　村	人	15949	16500

17-10 续表 1

指　　标	单　位	2009年	2008年
四、生产总值			
生产总值	万元	811571	764651
第一产业	万元	91562	77223
第二产业	万元	428040	421575
#工　业	万元	277090	315605
第三产业	万元	291969	265853
生产总值指数	上年=100	114.6	115.6
第一产业	上年=100	108.6	109.0
第二产业	上年=100	115.2	116.5
#工　业	上年=100	102.4	108.4
第三产业	上年=100	115.6	116.4
人均生产总值	元	16280	15401
人均生产总值指数	上年=100	114.1	115.2
五、固定资产投资			
全社会固定资产投资	万元	702715	456312
城镇固定资产投资	万元	563070	293994
农村固定资产投资	万元	139645	162318
城镇固定资产投资	万元	563070	293994
按管理渠道分	万元		
基本建设	万元	298152	129484
更新改造	万元	112732	92137
其他投资	万元	93787	22997
房地产开发	万元	58399	49376
城镇固定资产投资指数	上年=100	191.5	106.0
基本建设	上年=100	230.3	163.9
更新改造	上年=100	122.4	83.7
其他投资	上年=100	407.8	61.3
房地产开发	上年=100	118.3	97.3
六、建筑业			
建筑企业单位数	个	7	7
建筑业企业从业人员	人	5231	5628
建筑业总产值	万元	101067	113063
七、财　政			
财政总收入	万元	82200	84948
地方财政收入	万元	44856	38749
财政支出	万元	105720	82988
八、人民生活			
农村居民家庭人均纯收入	元	4828	4381
农村居民家庭人均纯收入指数(扣价	上年=100	110.2	116.4
九、农　业			
乡村劳动力	万人	28.55	25.67
#农林牧渔业	万人	18.20	18.09
耕地面积	千公顷	17.15	17.13
有效灌溉面积	千公顷	6.36	6.34
农业机械总动力	万千瓦	17.23	16.00
农村主要能源及物资消耗			
化肥施用折纯量	吨	13940	13764
农村用电量	万千瓦时	3679	3352
农林牧渔业总产值	万元	137025	123586
农业产值	万元	86811	77042
#种植业产值	万元	86811	77042

17-10 续表 2

指 标	单 位	2009年	2008年
林业产值	万元	831	506
牧业产值	万元	45068	42030
渔业产值	万元	3677	3428
农林牧渔服务业	万元	638	580
农林牧渔业总产值指数	上年=100	108.9	109.3
农作物播种面积	千公顷	45.52	41.69
粮食播种面积	千公顷	21.24	20.96
#夏 粮	千公顷	5.54	5.55
#稻 谷	千公顷	6.07	6.08
大 豆	千公顷	1.57	1.54
小 麦	千公顷	1.57	1.59
薯 类	千公顷	4.26	4.38
玉 米	千公顷	7.28	7.04
油料播种面积	千公顷	6.64	6.05
#油菜籽	千公顷	6.60	5.98
烤烟播种面积	千公顷	2.79	3.06
蔬菜播种面积	千公顷	13.78	10.64
主要农产品产量			
粮食产量	万吨	13.92	13.65
#夏 粮	万吨	1.83	1.78
#稻 谷	万吨	5.51	5.43
大 豆	万吨	0.47	0.46
小 麦	万吨	0.56	0.56
薯 类	万吨	1.53	1.53
玉 米	万吨	5.72	5.59
粮食产量指数	上年=100	102.0	101.8
油料产量	吨	9326	8393
#油菜籽	吨	9221	8137
油菜籽指数	上年=100	113.3	90.5
烤烟产量	吨	5367	5431
烤烟产量指数	上年=100	98.8	138.3
茶叶产量	吨	890	821
茶叶产量指数	上年=100	108.4	106.8
水果产量	吨	9360	7017
水果产量指数	上年=100	133.4	105.1
蔬菜产量	吨	243844	185321
蔬菜产量指数	上年=100	131.6	122.0
8、畜牧业			
肉类总产量	吨	28726	20842
肉类总产量指数	上年=100	137.8	128.2
猪牛羊肉产量	吨	15046	14446
#猪 肉	吨	14060	13540
牛 肉	吨	949	874
羊 肉	吨	37	32

17-10 续表 3

指　　标	单　位	2009年	2008年
猪牛羊肉产量指数	上年=100	104.2	105.9
禽蛋产量	吨	2537	2149
水产品产量	吨	2680	2568
大牲畜存栏头数	头	59268	58090
#牛	头	49356	48490
猪年末存栏数	头	134197	130692
羊年末存栏数	头	1753	1586
大牲畜出栏头数	头	9766	9206
#牛	头	8654	8107
猪年末出栏数	头	164648	153475
羊年末出栏数	头	1664	1567
十、乡镇企业			
乡镇企业单位数	个	10327	10350
乡镇企业从业人员	万人	5.24	2.37
乡镇企业总产值	万元	697227	478356
#乡镇工业总产值	万元	473824	420135
乡镇企业总产值指数	上年=100	101.6	91.7
乡镇企业总收入	万元	836633	514809
乡镇企业总收入指数	上年=100	112.0	82.4
乡镇企业实际缴纳税金	万元	11878	6972
乡镇企业税后利润净额	万元	53643	29148
十一、工　业			
全部工业企业单位数	个		680
#规模以上	个	71	58
全部工业总产值	万元	839205	1100729
#规模以上	万元	774411	1007015
规模以下		64794	93714
规模以上工业企业增加值	万元	180134	283535
按轻重工业分			
轻工业	万元	95553	27781
重工业	万元	678858	255754
按经济类型分			
#国有及国有控股	万元	92743	168280
#内资企业	万元	148533	258994
国有工业	万元	94652	99527
集体工业	万元	-34	547
有限责任公司	万元	46821	88690
股份有限公司	万元	-3716	59916
私营企业	万元	10810	10314
港澳台商投资企业	万元	23398	12815
外商投资企业	万元	8203	11726
规模以上工业企业增加值指数	上年=100	90.7	106.9
规模以下工业企业增加值	万元	17525	28910
规模以上工业企业效益指标			
主营业务收入	万元	746237	875355
利润总额	万元	-2691	23671
利税总额	万元	33327	27987
亏损面	%	36.62	33.90

17-10 续表 4

指　　标	单　位	2009年	2008年
主要工业产品产量			
原　煤	万吨	68.6	69.61
发电量	万千瓦小时	591008	661900
化　肥	万吨	119059.10	62701.00
水　泥	万吨	154.69	177.86
十二、邮政电信			
邮电业务收入	万元	16942	14149
邮政业务收入	万元	831	739
电信业务收入	万元	16111	13410
本地电话用户	户	36500	41900
移动电话用户数	户	247200	160990
互联网用户	万户	2	1
十三、国内贸易			
社会消费品零售总额	万元	148324	122542
#市	万元	108870	89260
县	万元		
县以下	万元	39454	33282
#批发零售贸易业	万元	128291	105511
住宿和餐饮业	万元	18768	15893
其　它	万元	1265	1139
社会消费品零售总额指数	上年=100	121	123.1
十四、金　融			
金融机构存款余额	万元	517521	432748
居民储蓄存款	万元	315036	265710
金融机构存款余额指数	上年=100	119.6	122.9
居民储蓄存款指数	上年=100	126.7	126.7
金融机构贷款余额	万元	313622	241528
金融机构贷款余额指数	上年=100	129.9	123.5
十五、教　育			
普通高等学校学校数	所	1	1
普通高等学校在校学生数	人	1534	1391
普通高等学校教职工数	人	192	150
#教师数	人	106	116
普通中等专业学校学校数	所	1	1
普通中等专业学校在校学生数	人		
普通中等专业学校教职工数	人	1	1
#教师数	人	1	1
普通中学学校数	所	25	25
普通中学学校在校学生数	人	32033	30518
普通中学教职工数	人	1837	1683
#教师数	人	1743	1580
小学学校数	所	159	165
小学在校学生数	人	45699	50574
小学教职工数	人	2253	2357
#教师数	人	2179	2178

17-10 续表 5

指　　标	单　位	2009年	2008年
幼儿园数	个	35	33
入园儿童数	万人	0.53	0.97
学龄儿童入学率	%	100.00	100.00
十六、卫生、交通运输			
卫生机构数	个	26	30
#医　院	个	13	13
卫生院	个	11	11
卫生防疫站	个	1	1
妇幼保健站	个	1	1
卫生机构床位数	张	1149	1160
#医　院	张	930	911
卫生院	张	219	220
卫生机构人员数	人	1241	1173
医院、卫生院技术人员	人	1011	1008
#执业(助理)医师	人	362	350
注册护士	人	346	312
公路里程	公里	2509	2509
#等级路里程	公里	38	38
民用车辆拥有量	辆	4711	4067
客　车	辆	545	562
货　车	辆	4166	3505
货物运输量	万吨	1035.88	780.36
公　路	万吨	1035.88	780.36
旅客发送量	万人	1070.10	1141.30
公　路	万人	1030.40	1100.30
水　运	万人	39.70	41.00
十七、城建、环保及其他			
供水管道长度	公里	135	89
供水总量	万吨	864	750
#生活用	万吨	580	420
用水人口	万人	10	10
污水排放量	万吨	910	435
污水处理量	万吨	1016	595
排水管道长度	公里	42	42
生活垃圾清运量	万吨	7.20	5.00
生活垃圾处理量	万吨	7.20	5.00
火灾事故	件	3	1
火灾损失金额	万元	4.50	0.12
交通事故	件	21	1691
交通受伤人数	人	22	387
交通死亡人数	人	14	25
交通事故损失金额	万元	4.99	59.23
刑事案件发案数	件	2776	1685
刑事案件破案数	件	1393	975
犯罪人数	人	527	437

18

eighteen

全国省会城市主要指标

Major Economic Indicators of All Provincial Capital in China

18-1 全国、全省及省会城市和副省级城市主要经济指标

(2009年) 单位：亿元

城市名称	生产总值	位次	2009年比2008年增长(%)	位次	第一产业增加值	位次	2009年比2008年增长(%)	位次	第二产业增加值	位次
全国	**335353**		**8.7**		**35477**		**4.2**		**156958**	
贵州省	**3893.51**		**11.2**		**554.02**		**4.8**		**1474.33**	
西部省会城市										
贵阳	**902.61**	**23**	**13.3**	**10**	**50.07**	**20**	**8.1**	**1**	**402.24**	**23**
*成都	4502.60	4	14.7	5	267.78	3	3.7	22	2001.80	5
昆明	1808.65	17	12.8	15	114.09	14	5.8	12	824.59	17
*西安	2719.10	13	14.5	7	110.38	16	6.3	8	1148.77	14
兰州	925.98	22	10.8	22	30.55	24	6.2	10	433.62	22
西宁	501.07	25	13.3	11	19.18	25	5.3	14	249.34	25
银川	578.15	24	13.0	13	32.33	22	6.9	5	285.79	24
乌鲁木齐	1094.52	21	9.5	25	16.37	26	6.0	11	452.68	21
南宁	1492.38	20	15.0	3	211.24	6	5.8	12	527.46	20
呼和浩特	1643.99	18	15.9	2	78.09	19	4.3	17	593.25	19
其它省会城市										
石家庄	3114.90	11	11.1	21	305.20	2	0.2	25	1558.50	9
太原	1545.24	19	2.6	26	31.10	23	4.1	18	675.54	18
*沈阳	4268.50	5	14.1	8	207.10	7	7.3	4	2127.40	4
*长春	2848.60	12	15.0	3	223.90	5	-0.7	26	1442.80	11
合肥	2102.12	15	17.3	1	108.69	17	6.2	9	1104.98	15
福州	2524.28	14	12.8	15	241.78	4	5.2	15	1197.84	13
南昌	1837.50	16	13.1	12	111.90	15	7.7	3	1016.43	16
*济南	3351.36	8	12.2	17	187.07	9	5.2	15	1453.55	10
郑州	3308.30	9	11.2	20	103.10	18	3.9	20	1786.50	8
长沙	3744.76	7	14.7	5	179.40	10	6.5	7	1893.58	7
*武汉	4620.13	3	13.7	9	149.06	12	1.6	24	2142.14	3
海口	489.55	26	10.8	22	34.08	21	8.1	2	119.78	26
*杭州	5098.66	2	10.0	24	190.25	8	3.2	23	2434.89	2
*南京	4230.26	6	11.5	18	129.18	13	4.1	18	1930.66	6
*哈尔滨	3258.10	10	13.0	13	417.40	1	6.8	6	1226.90	12
*广州	9112.76	1	11.5	18	172.55	11	3.9	20	3394.65	1
其它副省级城市										
*大连	4417.72		15.0		313.44		7.80		2314.79	
*宁波	4214.60		8.6		183.85		4.10		2247.75	
*厦门	1623.21		8.0		21.03		1.10		785.95	
*青岛	4890.33		12.2		203.25		3.00		2449.80	
*深圳	8201.23		10.7		6.47		-18.60		3831.64	

注：加*号为副省级城市。

18-1 续表 1

单位：亿元

城市名称	2009年比2008年增长(%)	位次	#工业增加值	位次	2009年比2008年增长(%)	位次	第三产业增加值	位次	2009年比2008年增长(%)	位次
全 国	**9.5**		**134625**		**8.3**		**142918**		**8.9**	
贵州省	**12.0**		**1252.67**		**10.2**		**1865.16**		**12.6**	
西部省会城市										
贵 阳	**12.6**	**16**	**308.49**	**23**	**10.3**	**17**	**450.30**	**23**	**14.5**	**5**
*成 都	17.7	2	1664.81	5	18.7	2	2233.04	4	13.4	13
昆 明	12.9	15	623.36	17	9.7	19	869.97	17	13.7	9
*西 安	14.4	11	820.94	15	12.2	14	1459.95	10	15.1	4
兰 州	10.2	21	331.22	22	9.4	21	461.81	22	11.6	23
西 宁	14.3	12	209.88	25	14.1	10	232.55	26	13.1	14
银 川	15.1	9	238.51	24	14.3	9	260.03	25	11.5	24
乌鲁木齐	11.5	19	386.00	21	11.5	15	625.47	21	8.2	26
南 宁	17.0	4	395.80	20	13.5	11	753.68	19	16.3	1
呼和浩特	17.3	3	487.08	19	16.2	5	972.65	15	16.1	2
其它省会城市										
石家庄	11.6	18	1400.00	9	10.4	16	1251.10	12	13.0	15
太 原	-6.2	26	501.04	18	-11.6	26	838.60	18	10.2	25
*沈 阳	16.4	6	1924.50	3	16.1	7	1934.00	6	12.3	18
*长 春	16.8	5	1193.50	11	15.8	8	1181.90	13	16.0	3
合 肥	22.5	1	840.48	14	24.2	1	888.45	16	12.4	17
福 州	13.6	13	1008.95	12	12.4	13	1084.66	14	13.5	11
南 昌	14.6	10	753.20	16	16.2	5	709.16	20	11.7	20
*济 南	12.1	17	1211.40	10	10.3	18	1710.74	7	13.0	15
郑 州	11.2	20	1551.80	8	9.7	19	1418.80	11	11.7	20
长 沙	16.3	7	1554.54	7	17.5	3	1671.78	8	13.9	7
*武 汉	16.0	8	1772.14	4	16.7	4	2328.98	3	12.2	19
海 口	9.1	23	83.11	26	5.7	25	335.69	24	11.7	20
*杭 州	6.8	25	2157.10	2	6.0	24	2473.52	2	13.9	7
*南 京	10.1	22	1640.53	6	9.3	22	2170.42	5	13.5	11
*哈尔滨	13.3	14	916.50	13	13.2	12	1613.80	9	14.4	6
*广 州	8.8	24	3106.84	1	9.0	23	5545.56	1	13.6	10
其它副省级城市										
*大 连	16.5		2061.79		16.4		1789.48		14.6	
*宁 波	5.4		2006.55		4.1		1783.00		13.3	
*厦 门	3.5		67.00		3.2		816.23		14.3	
*青 岛	12.7						2210.28		12.5	
*深 圳	9.3		3597.61		8.6		4363.12		12.5	

注：加*号为副省级城市。

18-1 续表 2

单位：亿元

城市名称	规模以上工业增加值	位次	2009年比2008年增长(%)	位次	全社会固定资产投资	位次	2009年比2008年增长(%)	位次	#城镇固定资产投资	位次
全　国			**11.0**		**224846.00**		**30.1**		**194139.00**	
贵州省	**1170.29**		**10.6**		**2438.18**		**30.8**		**2081.38**	
西部省会城市										
贵　阳	**290.50**	**21**	**10.1**	**18**	**782.79**	**20**	**30.1**	**14**	**739.96**	**17**
*成　都	1477.10	5	21.5	2	4025.90	1	34.0	9		
昆　明	534.74	15	10.1	18	1600.66	16	51.9	1	1555.10	11
*西　安	725.33	12	20.5	3	2500.13	6	31.2	12	2367.58	5
兰　州	308.17	20	9.8	20	506.18	22	17.2	23	475.66	19
西　宁	198.05	23	13.5	13	312.04	25	41.0	5	280.58	22
银　川	228.05	22	14.3	12	492.10	23	34.6	6	474.67	20
乌鲁木齐	378.00	18	11.5	16	412.05	24	12.6	25	304.20	21
南　宁	320.61	19	14.4	11	1043.91	18	50.5	2	977.24	15
呼和浩特	395.42	17	16.2	8	834.00	19	25.0	18	800.81	16
其它省会城市										
石家庄	1203.24	7	13.0	14	2436.50	9	41.3	3	2228.70	7
太　原	470.14	16	-9.9	24	782.02	21	11.3	26	730.59	18
*沈　阳	2017.50	2	19.1	5	3676.00	2	22.2	21	3434.20	1
*长　春	1202.50	8	14.4	10	2300.30	10	26.5	16		
合　肥	767.51	11	27.2	1	2468.42	7	34.3	8	2537.78	4
福　州					1646.72	15	31.5	11	1544.60	12
南　昌	615.1[illegible]	13	18.0	7	1479.32	17	34.6	6	1403.41	14
*济　南	1154.01	10	11.2	17	1655.37	14	20.3	22	1513.91	13
郑　州					2289.10	12	29.1	15	2002.20	10
长　沙	1158.2[illegible]	9	19.8	4	2441.78	8	30.3	13	2238.47	6
*武　汉	1656.1[illegible]	4	18.5	6	3001.10	3	33.3	10	2921.76	2
海　口	75.2[illegible]	24	5.7	23	277.03	26	25.1	17	269.17	23
*杭　州	1790.0[illegible]	3	6.1	22	2291.65	11	15.7	24	2195.17	8
*南　京	1459.4[illegible]	6	12.1	15	2647.98	5	22.9	19	2153.27	9
*哈尔滨	581.[illegible]	14	14.5	9	1892.10	13	41.1	4		
*广　州	2938.[illegible]2	1	9.7	21	2659.85	4	22.3	20	2576.38	3
其它副省级城市										
*大　连	173[illegible].[illegible]0		17.5		3273.50		30.2		2827.70	
*宁　波	161[illegible].30		3.0		2004.20		16.0		1548.60	
*厦　门	65[illegible].52		2.8		882.12		-5.3		863.03	
*青　岛	23[illegible].13		14.9		2458.90		25.3			
*深　圳	342[illegible].90		8.7		1709.15		16.5		1709.15	

注：加*号为副省级城市。

18-1 续表 3

单位：亿元

城市名称	2009年比2008年增长(%)	位次	房地产投资	位次	2009年比2008年增长(%)	位次	社会消费品零售总额	位次	2009年比2008年增长(%)	位次
全　国	**30.5**		**36232.00**		**16.1**		**125343.00**		**15.5**	
贵州省	**29.3**		**369.69**		**18.8**		**1247.25**		**19.1**	
西部省会城市										
贵　阳	**35.9**	**5**	**210.32**	**18**	**23.6**	**10**	**412.72**	**23**	**16.0**	**22**
*成　都			945.10	2	2.4	25	1949.95	3	20.3	2
昆　明	53.6	1	369.43	13	42.5	2	864.61	15	23.4	1
*西　安	32.5	8	696.34	6	28.9	7	1381.12	11	19.7	6
兰　州	13.5	21	98.61	24	6.6	23	469.77	22	18.9	12
西　宁	38.2	3	63.84	26	42.8	1	201.60	25	18.6	14
银　川	35.7	3	99.60	23	26.7	8	185.48	26	19.0	10
乌鲁木齐	16.6	17	104.95	22	6.7	22	473.42	21	13.1	26
南　宁	50.3	1	226.73	17	13.8	19	757.02	16	19.8	4
呼和浩特	25.0	9	178.29	20	0.7	26	641.21	19	19.0	10
其它省会城市										
石家庄	41.3	1	370.70	12	32.2	5	1190.60	13	18.4	16
太　原	9.7	16	165.02	21	35.7	4	721.70	17	16.4	20
*沈　阳	20.8	11	1188.70	1	17.6	15	1778.60	6	18.1	17
*长　春			443.90	11	25.8	9	1089.40	14	15.2	25
合　肥	33.1	2	670.36	7	18.2	13	703.42	18	19.6	7
福　州	32.3	4	361.80	14	15.4	17	1335.79	12	18.0	18
南　昌	33.3	1	198.25	19	21.4	11	634.43	20	20.0	3
*济　南	19.6	8	332.56	15	21.3	12	1617.87	7	19.3	8
郑　州	31.6	3	513.80	9	18.1	14	1434.80	10	18.9	13
长　沙	30.7	3	497.47	10	6.0	24	1524.91	8	19.7	5
*武　汉	32.7	1	778.59	4	38.9	3	2164.09	2	17.0	19
海　口	23.2	4	78.00	25	9.5	20	277.20	24	18.5	15
*杭　州	16.6	5	704.68	5	14.5	18	1804.93	5	15.8	24
*南　京	24.0	2	595.68	8	17.2	16	1914.51	4	15.9	23
*哈尔滨			278.70	16	29.2	6	1507.90	9	19.3	8
*广　州	23.4	2	817.34	3	7.1	21	3647.76	1	16.2	21
其它副省级城市										
*大　连	32.5		578.90		16.8		1396.70		18.1	
*宁　波	17.2		374.50		21.7		1434.41		15.9	
*厦　门	-5.5		294.59		-9.9		488.62		15.3	
*青　岛			459.50		23.1		1743.99		19.1	
*深　圳	16.5		437.46		-0.7		2598.68		15.4	

注：加*号为副省级城市。

18-1　续表 4

单位：亿美元

城市名称	进出口总值（海关数）	位次	2009年比2008年增长（%）	位次	#出口	位次	2009年比2008年增长（%）	位次	外商直接投资	位次
全　国	**22072.00**		**-13.9**		**12017.00**		**-16.0**		**900.00**	
贵州省	**23.07**		**31.5**		**13.58**		**-28.5**		**1.80**	
西部省会城市										
贵　阳	**18.11**	**22**	**-19.6**	**16**	**12.63**	**20**	**-10.4**	**4**	**1.12**	**20**
*成　都	178.63	4	15.4	2	104.98	5	15.5	3	27.97	4
昆　明	56.30	13	-22.9	20	29.69	12	-16.1	11	7.30	12
*西　安	72.55	8	3.1	4	33.30	10	-25.5	18	12.19	8
兰　州	4.88	25	-31.9	24	3.06	25	47.8	2		
西　宁	4.44	26	-29.4	21	2.15	26	-44.0	24		
银　川	6.66	24	-47.5	26	4.70	23	-46.3	25	1.96	19
乌鲁木齐	36.83	18	-29.6	23	29.69	12	-38.2	23		
南　宁	27.88	21	49.3	1	23.84	15	50.3	1	2.78	17
呼和浩特	7.07	23	-21.2	18	3.47	24	-29.1	19	0.71	21
其它省会城市										
石家庄	55.08	14	-21.2	18	43.09	8	-23.0	15	5.44	16
太　原	59.12	11	-37.1	25	19.44	18	-67.3	26	2.62	18
*沈　阳	65.70	9	-7.7	9	35.20	9	-14.3	7	54.10	1
*长　春	85.50	7	-2.7	7	10.90	21	-33.9	22	6.40	14
合　肥	64.28	10	-16.6	13	44.48	7	-18.1	12	8.57	11
福　州	178.60	5	-12.1	10	120.12	4	-11.6	5	10.32	9
南　昌	34.73	20	2.1	5	21.30	17	-14.9	8		
*济　南	56.57	12	-29.5	22	30.47	11	-33.7	21	9.81	10
郑　州	36.00	19	-15.7	11	22.00	16	-25.2	17	16.24	7
长　沙	41.18	15	-20.3	17	24.46	14	-29.7	20	20.33	6
*武　汉	114.73	6	-18.2	15	58.25	6	-16.0	10		
海　口	38.10	16	5.6	3	10.00	22	-23.7	16	6.48	13
*杭　州	404.17	2	-15.9	12	271.80	2	-19.1	13	40.14	2
*南　京	337.45	3	-16.9	14	184.59	3	-21.8	14	22.82	5
*哈尔滨	36.90	17	1.3	6	14.70	19	-15.7	9	6.05	15
*广　州	767.37	1	-6.4	8	374.05	1	-13.0	6	37.73	3
其它副省级城市										
*大　连	422.41		-10.2		221.76		-12.5		60.20	
*宁　波	608.13		-10.4		386.51		-16.6		22.10	
*厦　门	433.14		-4.5		276.68		-5.9		16.87	
*青　岛	448.51		-16.4		272.99		-16.3		18.64	
*深　圳	2701.55		-10.4		1619.79		-10.6		41.60	

注：加*号为副省级城市。

18-1 续表 5

单位：亿元

城市名称	2009年比2008年增长(%)	位次	地方财政一般预算收入	位次	2009年比2008年增长(%)	位次	地方财政一般预算支出	位次	2009年比2008年增长(%)	位次
全国	**-2.6**									
贵州省	**-10.3**		**416.46**		**19.7**		**1358.76**		**28.9**	
西部省会城市										
贵阳	**20.0**	**5**	**105.36**	**21**	**18.3**	**12**	**169.84**	**18**	**19.4**	**13**
*成都	24.6	1	387.50	3	22.3	6	600.82	2	18.0	15
昆明	21.3	3	201.61	9	15.2	15	270.45	11	15.7	17
*西安	6.2	14	181.40	12	24.6	3	276.85	10	22.0	9
兰州			57.04	22	20.2	8	119.83	21	20.2	12
西宁			28.15	25	20.0	9	85.12	22	26.6	5
银川	-50.4	20	44.06	23	23.0	5	72.50	23	15.0	20
乌鲁木齐			113.54	19	12.4	21	133.88	20	34.8	2
南宁	23.4	2	120.46	16	29.7	2	203.46	15	22.5	7
呼和浩特	-62.5	21	106.79	20	35.1	1				
其它省会城市										
石家庄	18.6	6	125.96	15	14.2	16	236.37	14	22.0	10
太原	-16.2	19	117.53	17	0.5	25	159.91	19	4.6	24
*沈阳	2.3	17	320.20	4	10.0	24	469.60	4	15.5	18
*长春	10.1	13	142.70	14	19.8	10	306.00	9	27.0	4
合肥	11.0	12	180.97	13	12.4	22	245.86	13	18.7	14
福州	3.1	16	195.26	10	15.6	14	203.24	16	14.1	21
南昌			115.88	18	13.4	18	181.70	17	22.6	6
*济南	13.4	9	210.20	8	13.0	19	259.90	12	17.4	16
郑州	18.6	6	301.90	6	16.0	13	353.10	6	22.3	8
长沙	12.9	10	246.29	7	19.8	10	314.08	8	20.5	11
*武汉			316.07	5	14.0	17	503.64	3	33.3	3
海口	15.7	8	38.44	24	23.9	4	66.61	24	42.4	1
*杭州	21.2	4								
*南京	0.9	18	434.51	2	12.4	22	461.27	5	14.0	22
*哈尔滨	11.4	11	193.40	11	20.3	7	348.40	7	15.1	19
*广州	4.2	15	702.58	1	13.0	19	790.26	1	10.8	23
其它副省级城市										
*大连	20.2		400.20		18.0		471.20		14.9	
*宁波	-13.1		432.80		10.9		506.10		15.1	
*厦门	-17.4		240.55		9.2		268.15		12.6	
*青岛	-29.4		376.99		10.1		433.58		17.4	
*深圳	3.2		880.82		10.1		1000.69		12.5	

注：加*号为副省级城市。

18-1 续表 6

单位：亿元

城市名称	金融机构存款余额（本外币）	位次	2009年比2008年增长（%）	位次	城乡居民储蓄存款余额（本外币）	位次	2009年比2008年增长（%）	位次	金融机构贷款余额（本外币）	位次
全　国	**612006**		**27.7**		**264761**		**19.5**		**425597**	
贵州省	**5912.53**		**24.5**		**2674.02**		**19.6**		**4670.24**	
西部省会城市										
贵　阳	**2466.21**	**22**	**23.0**	**24**	**928.39**	**21**	**20.1**	**19**	**2081.07**	**20**
*成　都	12416.00	3	41.8	2	4233.71	3	25.4	4	9869.00	3
昆　明	5896.76	11	36.7	4	1945.41	12	25.7	2	5522.98	6
*西　安	7622.93	6	33.5	6	3125.29	3	24.8	3	4539.75	11
兰　州	2621.20	21	21.6	25	1089.97	18	20.2	18	2007.19	21
西　宁	1300.63	24	30.2	11	480.22	24	21.4	11	1174.38	25
银　川	1278.97	25	28.7	16	519.40	24	22.7	6	1289.13	25
乌鲁木齐	2958.62	22	24.7	22	1040.71	21	19.3	17	1659.52	23
南　宁	3231.36	21	39.2	2	1116.20	19	25.6	2	3278.12	18
呼和浩特	2148.06	21	28.7	14	784.26	20	21.0	12	2010.86	21
其它省会城市										
石家庄	5199.40	14	25.4	19	2583.19	9	17.7	17	2896.67	20
太　原	5935.90	12	31.2	8	2112.88	12	22.2	6	4230.07	14
*沈　阳	6809.80	8	26.0	17	3011.30	5	19.0	15	5170.90	10
*长　春	4354.20	14	42.1	1	1861.30	13	21.3	8	3863.70	13
合　肥	3761.38	14	36.6	2	1041.17	15	20.3	11	3528.82	14
福　州	4919.10	13	22.2	16	2147.46	10	19.6	11	4246.14	12
南　昌	3289.88	14	31.6	5	1179.27	12	21.6	7	2933.12	14
*济　南	6422.70	10	27.5	11	1911.50	10	20.3	9	6200.60	7
郑　州	6592.90	8	32.9	4	2540.10	8	21.3	7	4970.90	9
长　沙	5325.84	9	37.6	1	1881.32	9	25.8	1	5200.76	8
*武　汉	8761.62	5	34.8	1	3010.11	5	24.0	2	7535.32	6
海　口	1750.07	10	28.8	6	620.99	9	17.5	7	1558.87	10
*杭　州	14284.2[illegible]	3	26.0	8	4286.92	3	23.3	2	13113.30	3
*南　京	11088.3[illegible]	3	29.5	4	3125.00	3	21.8	3	9444.48	3
*哈尔滨	5096.90	6	26.4	6					3570.20	6
*广　州	20944.1[illegible]	1	23.7	6	7954.22	1	15.8	6	13851.83	2
其它副省级城市										
*大　连	6874.[illegible]		30.7		2930.65		22.6		4894.28	
*宁　波	8241.45		29.7		2869.56		21.2		7715.91	
*厦　门	3483.13		27.7		1158.10		24.6		2989.65	
*青　岛	6504.[illegible]4		33.2		2527.87		19.1		5268.58	
*深　圳	18357.[illegible]7		28.8		5723.76		16.8		14783.89	

注：加*号为副省级城市。

18-1 续表 7

单位：元

城市名称	2009年比2008年增长(%)	位次	城市居民人均可支配收入	位次	2009年比2008年增长(%)	位次	城市居民人均消费支出	位次	2009年比2008年增长(%)	位次
全 国	**33.0**		**17175**		**9.8**					
贵州省	**30.4**		**12863**		**10.9**		**9048**		**9.9**	
西部省会城市										
贵 阳	**27.5**	**24**	**15041**	**23**	**8.9**	**17**	**11519**	**18**	**9.6**	**10**
*成 都	41.7	7	18659	9	10.1	9	14088	9	9.6	9
昆 明	35.8	14	16496	15	13.9	2	11396	19	14.5	4
*西 安	40.3	8	18963	8	24.7	1	14251	7	18.6	1
兰 州	32.0	20	12761	26	9.3	12	9653	23	6.9	16
西 宁	37.0	9	12911	25	8.2	21	8717	25	5.3	21
银 川	33.6	15	15715	20	8.7	19	12272	15	7.1	15
乌鲁木齐	36.3	9	13075	24	6.1	23	9045	24	3.3	24
南 宁	41.5	7	16254	17	11.6	4	11271	20	5.6	18
呼和浩特	35.0	11	22397	5	10.5	6	14752	6	12.2	5
其它省会城市										
石家庄	38.8	7	16607	14	10.3	7	10078	22	1.3	25
太 原	41.9	6	15607	21			11708	16	8.4	11
*沈 阳	44.7	4	18474	10	8.6	20	16110	3	9.8	8
*长 春	35.1	7	16072	18			13409	10	5.4	19
合 肥	31.7	12	17158	13	10.1	9	12695	12	8.0	12
福 州	32.5	10	20289	6	9.1	14	14105	8	4.2	23
南 昌	36.1	6	16472	16	9.0	16	12406	13	7.4	14
*济 南	50.6	1	22722	4	9.2	13	14764	5	6.2	17
郑 州	36.3	4	17417	12	8.0	22	10224	21	5.4	20
长 沙	47.9	1	20238	7	13.1	3	15020	4	15.9	2
*武 汉	45.6	1	18385	11	10.0	11	12710	11	11.2	7
海 口	42.7	1	15237	22			11674	17	4.8	22
*杭 州	30.2	5	26864	2	11.5	5	18595	1	11.2	6
*南 京	26.2	6	25504	3	10.3	7	16339	2	8.0	13
*哈尔滨	32.8	2	15887	19	8.9	17	12358	14	14.5	3
*广 州	25.9	6	27610	1	9.1	14				
其它副省级城市										
*大 连	34.8		19093		9.1		15530		8.7	
*宁 波	32.7		27368		9.2		18203		11.1	
*厦 门	26.2		26131		9.1		17990		5.1	
*青 岛	29.7		22368		9.3		16080		7.2	
*深 圳	32.1		29245		9.4		21526		8.8	

注：加*号为副省级城市。

18-1 续表 8

单位：元

城市名称	农民人均纯收入	立 次	2009年比2008年增长(%)	位 次	居民消费价格指数(%)	位 次	2009年比2008年增长(%)	位 次
全 国	**5153**		**8.5**		**99.30**		**-0.7**	
贵州省	**3005**		**9.2**		**98.70**		**-1.3**	
西部省会城市								
贵 阳	**5316**	**21**	**10.3**	**9**	**97.70**	**25**	**-2.3**	**25**
*成 都	7129	10	10.0	11	100.30	5	0.3	5
昆 明	5080	22	10.2	9	100.80	2	0.8	2
*西 安	6275	15	20.4	1	99.70	15	-0.3	15
兰 州	4001	25	14.2	3	99.60	17	-0.4	17
西 宁	4699	23	19.2	1	102.20	1	2.2	1
银 川	5389	20	9.6	9	99.70	15	-0.3	15
乌鲁木齐	6666	13	9.0	12	100.40	3	0.4	3
南 宁	4385	24	9.6	9	98.20	24	-1.8	24
呼和浩特	7802	7	10.7	5	100.10	8	0.1	8
其它省会城市								
石家庄	5977	17	9.3	8	100.30	5	0.3	5
太 原	6828	11	7.4	14	99.90	10	-0.1	10
*沈 阳	8753	4	9.0	9	99.90	10	-0.1	10
*长 春	5662	18			99.80	13	-0.2	13
合 肥	6065	16	13.0	3	99.10	22	-0.9	22
福 州	7669	8	7.4	12	99.20	21	-0.8	21
南 昌	6296	14	9.1	7	99.30	20	-0.7	20
*济 南	7805	6	8.7	7	100.33	4	0.3	4
郑 州	8121	5	7.6	9	99.80	13	-0.2	13
长 沙	9432	3	17.9	1	99.40	18	-0.6	18
*武 汉	7161	9	12.8	2	99.40	18	-0.6	18
海 口	5643	19			99.90	10	-0.1	10
*杭 州	11822	1	10.6	2	98.60	23	-1.4	23
*南 京	9855	2	10.1	3	100.10	8	0.1	8
*哈尔滨	677[illegible]	12			100.20	7	0.2	7
*广 州					97.50	26	-2.5	26
其它副省级城市								
*大 连	11150		14.00		100.20		0.2	
*宁 波	12641		10.40		99.40		-0.6	
*厦 门	91[illegible]3		8.00		97.30		-2.7	
*青 岛	92[illegible]9		8.70		100.50		0.5	
*深 圳					98.70		-1.3	

注：加*号为副省级城市。

主要年份经济指标

Major Economic Indicators in Main Years

19-1 全市从业人员年末数

单位：万人

年份	从业人员	第一产业	第二产业	第三产业	城镇私营（含个体）	农村从业人员
1978	[illegible]	51.36	32.04	19.29	0.66	52.19
1979	[illegible]	50.97	34.61	19.12	0.72	51.89
1980	[illegible]	52.12	35.59	20.23	0.98	53.15
1981	[illegible]	53.12	35.86	22.84	1.37	55.13
1982	[illegible]	54.69	36.30	23.93	1.56	56.81
1983	[illegible]	54.72	36.65	24.72	1.86	58.29
1984	[illegible]	55.84	39.67	29.66	2.59	60.93
1985	[illegible]	56.89	46.75	29.77	2.92	63.98
1986	[illegible]	59.57	45.85	34.22	5.02	65.97
1987	[illegible]	62.16	48.69	32.22	3.71	68.55
1988	[illegible]	67.70	48.51	33.26	3.96	71.50
1989	[illegible]	68.67	48.95	34.47	4.98	76.61
1990	[illegible]	71.50	49.99	38.08	5.15	80.89
1991	[illegible]	72.42	52.77	38.87	5.44	81.25
1992	[illegible]	74.77	52.20	42.88	5.24	83.76
1993	[illegible]	76.93	53.00	43.78	6.06	88.46
1994	[illegible]	79.11	56.28	46.55	4.11	90.63
1995	[illegible]	78.07	56.29	49.94	9.02	84.96
1996	[illegible]	78.85	56.00	54.88	17.28	94.71
1997	[illegible]	77.79	59.96	58.11	18.78	96.98
1998	200.35	77.24	63.27	59.84	19.82	98.95
1999	200.58	79.32	59.40	61.86	19.66	99.73
2000	204.29	87.01	53.70	63.58	24.55	116.83
2001	202.75	79.52	52.21	71.02	27.83	105.69
2002	205.06	76.39	51.41	77.26	29.52	106.04
2003	210.15	77.95	52.75	79.45	29.83	109.38
2004	211.66	72.98	55.33	83.35	38.41	110.24
2005	214.75	76.40	54.10	84.25	21.81	111.08
2006	216.89	74.16	56.48	86.25	24.35	115.19
2007	220.94	68.50	59.91	92.53	26.95	114.75
2008	226.56	70.06	61.44	95.06	28.46	117.60
2009	229.07	69.32	61.63	98.12	112.41	116.66

19–2 全市年末职工人数与工资总额

年 份	职工人数(万人)	国有企业	集体企业	其它企业	全部职工工资总额(万元)	国有经济	集体经济	其它经济	在岗职工平均工资(元)
1978	49.84	37.01	12.83		29466	23411	5876		
1979	52.10	38.58	13.52		33116	26859	6089		
1980	53.80	40.30	13.50		39884	32369	7419		
1981	55.32	42.46	13.86		41777	33352	8298		
1982	56.55	43.53	14.02		43699	34756	8967		
1983	55.94	42.77	14.17		45583	35490	9730		
1984	56.79	43.18	14.53	0.08	53492	41153	12160		
1985	60.05	43.12	16.43	0.50	64125	51292	12833		
1986	61.61	45.53	16.02	0.06	73409	59618	13748	43	
1987	63.26	46.90	16.34	0.02	82510	67533	14929	48	
1988	63.77	48.05	15.59	0.13	97748	107830	16819	98	
1989	64.32	49.25	14.87	0.20	109392	91423	17662	306	
1990	68.31	50.68	17.23	0.39	134771	109630	24155	985	
1991	70.33	51.67	18.28	0.38	149080	119246	28633	1200	
1992	71.22	51.78	18.79	0.65	173728	137969	33572	2186	
1993	72.71	52.92	18.83	0.96	209844	164713	41114	4016	
1994	70.75	52.84	16.95	0.95	280397	228097	47217	5083	
1995	66.60	51.85	12.64	1.98	316787	263713	41337	11736	
1996	68.32	52.23	13.20	2.89	366122	296943	50759	18420	5461
1997	69.00	52.76	13.29	2.95	397699	324947	50808	21944	5814
1998	60.99	42.58	10.45	7.96	397802	284117	51178	62507	6588
1999	55.55	38.82	8.57	8.16	419681	308397	47082	64202	7592
2000	53.62	38.00	7.44	8.18	473641	351290	46795	75556	8784
2001	50.11	36.09	5.57	8.45	525095	404655	39109	81331	10611
2002	53.95	37.82	5.22	10.91	575551	428048	38616	108887	10987
2003	55.45	35.26	5.06	15.13	664234	449066	39755	175413	12182
2004	57.30	34.98	4.53	17.79	791311	527475	38079	225757	14099
2005	60.59	36.73	4.13	19.73	964896	640431	42929	281536	16553
2006	59.11	35.58	3.44	20.10	1086325	722524	44864	318937	18524
2007	65.31	39.76	3.26	22.28	1420653	949233	54442	416977	22581
2008	64.52	38.93	3.13	22.46	1704279	1142652	54080	507547	26388
2009	66.25	37.86	2.60	25.79	1803395	1134357	49720	619318	28026

注:1998年以后年份的职工人数、工资总额为在岗职工口径。

19-3 全市生产总值

（当年价）

年 份	生产总值（万元）				三次产业构成(%)		
		第一产业	第二产业	第三产业	第一产业	第二产业	第三产业
1978	107690	14397	70431	22862	13.4	65.4	21.2
1979	124916	15407	83509	26000	12.3	66.9	20.8
1980	141506	17245	95319	28942	12.2	67.4	20.5
1981	147901	21118	93196	33587	14.3	63.0	22.7
1982	164450	24851	102662	36937	15.1	62.4	22.4
1983	203635	26134	129612	47889	12.8	63.7	23.5
1984	254855	33954	154675	66226	13.3	60.7	26.0
1985	321865	33546	203833	84486	10.4	63.3	26.3
1986	357145	39171	223663	94311	11.0	62.6	26.4
1987	403620	47769	250578	105273	11.8	62.1	26.1
1988	451562	60834	266003	124725	13.5	58.9	27.6
1989	536413	65565	328769	142079	12.2	61.3	26.5
1990	602246	61985	349856	190405	10.3	58.1	31.6
1991	711129	76889	401664	232576	10.8	56.5	32.7
1992	833254	79843	458544	294867	9.6	55.0	35.4
1993	981275	92664	531798	356813	9.4	54.2	36.4
1994	1236708	142405	664107	430196	11.5	53.7	34.8
1995	1491181	173209	806196	511776	11.6	54.1	34.3
1996	1711880	206626	856467	648787	12.1	50.0	37.9
1997	1966287	223112	1004980	738195	11.3	51.2	37.5
1998	2198003	228912	1127141	841950	10.4	51.3	38.3
1999	2398261	237523	1190858	969880	9.9	49.7	40.4
2000	2747006	245146	1313146	1188714	8.9	47.8	43.3
2001	3106207	253040	1469275	1383892	8.1	47.3	44.6
2002	3480244	268513	1634422	1577309	7.7	47.0	45.3
2003	3959219	291554	1815433	1852232	7.4	45.9	46.8
2004	4691204	323566	2202055	2165583	6.9	46.9	46.2
2005	5256159	350217	2493874	2412068	6.7	47.4	45.9
2006	6028843	379251	2917353	2732241	6.3	48.4	45.3
2007	6937171	455841	3219517	3261812	6.6	46.4	47.0
2008	8110521	472121	3809525	3828875	5.8	47.0	47.2
2009	9026110	500658	4022428	4503024	5.5	44.6	49.9

注：2004年起，农林牧渔服务业归入第一产业；1997年以后的数据为经济普查调整数。

19-4 全市生产总值指数

(以上年为100)

年 份	生产总值指数(%)	第一产业	第二产业	第三产业	人均生产总值 当年价(元)	人均生产总值 指数(%)
1978	127.7	102.3	143.2	105.0		
1979	111.1	105.5	113.6	106.0	530	
1980	108.1	110.7	108.6	102.2	592	106.7
1981	99.1	100.7	97.2	107.4	610	97.7
1982	113.4	117.6	113.3	108.8	667	111.6
1983	116.9	106.4	118.1	124.8	816	115.5
1984	115.5	110.3	114.7	125.2	1011	114.3
1985	115.4	97.5	118.8	118.5	1260	113.9
1986	106.4	107.1	104.6	114.0	1374	104.5
1987	109.3	105.5	109.2	112.6	1523	107.2
1988	111.8	101.7	108.1	133.8	1682	110.4
1989	107.9	99.6	105.9	119.2	1974	106.6
1990	107.1	85.8	104.5	124.4	2155	104.1
1991	108.9	126.6	105.2	112.3	2471	105.8
1992	110.7	106.8	102.1	131.4	2844	108.7
1993	107.1	106.3	103.9	113.0	3293	105.3
1994	111.8	107.2	112.2	112.3	4063	109.4
1995	109.8	100.6	115.9	102.2	4796	106.4
1996	112.9	101.4	117.6	107.4	5414	112.1
1997	111.5	107.5	112.0	111.6	6143	110.2
1998	111.9	103.6	112.3	112.9	6793	110.7
1999	112.0	103.6	112.6	112.8	7300	110.4
2000	111.7	102.3	111.6	113.7	8216	109.8
2001	111.8	103.8	111.6	113.7	9153	110.1
2002	112.6	103.8	113.0	113.8	10123	111.2
2003	113.3	106.7	113.6	114.1	11394	112.1
2004	113.7	107.6	115.6	112.3	13412	112.9
2005	114.6	107.6	116.2	113.9	14934	113.9
2006	114.7	107.6	116.7	113.6	17025	114.0
2007	115.8	108.7	116.3	116.2	17732	114.9
2008	113.1	107.2	112.1	115.0	20638	112.6
2009	113.3	108.1	112.6	114.5	22832	112.6

注：本表资料指数均按可比价格计算；人均生产总值按常住一年及以上人口计算，2007年以后按常住半年及以上人口计算；1997年以后的数据为经济普查调整数；2008年为第二次经济普查调整数。

19-5 全市工业总产值

（当年价）　　　　　　　　　　　　　　　单位：万元

年份	工业总产值	按经济类型分			按轻重工业分		按企业规模分	
		国有	集体	其它	轻工业	重工业	大型	中型
1978	151375	130770	20322	283	56277	95088	25820	44307
1979	175440	153916	20996	528	66374	109066	32680	54661
1980	183355	160364	22135	856	77788	105567	33256	45584
1981	178432	152973	23794	1665	85743	92689	33016	38268
1982	203633	175057	26146	2430	94709	108924	38895	56832
1983	255259	2[illegible]1377	31874	2008	113453	141806	50857	102222
1984	302965	2[illegible]9671	38975	4319	134338	168627	56374	125484
1985	383948	329526	48346	6076	170212	213736	87874	154720
1986	414655	350412	57583	6660	183643	231012	104403	165847
1987	472758	420788	45117	6853	201231	271527	180035	152303
1988	602424	511527	71047	19850	263817	338607	266186	139746
1989	742651	626715	78621	37315	327172	415479	357204	169243
1990	850041	719735	97229	33077	365057	484984	424666	177852
1991	925912	770874	123053	31985	373502	552410	462941	184998
1992	1118424	914383	119968	84073	430291	688133	663206	136173
1993	1318135	1024279	159044	134812	324109	994026	751980	163528
1994	1636509	1250835	199322	186352	470380	1166129	921134	201360
1995	1785515	1[illegible]06931	199098	279486	524788	1260727	996878	240860
1996	2188705	1[illegible]01683	384868	502154	714934	1473771	1092746	240437
1997	2542035	1394016	513556	634463	874346	1667689	1250940	210769
1998	2769327	1395723	482735	890869	960099	1809228	1322251	174196
1999	3217288	1534955	494503	1187830	1151949	2065339	1396605	167483
2000	2496275	1065299	236397	1194579	834976	1652399	1431631	168111
2001	2588494	1035899	135286	1417309	902276	1686218	1448460	155085
2002	2958943	826247	136108	1996588	1029353	1929590	1443748	464315
2003	3569419	[illegible]134129	101699	2333591	1177351	2392068	1298735	1409497
2004	4920242	[illegible]612578	76601	3231063	1449532	3470710	1651839	2115493
2005	5740645	[illegible]811987	82350	3846308	1783270	3957375	2118966	2318695
2006	6696494	[illegible]963818	54531	4678145	1910089	4786406	2504986	2581602
2007	7559236	2482745	58318	5018173	2086884	5472352	3190261	2678440
2008	8667178	2528191	46824	6092163	2502421	6164757	3605188	3015956
2009	8967496	2558660	37318	6371518	2866480	6101016	3582084	3040865

注：2000年以后数据为规模以上企业，2004年以后的数据为经济普查调整数。

19-6 全市农林牧渔业总产值

(当年价)　　单位：万元

年 份	农林牧渔业总产值	农 业	#种植业	林 业	牧 业	渔 业	农林牧渔服务业
1978	20394	16714	14538	528	3127	25	
1979	22314	18176	15789	647	3439	51	
1980	22427	17882	15721	650	3851	43	
1981	27815	21299	18738	722	5750	43	
1982	34372	27362	24269	1122	5839	50	
1983	35441	27113	23954	1631	6601	97	
1984	43753	34835	27225	1418	7353	146	
1985	45351	30964	28087	1966	11913	508	
1986	51032	35060	31728	1636	13648	688	
1987	62352	40370	23457	1865	19657	460	
1988	82895	50676	45443	1849	29230	1140	
1989	91274	55190	51080	1813	33366	906	
1990	89660	57196	52893	3366	28128	1270	
1991	107985	73751	69828	2983	29871	1380	
1992	116180	77572	72342	3461	32744	2403	
1993	133030	87928	78291	4101	41239	2762	
1994	207946	136776	129369	4339	63429	3402	
1995	263352	171414	163235	5867	79997	6074	
1996	311117	205301	195636	7217	91948	6651	
1997	340619	271209	206892	7168	108391	7851	
1998	347982	213746	201028	8717	117443	8076	
1999	362061	218136	206334	8500	126938	8487	
2000	369939	230774	215146	8170	123709	7286	
2001	389659	237175	221221	6769	137845	7870	
2002	410318	231154	224798	8944	151940	8059	10221
2003	439373	257259	250825	6149	157215	7627	11123
2004	503219	288665	284095	5625	197452	9117	2360
2005	547663	313678	313678	4514	215686	10646	3139
2006	540166	325357	325357	4543	199088	6486	4692
2007	627533	388066	388066	4332	220979	8460	5696
2008	729872	454631	454631	8917	250719	9718	5887
2009	784592	518431	518431	5604	242702	11520	6335

注：2003年起农林牧渔业总产值按国民经济新行业分类划分，2002年数据作相应调整；2006年以后为农业普查数。

19-7 全市固定资产投资总额

单位：万元

年 份	固定资产投资完成额	#基本建设	更新改造	房地产开发	按三次产业分		
					第一产业	第二产业	第三产业
1978	10786	8311	2333				
1979	21627	18394	2980				
1980	41012	36638	3600				
1981	65288	57397	6643				
1982	42500	28098	12026				
1983	42395	22092	13725				
1984	54330	31023	17975				
1985	79290	50756	26987				
1986	88639	51661	31584				
1987	108224	57513	35408				
1988	124772	59615	43211				
1989	127602	73779	46871				
1990	147925	86087	46673	6465			
1991	170523	89077	66329	10119			
1992	241952	114434	92331	16122			
1993	263349	111001	110993	34036			
1994	350076	138859	153192	50165			
1995	535496	187730	177928	126631			
1996	574771	211436	169314	123931			
1997	619664	198609	225042	122044	7196	207784	404684
1998	778072	303380	258299	147325	2894	299544	475634
1999	954297	359440	260774	225549	4347	352641	597309
2000	1136510	379377	310039	310516	8290	395633	732587
2001	1554183	555418	394201	433327	10484	422541	1121158
2002	1879604	785644	417580	500300	13074	550815	1315715
2003	2418742	1073075	536939	611961	20823	728981	1668938
2004	2931482	1348089	610890	745827	25899	864306	2041277
2005	3439731	1412345	753697	911166	30981	1054645	2354105
2006	4133576	1826207	897951	1076936	44553	1259307	2829717
2007	5004734	2054926	1103319	1351267	58996	1526006	3419732
2008	6015710	2382065	1300350	1701116	102044	1820405	4093261
2009	7827910	3346548	1666608	2103225	161726	2133316	5532868

19-8 全市社会消费品零售总额及构成

单位：万元

年份	社会消费品零售总额	按行业分				按经济类型分			
		批发零售贸易业	餐饮业	制造业	其它行业	国有经济	集体经济	私营经济	个体经济
1978	48458	41758	1890	1536	3274	38317	8549		213
1979	55731	48078	1982	2469	3202	43248	10688		364
1980	67017	56552	1994	3624	4847	51150	12116		614
1981	75482	63364	2580	5177	4361	61222	9100		1891
1982	81863	68013	3383	5034	5433	63498	10451		3965
1983	90399	70413	3544	6476	9966	62154	16407		5334
1984	107105	84343	4664	7133	10965	60451	28322		10294
1985	132380	103240	5398	8494	15248	69741	37325		15589
1986	153254	117811	5823	11340	18280	77451	41541		22626
1987	180877	134597	6508	11133	28639	90080	45055		28907
1988	231322	169728	6974	16452	38168	121535	55202		33277
1989	240265	182066	7699	15652	34848	121679	55684		39833
1990	249475	184414	10842	17290	36929	121945	57562		42397
1991	274794	204460	11953	18091	40290	127882	59944		58042
1992	328166	237398	15549	23183	52036	153991	72235		67300
1993	414257	323267	15919	21651	53420	145609	97406		104209
1994	476925	374886	29596	26723	45720	197728	95441		155843
1995	592299	475173	37121	32146	47859	252923	116758		205867
1996	729769	579308	60212	32893	57356	261921	132798	1797	301614
1997	827542	618287	76196	50808	82251	240009	162489	5245	322727
1998	895491	694543	94278	35032	71638	181124	213340	12968	379204
1999	970716	744288	118770	35382	72276	259547	176803	14500	423407
2000	1116154	848156	148234	39339	80426	187450	136374	133731	467949
2001	1251209	900965	225386	39278	85580	152728	40059	366354	473986
2002	1404732	1010701	273286	37756	82989	138210	19578	527026	505151
2003	1580464	1218109	318594	—	47361	103241	15956	727083	545934
2004	1805206	1380812	379196	—	45198	117922	18225	970875	578794
2005	2043210	1563283	430741	—	49186	133469	20628	1098878	624481
2006	2349623	1795163	502315	—	52145	130696	23722	1263673	740921
2007	2793885	2127041	611273	—	55571	155408	28207	1502606	881013
2008	3558943	2789282	708596	—	61065	197963	36931	1914069	1122263
2009	4127229	3185604	878435	—	63190	229574	41669	2219704	1301465

注：2003年起制造业已划入批发零售贸易业，2004年起餐饮业指标调整为住宿和餐饮业，2000年-2005年数据为经济普查调整数，2008年为第二次经济普查调整数。

1[illegible]-9 全市地方财政预算内收支及构成

单位：万元

年份	财政收入				财政支出			
		#企业收入	#工商税收收入	#农业税收入		经济建设费	文教卫生费	行政管理费
1978	25761	2445	22503	473	8984	4033	3032	1069
1979	26891	866	25325	462	9424	3803	3566	1194
1980	29851	1477	27648	447	10041	4318	3193	1403
1981	31420	261	30435	398	11065	4690	3517	1411
1982	37437	3080	33288	473	13492	6199	4042	1777
1983	44177	3359	39350	608	16541	7098	5292	2321
1984	51016	3576	45674	603	26067	13631	6314	3410
1985	60780	2877	56614	493	26930	8989	9437	4360
1986	72490	2053	69110	629	33082	13955	8258	4036
1987	82370	-1271	81739	742	38224	14885	8851	4502
1988	96507	-1224	95941	806	44953	14612	10353	4468
1989	118124	-4984	20477	1173	67982	17604	12533	5327
1990	136291	-7734	138566	947	71991	20392	13927	6244
1991	149939	-6245	150309	1091	73851	22827	14640	6856
1992	155344	-6145	154796	1386	81143	28409	17597	9184
1993	172183	-3276	167953	1927	92093	32280	20635	11548
1994	64040	-2619	51919	5337	105844	29362	27950	9665
1995	86341	550	70126	5648	131104	44185	30598	15957
1996	113498	4016	88225	9091	147782	50625	25182	18868
1997	130506	5952	106952	9878	166153	56063	26616	21987
1998	167353	10257	131391	7809	207261	75142	46985	26311
1999	197907	18642	137270	6859	261554	48800	56095	29842
2000	241483	35108	151656	10539	310569	107069	62536	35932
2001	279687	46105	191888	10365	361699	101781	79961	44501
2002	330788	39125	238891	14669	459589	108167	98646	51113
2003	403855	51692	277554	20517	502919	127837	111192	60271
2004	497019	88578	328695	22668	599316	136181	135334	77423
2005	498015	59822	341551	25465	725719	154500	168852	88389
2006	615798	81174	403904	32228	882349	180866	200191	107116
2007	759154	109593	623442	—	1064287	—	—	—
2008	890503	134409	713516	—	1422818	—	—	—
2009	1053636	181162	859391	—	1698423	—	—	—

注：从1994年起为新口径，20[illegible]年起财政收入为40%所得税口径。

19-10 全市居民收支情况

单位：元

年 份	城市居民人均可支配收入	城市居民人均消费性支出	#食 品	教育文化娱乐服务	农民人均纯收入	农民人均生活消费支出	#食 品
1979	343	313					
1980	413	385					
1981	453	418			266		
1982	477	431			290		
1983	501	447	277	16	288		
1984	593	527	306	29	342		
1985	805	740	365	95	377		
1986	969	873	438	77	411		
1987	1103	1010	513	70	479		
1988	1276	1228	635	73	593		
1989	1421	1277	734	79	644		
1990	1558	1361	781	84	680		
1991	1691	1514	879	71	672		
1992	2154	1869	1048	170	739		
1993	2581	2205	1221	179	901		
1994	3700	3087	1704	226	1039		
1995	4550	3964	2187	288	1343		
1996	4866	4526	2335	450	1650	1282	890
1997	5343	4808	2274	569	1834	1279	835
1998	5369	5036	2180	624	1940	1410	918
1999	6082	5327	2214	476	2010	1418	883
2000	6453	5550	2208	648	2104	1453	852
2001	6909	5780	2170	822	2229	1532	854
2002	7306	5801	2210	1017	2352	1552	793
2003	7985	6324	2447	1034	2510	1704	805
2004	8989	6912	2750	1156	2809	1967	866
2005	9928	7693	2946	1113	3135	2296	980
2006	11222	8808	3334	1351	3442	2454	1314
2007	12781	10183	3897	1355	4088	3036	1271
2008	13817	10507	4383	1206	4818	3463	1435
2009	15041	11519	4718	1685	5316	3928	1605

注：1991年(包括1991年)以前，教育文化娱乐服务指标的名称为文娱用品。

19-11 全市对外贸易、招商引资及旅游

年份	海关进出口（万美元）			实际直接利用外资（万美元）	内资实际到位金额（亿元）	旅游总收入（亿元）	国内旅游收入（亿元）	旅游外汇收入（万美元）	接待海外游客（人次）	接待国内游客（万人次）
		进口	出口							
1997				2365		5.84	4.02	1160.67	43674	865.19
1998	52019	21838	30181	1747		20.51	19.52	1201.00	42115	895.20
1999	41436	14613	26823	692		23.03	21.90	1369.00	45230	956.40
2000	48967	18386	30581	2755		30.47	29.24	1484.00	49630	993.67
2001	49428	16313	33115	4384		36.03	34.67	1633.00	59500	999.49
2002	57240	1974[illegible]	37495	2918	39.58	41.62	40.04	1908.91	67500	1009.62
2003	85186	3286[illegible]	52320	4450	90.26	38.74	38.07	806.52	22567	921.59
2004	120519	45424	75094	5237	122.42	48.70	47.60	1332.07	37215	1162.70
2005	113637	37[illegible]6	76131	6045	161.01	60.38	58.40	2480.24	61502	1452.67
2006	111855	31[illegible]5	80100	7010	209.64	84.54	81.43	3904.16	89168	1844.75
2007	169227	45[illegible]8	123229	8100	252.00	125.28	120.81	5872.28	120879	2314.14
2008	225165	84[illegible]15	141050	9350	303.01	187.29	182.29	6268.90	135834	2612.27
2009	181076	54751	126325	11220	368.52	294.85	292.09	4042.28	91115	3279.36

附录

appendix

2009年贵阳市国民经济和社会发展统计公报

Guiyang National Economic and Social Development Statistical Communique on 2009

2009年贵阳市国民经济和社会发展统计公报

贵阳市统计局

2010年3月10日

2009年，全市人民在市委、市政府的领导下，团结一致，开拓进取，紧紧围绕保增长、保民生、保稳定的目标，沉着应对国际金融危机的严重冲击，以邓小平理论、"三个代表"重要思想为指导，全面落实科学发展观，深入贯彻党的十七届四中全会和市委八届六次全会精神，经过奋力拼搏，全市经济保持了平稳较快增长，各项社会事业取得新的进步。

一、综　　合

初步核算，全年实现生产总值902.61亿元，比上年增长13.3%。分产业看，第一产业增加值50.07亿元，增长8.1%；第二产业增加值402.24亿元，增长12.6%；第三产业增加值450.30亿元，增长14.5%。三次产业结构为5.5:44.6:49.9，第一产业比重比上年下降0.3个百分点，第二产业比重下降2.4个百分点，第三产业比重上升2.7个百分点。全市人均生产总值达22832元，按年末汇率计算折合3344美元，比上年增长12.6%。

图1　2005～2009年生产总值及其增长速度

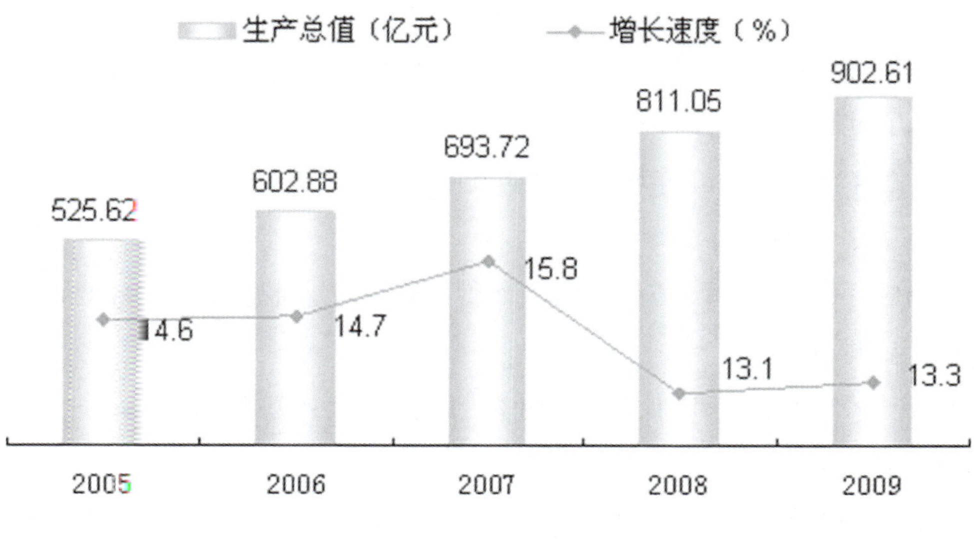

居民消费价格比上年下降 2.3%,食品类价格下降 1.7%。工业品出厂价格下降 5.9%,其中生产资料价格下降 8.8%,生活资料价格上涨 1.1%。原材料、燃料、动力购进价格下降 7.1%。房屋销售价格上涨 3.6%。

表 1 2009 年居民消费价格比上年涨跌幅度

指 标	涨跌幅度(%)
居民消费价格	-2.3
食 品	-1.7
烟酒及用品	1.9
衣 着	-6.9
家庭设备用品及服务	-0.5
医疗保健和个人用品	1.0
交通和通信	-3.3
娱乐教育文化用品及服务	1.2
居 住	-7.8

图2 2005～2009年居民消费价格指数

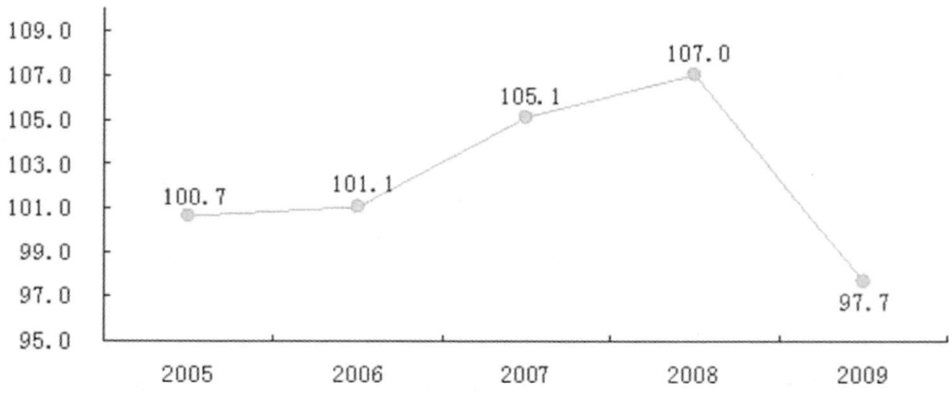

二、农 业

全年粮食播种面积 11.80 万公顷,比上年增长 0.3%;蔬菜播种面积 8.12 万公顷,比上年增长 14.9%;烤烟播种面积 1.10 万公顷,比上年下降 8.0%。

全年粮食产量 64.11 万吨,比上年增长 1.5%。其中夏粮产量 11.02 万吨,比上年增长 4.8%;秋粮产量 53.09 万吨,比上年增长 0.8%。

全年完成造林面积 3648 公顷,幼林抚育作业面积 3953 公顷。油茶籽产量 145.92 吨,核桃产量 150.49 吨,板栗产量 273.43 吨。

全年肉类总产量 13.34 万吨, 比上年增长 9.3%; 牛奶产量 3.51 万吨, 比上年增长 22.5%; 水产品产量 9190 吨,比上年增长 18.0%。

全市年末拥有农业机械总动力 114.95 万千瓦,比上年增长 4.4%;全年实现机耕面积 5.83 万公顷,比上年增长 1.9%;年末农田有效灌溉面积达 3 万公顷;农用化肥施用量(折纯)6.60 万吨,比上年增长 2.3%。

表2　2009年主要农产品产量

指　　标	绝对数(万吨)	比上年增长(%)
粮　食	64.11	1.5
夏粮	11.02	4.8
秋粮	53.09	0.8
蔬　菜	156.17	16.0
油　料	5.73	12.9
#油菜籽	5.48	15.5
烤　烟	2.11	-6.3
园林水果	9.11	3.6
茶　叶	0.18	4.9

图3　2005～2009年粮食产量及其增长速度

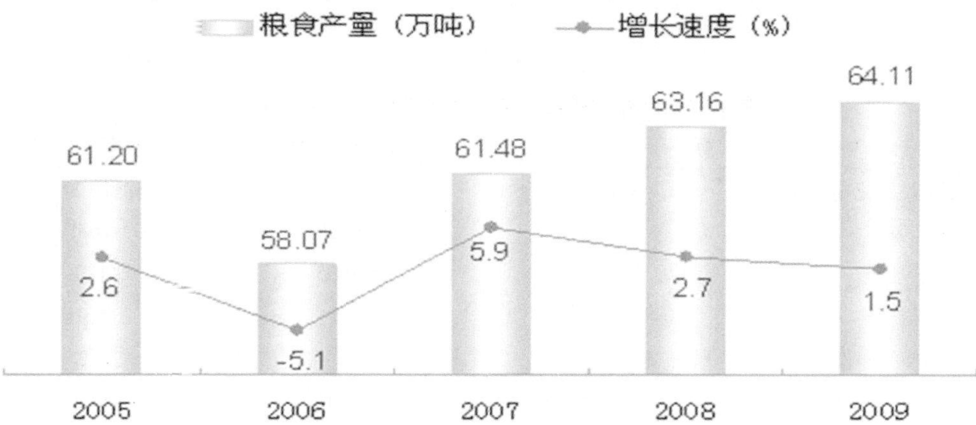

表3　2009年主要畜产品产量

指　　标	单位	绝对数	比上年增长(%)
肉类总产量	万吨	13.34	9.3
#猪肉	万吨	10.05	5.1
牛　奶	万吨	3.51	22.5
禽　蛋	万吨	2.09	34.4
大牲畜年末存栏数	万头	30.42	1.6
大牲畜当年出栏数	万头	4.69	3.7
猪年末存栏数	万头	86.64	2.9
猪当年出栏数	万头	117.78	8.1
羊年末存栏数	万只	4.50	50.0
羊当年出栏数	万只	2.03	3.5
家禽年末存栏数	万只	1269.37	70.0
家禽当年出栏数	万只	1715.81	43.0

三、工业和建筑业

全年全部工业增加值 304.49 亿元，比上年增长 10.3%。其中，规模以上工业增加值 288.31 亿元，比上年增长 10.1%。十大工业行业规模以上工业增加值 229.59 亿元，比上年增长 10.0%，占全市规模以上工业增加值的 79.6%。

图4　2005～2009年规模以上工业企业增加值

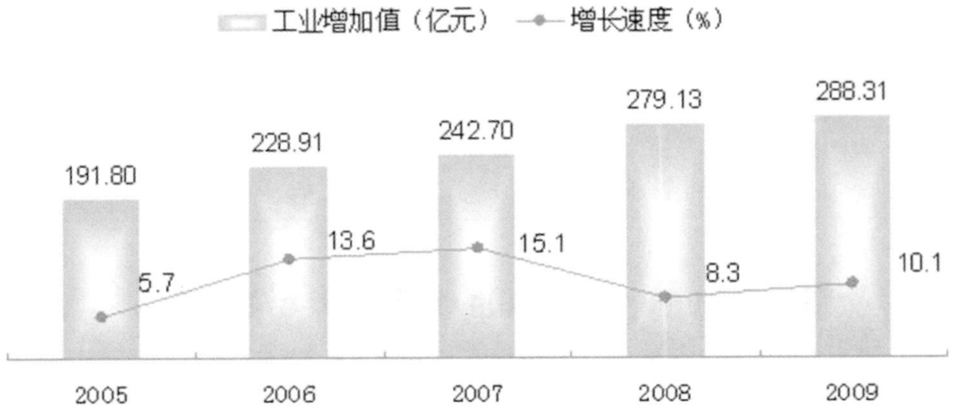

表 4　2009 年规模以上工业企业增加值及其增长速度

指　　标	绝对数(亿元)	比上年增长(%)
规模以上工业增加值	288.31	10.1
# 市属	134.23	16.9
# 轻工业	130.05	11.8
重工业	158.25	8.9
# 国有企业	124.64	6.2
股份制企业	139.96	15.1
外商及港澳台投资企业	16.25	18.9
# 国有控股企业	177.31	6.3
# 大中型企业	209.19	8.7
# 非公有制工业	89.62	17.0
# 高技术工业	55.06	20.4
十大工业行业增加值	229.59	10.0
烟草制品业	59.88	5.5
有色金属冶炼及压延加工业	19.70	2.1
电力、热力的生产和供应业	32.27	-0.4
医药制造业	35.89	21.9
化学原料及化学制品制造业	31.15	28.0
橡胶制品业	14.29	12.3
交通运输设备制造业	13.12	4.9
黑色金属冶炼及压延加工业	7.50	-13.5
非金属矿物制造业	7.44	5.2
通信设备、计算机及其他电子设备制造业	8.36	31.9

表 5　2009 年规模以上工业企业主要产品产量

指　　标	单　位	绝 对 数	比上年增长(%)
原　煤(全社会口径)	万吨	418.61	24.5
焦　炭	万吨	71.67	-5.3
发电量	亿千瓦时	114.61	-8.0
铝	万吨	36.96	12.1
成品钢材	万吨	19.58	-34.0
轮胎外胎	万条	517.21	13.1
磷矿石(全社会口径)	万吨	796.49	4.4
化肥(农用氮磷钾肥折纯)	万吨	165.22	79.8
彩色电视机	万台	72.56	-8.4
移动电话机	万部	124.89	1.1 倍
水　泥	万吨	542.80	6.1
卷　烟	亿支	518.22	4.0
中成药	万吨	2.21	-5.1

规模以上工业主营业务收入 961.10 亿元，比上年增长 4.3%。实现利税总额 177.05 亿元，比上年增长 5.0%。工业产销率达 95.14%，比上年提高 0.28 个百分点，工业综合经济效益指数 194.31。

全市建筑业实现增加值 93.76 亿元，比上年增长 22.0%。房屋建筑施工面积 2802.33 万平方米，比上年增长 16.1%；房屋建筑竣工面积 608.48 万平方米，比上年增长 12.7%。

四、固定资产投资

全年全社会固定资产投资完成 782.64 亿元，比上年增长 30.1%，其中城镇固定资产投资完成 722.57 亿元，比上年增长 32.7%。

表 6　2009 年全社会固定资产投资额完成情况

指　　标	绝对数(亿元)	比上年增长(%)
全社会固定资产投资总额	782.64	30.1
按计划管理渠道分		
# 基本建设	333.44	40.0
更新改造	166.58	28.1
房地产开发	210.33	23.6
按产业分		
第一产业	16.78	64.5
第二产业	213.91	17.5
# 工业	210.40	17.4
第三产业	551.95	34.8
按城乡分		
城　镇	722.57	32.7
农　村	60.07	5.5

图5　2005~2009年固定资产投资及其增长速度

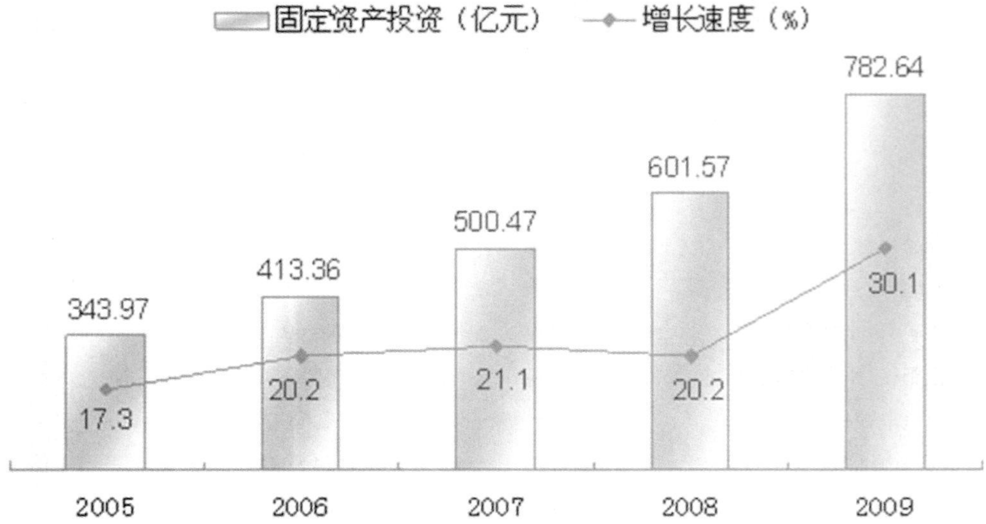

表 7　2009 年房地产开发和销售主要指标完成情况

指　　标	单　　位	绝对数	比上年增长(%)
投资完成额	亿元	210.33	23.6
本年资金来源	亿元	445.39	78.0
国内贷款	亿元	80.58	85.9
自筹资金	亿元	105.14	16.2
利用外资	亿元	0.11	-90.7
其他资金	亿元	259.57	125.3
房屋施工面积	万平方米	3088.57	24.5
房屋新开工面积	万平方米	719.08	-7.7
房屋竣工面积	万平方米	740.05	128.1
商品房销售面积	万平方米	818.16	98.6
本年购置土地面积	万平方米	184.28	-33.6
完成开发土地面积	万平方米	67.91	-42.2

全市房地产开发投资 210.33 亿元，比上年增长 23.6%。按工程用途分，住宅投资 136.52 亿元，增长 41.2%，其中经济适用房投资 16.32 亿元，办公楼投资 5.46 亿元，商业营业用房投资 15.03 亿元，其他投资 53.33 亿元。

五、国内贸易

全年实现社会消费品零售总额 412.72 亿元，比上年增长 20.1%。分地域看，城市消费品零售额 378.02 亿元，增长 20.1%；县及县以下消费品零售额 34.70 亿元，增长 20.2%。分行业看，批发业零售额 38.76 亿元，增长 13.2%；零售业零售额 279.80 亿元，增长 21.4%；住宿和餐饮业零售额 87.84 亿元，增长 20.7%；其他行业零售额 6.32 亿元，增长 5.2%。

图6　2005～2009年社会消费品零售总额及其增长速度

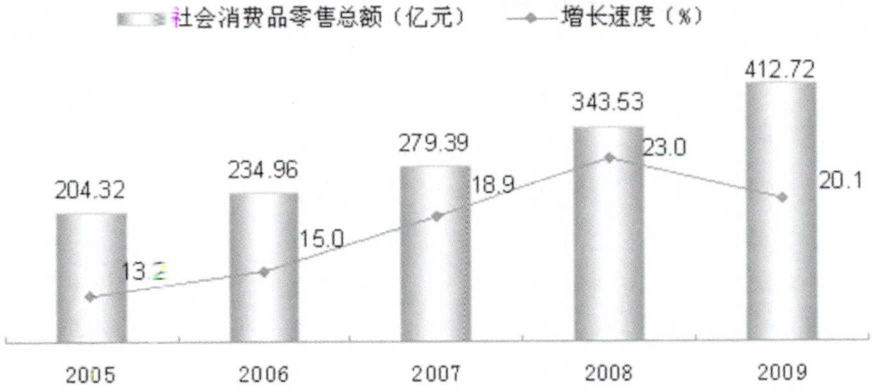

六、对外经济

全年海关进出口总额达18.11亿美元，比上年下降19.6%。其中出口12.63亿美元，比上年下降10.4%；进口5.48亿美元，比上年下降34.9%。

全年批准外商投资项目19项，比上年增长11.8%。实际直接利用外资11220万美元，比上年增长20.0%。

表8　2009年海关进出口情况　　单位：亿美元

指　　标	绝对数	比上年增长(%)
海关进出口总额	18.11	-19.6
出　口	12.63	-10.4
进　口	5.48	-34.9
按企业性质分		
三资企业	1.20	-27.6
国有企业	13.98	-20.6
集体企业	0.23	-55.7
民营企业及其他	2.69	-1.2
按贸易方式分		
一般贸易	14.14	-28.5
加工贸易	2.31	0.9
其他贸易	1.66	2.8倍

表 9　2009 年分国别(地区)海关进出口总额　　单位:亿美元

地　区	进出口总额	出　口	进　口
总　计	18.11	12.63	5.48
亚　洲	10.94	8.25	2.69
#日　本	0.96	0.60	0.36
东　盟	4.02	2.39	1.63
香　港	1.11	1.06	0.05
印　度	0.84	0.80	0.05
韩　国	0.59	0.50	0.09
非　洲	0.66	0.51	0.15
欧　洲	2.69	1.32	1.37
#欧　盟	2.30	1.08	1.22
拉丁美洲	0.82	0.35	0.47
北美洲	1.90	1.14	0.76
#美　国	1.48	1.07	0.41
大洋洲	1.09	1.06	0.04
#澳大利亚	0.94	0.90	0.04

图7　2005～2009年海关进出口总额（亿美元）

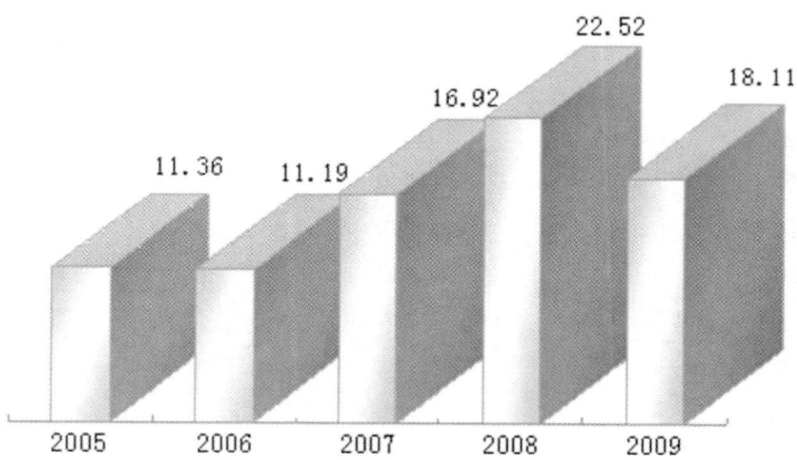

七、交通、邮电和旅游

全年各种运输方式完成货物运输量 9061.96 万吨，比上年增长 24.5%。完成旅客发送量 26713.17 万人次,比上年增长 3.9%。

全市年末民用车辆拥有量 48.92 万辆,比上年末增长 24.2%,其中汽车拥有量 34.61 万辆,比上年末增长 6.7%。私人汽车拥有量 27.49 万辆,增长 32.5%。

表10 2009年交通运输完成情况

指　　标	绝对数	比上年增长(%)
货物运输量(万吨)	9061.96	24.5
铁　　路	1378.20	-1.4
公　　路	7645	30.8
航　　空	5.16	22.9
水　　运	33.60	3.4
旅客发送量(万人次)	26713.17	3.9
铁　　路	978.50	-2.9
公　　路	25007	3.6
航　　空	568.77	31.5
水　　运	158.90	21.9

全市邮政业务总量2.65亿元，比上年增长2.0%；电信业务总量99.67 亿元，比上年增长5.5%。年末固定电话用户达97.48万户，比上年下降6.0%；移动电话用户367.75万户，比上年增长18.7%；互联网宽带接入用户39.18万户，比上年增长43.7%。

图8 2005～2009年电话用户数（万户）

全年接待国内游客人次3279.36万人次，比上年增长25.5%，国内旅游收入292.09亿元，比上年增长60.2%。接待海外旅游人数9.11万人次，比上年下降32.9%，其中外国人旅游3.83万人次，占42.0%；港澳同胞旅游2.78万人次，占3[illegible]%；台湾同胞旅游2.51万人次，占27.5%。旅游外汇收入4042.28万美元，比上年下降35.5%。旅游总收入294.85亿元，比上年增长57.4%。

八、财政、金融、证券和保险

全年完成财政总收入252.05亿元，比上年增长12.4%；地方一般预算收入105.36亿元，比上年增长18.3%；一般预算支出169.34亿元，比上年增长19.4%。

全市年末金融机构人民币各项存款余额2454.43亿元，比年初增长23.3%。其中企业存款余额803.59亿

表 11　2009 年财政收支完成情况　　单位:亿元

指　　标	绝对数	比上年增长(%)
财政总收入	252.05	12.4
地方一般预算收入	105.36	18.3
税收收入	90.72	19.2
# 增值税	9.03	-3.0
营业税	34.71	27.3
企业所得税	14.35	29.1
个人所得税	6.41	10.0
非税收入	14.65	13.3
# 教育费附加	3.70	7.9
一般预算支出	169.84	19.4
# 一般公共服务	27.23	13.0
教　育	27.67	6.5
科学技术	2.89	6.4
社会保障和就业	16.08	5.7
医疗卫生	10.01	27.0
环境保护	2.66	-21.5
城乡社区事务	12.43	-21.3
农林水事务	13.23	30.8

表 12　2009 年保险业发展情况

指　　标	绝对数	比上年增长(%)
保费收入	40.27	19.5
财产险	13.77	24.5
# 机动车辆保险	10.69	29.3
人身险	26.50	17.0
人寿保险	24.70	17.1
健康保险	1.35	14.4
意外伤害保险	0.45	18.4
赔付支出	12.23	-1.2
财产险	8.95	-7.4
# 机动车辆保险	5.10	-5.9
人身险	3.28	21.0
人寿保险	2.70	20.5
健康保险	0.45	36.4
意外伤害保险	0.13	持平

元，比年初增长26.2%；居民储蓄存款余额921.94亿元，比年初增长20.2%。金融机构各项贷款余额2070.34亿元，比年初增长27.6%。其中短期贷款余额415.35亿元，比年初增长17.7%；中长期贷款余额1570.78亿元，比年初增长30.6%。

全年保险保费收入40.27亿元，比上年增长19.5%。保险赔付支出12.23亿元，比上年下降1.2%。

全市年末共有上市公司12家，其中上交所4家，深交所8家。 上市公司总市值610.08亿元，比上年增长1.7倍。证券公司1家，证券营业部15家，资金帐户数31.60万户，比上年下降8.9%。成交金额达到2684.80亿元，比上年增长52.3%。

九、科学技术和教育

全年投入应用技术研究与开发资金1.05亿元，实施重大科技专项项目8项、重点科技项目136项。全市国家级示范生产力促进中心2家。全市53家企业被重新认定为国家高新技术企业，占全省比重达60%以上。针对"两湖一库"科技攻关项目，安排专项应用技术研究与开发资金500万元，启动实施了《"两湖一库"入湖河道、湖湾生态环境改善技术集成与治理工程示范》等5个科技攻关项目。

全年专利申请受理量为2465件，比上年增长28.9%，占全省的比重为66.5%， 比上年提高1.5个百分点；专利授权量1336件，比上年增长27.0%，占全省授权量的64.1%，比上年提高3.2个百分点，其中发明专利234件，实用新型专利789件，外观设计专利313件。

全年研究生教育招生3493人，在校生9171人，毕业生2434人；普通高等教育招生5.70万人，在校生18.13万人，毕业生4.59万人；中等职业教育招生5.67万人，在校生14.68万人，毕业生3.41万人；普通高中招生2.37万人，在校生6.48万人，毕业生1.90万人；普通初中招生6.22万人，在校生17.94万人，毕业生4.87万人；普通小学招生5.23万人，在校生35.77万人，毕业生6.42万人；特殊教育招生201人，在校生1640人，毕业生191人；幼儿园在园幼儿7.88万人。

图9　2005～2009年各类教育招生人数（万人）

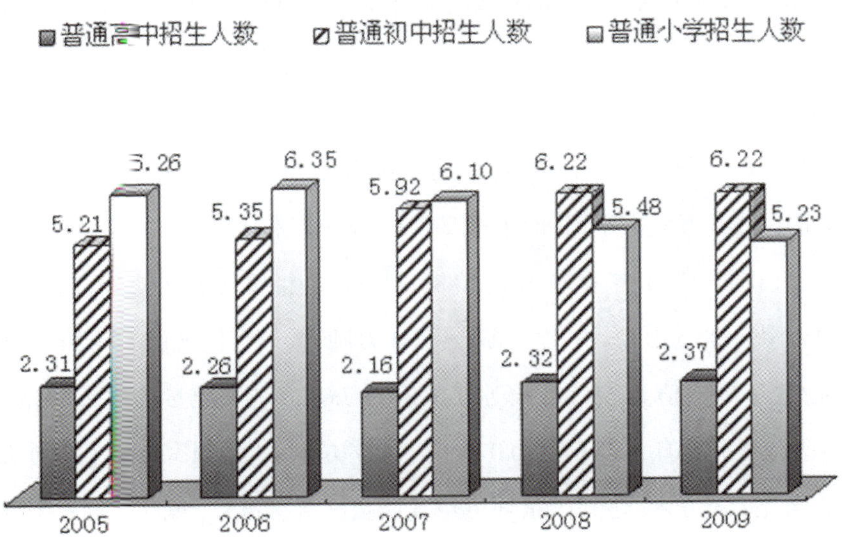

十、文化、卫生和体育

全市共有艺术表演团体 11 个、群众艺术馆 2 个、文化馆 10 个、公共图书馆 9 个，图书馆藏书量 246.54 万册。全市有广播电台 2 座，电视台 2 座，广播电视台 4 座，广播人口覆盖率 100%，电视人口覆盖率 99.23%。全年出版图书 1033 种，其中新出版 512 种；印刷出版杂志 77 种，总印数达到 1273 万册；印刷出版报纸 29 种，总印数达到 28310 万份。

全市年末拥有卫生机构（含诊所、卫生所和医务室）1528 个，拥有卫生技术人员 23046 人，拥有卫生机构床位 19736 张，平均每千人拥有卫生技术人员和医疗床位 5.81 人和 4.97 张。

表 13　2009 年卫生事业发展情况

指　　标	单 位	绝对数
卫生机构	个	1528
# 医院、卫生院	个	219
卫生防疫、防治机构	个	14
妇幼保健院、所、站	个	10
床位数	张	19736
# 医院、卫生院床位数	张	18037
卫生技术人员	人	23046
# 执业医师	人	9223
执业助理医师	人	890
注册护士	人	10143

全年市级运动员在国内重大体育比赛中获得奖牌 355.5 枚，其中金牌 129.5 枚。

十一、城市建设、环境保护和生态建设

年末市区道路总长度达到 823 公里，道路面积 1163 万平方米，桥梁 149 座，其中立交桥 17 座。公交运营车辆 2531 辆，折合标准运营车辆 2396 标台，运营线路总长度 359 公里，公交客运总量 59082 万人次。城市出租汽车 3605 辆。

全市自来水综合生产能力 116.5 万立方米 / 日，供水管道长度达到 2812 公里。全年供水总量 21257.36 万立方米，售水总量 15576.86 万立方米，其中生产运营用水 2231.68 万立方米，公共服务用水 2211.52 万立方米，居民家庭用水 10155.45 万立方米，其他用水 978.21 万立方米。

年末有煤气用户 41.01 万户，其中家庭用户 40.80 万户。全年煤气供气量 22851 万立方米，家庭消费量 9141 万立方米；液化气用户 20.5 万户，液化气供气量 3.4 万吨；天然气供气量 844.26 万立方米。

全市空气污染指数年平均值为 65，年降水 PH 值为 7.01，空气质量为优或良的天数占全年天数的 94.79%，市区大气可吸入颗粒物年平均值为 0.075 毫克 / 立方米，达到国家环境空气质量二级标准；二氧化硫年平均值为 0.058 毫克 / 立方米，达到国家环境空气质量二级标准；二氧化氮年平均值为 0.026 毫克 / 立

方米，保持在国家环境空气质量一级标准内；地面水环境质量保持良好状况，城市地表水水质达标率为95.83%，饮用水源水质达标率为100%。

年末建成区园林绿地面积5748公顷，建成区绿化覆盖面积5926公顷，建成区公共绿地面积1170公顷，建成区绿地率41.05%，建成区绿化覆盖率42.3%，人均公共绿地面积9.75平方米。

十二、人口、人民生活和劳动就业

全市年末总人口（常住半年及以上）为396.79万人，比上年增加2.93万人，增长0.74%。全年人口出生率11.06‰，人口死亡率6.17‰，人口自然增长率4.89‰；户籍人口为367.08万人。

全年城市居民人均可支配收入15041元，扣除价格因素，实际增长11.4%；农民人均纯收入5316元，扣除价格因素，实际增长10.3%。

全年施工住宅面积2356.36万平方米，比上年增长17.9%，其中经济适用房施工面积397.17万平方米。全年竣工住宅面积641.83万平方米，比上年增长1.4倍，其中经济适用房竣工面积156.38万平方米，比上年增长2.2倍。廉租房建设项目竣工12.3万平方米，全市人均住房建筑面积不足15平方米的城市低收入家庭全部纳入廉租住房保障范围，廉租住房保障家庭共17176户，是上年的2.3倍。

全市年末在岗职工63.25万人，在岗职工年平均工资28026元，比上年增长6.2%，扣除价格因素，实际增长8.7%。全年城乡统筹就业人数达81601人，比上年增长4.2%。下岗失业人员实现再就业12490人，其中就业困难对象（4050人员）实现再就业13292人，比上年增长67.4%。新增就业岗位54975人，比上年增长4.2%。年末城镇登记失业率为3.3%，比上年下降0.28个百分点。

十三、社会保障和福利事业

全市年末参加基本养老保险人数61.12万人，比上年增长21.1%；失业保险参保人数38.22万人，与上年基本持平；基本医疗保险参保人数97.52万人，比上年增长13.2%；参加生育保险人数75.97万人，比上年增长10.4%；农村合作医疗参合人数达到166.21万人，参合率达到96.0%。

全市城乡各级收养性社会福利单位共91个，有床位2891张，年末收养人员1815人；城镇综合性社区服务中心34个，城镇各种社区服务设施1412个；城乡居民享受最低生活保障的人数达15.25万人，其中城镇最低生活保障人数为8.38万人，农村最低生活保障人数为6.87万人；国家抚恤、补助优抚对象总人数达到13435人；全年民政部门接受社会捐赠款1077万元，接受捐赠衣被1千件，受益人数达6.78万人次。

注释：

1.公报中所列数据为初步统计数。

2.生产总值和各产业增加值绝对数均为当年价格，增长速度按可比价格计算。

3.公报中人口数为常住半年及以上口径，人均指标均按常住半年人口计算。

4.城市建设方面数据为城管局系统口径。

中国统计出版社最新图书简目

（仅供参考,以最后出书为准）

统计资料

中国统计年鉴 -2010
国际统计年鉴 -2010
中国第三产业统计年鉴 -2010
中国劳动统计年鉴 -2010
中国城市统计年鉴 -2009
中国人口和就业统计年鉴 -2010
中国商品交易市场统计年鉴 -2010
中国能源统计年鉴 -2010
中国贸易外经统计年鉴 -2010
中国科技统计年鉴 -2010
中国农产品价格调查年鉴 -2010
中国教育经费统计年鉴 -2009
全国农产品成本收益资料汇编 -2010
工业企业科技活动资料 -2010
中国棉花年鉴 -2008/2009
中国县(市)社会经济调查年鉴 -2010
中国农村全面建设小康监测报告 -2010
中国季度国内生产总值核算历史资料(1992-2005)
大中型批发零售和住宿餐饮企业统计年鉴 -2010

中国统计摘要 -2010
2010 中国发展报告
中国区域经济统计年鉴 -2010
中国社会统计年鉴 -2010
中国建筑业统计年鉴 -2010
中国工业经济统计年鉴 -2010
中国房地产统计年鉴 -2010
中国民政统计年鉴 -2010
2010 中国地区经济监测报告
中国农村统计年鉴 -2010
中国高技术产业统计年鉴 -2010
中国农村贫困监测报告 -2010
中国科学技术协会统计年鉴 -2010
第二次全国残疾人抽样调查资料系列
中国城市(镇)生活与价格年鉴 -2010
中国农村住户调查年鉴 -2010(中、英文)
中国国内生产总值核算历史资料(1952-2004)
中国零售和餐饮业连锁企业统计年鉴 -2010
2005 年中国 1%人口抽样调查系列资料

2010 年省级综合统计年鉴系列

北京　天津　河北　山西　内蒙古　辽宁　吉林　黑龙江　上海　江苏　浙江　安徽　福建　江西　山东
河南　湖北　湖南　广东　广西　海南　重庆　四川　贵州　云南　西藏　陕西　甘肃　青海　宁夏
新疆　新疆生产建设兵团

2010 年市(县)级综合统计年鉴系列

天津滨海新区　石家庄　唐山　邯郸　太原　大同　长治　阳泉　晋城　朔州　晋中
运城　忻州　临汾　呼和浩特　包头　沈阳　大连　长春　吉林市　四平　延吉
哈尔滨　齐齐哈尔　黑龙江垦区　上海浦东新区　苏州　无锡　常州　徐州
南通　盐城　镇江　江阴　丹阳　杭州　宁波　绍兴　台州　舟山　温州　金华
嘉兴　衢州　安庆　福州　福州经济技术开发区　厦门经济特区　南昌　上饶　济南
青岛　潍坊　东营　郑州　洛阳　三门峡　南阳　武汉　宜昌　十堰　荆州　黄冈
长沙　广州　东莞　惠州　深圳　桂林　南宁　柳州　来宾　河池　海口　成都
贵阳　昆明　西安　天阳　银川　乌鲁木齐　吐鲁番

"十一五"规划教材

非参数统计　医学统计学　概率论与数理统计　统计学
现代金融投资统计分析　多元统计分析　经济计量学教程　应用时间序列分析
统计指数理论及应用　统计数据处理概论　质量管理统计方法　社会统计学
多元统计分析实验　企业经营管理统计　市场调查与预测　统计学原理(非统计专业使用)
统计学:从数据到结论　国民经济核算教程(国民经济统计学)　概率论与数理统计(经济、管理类专业使用)

重点图书

新中国六十年　挑大学选专业 2010—高考志愿填报指南　挑大学选专业 2010—考研择校指南

欲购以上图书请与中国统计出版社发行部联系

电话:(010)63376907,63376908　同槓行书店电话:68783171,68783172

通讯地址:北京市西城区三里河月坛南街 57 号　邮政编码:100826

（京）新登字 041 号
中国统计出版社。

图书在版编目（CIP）数据

贵阳统计年鉴.2010/ 贵阳市统计局编.—北京：中国统计出版社， 2010.7

ISBN 978-7-5037-5997-0

Ⅰ. ①贵… Ⅱ. ①贵… Ⅲ. ①统计资料—贵阳市—2010—年鉴 Ⅳ. ①C832.731-54

中国版本图书馆 CIP 数据核字(2010)第 139752 号

贵阳统计年鉴 -2010

作　　者 / 贵阳市统计局
责任编辑 / 佘竞雄
E－mail / yearbook@stats.gov.cn
责任校对 / 集体
封面设计 / 集体
出版发行 / 中国统计出版社
通信地址 / 北京市西城区三里河月坛南街 57 号　中国统计出版社
邮　　编 / 100826
电　　话 / （010）63376907
印　　刷 / 贵阳经纬印刷厂
经　　销 / 新华书店
开　　本 / 880×1230 毫米　1/16
字　　数 / 85 万字
印　　张 / 31.125
印　　数 / 650 册
版　　别 / 2010 年 8 月第 1 版
版　　次 / 2010 年 8 月第 1 次印刷
书　　号 / ISBN 978-7-5037-5997-0/C·2358
定　　价 / 280 元